Derek Clifford

GESCHICHTE DER GARTENKUNST

Derek Clifford

GESCHICHTE DER GARTENKUNST

Prestel-Verlag München

Die Originalausgabe dieses Buches erschien unter dem Titel ›A History of Garden Design‹ 1962 bei Faber and Faber in London. Die deutsche Ausgabe wurde nach der zweiten Auflage von 1966 durch Heinz Biehn herausgegeben und erweitert. Die Übertragung aus dem Englischen besorgte Hubert Klemke.

2. Auflage 1981
Passavia-Druckerei GmbH, Passau
ISBN 3-7913-0220-5

Inhalt

Vorwort des Herausgebers

In seiner ›Geschichte der Gartenkunst‹ hat es Derek Clifford auf unkonventionelle Art unternommen, das Werden der Gärten als Kunstwerk im Hinblick auf die jeweiligen kulturellen, ökonomischen, soziologischen und politischen Bedingungen von der Zeit der Antike bis zum 19. Jahrhundert darzustellen. Es handelt sich, wie schon der Titel des Buches besagt, um eine Geschichte der künstlerischen Gestaltung von Gärten, der Gartenplanung. Das bedeutet, daß der Autor nicht so sehr die blühende Erscheinungswelt der Gärten schildert, sondern vielmehr versucht, deren grundlegende Formen freizulegen, um ihre Funktionen unter dem Einfluß von Raum und Zeit zu werten.

Dem englischen Verfasser hat naturgemäß der ›Englische Garten‹, – eine originale Hochleistung englischen Kunstschaffens, – als letzter Höhepunkt der europäischen Entwicklung vor Augen gestanden. Der deutsche Leser dieses Buches aber darf erwarten, daß er in stärkerem Maße, als es bei Clifford geschehen ist, auch mit deutschen Gartenschöpfungen vertraut gemacht wird.

Einen ›Deutschen Garten‹ im Sinne Cliffordscher Auffassung hat es nun tatsächlich niemals gegeben. Denn für den deutschen Garten ist charakteristisch, daß seine Schöpfer zu allen Zeiten begierig die Anregungen aus allen Himmelsrichtungen aufgegriffen haben, um sie dann mit einer erstaunlichen Freiheit und Phantasie zu verarbeiten; glücklicherweise hat eine ganze Anzahl dieser Gärten ihren originalen Charakter nahezu bewahren können.

Es wurde daher in dem vorliegenden Werke versucht, den Text des Originals durch Beispiele solcher Art zu ergänzen und – ohne die persönliche Darstellungsart von Clifford anzutasten – diese Einfügungen möglichst nahtlos vorzunehmen. Andererseits wurden zwei Kapitel der Originalausgabe, die den europäischen Rahmen des Buches überschreiten, fortgelassen. Der englische Autor hat diesen Wünschen des Verlages verständnisvoll zugestimmt.

Heinz Biehn

Einführung

Alle Gärten sind Schöpfungen der Muße. In einer menschlichen Gesellschaft, die alle Energien nötig hat, um zu überleben, gibt es jedoch keine Voraussetzung dafür. Erst wenn eine Gesellschaft Zeit und Kraft im Überfluß besitzt, wird ein Teil dieser Reserven frei, um sich an den Reizen eines umfriedeten Raumes und dessen Bepflanzung oder an der unberührten Landschaft zu vergnügen. Die Art und Weise der Gestaltung dieser Dinge und die daraus erwachsende Freude hängt zum Teil von den gegebenen Möglichkeiten, mehr aber noch von den seelisch-geistigen Bedürfnissen des Menschen ab. Ein Garten ist das Idealbild des Menschen von der Welt, und da die meisten Menschen von der Gesellschaft, deren Teil sie sind, geprägt werden, so folgt daraus, daß der Garten jeder Gemeinschaft und jeder Periode, die Traumwelt der Zeitgenossen spiegelt, und das Wunschbild der betreffenden Epoche ist. Die Geschichte ist ein Ganzes, und den Garten kann man nur im Zusammenhang mit den Menschen, die ihn geschaffen haben, betrachten.

Die Tatsache, daß aus dieser Sicht noch keine Geschichte der Gartenkunst geschrieben wurde, soll den Versuch dieses Buches rechtfertigen. Ein Bericht über die Wandlungen des Geschmacks in der Gartenkunst ist, nur als Schwankung der Mode aufgefaßt, keine wirkliche Geschichte, denn die Geschichte forscht nach den Ursachen und berichtet über die Folgen; andernfalls ist sie nur Chronik.

Ich muß versuchen, das, was sich aus einer solchen Betrachtungsweise ergibt, klar herauszustellen; erstens, daß die hier als Beispiel herangezogenen Gärten zu ihrer Zeit den größten Einfluß ausgeübt haben, wobei es nicht unbedingt notwendig ist, daß sie auf uns überkommen sind, und zum zweiten, daß ein Plan, ein Bild oder eine Beschreibung eines Gartens, so wie er zuerst gedacht war, unseren Zwecken viel dienlicher ist als die Fotografie eines überwucherten Restes, der – obgleich heute in seiner Art vielleicht reizvoll – nur noch sehr wenig mit den Absichten seines Schöpfers zu tun hat.

Dieses Buch ist keine Geschichte der Gartenkunst unter dem Aspekt von Handwerk und Technik. Dinge, wie die Einfuhr von Pflanzen, werden nur erwähnt, falls sie zur Palette des Gärtners gehören. Eine Geschichte der Malerei würde sich merkwürdig ausnehmen, wenn neun Zehntel davon sich mit der Einführung neuer Pigmente und mit dem Leben und den Abenteuern der Erfinder befassen wollten. Und trotzdem ist es heute oft gerade diese Art der Darstellung, die man als Geschichte der Gartenkunst ausgibt. Die Erklärung dafür ist in der Art begründet, mit der sich die Allgemeinheit mit den Gärten befaßt, und die gelegentlich einen modernen Schriftsteller – obgleich er es hätte besser wissen müssen – zu dem Ausspruch veranlaßt hat, »daß ein Garten vor allen Dingen ein Platz war, um Pflanzen zu züchten« ... Aber ich will mich lieber nicht in Polemiken verfangen; es möge genügen, hier zum Ausdruck zu bringen, daß uns in diesem Buche der Garten als Kunstwerk interessiert.

Derek Clifford

Erstes Kapitel

Von Plinius' Zeiten zu den Gärten der Renaissance in Italien

»Die Gärten waren vor den Gärtnern da
und nur einige Stunden
nach Erschaffung der Erde.«

Sir Thomas Browne, *The Garden of Cyrus*

Die Gärten der alten Welt und des Mittelalters

Die Geschichte der Gartenkunst beginnt, was ihre praktische Auswertbarkeit anbelangt, erst mit der Renaissance. Wir wissen zwar eine ganze Menge über die Gärten früherer Epochen, doch ist es nicht genug, um eine fortlaufende Darstellung ihrer Entwicklung zu ermöglichen. Grund dafür ist die Tatsache, daß die Gartenkunst, mehr als Architektur und Malerei, mehr als Musik und weitaus mehr als die Literatur, eine schnell vergängliche Kunst ist; ihre Meisterwerke vergehen sehr rasch, ohne eine Spur zu hinterlassen. Wohl sind einzelne Gärten der Vergangenheit von Gemälden, aus Plänen und zahlreichen verallgemeinernden Beschreibungen bekannt, aber ihre greifbaren Spuren sind selten, da glückliche Zufälle für die Wissenschaft – wie der Untergang von Pompeji – selten genug vorkommen. Der heutige Prähistoriker und Archäologe, der mit seinem Spatel schabt, schenkt jenen kaum sichtbaren Veränderungen in den Schichten, die anzeigen, wo ehedem ein Garten war, noch zu wenig Beachtung.

Heutzutage wird die Gartenkunst häufiger als Zeitvertreib denn als eine Kunst angesehen. Jedoch gab es Zeiten, so im 16. Jahrhundert in Italien, im 17. in Frankreich und im 18. Jahrhundert in England, in denen man sie für eine sehr wichtige Kunst hielt, vielleicht sogar für die wichtigste von allen, nämlich für die Kunst, in der alle anderen Künste sich zusammenfanden: Malerei, Architektur, Bildhauerei und Philosophie trugen zum Verständnis dieser Kunstform und zu ihrer Vollendung bei. Männer, die sich in dieser Kunst hervortaten, wurden Vertraute von Staatsmännern und Freunde von Königen.

Die Wurzel des Wortes ›Garten‹ ist im Englischen dieselbe wie die des Wortes ›Yard‹ (Hof) und hat die Bedeutung ›eingefriedeter Bezirk‹ zum Inhalt. Worte können anfangs eine ganz klare Bedeutung haben, die mit dem Gebrauch jedoch mehr und mehr verloren geht, um schließlich in eine ganz andere Richtung zu führen. Heutzutage ist ein umfriedeter Bezirk nicht unbedingt ein Garten, und die Phase, in der die Gärten aufhören, umfriedete Bezirke zu sein, ist eine der wichtigsten ihrer Entwicklung. Es ist gang und gäbe, von Gemüsegärten, Vergnügungsgärten und zoologischen Gärten zu sprechen, doch sind das in der Tat ganz verschiedene Dinge. Solche Plätze können wohl die Empfindung ansprechen, aber dazu sind sie nicht geschaffen worden. Ihr Hauptzweck ist, nützlich zu sein: irgendwelche materiellen Bedürfnisse zu erfüllen, unseren Erwerbsinstinkt zu befriedigen oder unsere Neugierde zu stillen. Ein Garten im Sinne des Wortes, wie es heute gebraucht wird, ein Garten im wahrsten Sinne des Wortes, ist weder eine museale Sammlung noch eine Art Landgut in Taschenformat. Er ist eine nach unseren Maßstäben geschaffene Welt.

Im 15. und 16. Jahrhundert mußte der abendländische Mensch, wie so vieles andere, auch die Gartenkunst wieder erlernen. Zwar war der Garten ebensowenig wie Dichtung und Malerei seit dem Verfall des Römischen Reiches bis zum Beginn des modernen Europa gänzlich verschwunden, doch die verfeinerte Kunst der Gartengestaltung kam in dem größeren Teil der westlichen Welt praktisch zu völligem Erliegen; selbst die Erinnerung an das, was ein großer Garten sein kann, verblaßte. Über die mittelalterlichen Gärten wissen wir einiges, und zwar sowohl aus den Illustrationen der Stundenbücher als auch aus den ziemlich stereotypen Beschreibungen der Dichter: sie besaßen zwar einen gewissen Reiz, waren aber weder im Umfang noch in ihrer Art und Aussage große Leistungen. Die Menschheit war damals noch zu sehr mit dem physischen Überleben in dieser Welt und mit der Rettung ihrer Seele im Jenseits beschäftigt, um ihre Lebensweise allzusehr verfeinern zu können. Erst in den letzten fünf Jahrhunderten hat die Gartenkunst eine Geschichte entwickelt.

Die Grundlage, auf der die Gartengestalter der Renaissance aufbauten, war, was die Materie angeht, römisch, dem Geiste nach aber griechisch. Zu oft hat man behauptet, daß die Kirche Bewahrerin all dessen wurde, was an Gelehrsamkeit und Kunstfertigkeit noch bestand, als das große, allumfassende antike Gesellschaftsgefüge auseinanderzufallen begann. Das stimmt zwar, und unter vielem anderen hielt sie auch die Tradition der Pflanzenzucht lebendig; doch Pflanzenzüchten ist noch nicht Gärtnerei, und die Kirche war nicht die Urheberin des neuen Gartens. So ist der Klostergarten mit seinen Gemüsebeeten, seinen Obst- und Heilkräutergärten schließlich auf ein totes Geleis geraten, weil in der Mitte des 15. Jahrhunderts das Mönchtum selbst in eine Krise kam.

Im Dienste der Christenheit legte sich die Architektur heidnischen Schmuck an und vollendete große Vorhaben, wie Sankt Peter in Rom. Malerei und Bildhauerei begannen ihr neues Leben unter der Schirmherrschaft der Kirche, aber von den Gärten machte die Kirche, um ihren Glanz zu erhöhen, nur wenig Gebrauch. Der Garten wuchs und entwickelte sich gewissermaßen um das Einzelindividuum herum – eine üppige Ausbreitung seiner privaten Sphäre; er war eine rein weltliche Leistung, obwohl die Kardinäle und Päpste des späten Quattrocento in ihrer Eigenschaft als weltliche Fürsten einen guten Anteil daran besessen haben.

Drei Verbindungslinien führten von den Gärten der antiken Welt zu den Gärten des 15. und 16. Jahrhunderts. Die erste, greifbare, waren die Ruinen, von denen umgeben die Menschen lebten, die zweite, eine literarische, ergab sich aus den Beschreibungen antiker Gärten, besonders aus den Briefen von Plinius dem Jüngeren, die dritte endlich bestand in der Überlieferung, die ihren Weg über Byzanz und die maurischen Königreiche in Spanien nahm.

In einem Gebiet, das viele verwüstete Bauten und Ruinen besaß, ließen sich die Mönchsorden oft dort nieder, wo früher römische Villen gestanden hatten, so daß der traditionelle Grundriß des Klosters sich zum Teil zwangsläufig auf Grund des Vorgefundenen entwickelte. Beispielsweise waren die Kreuzgänge der Klöster, ›Nachklang‹ des römischen Peristyls, ein von einem gedeckten Wandelgang oder von Arkaden umschlossenes Rechteck. Festungen entwickelten sich ebenso wie Klöster inmitten von Ruinen. Barbarenfürsten ließen sich an Plätzen nieder, die wegen ihres Reizes und ihrer Zweckmäßigkeit ihre ursprünglichen Besitzer angelockt hatten. Obgleich sie nun schon verfallen waren, boten sie noch einen viel wirksameren baulichen Schutz als das, was die Vandalen, Franken oder Goten errichteten und wozu diese vermutlich weder Muße noch Fertigkeit besaßen. Mittelalterliche klösterliche und weltliche Gärten waren – in ihren Umrissen durch die dachlosen Mauern einer früheren Zeit bestimmt – in ihrer Ausstattung recht bescheiden. Die Welt, in der sich die spezifische Lebensform herausbildete, die wir als ›mittelalterlich‹ bezeichnen, war zutiefst und in allen ihren Äußerungen eine römische Welt. Der unsichtbare Einfluß von Rom war unter der Oberfläche überall spürbar, und keine europäische Erscheinungsform war oder ist tatsächlich wirklich frei davon; die Gärten waren es bestimmt nicht. Der mittelalterliche Garten, der sich unter solchen Bedingungen entwickelte, war weit mehr Zweck als Zier. Kräuter wurden zu Heilzwecken und für die Küche gezogen, ein kleiner Obstgarten lieferte Früchte, Blüten dienten manchmal zu kulinarischem oder zu medizinischem Gebrauch, aber in der Hauptsache waren sie ein für die Tafel oder für die Kirche bestimmter Schmuck. Obgleich die Gärten hauptsächlich Nutzgärten waren, erfreute man sich daran, und mehrere der kunstvollsten entwickelten ausschließlich der Verzierung dienende Formen. Der beispielsweise für den Gärtner so wichtige Wasserspender lag aus Zweckmäßigkeitsgründen im Mittelpunkt des Gartens. Sehr früh entwickelte er sich zu einem schmückenden Spring- oder Ziehbrunnen, zu dem die Gartenbeete in eine regelmäßige geometrische Beziehung traten. Und zwar geschah dies nicht nur aus reinen Zweckgründen, sondern weil Regelmäßigkeit und geordnete Wiederholung das Auge – wie ein Vers das Ohr – erfreuen. Um Geflügel und Hunde fernzuhalten, pflegte man die Grenzen mit Zäunen zu versehen. Diese Zäune verwandelten sich in ein dekoratives Gitter, um sich schließlich eines Tages zu Steinbalustraden zu entwickeln. Die Stützen der Weinranken oder Hängegewächse waren der ursprüngliche erste Anfang der Lauben oder der Laubengänge; den dadurch entstehenden Schatten und die Abgeschiedenheit empfand man als so angenehm, daß diese Lauben bald zum Selbstzweck angelegt wurden.

Die Fibel des ›Gärtners als Künstler‹ entwickelte sich Schritt für Schritt aus seiner Handwerkerpraxis, während die Gesellschaft zur gleichen Zeit auf eine Entwicklungsstufe gelangte, die es seinem Handwerk gestattete, als Kunst aufzublühen.

Der Grundriß dieser Gärten war rechteckig. In Ländern wie Ägypten, in denen der Boden mittels Kanälen bewässert wird, ergibt sich wie von selbst die Aufteilung der Kulturen in Form kleiner Rechtecke. Wird das Wasser dagegen von Hand vom Brunnen oder Teich geholt, dann scheint eine strahlenförmige Entwicklung zum Radialgarten und zum trapezförmigen Beet logischer. Daß der Einfluß von Ruinen und zerstörten Gebäuden aber weit mehr als die Bewässerungsart die Hauptursache für die rechteckige Gestalt der europäischen Gärten war, ergibt sich klar aus der Häufigkeit von kreisartigen Gärten in mittelalterlichen Abbildungen; diese Gärten finden sich nämlich dort, wo sie keiner räumlichen Beschränkung unterworfen waren. Der Garten Eden wird meistens als ein kleines kreisrundes Stück Land dargestellt, auf dem sich zwei Bäume, eine Schlange und zwei menschliche Wesen befinden. Diese kreisrunden Gärten haben offensichtlich ihre Wurzel in der bebauten Fläche, die die Hütte des Bauern ringsum umgab. Keine sie beschränkenden architektonischen Grundformen verbinden diese Gartenart mit einem früheren und zivilisierteren Zeitalter. Später erscheinen dann tatsächlich solche kreisrunden Gärten; so wurde der erste europäische botanische Garten – der von Padua aus dem Jahre 1545 – nach dem radialen System angelegt.

Die Raumverhältnisse bestimmten also den Charakter des mittelalterlichen Gartens. War die zur Verfügung stehende Fläche durch Verteidigungswälle oder Burggräben eingeengt, so blieb wenig Raum für Burggärten übrig; und ähnliche Gründe beschränkten den Garten beim Stadthaus des wohlhabenden Kaufmanns und beim Kloster. Der kleine verfügbare Raum wurde in getrennte Beete für die Züchtung der verschiedenen Kräuter aufgeteilt. Da es aber von Kräutern eine Menge gab, sowohl für Küchen- wie für Heilzwecke, entwickelte sich ein schachbrettartiger Garten, dessen kleine, rechteckige Beete durch schmale Gartenwege getrennt waren. Wenn man diese Gartenart, die sich für die Dauer von beinahe tausend Jahren unverändert erhalten hat, als Ausgangspunkt nimmt, fragt man sich natürlich, was sie plötzlich zu neuem Leben erweckt hat und warum dieses Leben sich zuerst in Italien zu regen begonnen hat und nicht in einem anderen Land Europas, in dem die mittelalterlichen Lebensformen doch ähnlich waren. Eine jede Kunst ist Luxus in dem Sinne, daß sie eine Schöpfung der Muße ist; ohne einen Überschuß an Kraft und Zeit kann sie nicht entstehen. Die Hauptursache der Entwicklung der Gartenkunst gerade in Italien war der große Handelsreichtum dieses Landes, der auch dem Menschen die Freude der Entfaltung brachte. Dazu kam die relative Ruhe, die in Italien im Vergleich zu dem übrigen

Europa herrschte und den Menschen Muße gewährte. Einige dieser Bedingungen kann man auch in den Niederlanden feststellen. Doch übertraf Italien in einer Beziehung alle anderen Länder: hier waren nämlich die stummen Zeugen einer großen Vergangenheit zahlreicher und gegenwärtiger als woanders.

Der mittelalterliche europäische Garten war im wesentlichen eine Zuflucht, ein umfriedeter Bezirk, der jedoch schon die Möglichkeit für ein unbegrenztes Wachstum nach außen enthielt: nämlich den Hügel.

Der Gartenhügel ist geheimnisvoll, denn er hat nicht nur *einen* Ursprung, sondern viele. Selten dürfte er ein Kunstwerk gewesen sein, doch hat er eine lange Geschichte. Die Bergvölker des Altertums – Hethiter, Meder und Perser – brachten, als sie nacheinander in das Schwemmland des Euphrattales hinabstiegen, nicht nur die Gewohnheit mit, ihre Götter auf hochgelegenen Plätzen zu verehren, sie blieben auch von brennendem Heimweh nach den Bergen erfüllt. So gibt es beispielsweise eine Version, nach der die *Hängenden Gärten von Babylon* von Nebukadnezar für seine medische Frau angelegt worden sind, weil diese sich nach den Hochländern ihrer Jugend gesehnt habe. Diese Erzählung scheint symbolisch für die Sehnsucht der Bergvölker nach etwas, was sie an ihre heimatliche Umgebung erinnerte. Doch die berühmten hängenden Gärten, die die Griechen nicht Nebukadnezar, sondern der halbmythischen Königin Semiramis zuschrieben, waren durchaus keine Einzelerscheinungen. Hängende Gärten tauchen oft in der Geschichte dieses Gebietes auf; so finden wir heute noch die Überreste eines sorgfältig ausgeführten Terrassengartens in Schiras.

Die tatsächliche Beschaffenheit des berühmten babylonischen Gartens ist mit ziemlicher Sicherheit bekannt. Nach Ansicht erster Fachleute bestand der Garten aus einem rechteckigen künstlichen Hügel mit einem Unterbau von vierhundertachtzig Metern im Quadrat. Von diesem Unterbau stiegen die Terrassen gleich Stufen auf, eine jede auf stützenden Gewölben ruhend, so daß unter einer jeden Terrasse eine gedeckte, kühle Promenade oder eine Reihe von Gemächern vorhanden war. Terrassenanlagen sind die natürliche Form des Pflanzenanbaus für den Bergbewohner. Jede Terrasse, deren Untergrund die Bedachung des darunter liegenden Raumes bildete, war mit Bäumen und Sträuchern bepflanzt, deren Wuchs die Bogenpromenade, die sich unter der nächsthöheren Terrasse hinzog, verbarg. Der Eindruck des Ganzen war der eines großen, von Menschenhand geschaffenen und mit Bäumen bedeckten Berges. Der technischen Schwierigkeit, Bäume auf Dächer zu pflanzen, war man Herr geworden, indem man die steinerne Baustruktur mit einer Schicht von Rohr und Asphalt – mit Ziegeln und Gips untermischt – bedeckte, um darauf eine Bleidecke anzubringen, die ihrerseits dazu bestimmt war, die Humusschicht zu tragen. Um die notwendige Tiefe für die großen Bäume zu gewinnen, waren die Säulen der unteren Terrassen hohl und mit Erde gefüllt, so daß die Wurzeln bis in den Kern der künstlichen Masse aus Pflanzenerde und Mauerwerk reichen konnten. Was die Bewunderung der antiken Welt hervorrief, war zweifellos die Größe und Schwierigkeit des Unternehmens. Für uns heute ist es vielleicht die Sehnsucht des medischen Mädchens, was die Erinnerung wachhält, denn nur ein pyramidenförmiger Berg allein vermag keine Anziehungskraft mehr auszuüben. Ihrer Bäume beraubt, gleichen die Hängenden Gärten übrigens sehr dem, was wir von den Türmen zu Babel wissen: Es sind in der Ebene erbaute Tempel, für einen in den Bergen beheimateten Gott bestimmt.

Zusammen mit dieser Vorliebe für künstliche Hügel entwickelte sich auch eine Art improvisierter, von Menschenhand geformter Hügel, die bekanntlich die Entwicklung von terrassierten Gartenbergen gefördert haben. In vielen Gegenden dieses Erdteils werden die Gebäude immer noch aus

Lehmziegeln errichtet, wie dies schon vor sechstausend Jahren der Fall war. Wenn nun solche Bauten zusammenstürzen, was nicht selten vorkommt, ist es üblich, daß der neue Bau auf dem Schutthaufen des alten errichtet wird. Die Lehmbauten Westasiens waren während so vieler Jahrtausende auf ihren toten Vorgängern in die Höhe gewachsen, daß sie das alte Babylon unter einem beträchtlichen Berg von Lehm von mehr als dreißig Meter Höhe begraben haben.

In der Form recht ähnliche Gartenhügel oder Gartenberge werden in so weit abgelegenen Gegenden, wie in Alt-China und im Amerika des 15. Jahrhunderts erwähnt. Wenn also ein gemeinsamer Ursprung vorhanden ist, was wohl zutreffen mag, so liegt er jedenfalls weit zurück. Der Gedanke, der den künstlichen Hügeln von Babylon, China und Amerika zugrunde liegt, scheint allein der zu sein, daß der Wohnsitz der Götter auf hochgelegenen Plätzen zu suchen ist.

Es besteht keine kontinuierliche Entwicklung zwischen den Hängenden Gärten Persiens und den viel kleineren, künstlichen Hügeln des Mittelalters in Europa, die eine andere Wurzel haben. Hier wurden Erdbollwerke des öfteren gegen die Innenseite der Mauern aufgeworfen, um diese zu verstärken und auch um dem Verteidiger den Vorteil des höheren Standortes zu geben. Manchmal wurde auch ein Hügel in der Mitte aufgeworfen, um dort einen Wachtturm zu errichten. Solche Hügel blieben noch lange bestehen, auch nachdem ihre Verteidigungsfunktion nicht mehr bestand; man hat sie dann weiterhin in Gärten kopiert, die niemals Teile einer Verteidigungsanlage gewesen sind.

Die Verbindung der von Menschenhand errichteten Hügel mit den Gärten scheint uns von größerer Bedeutung zu sein als die Frage nach ihrer Herkunft. Sie waren ein Zeichen dafür, daß das Mittelalter nunmehr versuchte, über die Schutzwälle hinauszublicken, hinter denen es dem christlichen Westen gelungen war, sich physisch, seelisch und geistig zu behaupten. Als die schützenden Mauern niedergelegt wurden, ging das Mittelalter zu Ende, und die grenzenlose, sinnenhafte Welt breitete sich einladend aus. Die Festung wurde bald zur Villa: der Ausblick wurde wichtiger als der Wall.

Als direkte Folge des Landesfriedens war es dem Garten erlaubt, sich über seine Grenzen hinaus auszudehnen. Die Festung begann – in Italien früher als woanders – ihr kriegerisches Gewand abzulegen, um sich in die Villa zu verwandeln. Als erstes wurde der über seine bisherigen Grenzen hinausstrebende Garten vergrößert. Viel später, sogar lange nachdem der Manierismus des Cinquecento ein Bestandteil des allgemein anerkannten Prinzips der Gartengestaltung geworden war, finden wir immer noch Beispiele von berühmten Gärten, die im Entwurf nicht viel mehr als das mittelalterliche Schachbrett darstellten, das seine Grenzen gesprengt und die Anzahl seiner Unterteilungen vermehrt hatte, um viele Hektare mit rechteckigen Beeten und gleichlaufenden Wegen zu bedecken. Der Grundplan des mittelalterlichen Gartens ist niemals ganz verschwunden.

Zum Zeitalter der Renaissance gehört vornehmlich auch die Entdeckung einer wunderbaren Vergangenheit durch Menschen, die im Besitz einer überströmenden schöpferischen Kraft waren. Antikes Denken, antike Literatur, antike Bildhauerei und Architektur, das alles wurde während einer Generation neu entdeckt. Die Gärten aus den großen Tagen der Kaiserzeit waren jedoch schon lange vor dem 15. Jahrhundert verschwunden und konnten nicht wieder hergestellt werden. Da von ihnen keinerlei Spuren außer einigen zerbrochenen Statuen, einer bedeutungslosen Mauer oder einem unterirdischen Gartenraum vorhanden waren, mußte die Renaissance ihre Kenntnisse der klassischen Gärten aus dem Nachlaß der antiken Literatur schöpfen.

Heute wissen wir mehr über die Gärten der Alten Welt, als dies noch im 15. Jahrhundert der Fall war. Nicht nur, daß uns umfangreiche literarische Quellen zur Verfügung stehen, sondern inzwischen konnten auch Überreste wiederentdeckt werden, von denen man damals keine Ahnung hatte. Der Ausbruch des Vesuvs im Jahre 79 konservierte wie Fliegen im Bernstein viele Formen des hellenistischen Lebens. Innerhalb von wenigen Stunden erstarrte das Leben zweier Städte – Pompeji und Herculaneum – in eine statuarische Ruhe, die siebzehnhundert Jahre lang nicht gestört werden sollte.

Die in *Pompeji* erhaltenen Gärten nahmen im Leben jener Zeit fast den gleichen Platz ein wie etwa die Gärten von Bath im Jahre 1790 oder die von Brighton dreißig Jahre später oder wie die Gärten in Kensington heute. Sie waren in der Stadt und nicht vor ihren Toren gelegen und gehörten einer gehobenen Einwohnerschicht. Es waren umschlossene Bezirke und sowohl in Größe wie Art dem ähnlich, was wir heute ›Hof‹ nennen würden; sie waren jedoch in eine Zufluchtsstätte verwandelte Höfe. Durch besondere Geschicklichkeit hatten sie – gewollt und nicht durch Zufall – eine geistige und auch eine materielle Wesenheit erhalten. Architektonisch waren sie Räume im Freien, geistig bildeten sie eine Zuflucht – geschützt vor Sonne, Wind und dem Lärm und Staub der Straßen.

Die Gebäude in Pompeji waren allgemein nach griechischem Muster gebaut. Griechische Häuser wurden hart an der Straße errichtet, der sie ihre meist fensterlosen Fronten zuwandten. Bauliche Verzierungen wurden den inneren Fassaden vorbehalten, die gewöhnlich ein offenes Viereck umschlossen. Die meisten Häuser enthielten daher einen nach oben geöffneten Raum, der von der Außenwelt abgesondert war. Um diesen Platz zogen sich Kolonnaden und schattige Gänge, zu denen sich die Wohnräume – lieber als nach der staubigen Straße – öffneten. Diese Säulengänge und der Raum, den sie umschlossen, waren das *Peristyl*.

Wegen der begrenzten Entwicklung der Städte und der hohen Preise des städtischen Bodens waren die Peristyle fast immer klein. Der Garten mußte im Peristyl angelegt werden, da im allgemeinen sonst kein Raum zur Verfügung stand. Anlage und Elemente eines solchen Gartens waren nicht dem

Zufall überlassen, sondern durch einen jahrhundertealten, überlieferten Brauch bestimmt, einen Brauch, der sich seit undenklichen Zeiten aus den Bedürfnissen herleitete. Welches diese Gepflogenheiten und Bedürfnisse auch gewesen sein mögen, sie bildeten einen Teil des Volkserbes, das seinerseits bis in frühgeschichtliche Zeiten zurückreicht.

Einer von diesen frühesten Ursprüngen der Gärten war die gewöhnliche Dornenhecke, durch die der Jäger der Urzeit sich und seine Familie während des Schlafes vor wilden Tieren schützte. Dieser eingefriedete Bezirk entwickelte sich im Laufe der Zeiten zu einer Festung oder zu einer Burg, aber auch zu einem Garten. Als Hirte trug der Mensch – jedoch aus anderen Gründen – zu einer ähnlichen Entwicklung bei: die Einzäunung diente dazu, um ihn selbst vor seinen eigenen Herden zu schützen. In jedem Fall benötigte die Heimstätte – ob sie nun Hütte oder Höhle war – Wasser und Schatten, so daß man beide, Quelle und Baum, in den schützenden Gürtel einbezog. Für unzählige Generationen waren diese Einfriedigungen gleichbedeutend mit der Vorstellung von Sicherheit vor dem Feinde, von Schatten vor der Sonne, von Erfrischung nach Hunger und Durst, von Kühle nach der Hitze, von Geborgenheit nach Angst und von Schlaf nach Erschöpfung.

Ein ganz anderer Entstehungsgrund für die Anlage von Gärten liegt in dem Gefühl von Scheu und Ehrfurcht begründet, das den primitiven Menschen von gewissen Naturlandschaften eingeflößt wurde, ein geistiger Zustand, für den es keine genaue Bezeichnung gibt. Dieses Gefühl der Ehrfurcht veranlaßte den Menschen, den Geist an dem Ort zu verehren, an dem er von ihm berührt wurde. Zu solchen Plätzen kam der Mensch immer wieder zurück, angeblich um sich dem Geist mittels Opfer gefällig zu erweisen, tatsächlich aber, um jenes merkwürdige Gefühl zu genießen, ein der Furcht verwandtes Gefühl und doch eigentlich keine Furcht, sondern eine Empfindung der ›Zwerghaftigkeit‹, die dennoch der Erhebung nicht unähnlich war. Nicht nur die Wohnsitze großer Gottheiten waren die bedeutsamen Schauplätze dafür, sondern jeder kleine Fluß wurde mit der Zeit zur Versinnbildlichung einer Nymphe, und ein jeder Baum besaß eine ihm innewohnende Dryade. Wo ein solcher Geist lebendig war, stellte ein Garten nicht nur eine Zufluchtsstätte, sondern auch einen Tempel für die Gottheiten dar.

Diese beiden Gefühlsmomente – Freude an der Linderung der Bedrängnis sowie das Streben nach geistiger Erhebung – waren für den Menschen, der müßig sein konnte, die frühen weit zurückliegenden Ursachen, Gärten zu schaffen. Beide Gefühlsmomente sind, wenn auch verwandelt, in den Gärten von Pompeji gegenwärtig.

Das Peristyl im *Hause der Vettier in Pompeji* ist etwa achtzehn Meter lang und etwa zehn Meter breit. Als dieses Gebäude aufgedeckt wurde, hat man den geringen Spuren, die vielleicht manches über die Bepflanzung des offenen Raumes hätten aussagen können, nicht genügend Aufmerksamkeit geschenkt. Es fanden sich dort viele Bassins aus Stein, verzierte steinerne Wasserbecken und eine Anzahl kleinerer Statuen, die der Wasserleitung dienten. Es gab außerdem Marmortische, Hermessäulen und vermutlich – allerdings nicht nachweislich – auch Pflanzen. Da der umlaufende Portikus Schatten spendete, waren Bäume nicht notwendig; in einem der pompejanischen Gärten gibt es allerdings Spuren, aus denen hervorgeht, daß man Bäume gepflanzt hat, um ein hochgelegenes Fenster zu beschatten.

In Griechenland besaß das ganze Peristyl oft eine Pflasterung, die eine Bepflanzung verhinderte. Doch in Pompeji ist kein Grund vorhanden, daß man eine Bepflanzung nicht direkt in den Boden vorgenommen haben sollte; vielleicht dürfte die heutige Rekonstruktion doch richtig sein.

Das Ziehen von Pflanzen in geschlossenen Höfen dieser Art muß weitaus mehr einer Züchtung von Zimmerpflanzen geglichen haben, da nur Oberlicht vorhanden war und in den kleineren Höfen nur wenig Sorten geblüht haben können. Es ist tatsächlich so, daß eine kleine Pflanzschule entdeckt worden ist mit Reihen von bemalten Blumentöpfen, die verkauft wurden, um in den Peristylen aufgestellt zu werden oder um der Verwendung im Dachgarten oder auf Balkonen zu dienen. Aber Pflanzen machten wahrscheinlich nur einen kleinen Teil der Anziehungskraft des Peristyls aus, zumal es eher Raum als Garten war. Seinen Hauptreiz bildete die Ruhe, die Abgeschiedenheit, der Schatten und der Klang des rinnenden Wassers. Als Schmuck dienten die Statuen, die Brunnen und die bemalten Kapitelle des von Säulen getragenen Portikus.

Das häufige Fehlen von Gewächsen war eine ungewollte Notwendigkeit. Um sich für den Mangel an Pflanzen schadlos zu halten und einen Eindruck von Weite zu vermitteln, waren die Mauern des Portikus – beziehungsweise der Terrassen und der Räume, die sich nach dem Peristyl öffneten – mit Gartenszenen bemalt, und zwar in der Art, die wir heute als ›Illusions-Malerei‹ bezeichnen. Plinius berichtet, daß die Gewohnheit, diese Gartenwände zu bemalen, durch Tatius während der Regierungszeit des Augustus erfunden worden sei; sie ist jedoch viel älter, denn der Palast Salomons zeigte schon Ähnliches. Mehr als durch die rekonstruierten Peristyle gewinnen wir aus diesen Malereien eine ganz klare Vorstellung von dem, was ein vornehmer Römer jener Zeit unter einem Garten verstand.

Das Hauptmerkmal ist das erhöhte Beet. Es scheint, als habe man hauptsächlich in Beeten gepflanzt, die durch gemauerte Einfassungen von einem halben bis zu einem Meter Höhe zusammengehalten wurden. Diese Einfassungen waren in regelmäßigen Abständen ausgebuchtet, um Statuen oder Bassins aufzunehmen. Erhöhte Beete können aus verschiedenen Gründen angelegt werden: etwa um den Abfluß des Wassers zu fördern, um die Wurzeln vor Überspülung zu bewahren oder um – dies aber nur nebenbei – zu verhindern, daß die Einfassungen der Beete die Gartenwege beschmutzen. Ein

←
1 *Aus der Villa des Hadrian bei Tivoli*

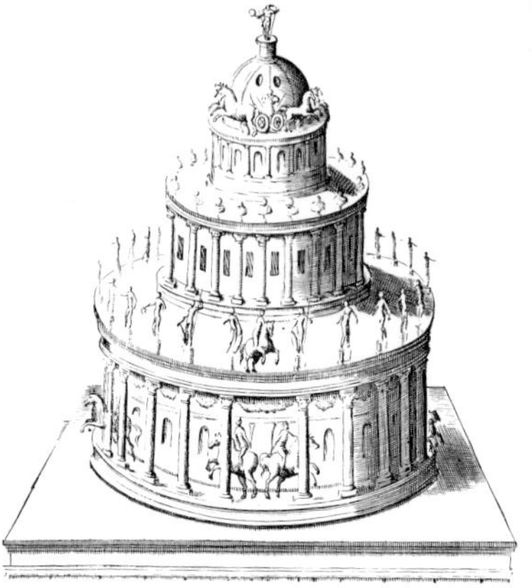

Rekonstruktionen der Renaissance nach Gärten aus der Alten Welt

2 *Grabmal des Hadrian*

3 *Mausoleum des Augustus*

anderer Vorzug war, daß man niedrige Gewächse dem Auge näher zu bringen vermochte, was deren Pflege ermöglichte, ohne sich bücken zu müssen; auch verschaffte man durch diese Anlage den Hängepflanzen an den Rändern einen Spielraum. Diese römische Gepflogenheit erklärt sich wahrscheinlich aus der Notwendigkeit, Mutterboden auf felsigem Grund zu beschaffen und dürfte nur in beschränktem Maße Anwendung gefunden haben. Einfassungsmauern boten dem Maler wesentliche Vorteile, denn sie ergaben eine scharfe natürliche Abgrenzung des architektonischen Rahmens gegen die Wand, deren freigebliebene Flächen er nunmehr mit Bäumen und Blumen bemalen konnte, als ob man über die Wand hinausblickte, ohne daß vom Maler die Aufgabe gelöst werden mußte, auf einer senkrechten Fläche die Fortsetzung einer horizontalen Ebene erscheinen zu lassen. Zuweilen machen diese Wände den Eindruck, als wären sie nichts anderes als Zierzäune mit Scheinöffnungen, die die dahinterliegende Bodenfläche in der gleichen Höhe mit der davorliegenden zeigen, wobei es allerdings nicht ganz klar ist, ob wir uns als ein- oder ausgeschlossen betrachten müssen, denn auf beiden Seiten sind Pflanzen gemalt. Die Fläche hinter dem Zaun oder der Mauer zeigt im allgemeinen das, was man heute als eine zwanglose Anpflanzung von Bäumen und Sträuchern in verschiedener Größe bezeichnen würde, die teils als Schmuck, teils wegen ihrer Früchte angepflanzt werden. Eine Ausnahme davon bildet ein Zaun aus Gitterwerk mit Bögen und offenen Pergolen in der gleichen Art, die mit Krügen und Vasen verziert sind. Der Hintergrund dieses letztgenannten Scheingartens ist mit einigen wenigen blühenden Pflanzen spärlich ausgestattet, und die Pergolen beginnen mit Reben berankt zu werden.

Diese Gärten waren sehr gekünstelte kleine Anlagen und zeigen den kleinen umzäunten Stadtgarten in einer Form, die wohl Änderungen, nicht aber eine Weiterbildung zuließ. Die nächste Stufe der Entwicklung des Gartens in einer Stadt mit engen Straßen und der Ansammlung von Gebäuden wies zur Höhe hin. Wie in einem dichten Wald, in dem das Leben, das sich sonst auf dem Boden ausbreitet, nach einer anderen Richtung streben muß, und Blumen, Reptilien und kleine Säugetiere Wipfelbewohner werden, so suchen die Gärten in den Städten das Licht und klettern empor zu den Balkonen und den Dachfirsten. Es gibt Beweise für Dachgärten in Pompeji. Auch im enger gebauten Rom waren später die meisten der Gärten Dachgärten.

Diese pompejanischen Stadtgärten, reizvoll und in ihrer Art vollendet, konnten keinen direkten Einfluß auf die spätere europäische Gartenkunst ausüben, denn sie lagen unter Asche begraben. Stattdessen waren es die Gärten der römischen Villen mit ihren noch vorhandenen, Sehnsucht erweckenden kleinen Höfen, die die Grundlagen für die Renaissanceentwürfe abgaben.

Unsere Kenntnisse von römischen Villengärten verdanken wir weitgehend Plinius dem Jüngeren. Auch er war mit Pompeji verbunden. Sein Onkel, der berühmte Polyhistor, war Admiral der Flotte in Misenum. Als der Vulkanausbruch begann, ruderte er selbst über die Bucht von Neapel, um dem Ereignis näher zu sein. Er lud seinen damals achtzehnjährigen Neffen ein, ihn zu begleiten, aber glücklicherweise las der junge Mann gerade den Livius und lehnte ab; hätte er dies nicht getan, so wäre vielleicht die Geschichte der westlichen Gartenkunst anders ausgefallen, denn sein Onkel kehrte nicht zurück. Plinius der Jüngere war ein wohlhabender, wissensdurstiger Mann und dazu ein Gourmet. Er befaßte sich auch mit Rechtswissenschaft, war Senator, wurde unter Trajan Statthalter von Bithynien und Portus und schrieb viele Briefe an seine Freunde. Während viele der Bücher des großen Historikers – dessen Werke er ruhig las, als Pompeji und Herculaneum jenseits der Bucht untergingen – für uns verloren sind, vermochten die Briefe des »wohlerzogenen, kultivierten, untadelhaften Edelmannes« zu überleben.

Ähnlich den kleinen Stadtgärten, waren auch die Villengärten griechischen Ursprungs. Die Griechen waren ein geselliges und die Stadt liebendes Volk mit einem starken Gemeindesinn; sie waren ›Schwätzer‹, stetige Debattierer und wie alle Demokraten an den Angelegenheiten anderer viel mehr als an den eigenen interessiert – kurzum ein Volk, welches das öffentliche Leben als viel wichtiger als sein eigenes, privates erachtete. Sie liebten es, auf den Straßen und auf den Marktplätzen zu reden, und schließlich entwickelten sie auch die Gärten, um darin miteinander reden zu können. Sie hatten auch eine Vorliebe für leichtathletische Wettkämpfe, und es gelang ihnen oft, diese beiden Neigungen an einem und demselben Ort, der die Eigenschaften eines Sportplatzes, eines Tempels und eines Kaffeehauses in sich vereinigte, zu ihrem Recht kommen zu lassen. Die Namen dieser Orte sind noch heute bei uns in Gebrauch: doch ›Akademien‹ und ›Lyceen‹ – bei uns heute Schulen oder Lehrstätten – waren ursprünglich viel mehr als das. Wir besitzen keinen Grundriß der ersten Akademie, kennen aber ihre Geschichte, die bezeichnend für viele der über die ganze griechische Welt verstreuten Gymnasien ist; die Akademie war zu Anfang ein Altar oder heiliger Hain – einem unbekannten Helden Akademos gewidmet –, zu dessen Ehren Spiele abgehalten wurden.

Diese Spiele selbst waren ein religiöses Fest. Da aber die Wettspiele häufige Übungen erforderten, so wurde es gebräuchlich, diese auch in den Hainen abzuhalten und dort zu trainieren. Der schwatzende Athener fand hier allerhand zu beobachten und zu kritisieren, während er im Schatten der heiligen Bäume der Ruhe pflegte. Für die Zuschauer waren Sitze sowie eine gedeckte Wandelhalle bei schlechtem Wetter vorgesehen. Der nächste Schritt war ein Gebäude, in welchem die Spiele bei Bedarf unter Dach abgehalten werden konnten. Bäder folgten und benachbarte Grundstücke und Altäre wurden einbezogen. Weitere Spiele ehrten andere Helden oder sogar selbst die hohen Götter, und Herkules, Hermes, Hephästus, Prometheus und Zeus hatten ihre Feste. Auf diesen öffentlichen Plätzen führten die Philosophen ihre Gespräche. Hier war es, wo Plato zuerst lehrte, und als er später seine Schule auf ein ihm gehörendes Grundstück neben dem Gymnasium verlegte, nannte er es immer noch die ›Akademie‹.

Dies alles war nicht nur der Anfang des öffentlichen Parks mit seinen mit Bäumen gesäumten Promenaden, seinen Sitzgelegenheiten und seinen Spielplätzen, sondern auch der Beginn öffentlicher Anlagen und Einrichtungen, die eine Art von gesellschaftlich-sozialem Zentrum bildeten; im Gymnasium von Athen befand sich das Museum und in jenem von Syrakus das Odeon. Die Griechen waren Meister der Synthese, und ein Ort wie die Akademie wurde alles in einem, das, was beispielsweise heute in London Hyde Park Corner, Regent's Park, die Festival Hall, das British Museum, White City und Westminster Abbey sind. Der kultische Ursprung verschwand niemals ganz, obgleich nur eine durch die materiellen Spuren erzeugte Aura verblieb. Der ursprüngliche Altar beherbergte vielleicht ein Grab, eine Statue oder eine Graburne. Später wurden die Sieger der Spiele dadurch geehrt, daß man ihre Statuen neben denen der Heroen errichtete; damit jedoch waren die wesentlichen Charakterzüge des klassischen Gartens fixiert.

Die volle Entwicklung der heimischen Künste hätte eine reiche Aristokratie, die in der Prunkentfaltung wetteiferte, erfordert; die Gleichmacherei der Griechen jedoch tendierte dazu, jeden herabzusetzen, der Anzeichen von Reichtum und Macht zeigte. Die Städte waren klein und in ihrer Ausdehnung begrenzt. Für die Entwicklung von verschwenderischen privaten Gärten waren selten die Voraussetzungen vorhanden, und was es auch an verfeinertem Lebensstil in einer vornehmen Villa auf dem Lande vor den Perserkriegen gegeben haben mag – vermutlich nichts! –, das würde durch diese einen starken Rückschlag erlitten haben. Nach der Beseitigung der asiatischen Gefahr bestand zwar die Möglichkeit für die Entfaltung des Geschmacks an einem luxuriösen Leben auf dem Lande und vor der Stadt, doch wurde sie durch die Peloponnesischen Kriege zerstört, die das Land zwischen den Städten, in denen ein solches Leben sich hätte abspielen können, in ein verwüstetes Niemandsland verwandelten. Die feste Hand Alexanders und seiner Nachfolger in Mazedonien und später der Römer, gab den Griechen einen Grad von politischer Stabilität, zu der sie selbst niemals fähig gewesen wären. Aus diesen eigenartigen Bedingungen entwickelte sich eine vom Wohlleben des Ostens stark geprägte Lebensart. Doch welchen Luxus der Osten auch immer den Griechen gelehrt hat, er fand seinen Niederschlag in ihren Säulenhöfen oder öffentlichen Gärten.

Die Römer, von den unsteten seefahrenden Griechen grundverschieden, waren dem Lande verschrieben. Der Überlieferung nach waren sie zu Bauern gewordene ›Räuber‹, die die Merkmale beider Berufe während ihrer ganzen Geschichte beibehielten. In ihrem Wesen war die Liebe zum Boden tief verwurzelt, so daß ihr Hunger nach Hektaren – obwohl sie aufgehört hatten, Bauern zu sein – sie dazu trieb, riesige Staaten aufzubauen. Sie verstanden sich auf das Land, kannten dessen verschiedene Beschaffenheit, wußten, was es hervorbrachte, und es blieb ihnen immer wichtiger als den stadtliebenden Griechen. Aber, und das mag eine Hauptquelle ihrer ausdauernden Kraft gewesen sein, es mangelte den Römern als Emporkömmlingen, die sie immer geblieben sind, an Selbstvertrauen, um große Erneuerer der Künste werden zu können. Da sie andere als Vorbild ansahen und diese so weit wie möglich nachahmten, entwickelten sie durch die ihnen innewohnenden Kräfte wohl etwas Neues, es war jedoch immer nur etwas ›herkömmlich‹ Neues. Auf diese Weise pflanzen sich Kulturen fort. Zur Zeit als Rom noch ein habgieriger, um die Vormacht über Italien kämpfender Stadtstaat von Banditen und Verbannten war, und als der Konflikt mit Karthago noch tobte, war es an den friedlichen Künsten nicht interessiert und gab sich keine eigenen Vorbilder. Es wurden stattdessen etruskische Formen übernommen, ohne Zweifel, weil die Etrusker ein höher entwickeltes Volk waren, das zuerst Nachbar, dann für gewisse Zeit Lehrmeister und schließlich ihr unterworfener Verbündeter wurde. Aber sobald Rom genügenden Reichtum gesammelt hatte und frei genug war, daß sich der Übergang aus einem ›heroischen‹ Zeitalter in ein zivilisiertes vollziehen konnte, wurde Etrurien vergessen, das phönizische Karthago entschieden verworfen und die klare, strahlende Kunst der Griechen als Vorbild übernommen. Naturgemäß waren daher die Gärten, als sie in Rom aufkamen, in ihrer äußeren Gestaltung griechisch.

Aber obwohl die äußere Form des Gartens sich griechisch gab, war es der ihm innewohnende Geist nicht. Cicero, eine souveräne Persönlichkeit, die zur Ironie neigte, schreibt: »Und was sagte Cicero?« ... »Er sprach griechisch« ... mit seinem Kreis von hellenophilen Intellektuellen und ahmte das nach, was sie für die Gärten der griechischen Philosophen hielten. Aber selbst Cicero und seine Freunde zweifelten, ob die Zeit für eine solche Lebensweise reif sei. Wenn wir den Dingen auf den Grund gehen, müssen wir feststellen, daß die Gärten der Villen des Cicero nicht das sein konnten, was die Akademie und das Lyceum waren, denn ihre Entstehungsgeschichte erweist sich als grundverschieden. In welcher Villa des Cicero befand sich als Mittelpunkt ein heiliger Hain, der wirklich geheiligt – eine Stätte der Gottesverehrung – war? Cicero hätte sie wohl anlegen können, aber es wäre kaum das gleiche geworden. Wo gab es hier Götter und Heroen, auch wenn deren Statuen die Wege säumten? Statuen waren zwar vorhanden, denn Ciceros Freund Atticus hatte ihm viele Schiffsladungen davon aus Griechanland gesandt, aber die Götter selbst konnte Atticus nicht senden. Wo gab es die zu Ehren der Helden abgehaltenen Spiele? Es gab wohl Gebäude, die man ›Gymnasium‹ und ›Palästra‹ nannte, aber Cicero und seine Freunde teilten nicht die Freude der Griechen am Spiel und an der Bewegung des menschlichen Körpers, und niemals vergnügten sie sich mit Hochsprung und Diskuswerfen oder ermutigten andere dazu, dies zu ihrem Vergnügen zu tun. Das Gymnasium war nur dem Namen nach dasselbe und in keiner Beziehung sonst. Dies alles hätte sozusagen eine unfruchtbare Nachahmung ergeben, wenn sie das Unbegreifbare des griechischen Geistes nicht durch eigenes römisches Fühlen ausgeglichen hätten. Daher waren die Akademien des Cicero – in fast jeder seiner zahlreichen Villen befand sich eine – nicht dem Akademos geweiht, sondern der ›Idee‹ von Griechenland. Wenn auch keine nackten Athleten mehr in den weiten Räumen Kurzweil trieben, so gaben die weiten Flächen der Anlage den Römern ein sinnliches Behagen, das dem Griechen vermutlich fremd war. Die Alleen spendeten den Griechen Schatten, in dem sie sich ergehen und angenehm unterhalten konnten. Der Unterhaltung wegen begaben sie sich dorthin und nicht wegen des Vergnügens am Schatten. Für die Römer dagegen war es das schöne Wachstum der Bäume, die Kontraste im Laub und das Gefühl der Kühle und der Ruhe, kurzum das Vergnügen, das ihrem bukolischen Geschmack entsprach. Die Urnen, Statuen und Namen, die die Römer von den Griechen entliehen haben, sind Zeichen ihrer Bewunderung für eine höhere Lebensform. Als sie diese übernahmen, wollten sie etwas aufbauen, was sie persönlich nie gekannt hatten. Wie Schauspieler spielten sie dabei ihre Rolle und errichteten hierfür Szenerien, die den damals modisch-antiken Chic besaßen. Diese Gärten waren nicht griechisch und konnten es auch nicht sein, denn der italienische Himmel war kein griechischer Himmel, und die griechische Landschaft war im Vergleich zur italienischen dünn besiedelt, dürr und arm. Sie konnten also nicht griechisch sein, aber sie waren, was man nur begrüßen kann, durchaus römisch.

Der moderne Geist kann die römische Villa nur schwer erfassen. Vor allen Dingen muß man an den unermeßlichen Reichtum ihrer Besitzer erinnert werden. Es wird behauptet,

Gartenfresko aus dem Haus der Livia aus Prima Porta bei Veji, um 30 v. Chr.
Rom, Thermenmuseum

daß nur sechs Menschen über die Hälfte des römischen Afrika ihr eigen nannten. Cicero ist als Eigentümer von siebzehn Villen bekannt, und die Zahl der Sklaven eines römischen Edelmanns zur Zeit des Kaisers Nero mag wohl fünftausend überschritten haben. Eine Villa war nicht einfach ein einzelnes Haus, sondern vielmehr eine Gruppe von Gebäuden, die wir nicht getrennt vom Anwesen, in dem sie sich befand, betrachten dürfen, denn das Ganze war die Villa, selbst wenn die Gebäude nicht unbedingt ein zusammenhängendes geordnetes Ganzes darstellten. Vermutlich war dies selten der Fall, und aus der Ferne sahen sie eher einem Dorfe als einem englischen Herrensitz des 18. Jahrhunderts oder einer Villa der Renaissance ähnlich. Selbst als das Villengebäude eine bewußte Nachahmung des griechischen privaten Gymnasiums wurde – gesellschaftlicher Mittelpunkt und Versammlungsort für Philosophen – kopierte man immer wieder das Zufällige einer solchen Gruppe von unzusammenhängenden Gebäuden, bis daraus so etwas wie eine traditionelle Form entstand.

Die Villen, die Plinius der Jüngere beschreibt, sind zwanzig oder dreißig Jahre später als die Gärten der Vettier entstanden. Wir wissen nicht, wie viele solcher Stätten Plinius besaß: eine am Meer bei Laurentum, andere in Tusculum, in Tibur, in Praeneste, mehrere in Como, einschließlich von zweien, von denen er eine ›Tragödie‹ nannte, weil sie hoch auf einem Felsen, und die andere ›Komödie‹, weil sie unten am Seeufer gelegen war, und endlich sein bevorzugtes Heim: die ›Tuskische Villa‹ am Fuß des Apennin.

Die *Villa bei Laurentum* war der Wochenendaufenthalt für den im über hundert Kilometer entfernten Rom emsig tätigen Geschäftsmann. Er berichtet: »Mein Haus dient dem Gebrauch und nicht dem Prunk ... Der Garten enthält hauptsächlich Feigen- und Maulbeerbäume, für die dieser Boden besonders günstig ist. Hier befindet sich ein Speisezimmer, von dem man – obgleich es von der See weit entfernt ist – eine Aussicht hat, wie sie nicht schöner sein kann. Hinter diesem

Raum befinden sich zwei Zimmer, deren Fenster auf den Eingang des Hauses und auf einen gut ausgestatteten Gemüsegarten schauen. Darauf kommt man in eine Art von Kreuzgang, von dem man meinen kann, daß er für die Öffentlichkeit bestimmt ist. Er hat eine Reihe Fenster auf jeder Seite; bei schönem Wetter öffnen wir sie alle, und wenn der Wind weht, schließen wir jene der Windseite und sind völlig geschützt. Diesem Säulengang gegenüber liegt eine vom Duft der Veilchen erfüllte und vom Widerschein der Sonne erwärmte Terrasse. Ein wirklich erfreulicher Platz im Winter und noch mehr im Sommer, denn dann wirft der Portikus am Vormittag Schatten auf die Terrasse, während wir uns am Nachmittag in seinem Schatten auf der Übungsbahn oder in dem anstoßenden Teil des Gartens ergehen können.« Dieser ganze Teil der Küste war so reizvoll mit Einzelvillen oder Reihen von Villen bestanden, daß er einer Schnur von Ortschaften glich. Die Gärten waren weder weitläufig noch aufwendig in der Architektur, sondern hatten unverkennbar nur den einen Zweck, das Vergnügen und die Bequemlichkeit ihrer Besitzer zu vermehren.

Ein weitaus vollständigeres Bild von einem viel eindrucksvolleren Besitz entwirft Plinius der Jüngere in einem Brief, in dem er seine *Villa in der Toskana* beschreibt: »Die Luft ist im Winter scharf und frostig, so daß Myrthen, Oliven und Bäume, die Wärme verlangen, hier nicht wachsen. Der Lorbeer gedeiht und ist auffallend schön, obgleich er hin und wieder durch die Kälte vernichtet wird – das allerdings nicht öfters als in Rom. Der Sommer ist sehr gemäßigt, ständig weht eine frische Brise, selten starke Winde ... Die Landschaft ist sehr schön. Stellen Sie sich ein riesiges Amphitheater vor von einer Größe, wie sie nur die Natur hervorbringen kann. Vor Ihnen liegt eine weite Ebene, von einer Kette von Bergen umschlossen, deren spitze Gipfel mit alten hohen Wäldern bedeckt sind, in denen es eine Fülle aller Arten von Jagdwild gibt. Die unteren Abhänge der Berge sind mit Unterholz auf derartig reichem Boden bewachsen, daß hier kaum ein Stein zu finden ist ... Noch weiter unten am Berghang erstreckt sich eine zusammenhängende Fläche von Weinbergen, die durch einen Gürtel von Sträuchern ihren Abschluß findet. Dann erblicken Sie dort Wiesen und die offene Ebene ... Sie würden entzückt sein, wenn Sie von einem der benachbarten Berge auf das Land hinabschauen könnten. Sie würden meinen, eine Phantasielandschaft eines großen Künstlers zu betrachten, denn wohin das Auge auch blickt, trifft es auf eine harmonische Vielfalt von schönen Dingen. Von meinem Hause hat man eine so schöne Aussicht, als ob es auf der Kuppe des Hügels stünde. Man nähert sich ihm in so sanftem Ansteigen, daß man sich oben befindet, ohne gewahr zu werden, daß man hinaufgestiegen ist. Hinten jedoch, in beträchtlicher Entfernung, liegt der Apennin, von dem uns auch an den stillsten Tagen eine kühle Brise erreicht! Der größte Teil des Hauses blickt nach Süden, und man genießt dort im Sommer die Nachmittagssonne, wohin sie auch im Winter – allerdings viel später – scheint. Vor der Front liegt ein breiter und verhältnismäßig langer Säulengang und davor eine Terrasse, mit Buchs und mit Sträuchern, die in verschiedenen Formen geschnitten sind, eingefaßt. Von dieser Terrasse gehen Sie einen bequemen Abhang zu einem Rasenplatz hinunter, und an jeder Seite des absteigenden Weges befinden sich Tierfiguren aus Buchs, die einander gegenüberstehen. Dann kommt man an einen Lustgarten mit breitblättrigem Akanthus. Auch hier gibt es einen mit geschnittenem Buschwerk eingefaßten Weg und weiterhin einen ovalen Platz, gesäumt mit Buchshecken und Zwergbäumen.«

Aber der Teil dieses Besitztums, der Plinius die größte Freude bereitete, war das Hippodrom; wahrscheinlich eine offene Rasenfläche, die nach einer Seite hin in einem Halbkreis von Platanen endete, die mit Efeu berankt waren, »damit auch – während die Kronen in eigenem Grün prangen – die Stämme sich eines entliehenen Grüns erfreuen und der Efeu, sich um Stämme und Zweige windend, Baum mit Baum verbindet«. Hinter dieser Mauer von Grün befanden sich Zypressen-Haine, »dunkel mit dichten und düsteren Schatten«; dazu kontrastierten – sorgfältig abgewogen – geschwungene Alleen, von Sonne überflutet. Längs der Pfade wuchsen Rosen, und kühler Schatten wechselte wohltuend mit heller Sonne. Der Gesamteindruck war der einer ausgedehnten Schonung, einer Anpflanzung von Bäumen, in der sich eine Anzahl kleiner Gärten verbarg. »An einer Stelle befindet sich eine kleine Rasenfläche, an einer anderen ist der Buchsbaum in Gruppen verteilt und in tausend verschiedenen Formen beschnitten; zuweilen in Buchstaben, die den Namen des Besitzers oder die Unterschrift des Künstlers, der ihn beschnitten hat, wiedergeben, während hier und dort kleine Obelisken, die mit Äpfelbäumen abwechseln, aufgerichtet sind.« Inmitten all dieser eleganten Regelmäßigkeit traf man plötzlich auf etwas, was anscheinend eine Art verwilderter Garten – eine Wildnis – war, voller »unbekümmerter Schönheit der Natur«.

Am oberen Ende dieser Anlage befand sich eine halbkreisförmige Bank aus weißem Marmor, von Reben beschattet, die sich um vier kleine Säulen aus Marmor rankten. Aus mehreren Rohren sprudelte Wasser in eine steinerne Zisterne, um von hier in ein schön poliertes Marmorbassin weiterzufließen, so angelegt, daß es, ohne überzulaufen, ständig voll war. »Wenn ich hier zu Abend speise, werden die Platten mit Gabelbissen und die größeren Schüsseln rund herum auf den Rand gestellt, wogegen die kleineren darin wie kleine Schiffe oder wie Wasservögel herumschwimmen.« Über diesen ganzen Teil des Gartens waren Marmorsitze verstreut, »die zum Ausruhen dienen, wenn man vom Spaziergang ermüdet ist«, und neben diesen Sitzen befanden sich Springbrunnen.

Dies alles war grundverschieden von den öffentlichen Gärten in Griechenland oder den halböffentlichen Gärten der griechischen Philosophen. Die Form ist da, sie ist jedoch jetzt von einem ganz anderen Geiste erfüllt. Plinius behauptet übrigens nicht, ein griechischer Philosoph zu sein. Er diskutierte nicht über Ethik, während er sich zwischen Platanen erging und setzte die Begleitung eines Freundes durchaus nicht voraus. Nichts deutet auch darauf hin, daß er sich in Gesellschaft befand, wenn er am Marmorbassin zu Abend speiste. Er spielte tatsächlich nicht länger den Griechen, sondern lebte und unterhielt sich ganz einfach, wie es zu dieser Zeit jeder sehr vermögende römische Edelmann für selbstverständlich hielt. Selbst sein gärtnerischer Geschmack hatte viel von dem griechischen Gehabe verloren. Es waren mehr grüne Flächen in diesem toskanischen Hippodrom vorhanden, als vermutlich jemals in einem griechischen Gymnasium. Und was noch bemerkenswerter ist: die Statuen sind verschwunden. Ohne Statuen und ohne Urnen ist viel von der Atmosphäre des klassischen, heiligen Haines verlorengegangen. In all seinen Briefen erwähnt Plinius nur einmal eine Statue, und dabei handelte es sich um eine antike Bronze eines verbrauchten, ausgemergelten alten Mannes, die er gekauft und der Stadtgemeinde seines Geburtsortes Como geschenkt hatte. Was finden wir an Stelle der Statuen? Beschnittene Gewächse!

Die Kunst des Beschneidens der Bäume wurde zuerst von einem Freunde des Augustus, Gajus Martius, zur Anwendung gebracht; vor der Kaiserzeit gibt es noch keine Anzeichen dafür. Diese Kunst war augenscheinlich nicht genügend kultiviert worden oder entsprach nicht genügend der Mode, um in den illusionistischen Gartenfresken von Pompeji geschildert zu werden. Es ist aber wahrscheinlich, daß zur Zeit von Plinius diese Kunstfertigkeit in der toskanischen Villa einen außergewöhnlichen Höhepunkt erreichte. So amüsant das Frisieren der Baumarchitekturen oft sein mochte – Seeschlachten in Buchs, Hetzjagden mit Meuten, Reitern und allem was dazu gehört, die Namen der Besitzer und sogar jene des Künstlers dieser Figuren in sorgfältig beschnittenem Immergrün –, so waren es dennoch keine Gartenformen, die sich dem feineren attischen Geschmack empfohlen hätten.

Unabhängig von ihrem Neuigkeitswert und ihrem Reiz ist die Kunst des Beschneidens von Bäumen und Buschwerk auch insofern von Interesse, als sie eine Verbindung zwischen Architektur und Laubwerk schuf. Das Aufkommen dieser Kunst ist jedenfalls ein Zeichen dafür, daß man mehr denn je die Möglichkeiten, die die Gartenanlage bot, erkannte. Wo gab es vorher eine Aufzeichnung über eine wohlüberlegte Verwendung von Laubwerk wie im Hippodrom des Plinius? Wo hat man vorher das berechnete Wechselspiel von Sonnenlicht und Schatten erwähnt? Wo finden wir die bewußte Beziehung des ganzen Gartens zu dem weiten Amphitheater, »so wie nur die Natur es erschaffen konnte«, und das doch so angelegt ist, daß »man meinen könnte, eine Phantasielandschaft eines großen Künstlers zu betrachten«? Wo finden wir vorher den gewollten Kontrast zwischen einem wilden und einem kultivierten Garten? Es liegt auf der Hand, daß wir es jetzt mit einer Kunst zu tun haben, die schon lange mündig geworden war und jetzt ihre Entfaltungsmöglichkeit mit der Frische einer ersten Reife entdeckt hat.

Die Gärten der toskanischen Villa des Plinius waren nichts Außergewöhnliches. Zweifellos gab es zu seinen Lebzeiten Gärten, die noch viel größer und aufwendiger waren. Nach den Ruinen der Villa des Domitian zu urteilen, müssen seine Gärten von gewaltiger Ausdehnung gewesen sein, und das ›Goldene Haus‹ des Nero bedeckte mehr als fünfzig Morgen in Rom selbst. Es ist eigentlich nur ein Zufall, daß gerade die Einzelheiten über die Gärten des Plinius uns erhalten geblieben sind, während vieles, was viel größer war, ohne Nachhall untergegangen ist.

Der römische Garten entsprach genau dem, was ein reicher Grundbesitzer, der einer sehr vermögenden und gefestigten Gemeinschaft angehörte, aus einer griechischen Idee machen konnte. Er ist regelmäßig geworden und hat eine persönliche Note bekommen. Die Form eines öffentlichen Gartens ist geblieben, aber es gibt hier keine lärmenden Spiele, keine Wettkämpfe und keine Streitgespräche mehr. Es ist jetzt vielmehr ein Ort, wohin der müde Geist sich von solchen Dingen zurückziehen kann, um dort Ruhe und Erquickung zu finden. Zu den Hauptmerkmalen der Gärten des Plinius gehört, daß sie dem Menschen Erholung verschaffen. Hören wir ihn noch einmal dazu persönlich in einer kurzen Nachricht an einen Freund: »Wie steht es mit Como, Ihrem und meinem bevorzugten Aufenthalt? Was wird aus der freundlichen Villa, dem ewigen Frühling des Portikus, dem schattigen Platanenhain, den kristallenen Kanälen, die sich so angenehm an den blühenden Ufern entlangziehen, mit dem bezaubernden See, der sowohl nützlichen Zwecken wie gleichzeitig der Schönheit dient? Was haben Sie mir zu sagen über die Allee, über das nach allen Seiten dem vollen Sonnenschein ausgesetzte Bad, den Gesellschaftsraum, das private Speisezimmer und all die eleganten Räume, die angelegt wurden, um sich dort bei Tag und bei Nacht der Muße und Stille zu erfreuen? ... Überlasse anderen, mein Freund – es ist höchste Zeit –, das niedrige und selbstsüchtige Alltagsleben, und mache Dich frei, um in diesem sicheren und behaglichen Zufluchtsort Deinen Studien zu leben!«

Gärten der Renaissance in Italien

Die italienische Gartenkunst ist viel leichter zu verstehen, wenn man sie in drei Hauptperioden gliedert. Die erste – zwischen 1450 und 1503 – beginnt mit den Schriften Albertis und endet mit Bramantes Plan für das Belvedere in Rom. Die zweite – sie ist kurz und blendend – erstreckt sich von 1503 bis 1573, von der Schöpfung des Belvedere bis zum Tode Vignolas, und die dritte – ein langsamer Verfall – reicht von 1573 bis 1775, als mit Caserta, dem Besitz der Könige von Neapel, der italienische Garten sein Ende fand. Eine solche Aufteilung hat keinen größeren realen Wert als jede andere Einteilung in Zeitabschnitte. Dennoch ist sie von Nutzen, wenn man sie nicht zu engherzig auslegt und als aufschlußreich für die wesentlichsten Unterschiede betrachtet. Es dürfte allerdings andererseits auch nicht schwer fallen, für jede Periode Beispiele zu finden, die zugleich für die eine oder andere charakteristisch sind.

Der erste unter den Modernen, der Grundsätze zur Gartengestaltung festlegte, war der Architekt Leon Battista Alberti. Alberti, ein Venezianer, wurde, wie so viele talentierte Menschen in Italien, in den Kreis um Cosimo de' Medici hineingezogen und damit dem Geiste nach zum Florentiner.

Es ist sicher, daß von Florenz die Initiative ausging. Im gleichen Maße wie der Reichtum und die Macht der Handelsstadt wuchsen, breiteten sich auf den Hängen der Hügel Villen aus, die die Merkmale, die auf ihre Herkunft von der Burg hinwiesen, abzustreifen begannen. Die Plätze wurden nicht mehr nach dem Gesichtspunkt der Sicherheit ausgesucht – obgleich man diese zu Beginn nicht außer Acht gelassen hat –, sondern vor allem wegen der Aussicht. Diese Gärten, die zur Außenwelt hin geöffnet waren, unterschieden sich völlig vom Geist der Gärten der heiligen Stätten, und ihre Anlage war völlig neuartig. Man findet wohl noch kleine eingefriedete Teile innerhalb des Gartens, um darin Haine zu pflanzen und Lauben und Grotten zu errichten; weil diese Einfriedungen jedoch in überraschendem Kontrast zu den Durchblicken längs der Alleen und den weiten Ausblicken auf die toskanische Landschaft standen, gewannen sie an emotionaler Intensität und vergrößerten daher die Möglichkeiten des Gartengestalters beträchtlich. Der mittelalterliche Garten war im Grunde ein Viereck, das durch Wege – oft mit Pergolen bedeckt – in weitere Vierecke aufgeteilt wurde. Um einen solchen Garten zu genießen, durchquerte man diese Tunnels von grünem Laub und warf verstohlene Blicke auf die dazwischen liegenden Vierecke. Selten konnte man größere Gartenflächen mit einem einzigen Blick erfassen, und solche Ausblicke hatten etwas von einer Sicht durch ein Kanonenrohr. Der erste Schritt, einen Garten zu ›öffnen‹, bestand darin, ihn auf einem schrägen Hang anzulegen, so daß es möglich wurde, über die ihn umgebende Mauer hinauszublicken. Der zweite Schritt war die Umwandlung der überwachsenen Laubengänge in nach oben offene Wege, so daß das Auge diesen bis ans Ende und noch weiter folgen konnte. Als das Auge sich erst einmal angewöhnt hatte, mehr nach außen als in das Garteninnere zu blicken, wurde der viereckige Grundriß aufgebrochen. Die Wege, die zu Ausblicken führten, dehnten sich schließlich aus, während jene ins Innere kürzer wurden.

Dennoch liegt das eigentliche Charakteristikum eines Renaissancegartens nicht in seinen gegenständlichen Einzelheiten, sondern vielmehr in der Lebens- und Geisteshaltung seiner Schöpfer. Der Garten war nicht mehr ein nachträglicher Einfall, der neben den Gebäuden an irgendeinem Platz, der zweckentsprechend schien, ›eingepaßt‹ wurde, sondern man hat ihn als einen wesentlichen Teil des Gebäudes geplant, und er trug damit zu jener Atmosphäre bei, die ein kultivierter Mensch für sein Heim anstrebt; er war das Ergebnis von Überlegung und Berechnung. Doch war eine so reine, so persönliche und so kultivierte Auffassung nicht Allgemeingut, und die Zeitspanne, in der wir sie verfolgen können, war sehr kurz. Cosimo de' Medici und sein Enkel Lorenzo genossen ihre Gärten zusammen mit ihren Freunden, gelehrten Männern von Geschmack. In dieser Hinsicht waren ihre Gärten denen des Cicero nicht unähnlich – trotz der Verschiedenheit der Ausführung. Aber diese urbane Haltung war von kurzer Dauer, die überschäumende Vitalität der Renaissance durchbrach die Herrschaft der Lebensart und Umgangsformen und gab der Entwicklung des Gartens schließlich eine ganz andere Richtung.

In seinem Werk ›De re aedificatoria‹ beschreibt Alberti, wie ein Garten beschaffen sein sollte und nimmt die Gärten des jüngeren Plinius zum Vorbild. Es ist nicht weiter verwunderlich, daß die Urbanität der kultivierten Römer den gerade neu erwachten Geist gefangen genommen hat. Bewunderung für ein ausgewogenes Verhältnis in der Bepflanzung war das Kennzeichen des Kreises um Cosimo de' Medici. Was Alberti über den Bau der Villa schrieb, galt ebenso für den Garten: »Der Architekt muß genau den Sinn für gute Proportionen und Regelhaftigkeit wahren, damit nicht die erfreuliche Ausgewogenheit des Ganzen über dem Reiz von einzelnen Teilen verlorengeht.« Überhaupt sind harmonische Verhältnisse anzustreben. Der Erbauer eines Hauses sollte versuchen, für das Gebäude ein Ambiente zu schaffen: Spiegel der Persönlichkeit eines idealen Gastgebers und Ausstrahlung der Atmosphäre eines wohlgelaunten Willkomms. Das Haus sollte ferner auf einer Anhöhe liegen, so daß eine schöne Aussicht gewährleistet ist. Der Zugang habe dennoch bequem über leicht geneigte Hänge zu erfolgen, damit keine Anstrengung beim Steigen notwendig ist. Jede düstere Note ist zu vermeiden, ebenso eine bewußt poetische Melancholie, wie wir sie später im 17. Jahrhundert finden. Wenn tiefe Schatten auftreten, dann nicht um der ihnen eigenen Düsterkeit willen, sondern nur als Hintergrund für das Licht.

Soviel über das Grundsätzliche. Die Details haben sich dem Ganzen je nach Geschmack des Gartengestalters einzufügen. Es sollen ferner Portikus, Pergolen und Grotten aus Tuff vorhanden sein. Ziertöpfe können zum Anpflanzen von Blumen verwendet werden. Buchstaben, die den Namen des Besitzers bilden, sind in Buchsbaum geschnitten. Nur Buchs und Rosmarin haben zur Einfassung von Beeten zu dienen. Fließendes Wasser ist wünschenswert und es ist besonders schön, wenn es unerwartet aus irgendeiner mit farbigen Muscheln verzierten Grotte hervorquillt. Lorbeer, Eibe und Zypresse – durch Efeu miteinander verbunden – sind zu empfehlen. Doch müssen Obstbäume getrennt im Gemüsegarten gehalten werden. Einige lustige Statuen kann man gestatten. Kreise und Halbkreise sind ein ausgezeichnetes architektonisches Element, man sollte sie in die Gärten wieder aufnehmen.

Dies alles scheint nicht nur eine Wiederholung von Plinius zu sein, obgleich fast nichts von dem fehlt, worüber Plinius schrieb. Tatsächlich sind diese Vorschriften aber eine Mischung von Klassischem und Mittelalterlichem. Die Anhöhe, das Hervorheben der Aussicht und der Bequemlichkeit des Anstieges sind zwar Gedankengut des Plinius, ebenso wie auch die mit Efeu berankten Bäume. Der Portikus ist klassisch wie der Tuff und die Muschelgrotten. Dagegen ist die Pergola von alters her gewohnt und fast so alt wie der Anbau der Weinrebe. Auch die Ziervasen sind traditionell, aber der Name des Besitzers in Buchs geht direkt auf den Garten der toskanischen Villa des Plinius zurück.

Dabei wäre es allzu bequem, daraus den voreiligen Schluß zu ziehen, daß das Beschneiden der Bäume, das Alberti empfiehlt, allein von den Briefen des Plinius herrührt, denn wahrscheinlich erhielt sich die Fertigkeit des Beschneidens von Pflanzen in der einen oder anderen Form durch das ganze Mittelalter hindurch. Es gibt einen aus dem Jahre 1459 datierten Bericht über die Villa Quaracchi, der Kentauren, Schiffe, Galeeren, Tempel, Pfeile, Männer, Frauen, Päpste, Kardinäle und Drachen beschreibt, und zwar erscheint alles in einer schönen, unwahrscheinlichen Anordnung plastisch geformten Laubwerks. Ganz abgesehen von der Zeit, die notwendig ist, um diese Fertigkeit zu erlangen, benötigte derartig beschnittenes Baumwerk viele Jahre, um sich voll zu entwickeln. Dies läßt vermuten, daß diese Kunst niemals in Vergessenheit geraten war.

Doch wäre es verfehlt, auf die Details der Ausstattung zu sehen, um zu erkennen, was für den frühen Renaissancegarten eigentlich charakteristisch war. Vielmehr gibt es drei viel tiefer gehende Anzeichen dafür, daß die Gartenkunst wieder eine edle Kunst wurde. Erstens die Erkenntnis, daß Haus und Garten als eine Einheit zusammengehören, zu der sie sich auf eine dem Auge erkennbare Weise gegenseitig ergänzen. Zum zweiten die Entdeckung, daß diese neu erfundene Einheit einen klar festgelegten Zweck hat, zum Beispiel um eine Atmosphäre des Willkomms zu schaffen. Und drittens, daß der Garten auf Grund seiner neuen Lage auf einem Hang sich ohne Schwierigkeit zur Außenwelt hin öffnen kann, wenn man es wünscht. Die Grundlage dieser frühen Renaissancegärten lag im Gedanklichen, in der Überlegung. Zum ersten Male im Laufe der Jahrhunderte hatte der Mensch darüber nachgedacht, wie ein Garten angelegt werden sollte und überließ ihn nicht einfach dem Zufall. Es hätte sozusagen nichts ausgemacht, wenn es den theoretischen Idealgarten von Alberti niemals gegeben hätte, sondern das Wichtige war, daß es überhaupt diese Idee gegeben hat.

Von Albertis Werk haben keine Spuren die Zeiten überdauert. Obgleich man ihm den Garten der *Villa Quaracchi* zugeschrieben hat, so scheint dieser – zwar kunstvoll, doch von der Renaissanceidee kaum wirklich berührt – in der Hauptsache mittelalterlich gewesen zu sein. Wenn Alberti wirklich mit ihm in Beziehung zu setzen ist, dann besitzen wir in ihm ein bemerkenswertes Beispiel für die Abweichung von Lehre und Übung, von Theorie und Praxis, zu einer Zeit, als der eigentliche Anstoß und die Beeinflussung meistens vom Literarischen herkam. In der Villa Quaracchi war nahezu alles vorhanden, was der mittelalterliche Garten normalerweise enthielt. Es gab dort mehrere Laubengänge, die die Wege beschatteten, brusthohe Buchshecken und einen ummauerten Garten, der – einwandfreier Nachfahre einer langen Reihe klösterlicher Krautgärten – in Terrakottatöpfen gezogene Veilchen, Majoran und Basilikum enthielt. Es gab dort Rosen und Geißblatt und ein Vogelhaus sowie einen mit einer Balustrade versehenen Fischweiher und einen künstlichen, mit Immergrün bedeckten Schneckenhügel, auf den acht getrennte Wege spiralförmig emporführten. Und es gab – den zukünftigen Garten ankündigend – eine Allee, die vielleicht mit Stechpalmen und Reben bepflanzt war. Man geht wohl nicht fehl, wenn man annimmt, daß die zahlreichen Villen sowohl des Cosimo wie des Lorenzo il Magnifico Gärten dieser Art besaßen. Architektonisch waren sie bescheidene Häuser, die mit ihren kleinen, hochgelegenen und vergitterten Fenstern etwas von einer Festung hatten. Die Gärten dienten dem Hauseigentümer und seinen Freunden wirklich zur Benutzung und waren keineswegs dazu angelegt, um damit zu prunken.

Florenz war in der Gartengestaltung nicht lange führend. Die Politik des großen Lorenzo hatte das Ziel, Florenz eng an Rom zu binden. Zwei zukünftige Mediceerpäpste, Leo X. und Klemens VII., waren in seinem Hause erzogen worden; als er 1492 starb, wurde Rom, in dem sich das Mäzenatentum der Päpste auswirkte, der neue geistige Mittelpunkt der Renaissance. Der Geist von Rom und der Geist von Florenz waren aber durchaus verschieden, und von dem Augenblick an, als die Gärten in Italien sich von den römischen Gärten herzuleiten begannen, änderte sich deutlich ihre Natur.

Der italienische Garten von 1503–1573, unserer zweiten Periode, stellt einen architektonischen Garten dar. Er war es teilweise deshalb, weil bei dem Garten, der zu Beginn dieser Periode als vorbildlich galt, die Situation vom Planer zwangsweise eine architektonische Lösung verlangt hatte. Die wichtigsten Ereignisse, die hinter der Schöpfung von *Bramantes Belvedere* stehen, sind kurz folgende: Der Tod des Borgiapapstes Alexander VI. im Jahre 1503 hatte den Konflikt zwischen dem reformbestrebten Teil der römischen Kirche und der Richtung, die wir in Ermangelung einer besseren Bezeichnung die weltlich-traditionalistische nennen wollen, zugespitzt. Mit der Wahl von Pius III. schien es einen Augenblick, als ob die Reformer gewonnen hätten. Doch der Sieg war nur von kurzer Dauer, allzu kurz, um die Entwicklung seiner Zeit irgendwie beeinflussen zu können, denn Pius starb schon einige Monate nach seiner Einsetzung. Julius II., sein Nachfolger und einer der größten Päpste, war ebenfalls ein Reformator, jedoch in anderem Geiste. Er begann mit der

Vergrößerung und Verschönerung Roms, indem er über die Sichtbarkeit der Größe der Kirche sich gleichsam einen Reichtum ergießen ließ, wie ihn Alexander für die Errichtung eines weltlichen Königreichs für seinen Sohn Cesare aufgewandt hatte. Diese Prachtentfaltung Roms stellte für ihn zugleich den Versuch dar, in den Augen der Welt die Autorität des Papsttums wieder herzustellen. Die Paläste und Gärten, die die Kardinäle in seinem Auftrag in oder in der Nähe der Stadt bauten, spiegelten diese Absicht wider.

Vor diesem Hintergrund selbstbewußten Strebens nach Macht und Glanz unternahm es Bramante, auf Anordnung des Papstes, den Vatikan mit dem Belvedere zu verbinden, wobei das Hauptproblem darin bestand, daß das Belvedere mehrere Meter höher als der Vatikan gelegen war; ein weiteres Problem lag in der Tatsache begründet, daß der Vatikan gegenüber der nicht sehr großen Villa des Belvedere ein sehr großartiger, prächtiger Palast war. Es bedeutete eine schwierige Aufgabe, einen Übergang zwischen den beiden so verschiedenen Gebäuden zu finden. Die Entfernung zwischen ihnen betrug etwa dreihundert Meter und die Breite der vorhandenen Gartenterrasse des Belvedere war fünfundsiebzig Meter. Um beide Probleme zu lösen, ließ Bramante die Gartenterrasse so wie sie war, aber im unmittelbaren Anschluß schuf er eine Reihe von Terrassen bis zum Niveau des darunterliegenden Palastes. Der Hang dieser Terrassen war zu steil, um durch »bequemes, unmerkliches Ansteigen«, wie es Alberti gefordert hatte, bewältigt werden zu können. Deshalb ermöglichte Bramante durch eine wunderbare Komposition von Treppen und Balustraden nicht nur den Zugang von einem Niveau zum anderen, sondern er errichtete damit auch eine großartige Architektur zugunsten des Belvedere, wodurch der Villa das notwendige Gewicht für die Harmonie des Ganzen verliehen wurde.

Terrassen waren allerdings nichts Neues. Neu dagegen war die Verwendung von Treppen, um diese Terrassen mitein-

Meister René
Illustration zu einer Erzählung des Boccaccio, um 1470.
Wien, Österreichische Nationalbibliothek

ander zu verbinden, und daß diese Treppen das wesentliche Charakteristikum des Entwurfes bildeten. Ein solcher Einfall scheint in den antiken Gärten völlig unbekannt gewesen zu sein, in denen die Verbindung zwischen den Terrassen jeweils seitlich und so versteckt wie möglich angelegt war.

Das Schicksal des Gartens des Belvedere sollte traurig sein, denn das Leben dieser großen vollkommenen Schöpfung war nur von kurzer Dauer. Kaum fünfzig Jahre nach Bramantes Tod vollendet, wurde sie anschließend durch Papst Pius v. ihrer Statuen beraubt, weil Pius v. Schmuckwerk dieser Art für gottlos hielt; trotzdem entschied er sich dafür, die Statuen zu verkaufen, anstatt sie zu zerstören. Nur fünfundzwanzig Jahre nach Vollendung des Gartens baute Papst Sixtus v. – man kann nur annehmen in bewußt zerstörender Absicht – quer durch die zweite Terrasse die ›Bibliothek‹. Im allgemeinen hatten die Päpste geringes Interesse für die Baupläne ihrer Vorgänger, und die Vorrangstellungen durch Wahl, ob weltlich oder kirchlich, haben sich niemals für die Vollendung großer Vorhaben förderlich ausgewirkt.

Bramantes Tätigkeit am Belvedere zeitigte dennoch ein glänzendes Ergebnis. Er hatte das Geheimnis der Betonung der Horizontalen entdeckt und die Technik entwickelt, die notwendig ist, um steile Hänge in den Griff zu bekommen: Von nun an wurden große Ungleichheiten des Bodens eher gesucht als vermieden, und da die technische Lösung des Bebauungsproblems an solchen Plätzen architektonische Erfahrung verlangte, ging der Garten endgültig in die Hände der Architekten über und wurde mehr und mehr ein Bauwerk.

Eine andere Entwicklung dieser Zeit zeigte die gleiche Tendenz: die Verwendung des Gartens als Museum. Die aufstrebende Gesellschaft des Quattrocento verursachte beträchtliche Zerstörungen in der Hinterlassenschaft des alten Rom, doch gegen Ende des Jahrhunderts triumphierten schließlich die Sammler, und die Überreste der im Boden befindlichen, zerschlagenen Statuen wurden in großen Mengen ausgegraben. Alle Hallen waren überfüllt, Hofräume bald ebenso, und die Statuen traten jetzt hinaus, um Wege zu säumen und auf den Terrassen Schildwache zu halten. Man fühlt sich wieder in die dem Helden Akademos geheiligten Haine zurückversetzt.

Doch sind die Statuen nicht in die Gärten zurückgekehrt, weil es keinen anderen Ort gegeben hätte, um sie aufzustellen, sondern es geschah aus dem richtigen Gefühl heraus, daß die Statue sich gut für den Garten eignete. Die gemeißelten Figuren waren erwünschte Bindeglieder zwischen der Villa, den Bäumen und Hecken, weil sie den zu harten Übergang von der Architektur zum Laubwerk milderten. Sie setzten Akzente, wirkten als Blickfang, der eine Linie zu betonen oder eine Fläche zu beleben vermochte. Das Weiß des Marmors erhöhte die Kontrastwirkung und ließ die Zypressen schwärzer erscheinen. Nicht zuletzt reizte dieser antike Marmor jene, die aus Eitelkeit alleinige Besitzer sein wollten: es war ein Zeichen der Vornehmheit, eine schöne Sammlung davon zu besitzen. Allein auf der Terrasse des Belvedere standen inmitten der weniger berühmten Stücke der Laokoon, der Apollo des Belvedere, die Venus Felix, die Kleopatra und die beiden kolossalen Flußgottheiten von Nil und Tiber.

Die Rolle des Wassers im Garten wandelte sich und erhielt eine neue Bedeutung. Im Mittelalter war das Wasser fast immer als Quelle oder als Brunnen vorhanden und bildete, abgesehen von seiner Verwendung, den wichtigsten schmückenden Teil eines Gartens. Im alten Ägypten, in dem die Menschen gezwungen waren, die Kunst der Bewässerung zu beherrschen, um zu überleben, waren die Gärten gewöhnlich um rechteckige Teiche oder Zisternen angelegt; aber weder im europäischen Mittelalter noch zur Zeit der Dynastien in Ägypten hatte das Wasser die gleiche Bedeutung wie in den Gärten des Islam. Es war der Islam, von dem die Italiener mittelbar die Wasserspiele kennenlernten.

Islamischer Geschmack und Gelehrsamkeit erreichten Italien über Spanien. Das Königshaus von Neapel, das aragonesischen

Ursprungs war, übte im 15. Jahrhundert einen beträchtlichen Einfluß auf die Staaten im Norden Italiens aus, die im ausgehenden Zeitalter der Renaissance eine führende Rolle spielten. Die Humanisten versammelten sich am neapolitanischen Hof, angezogen von der Begeisterung von Alfons II. für das neue Wissen. Es war der Garten von *Poggio Reale* in Neapel, der den Neid von Karl VIII. von Frankreich erwecken mußte, wenn er ihn mit seinem eigenen Garten in Amboise verglich, den er vorher doch so schön gefunden hatte. Selbst Lorenzo de' Medici besuchte Ferdinand I. dort im Jahre 1479. Neapels gute Tage dauerten nicht lange, doch der spanische Einfluß in Italien war nicht allein auf das neapolitanische Königreich beschränkt. Im Quattrocento gab es zwei spanische Päpste. König Alfons' Privatsekretär Alfonso Borgia wurde 1455 unter dem Namen Calixtus III. zum Papst gewählt, und während seines Papsttums fluteten die Spanier – von Valencia kommend – nach Italien. Die bestdotierten Ämter fielen ihnen zu. Obgleich die Macht der Spanier beim Tode von Calixtus III. geschmälert wurde, vermochten doch viele ihre Position zu halten; zum Beispiel auch sein Neffe, der Kardinal Rodrigo Borgia, der beharrlich jenen Reichtum anhäufte, mit dem er später seine Wahl zum berüchtigtsten aller Päpste erkaufte.

Von Poggio Reale ist nichts erhalten geblieben, doch ist darüber genügend überliefert. Die Villa wurde von König Alfons II. als Kronprinz erbaut, und man hat behauptet, daß Lorenzo il Magnifico den Plan dafür entworfen habe, obgleich dies unwahrscheinlich ist. Es gibt zwar keine bis in die Einzelheiten gehende Beschreibung der Gärten, nur die Überlieferung von der bestürzten Bewunderung der Franzosen, die den Platz im Gefolge des Eroberungszuges Karls VIII. im Jahre 1495 sahen, sowie einen kurzen italienischen Bericht über den Hof. Nach diesem Bericht pflegte der König, wenn er dort mit einer auserlesenen Gesellschaft speiste, zu befehlen, »wenn es am wenigsten erwartet wurde«, daß die Wasserhähne aufgedreht würden, worauf zur größten Freude derer, die darum wußten, der ganze Hof mit Wasser überschwemmt wurde.

Der Umstand, daß damals keine derartigen Wasserscherze in anderen zeitgenössischen Gärten vorhanden waren, läßt den Schluß zu, daß Poggio Reale, der Sommerpalast des einzigen Königreichs in Italien, das Urbild darstellte. Woher aber mögen sich diese Wasserscherze hergeleitet haben? Hierfür gibt es verschiedene Möglichkeiten und zwar:

Die Neapler Wasserspiele könnten seit den Zeiten des kaiserlichen Rom fortbestanden haben. Das setzt aber eine nie verloren gegangene Kenntnis der Wassertechnik und eine ständige Instandhaltung der Anlagen voraus; wir müßten dann annehmen, daß irgendjemand die Wasserwerke in Neapel während eines Jahrtausends voller Wirrnisse tatsächlich in Betrieb gehalten habe.

Eine andere Möglichkeit ist die, daß es Wasserspiele solcher Art bereits im Sizilien der Protorenaissance unter dem Staufer Friedrich II. (gest. 1250) gegeben hat. Nichts spricht dagegen, ja vieles dafür, daß es sie dort tatsächlich gegeben hat und daß die mathematischen und wissenschaftlichen Voraussetzungen für sie eher aus dem Bereich des Islam als von Byzanz kamen. Dies aber würde bedeuten, daß ähnliche Wasserspiele unter den Hohenstaufen auch in Neapel geschaffen wurden – was durchaus wahrscheinlich ist – und daß sie dann mehr als drei Jahrhunderte trotz Dynastienwechsel und häufigen Unruhen überlebten – was hinwiederum unwahrscheinlich ist. Oder daß sie in Sizilien eine ähnliche Zeitspanne voller Unruhen überdauert hätten, um in der Mitte des 15. Jahrhunderts als Vorbild nach Neapel zu gelangen. Manchem mag eine dieser Annahmen als glaubhaft erscheinen, doch wer mit der Geschichte des Königreichs beider Sizilien vertraut ist, den drängt es, eine andere Erklärung zu finden.

So hat denn Georgina Masson auf eine dritte Möglichkeit hingewiesen, die bestechend ist und eine ernsthafte Beachtung verdient, ob nämlich die Wasserscherze vielleicht von

Frankreich nach Neapel zurückgekommen sein könnten. Von 1266 bis 1283, als das Inselsizilien sein Joch abschüttelte, herrschte Karl von Anjou über das Königreich beider Sizilien, während ihm in seinen beiden letzten Lebensjahren dann nur das festländische Sizilien – Neapel – verblieben war. Nach seinem Tode verbrachte sein im Jahr 1285 zum Regenten ernannter Neffe Robert II. von Artois vier Jahre in dieser Stadt. Im Jahre 1289 kehrte er dann nach Arras zurück und begann in Hesdin einen großen Park anzulegen, der wegen seiner ›Wunder‹, zu denen auch Automaten gehörten, schnell berühmt wurde. Vielleicht hatte er diese ›Wunder‹ in den Neapeler Gärten vorgefunden oder ähnliche Dinge bereits 1270 in Sizilien gesehen, als er sich dort bei seiner Rückkehr von einem Kreuzzug gegen Tunis aufgehalten hatte. Auf jeden Fall scheinen Araber seine Ingenieure gewesen zu sein. Es gibt eindeutige Beweise dafür, daß selbst in Persien die Kunst des Springbrunnens von auswärts eingeführt wurde, denn die dort gebräuchliche Bezeichnung ist das arabische Wort ›favara‹, wofür es offenbar kein entsprechendes persisches Wort gibt. Die Anjou behielten die Kontrolle über Neapel mehr oder weniger bis zum Jahre 1443. Obgleich die Geschicke ihres Königreichs stets schwankend waren, gab es auch Zeiten der Ruhe, in denen die Künste blühten. Giotto, Simone Martini und Tino da Camaino arbeiteten alle in der ersten Hälfte des 14. Jahrhunderts in Neapel. Es ist nicht ganz von der Hand zu weisen, daß hochentwickelte Gartenschöpfungen wie die Wassertreppen, die es einstmals in Sizilien gegeben hatte, und die Werke im Garten von Hesdin, der bis zum Jahre 1553 bestand, für ähnliche Beispiele in Neapel verantwortlich gewesen sein könnten. Dabei darf man allerdings nicht vergessen, daß, was immer die ›Wunder von Hesdin‹ wirklich gewesen sind, sie entweder schon lange vor 1495 nicht mehr vorhanden oder tatsächlich niemals so wunderbar wie ihr Ruf waren. Warum sollten sonst die französischen Eroberer gerade von den Gärten von Poggio Reale so beeindruckt gewesen sein, wenn sie doch Hesdin besaßen, von dem man hätte erwarten können, daß es einen weit größeren Einfluß auf die französischen Gärten hätte ausüben müssen.

Eine letzte mögliche Quelle für die Wasserscherze von Neapel ist Spanien, das, wie vorstehend schon angedeutet, durch persönliche und dynastische Beziehungen mit Neapel eng verbunden war.

Der handgreifliche Wasserscherz ist der Fluch der spanischen und italienischen Gärten des späten 16. und frühen 17. Jahrhunderts. Aber außer diesen Streichen brachten die Spanier auch die Wassertreppe, die Kaskade und eine wahrhafte Leidenschaft für das Wasser in den Gärten mit. Trotz alledem verzögerte sich eine verschwenderische Verwendung des Wassers noch längere Zeit; weil nämlich vor allem in Rom Villen gebaut wurden und das Wasser dort knapp war. Doch der Wunsch nach Fontänen, Wasserscherzen, nach dem Klang und der Bewegung von fließendem Wasser lehrte die Menschen sehr bald, ihre Gebäude an Hügelabhängen zu errichten, um das Rauschen von natürlichen Wasserfällen zu nutzen. Später, nachdem Sixtus IV., Sixtus V. und Paul V. das Wasser in großen Leitungen nach Rom führten, gab es Wasser genug, um damit auch die Gärten zu versorgen.

Der Weg zum Barock

Der Wunsch, aus dem Garten ein vollendetes Kunstwerk für die Öffentlichkeit zu machen, kennzeichnet die zweite Periode der italienischen Gartenkunst. Bramantes Terrassen, die Reihen antiker Statuen, die neue Kunstfertigkeit der Brunnenbauer sind von geringerer Bedeutung als der Wechsel der Geisteshaltung, der sich offenbarte. Ein Garten entstand jetzt – gleich einem Gemälde, einer Statue oder einem Gedicht –, um bewundert zu werden, während seine praktischen Funktionen als Außenraum oder als Gelände für Spiele zurücktreten mußten. Für die nächsten fünfundziebzig Jahre war die Gartenplanung und ihre Durchführung eine Aufgabe, die naturgemäß der Gruppe der größten Architekten der Renaissance zufiel. Das durch Bramantes Belvedere Gelehrte und Gelernte wurde sehr rasch in zwei römischen Gärten, in der Villa Madama und in den Orti Farnesiani, in Anwendung gebracht.

Die *Villa Madama* an den Hängen des Monte Mario hat 1516 Kardinal Giuliano de' Medici, der spätere Klemens VII., begonnen. Der von Raffael entworfene Plan wurde nach seinem Tode durch seine Schüler Giulio Romano und Antonio Sangallo abgeändert. Die Plünderung Roms durch die kaiserlichen Truppen im Jahre 1527 und die Einkerkerung und Verbannung von Papst Klemens, haben das in der Folge nicht mehr vollendete Werk unterbrochen. Selbst von den Ruinen des Gartens sind nur sehr geringe Reste erhalten. Wenn aber die Rekonstruktionen stimmen, so zeigen sie, daß nach dem ursprünglichen Plan Haus und Garten zu einer Einheit verbunden waren, wie es vorher nie der Fall gewesen ist. Haus und Garten gingen ineinander über, indem sie ein geschlossenes Ganzes bildeten, so daß man schwer sagen konnte, wo das Haus aufhörte und der Garten begann.

Die Tatsache, daß die Gärten in den Augen der Zeitgenossen eine ganz neue Bedeutung gewonnen hatten, wurde noch durch die *Farnese-Gärten* unterstrichen, die ohne überhaupt irgendein Haupt- oder Villengebäude an den Hängen des Palatins angelegt wurden. Zu einem späteren Zeitpunkt hat man zwar Pavillons und Vogelhäuser hinzugefügt, aber die Orti Farnesiani blieben immer das außergewöhnliche Beispiel des Gartens ohne Haus. In ganz wenig Jahren, noch bevor Bramantes Entwurf vollendet wurde, brachte hier Vignola die große Konzeption von Horizontalen, die diagonal durch Balustertreppen verbunden sind, zur glanzvollen Verwirklichung. Terrassen, Rampen, Treppenläufe, Portikus, Nischen, Statuen und Balustraden vermehrten sich jetzt innerhalb eines einheitlichen Planes bis an die Grenze des Angemessenen. Sowohl die Farnesianischen Gärten wie die Villa Madama zeigen, wie erstaunlich schnell die Künstler der Renaissance eine Anregung erfaßten und sie bis an die Grenze ihrer Möglichkeiten auswerteten. Unglücklicherweise sind diese Gärten, die zwei Jahrhunderte überlebt haben, den archäologischen Grabungen nach dem Palast der Cäsaren und den Erfordernissen einer modernen Stadt zum Opfer gefallen.

Es liegt nahe, die Farnesianischen Gärten mit den *Gärten der Villa Medici*, die heute noch weitgehend erhalten sind, zu vergleichen. Die Villa Medici war ein Werk des Annibale Lippi, und ungeachtet ihrer Entstehungszeit stellt sie, was ihre Konzeption anbelangt, den letzten Garten des Quattrocento dar. Für Lippi scheint das Belvedere nicht vorhanden gewesen zu sein, denn der Garten, den er gestaltete, entbehrt trotz des Zaubers seiner Einzelheiten und des Reizes seiner Lage all der Eigenschaften der großen Periode. Er ist tatsächlich noch ein privater Garten, ein nach Rom versetzter florentinischer Garten, der jedoch in seiner Wesenheit ein Ort geblieben ist, wo der Besitzer mit seinen Freunden plaudernd umherschlendern und die Aussicht genießen konnte. Er ist noch ein Garten, wie ihn der jüngere Plinius sich gewünscht hätte, um sich darin zu Hause zu fühlen.

Trotz ihrer Einmaligkeit und ihrer unbestrittenen Pracht litten die großen römischen Gärten dieser Epoche ständig unter einem Mangel: dem des Wassers. Ihre Terrassen und Treppenläufe aus Stein, obgleich geschmackvoll ersonnen, gaben dem ganzen Entwurf eine Schwere, die nur von dem Spiel und der Durchsichtigkeit des Wassers aufgewogen werden konnte. Infolgedessen liegen auch die beiden schönsten Gärten der größten Periode außerhalb von Rom: der erste in der Villa Lante in Bagnaja und der zweite, nicht weit davon entfernt, in der Villa Caprarola. Der *Garten der Villa Lante* ist aus der großen Epoche der bekannteste und am meisten bewunderte Italiens. Manche sagen, es sei der schönste Garten Europas. Obgleich seine Fertigstellung fast ein Jahrhundert dauerte, weist kein Garten eine größere Einheit von Anlage und Atmosphäre auf. Der meisterliche Plan, der auf uns überkommen ist, datiert ungefähr von der Mitte des 16. Jahrhunderts, und alle späteren Einzelheiten wurden ihm eingebunden. Obgleich der Architekt nicht einwandfrei feststeht, so ist die Zuschreibung an Vignola, der den ersten Plan für die Farnesianischen Gärten entwarf, begründet. Man weiß, daß Vignola das etwa fünfzehn Kilometer entfernte Caprarola entworfen hat; die Unterschiede zwischen Lante und Caprarola sind nicht größer als die zwischen den Farnesianischen Gärten und Caprarola. Der Stil von Lante zeigt jene Leichtigkeit und eine Selbstverständlichkeit, die für gewisse Werke, letzten Endes für das Gesamtwerk Vignolas, bezeichnend sind.

Die Lobeshymnen auf Lante sind in der Tat der Beifall für vollendetes Maßhalten. Lante ist kein großer Garten. Er ist kleiner als Caprarola, die Villa Medici, die Villa d'Este und viele andere, und seine Wirkung hängt durchaus nicht mit seiner Größe zusammen. Auch ist Lante durchaus kein prächtiger Garten; viele andere sind reicher an prunkvollen Einzelheiten. Er ist in keiner Weise übertrieben. Obgleich er ein nach Innen ausgerichteter Garten ist, vermittelt er nicht das Gefühl eines eingehegten Raumes. Wenn man die umgebende Landschaft anzuschauen wünscht, ist sie präsent. Obgleich der Lantegarten sorgfältigst geplant ist, wurde er dennoch kein Architektengarten im Sinne von Madama oder der Farnesiana.

Lante zog schon Vorteile aus seiner außergewöhnlichen Lage. Der sanfte Hang verlangte keine massiven Terrassenanlagen, und die weite Aussicht wies keine Besonderheiten auf. Es war weder notwendig sie auszuschließen noch sie hervorzuheben oder mit ihr in Wettstreit treten zu wollen. Die Lage gibt ein Raumgefühl der Weite, das unauffällig bleibt, jedoch allgegenwärtig ist. Sogar in den am meisten umhegten Teilen des Gartens herrscht der Eindruck von Luft und Licht. Zwei Vorteile, die Lante besaß, die aber den großen Gärten von Rom fehlten, waren die natürlichen Wälder und ein Überfluß an Wasser. Aber auch davon machte man dort keinen übermäßigen Gebrauch; beide blieben der Einheit des Ganzen unterworfen.

Lante ist das erste europäische Beispiel, das zeigt, wie Waldland und Garten verbunden werden können. Waldgebiet ist meistens wild und seine Entwicklung nicht vorausschaubar. Die Gärten waren bis dahin gleichsam ein Widerschein der menschlichen Macht über die Welt, und für etwas, das sich noch im wilden Zustand befand, war darin kein Platz. Frei den Gefahren der Welt jenseits der Mauern und der Gräben ins Auge zu blicken, hieß einen großen Schritt nach vorwärts tun. Die Tatsache, daß Teile von dieser Wildnis in ein gestaltetes Ganzes einbezogen wurden, wie es jetzt geschah, war ein noch weitaus größerer.

Für den als sensitiver Gestalter wirkenden Künstler bedeutete die Verwendung von Waldland reichere Möglichkeiten, allerdings nicht von jenem Ausmaß wie bei der Verwendung von Wasser. Wasser kann hochschießen und herabstürzen, es kann rauschen und tönen wie Glöckchengeklingel, es kann reine Oberfläche oder nur Tiefe sein, es kann eine unvergleichliche, die Ruhe des Steines weit übersteigende Stille atmen, oder es kann unter der Qual ewiger Bewegung gleichsam sieden. In den Händen der großen Brunnenbauer war das Wasser ein bildsamer Stoff. So fanden diese sich zwangsläufig mit den Bildhauern zu einer Partnerschaft zusammen. Es war eine glückliche Partnerschaft. Die Statuen standen nicht länger bewegungslos in Nischen, sondern wurden in das volle Leben, in die Bewegung des Wassers einbezogen.

Lante ist ein unvergleichliches Beispiel des Übergangs von dem Garten des Architekten zum Garten des Bildhauers. Für sozusagen einen Augenblick ist alles im Gleichgewicht, aber bald wird der Bildhauer die Vorherrschaft antreten. Selbst in *Caprarola* – trotz seiner ausgezeichneten architektonischen Beschaffenheit und der vielen Statuen, die ihn zum bedeutendsten Skulpturengarten der Welt machen – mißlingt es, beide Aspekte in einer solchen Harmonie wie in Lante zu vereinigen, nachdem in einem Teil von Caprarola die Gebäude und in dem anderen die Bildwerke vorzuherrschen scheinen.

Lante und die von Pirro Ligorio entworfene *Villa d'Este in Tivoli* sind von außerordentlich verschiedenem Geist. Während in Lante alles Mäßigung ist, steigert sich in Tivoli alles bis zum Übermaß. Kardinal Ippolito d'Este erbaute sein kasernenartiges Haus auf dem Hügel in Tivoli um die Mitte des 16. Jahrhunderts. Aus rein geistiger Entartung sozusagen steigerte er die Schwierigkeiten eines schon schwierigen Bauplatzes, indem er Villa und Garten quer zu dem natürlichen Hang des Hügels anlegen ließ, so daß jene riesenhaften Stützmauern errichtet werden mußten, damit die Hauptachse des Gartens auch zur Hauptachse des Hauses wurde. Der Plan des Gartens besitzt trotz seiner Größe und der Unübersichtlichkeit seiner Teile eine gewisse Einfachheit. Am Nordrand befindet sich am tiefsten Punkt der künstlich aufgeschütteten Fläche etwas, was man nur als einen typisch spätmittelalterlichen Garten bezeichnen kann. Die Wege sind Laubgänge von sorgsam ausgearbeitetem Gitterwerk, und wo sie sich kreuzen, betont ein großer Treillagepavillon diese Stelle. Taucht man aus deren flimmernden Schatten empor, so findet man auf jeder Seite große Wassergärten, umrahmt von wasserspeienden Statuen. Das funkelnde Wasser, seine ständige Bewegung und die ununterbrochene Musik seines Fallens bilden den größten Kontrast zur Abgeschiedenheit und Ruhe der Alleen mit ihrem Gitterwerk. Wird aber der Blick nach oben gerichtet, dann folgt er, sich von Terrasse zu Terrasse erhebend, bis hinauf zur horizontalen Betonung des Palastes, wobei die Mittellinie durch Springbrunnen, Statuen und die dunklen Eingänge der Grotten klar begrenzt wird. Weitere, zur Hauptachse parallel laufende Achsen führen alle bewußt auf verschiedene, betont architektonische Momente. Mit gleichem Geschick erreichen die Querlinien den Eindruck des Zweckvollen, während es ihnen mißlingt, die Ausgewogenheit und die Abwechslung derjenigen, die vom Norden nach Süden laufen, zu erreichen.

Aber es war nicht so sehr die Schönheit des Hauptentwurfes, die Bewunderung erweckte und den Ruf des Gartens begründete, sondern die Extravaganz und der Witz seiner Wasserpiele. Ein Arm des Flusses Anio wurde längs der östlichen Grenze abgeleitet, und quer zur Hauptachse entstanden wunderbare Wassergärten. Das Wasser tritt auf der dritten Terrasse zum ersten Male in Erscheinung, wo es über große Tuffblöcke, zwischen denen eine Vielfalt von skulptierten Wassergöttern steht, brausend hervorschießt. Das ist das berühmte Wassertheater. Von dort ergießt sich der Strom in drei engen Kanälen quer durch den Garten zu einer ungewöhnlichen Anlage, einem Modell des antiken Rom – ›Roma Triumphans‹ –, um hier von einem weiteren Wassertheater aufgefangen zu werden. Das eigentliche Gewicht des Flusses wird jedoch erst an der zweiten Querachse nutzbar gemacht, die die Stelle betont, wo die Terrassen enden und der ebene Grund beginnt. Hier kommt das Wasser erneut auf dramatische Weise hervor; nachdem seine Kraft der seltsamen Wasserorgel gedient hat, sprudelt es in aufeinanderfolgenden Springbrunnen, vier große Bassins durchfließend, bevor es in letzter Anstrengung in schäumendem Aufruhr in den halbkreisförmigen Bastionsgraben der westlichen Mauer verströmt. Dieser Garten ist nicht untergegangen, und wenn er auch im 18. Jahrhundert seines großen Reichtums an Statuen beraubt wurde und viele von seinen Wasserspielen nicht mehr in Tätigkeit sind, so haben sich die Grundlinien doch nur wenig verändert.

Ein solcher Garten, und es gab viele von diesem Rang, war nicht der Ort für den nachdenklichen Austausch philosophischer Betrachtungen zwischen besonnenen Männern. Er hat aufgehört ein wirkliches privates Paradies zu sein. Übersteigert wie er war, stellte er ein Ergebnis der Übertreibung dar. Sein Erbauer, Ippolito d'Este, der Bruder des Herzogs von Ferrara, der Lukrezia Borgia heiratete, wurde schon im Alter von vierzehn

Jahren Kardinal. Er erhielt den Hut fast am gleichen Tage wie Alessandro Farnese, ein Bruder der Maitresse jenes Papstes, für den Caprarola gebaut wurde. Ippolito war eine leidenschaftliche Natur und machte einer beliebten jungen Frau, Angela Borgia, in ausgiebigster Weise den Hof, die ihrerseits den Fehler beging, die schönen Augen von Ippolitos natürlichem Bruder zu bewundern. Der Kardinal dingte Bravos, um seinen Bruder zu verhaften und die Augen, die Angela so reizvoll gefunden hatte, zu entfernen. Er war nur zum Teil erfolgreich. Der Garten der Villa d'Este aber ist die typische Schöpfung einer Gesellschaft, in der Dinge dieser Art sich ereignen konnten.

Wir begegnen unserem Thema wieder: die Gärten, die von Menschen geschaffen werden, spiegeln die eigentliche Natur der Gesellschaft, der diese Menschen angehören, wider. Die Gesellschaft im Italien des 16. Jahrhunderts erlebte eine tiefgehende Veränderung, die gegen Ende des Jahrhunderts einen neuen Stil in der Kunst hervorbrachte, das Barock, eine Schöpfung der Gegenreformation.

Es bedeutet zwar eine Vereinfachung, dennoch trifft es im realen Sinne zu, daß 1475 die maßgebenden Köpfe der italienischen Gesellschaft Forscher, Frager und Experimentierer, ja Abenteurer waren. Um 1575 dagegen waren die alten Antworten wieder gültig und das Experimentieren war nicht mehr aktuell. Auch dem Geist wurde nicht mehr länger gestattet, ungestraft neue Wege zu gehen. Man hat die Menschen vom Rande des Rationalismus in die größere Sicherheit des Glaubens zurückgeführt. Licht wurde durch Geheimnis, das Forschen und Feststellen durch Schweigen und Andeutung ersetzt.

Wir beginnen in der Kunst des Barock gewisse Elemente zu entdecken, die seit der gotischen Vergangenheit nicht mehr hervorgetreten waren. Werkstoffe fanden nun wieder eine ihrer Natur konträre Verwendung. Stein, der in den letzten flamboyanten Manifestationen der Gotik begonnen hatte, wie

Wasser zu sprudeln, wird nun erneut vergewaltigt. Da aber jetzt der Widerspruch zum Material noch größer wird, wird es zu weit extravaganteren Krümmungen und Vergewaltigungen gezwungen. Fülle und Verschönerung nehmen einen immer größeren Raum ein. Die tragende Form ist unter dem Zauber ihrer Oberfläche verborgen. Die Grotesken kehren zurück, aber nicht die von Raffael verwendeten Grotesken – ein dekoratives Motiv, das von der Antike stammte –, sondern die Groteske, wie sie das Mittelalter in seinen humorvollen Schnitzereien der Refektorien, Konsolen und Wasserspeier verwendet hatte. Gleichzeitig mit diesen Aspekten des Barock, die Antwort auf ein im Unterbewußtsein vorhandenes Bedürfnis gaben, verstärkte sich der Hang, die Kunst ›volkstümlich‹ zu machen. Zwischen 1450 und 1550 ist die Kunst weitgehend aristokratisch gewesen, am Ende des 16. Jahrhunderts steht sie jedoch unter einem betont ›öffentlichen‹ Aspekt. Maler, Bildhauer und Architekten spielen für das Publikum auf der Galerie, und dieses hat immer das Auffallende bevorzugt, insbesondere das, was auffallend ›reich‹ ist.

Der Öffentlichkeit waren die früheren Gärten selten verschlossen, in den späteren dagegen wurde die Gastfreundschaft zu einer betonten Geste. Kardinal Scipio Borghese brachte über seinem Tor folgende Inschrift an: »Wer Du auch seiest, sei jetzt ein freier Mann und fürchte der Gesetze Fesseln nicht! Gehe wohin Du willst, pflücke was Du willst, entferne Dich wieder, wann Du willst. Hier dient alles mehr dem Fremden als dem Eigentümer. In diesem Goldenen Zeitalter, das allen Menschen Sorglosigkeit verheißt, will der Herr des Hauses keine ehernen Gesetze erlassen. Derjenige aber, der boshaft und vorsätzlich der Gastfreundschaft goldene Regeln verletzt, muß fürchten, daß der erzürnte Aufseher ihm die Andenken der Gastfreundschaft verwehrt.« Dies ist Pose – eine gefällige Pose natürlich. Der Garten ist nun zum Schauplatz geworden, ganz bewußt zu einem Rahmen, um zu prunken.

John Evelyn, der Verfasser eines berühmten Tagebuchs,

besuchte am 17. November 1644 die *Villa Borghese*. Es ist klar, daß sie Evelyn, dem Enthusiasmiertesten der Gärtner, als eine Anhäufung von prächtigen, abwechslungsreichen und kunstvollen Einzelheiten erscheinen mußte, als eine Folge von seitlichen, durch Wege und Alleen lose miteinander verbundenen Ausblicken, von denen jeder für sich reizvoll und denkwürdig war. Wie weit damit eine künstlerische Einheit geschaffen worden war, interessierte ihn nicht, was zweifellos in Übereinstimmung mit der Absicht des Gestalters lag. Evelyn vermerkt die reich geschmückten Torwege mit ihren Statuen, preist das Vivarium »für Strauße, Pfauen, Schwäne, Kraniche usw. und verschiedene eigenartige Tiere, Rotwild und Hasen«, rühmt die Grotte, die »unter anderen Einfällen künstlichen Regen, allerlei Schiffstypen, Blumen und anderes zeigt, was durch einen Wechsel der Leitungsköpfe der Springwerke erzielt wird«. Er berichtet über Zypressenhaine und solche von Lorbeer, Pinien, Myrthen und Oliven, über Springbrunnen und Flüßchen, über den Blick auf die schneebedeckten Berge, über mit »Obst und Girlanden« inkrustierte Flachreliefs und Gesimse.

Evelyn war von der *Villa Aldobrandini* in Frascati wegen des dort entfalteten Reichtums an Einfällen noch entzückter. Dort gab es »eine künstliche Grotte und darin merkwürdige Felsen, Wasserorgeln, und alle Arten von Singvögeln, die durch Wasserkraft sich fortbewegen und zirpen, neben mehrerem anderen Gepränge und überraschenden Erfindungen. In der Mitte einer dieser Räume steigt ein Ball aus Kupfer hoch, der einen Meter über dem Fußboden – mittels eines Luftstromes aus einer unsichtbaren Öffnung des Estrichs – ständig tanzt; dazu kommen noch viele andere Vorrichtungen, um den unachtsamen Zuschauer zu bespritzen, so daß man kaum einen Schritt machen kann, ohne bis auf die Haut naß zu werden.« In einem solchen Wassertheater bewunderte er eine Figur des Atlas, der die Wasserflut in einer sehr großen Höhe ausspie, sowie ein anderes Untier, das durch ein Horn brüllte ... »Das

9 *Die Belvedere-Gärten im Vatikan vor Bramantes Anlage,*
Renaissancegarten nach Plänen von Alberti
als Neuschöpfung antiker Gärten

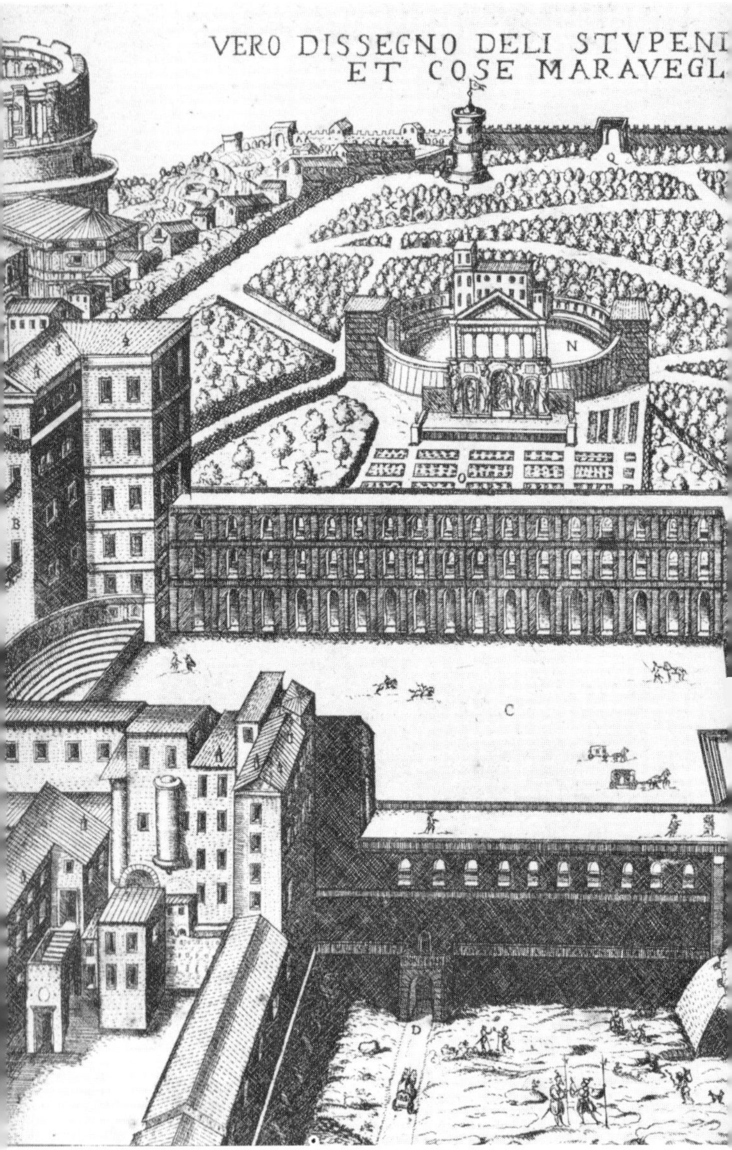

10 Bramante: Gartenterrassen im Belvedere-Hof des Vatikan, erste repräsentative Terrassenanlage im Rom der Renaissance

FITII GIARDINI BOSCHI FONTANE
DI BELVEDERE IN ROMA
BB
L
S
M
E
I
H
F
G

11 *Gärten der Villa Medici in Rom, Gesamtansicht der Anlagen, als Typus des Hochrenaissancegartens in Italien nach antiken Vorbildern*

12 *Motive im Garten der Villa Medici in Rom, übernommen aus zeitgenössischen Rekonstruktionen antiker Gär*

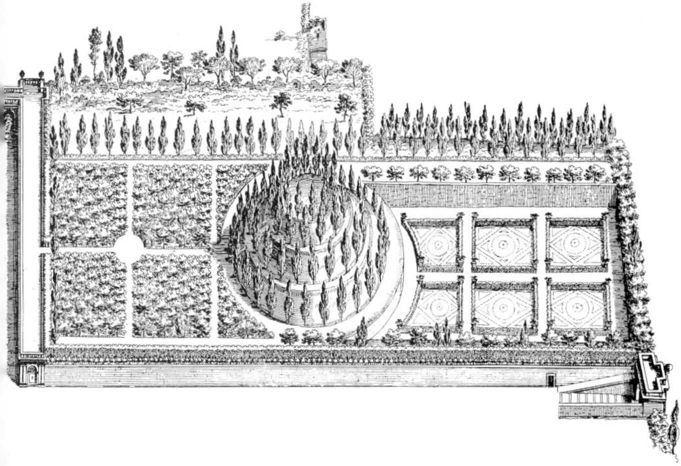

13
›Nymphäum‹ Papst Pius IV.
in den Vatikanischen Gärten,
ein aus antiken Anlagen übernommenes Motiv

14 Die Farnesischen Gärten am Palatin,
Terrassenanlage mit Wassertreppen zwischen Forum und Palatin

2
3

15 *Villa Madama in Rom,*
Rekonstruktion des ursprünglichen Planes

16
Die Gärten am Schloß von Caprarola, moderne Rekonstruktion aus der Vogelschau nach Stichen des 18. Jahrhunderts

Villa Aldobrand.

17-20 Wasserspiele und Brunnenanlagen aus Gärten in Frascati bei Rom:

Villa Ludovi.

Villa Aldobrandini

Villa Ludovisi

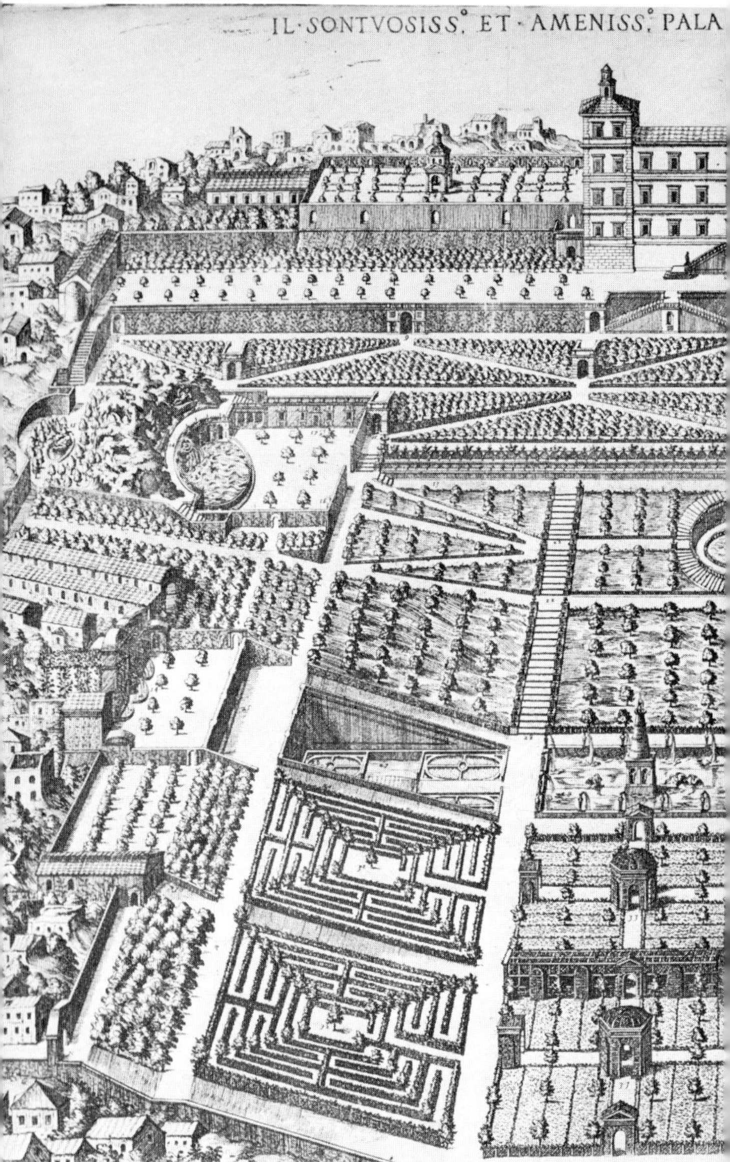

Die bedeutendste Gartenanlage der Hochrenaissance in Italien

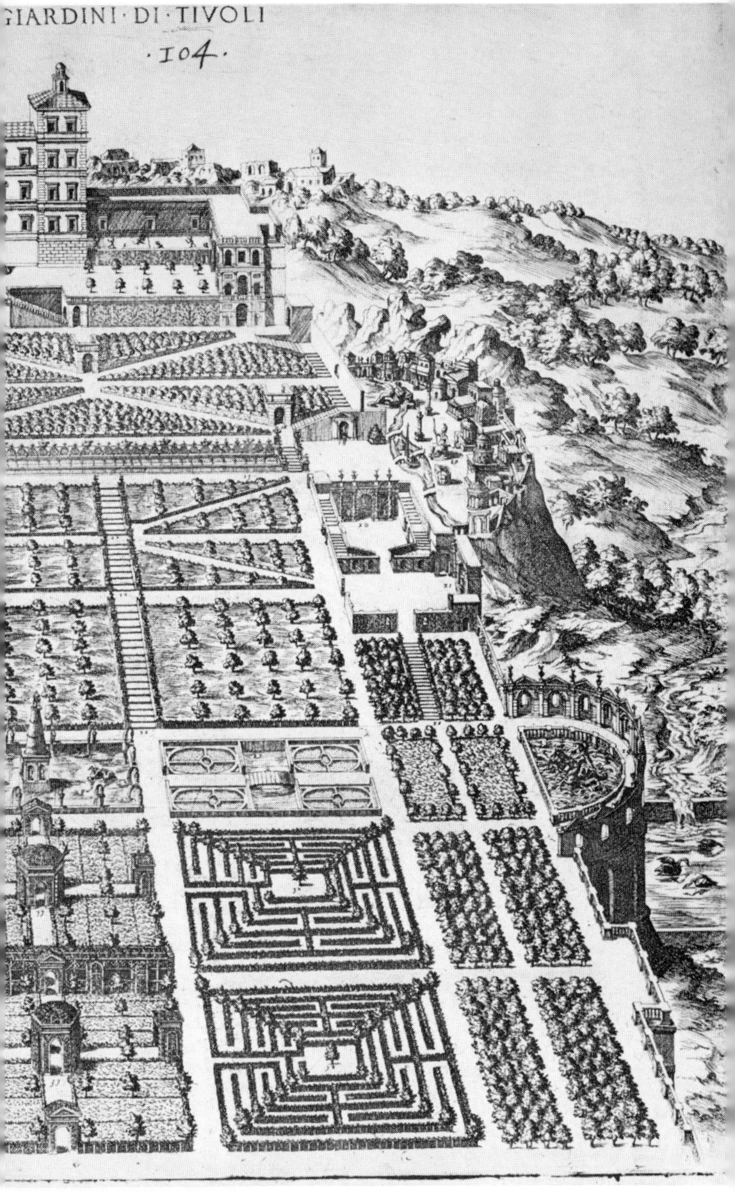

Villa d'Este in Tivoli, Gesamtansicht von Du Pérac, der seinen Stich der Katharina Medici widmete.

22 *Villa d'Este, Brunnenanlage im Park mit dem Modell des antiken Rom, Freskodetail im Palast*

23 *Villa d'Este, Zypressenrondell mit den Palastterrassen
und Wasserspielen.
Nach einer Zeichnung von Fragonard um 1760:
Romantisierende Umdeutung einer Barockanlage*

alles aber wird von einer so naturgetreuen Darstellung eines Gewitters mit solch heftigem Regen, Wind und Donner übertroffen, daß man sich tatsächlich einem sehr starken Unwetter ausgesetzt glaubt.«

Der vollendetste der uns erhaltenen Gärten des italienischen Barock ist die *Isola Bella.* Isola Bella war im 16. Jahrhundert eine dürre Felsenspitze, sehr schön im Lago Maggiore gelegen, aber ein äußerst ungeeigneter Platz für einen Garten. Die Unwahrscheinlichkeit eines Gartens auf solch einem Felsen entspricht dem barocken Bedürfnis, durch Umfang, durch Verzerrungen oder durch materielle Schwierigkeiten zu verblüffen. Die Arbeiten begannen 1632 und wurden für die Dauer von vierzig Jahren fortgesetzt, bis der Garten ungefähr das war, was er heute darstellt. Felsen wurden dem Boden gleichgemacht, sehr große Mengen Erde vom Festland herübergebracht, und wo es notwendig war, hat man den Garten auf Pfeilern in den See hinausgeschoben. Zehn übereinander angelegte, immer kleiner werdende Terrassen steigen empor, und zwar auf eine Weise, die an die Hängenden Gärten von Babylon erinnert. Isola Bella gleicht jedoch mehr einem schwimmenden, mit verschiedenen Decks versehenen bizarren Blumenschiff als einem begrünten Berg. Jede Terrasse ist mit Balustraden versehen und mit Vasen und Statuen reich geschmückt. Auf der höchsten Terrasse befindet sich ein Hügel, der als Hintergrund für ein reich verziertes Wassertheater dient. Der ganze Garten ist theatralisch, eine unvergleichliche, für eine poetische Romanze eingerichtete Szenerie, die aus den quer über den See treibenden Morgennebeln wie Watteaus ›Einschiffung nach der Insel Cythera‹ auftaucht.

Die Fülle des Ornamentes, das anderswo so oft erdrückt, scheint bei der Isola Bella keiner Rechtfertigung zu bedürfen. Der Erfolg des Gartens ist drei Ursachen zuzuschreiben. Die erste, die in gewisser Weise die beiden anderen einschließt, ist die verschwenderische Schönheit der Umgebung, die durch ihre Unwirklichkeit die Einbildungskraft steigert. Die zweite liegt im Plan selbst begründet, der nirgends umfassende Ausblicke in den Garten gestattet, sondern seine Motive fast immer auf den See und die Berge bezieht. Der dritte Grund ist das Vorhandensein von Blumen. Der Garten, der sich in der Toskana oder in Rom entwickelte, besaß wegen der sengenden Sommer meist gar keine Blumen, im gleichbleibenden Klima des Lago Maggiore dagegen konnten Blumen sich halten und entfalten, so daß es scheint, als ob sie seit eh und je auf der Isola Bella Verwendung gefunden hätten. Sie dienen nicht nur dazu, die Wirkung des Ganzen zu steigern, sondern sie sind auch fähig, den Eindruck von einem Übermaß an aufdringlichem Mauerwerk zu mildern und zu brechen. Die Isola Bella, eine Schöpfung des Grafen Carlo Borromeo und seines Sohnes Vitaliano, ist noch heute im Besitz der Familie Borromeo.

Von anderen Gärten Italiens, deren Ausblicke auf weite Wasserflächen gerichtet waren, wären allein noch jene auf der Hügelseite von Genua gelegenen zu erwähnen. Dort war es der Steilhang, der ebenfalls zu betonter Terrassierung führte. Eine nur durch den Meereshorizont begrenzte Sicht konnte bei diesen Gärten niemals einen sich spiegelnden Hintergrund wie der Lago Maggiore zur Isola Bella abgeben. Als Folge der modernen industriellen Entwicklung der Stadt ist keiner der Gärten als ein einigermaßen vollständiges Ganzes erhalten geblieben, obgleich immer noch zahlreiche, von der Eisenbahn durchschnittene oder in den Industrievierteln einsam verlorene Bruchstücke vorhanden sind.

Das Barock bildet sozusagen den Abschluß in der gartenkünstlerischen Entwicklung Italiens. Was an Gärten während des ganzen 17. und im ersten Teil des 18. Jahrhunderts noch entstand, war von gleicher Art, bis dann zuerst deren französische Variante und später der sogenannte englische Garten an die Stelle der einheimischen Form traten.

Obgleich der Bezug des Gartens zu seiner Villa und die Verschmelzung beider zu einem harmonischen Ganzen das Wunschbild der frühen Renaissance darstellte, so wurde es doch selten verwirklicht, ja oft nicht einmal angestrebt. Trotz der häufigen Verwendung von Überraschungseffekten ist die Villa d'Este einer von den wenigen Gärten, die immer eine Einheit geblieben sind. Diese Einheit finden wir aber weder in den Boboli-Gärten in Florenz noch in der Villa Borghese und auch nicht in der Mehrzahl der römischen Gärten dieser Periode.

Evelyn war ein leidenschaftlicher Pflanzenliebhaber; so lag es nahe, daß er die Gärten mit den Augen eines Sammlers oder Botanikers betrachtete. Und dennoch erwähnt er bei allen Gärten, die er in Italien besucht hat, nur Zypresse, Lorbeer, Pinie, Myrthe, Olive, Orange und Zitrone. Für ihn, wie für alle Reisenden, die ihre Eindrücke festhielten, waren die Wasserkünste, die Statuen und die Beziehungen zur Antike am wichtigsten und denkwürdigsten.

Obwohl die Arten der Pflanzen und ihre Seltenheit im 16. Jahrhundert viel weniger galten als dreihundert Jahre später, wäre es falsch, ihre Bedeutung zu unterschätzen. Der Renaissancemensch war ein Mensch von grenzenloser Wißbegierde, der mit gleicher Neugierde Pflanzen, wilde Tiere und alte Statuen sammelte. Die Villa Careggi des Lorenzo de' Medici wird im 15. Jahrhundert so geschildert, als ob es dort zahllose Arten von Bäumen und Sträuchern gegeben hätte. Burckhardt sagte von der späteren Villa des Kardinals Trivulzio, man habe dort Hecken aus verschiedenen Sorten von Rosen, eine erstaunliche Vielfalt von Obstbäumen und zwanzig verschiedene Sorten von Weinreben finden können. Im Jahre 1535 errichtete die Universität Padua einen Lehrstuhl für Botanik und zehn Jahre später legte sie den ersten botanischen Garten an – den ersten europäischen Garten, der zum Sammeln und zum Studium von Pflanzen bestimmt war.

Die Idee, exotische Pflanzen zu sammeln, war bestimmt nicht neu. Der beste Bericht einer frühen Expedition ist jener der Königin Hatschepsut von Ägypten, die auf Befehl von

Gott Amon nach dem Lande Punt sandte, um Weihrauchbäume zu holen. Das Land Punt war wahrscheinlich das Somaliland und der betreffende Baum, ›boswellia carteri‹, der Spender des Weihrauchs. Zweiunddreißig dieser Bäume wurden gesammelt, und die verschiedenen Phasen des Unternehmens sind auf den Wänden des Tempels von Deir-el-Bakhari dargestellt. Der assyrische König Tiglat-Pileser I. (etwa 1100 v.Chr.) prahlte: »Zedern und Buchs habe ich aus den Ländern, die ich erobert habe, gebracht, Bäume, die keiner der Könige, meine Vorfahren, besessen hat. Diese Bäume habe ich genommen und in meinen eigenen Ländern gepflanzt, in den Parks von Assyrien.« Sanherib war ebenfalls ein Sammler, der in seinem Garten in der Nähe von Ninive alle Gewürzkräuter aus dem Lande der Hethiter sammelte, Myrrhen, von denen er behauptete, daß sie in seinen Gärten besser wüchsen als in ihrer Heimat, Weinstöcke von den Hügeln und Obst aus jedem Lande.

Das Sammeln war auch nicht auf Pflanzen beschränkt. Was Evelyn so munter eine ›Volière‹ nennt, wurde zu Beginn des 16. Jahrhunderts ein allgemein charakteristisches Merkmal eines Gartens. Viele Stiche zeigen elegante Geflechte aus Kupferdraht, um die Bäume herumgelegte Vogelhäuser für seltene und dekorative Vögel; an diesen Plätzen trafen sich häufig die Spazierwege. Die Jagdvögel, die in großer Zahl für die Falkenbeize gehalten wurden, hatten im allgemeinen vom Garten getrennte Unterkünfte. Große fürstliche Häuser unterhielten sowohl Menagerien als auch Vogelhäuser. Die Menagerie am Hofe von Neapel enthielt Seltenheiten wie eine Giraffe und ein Zebra, während Papst Leo X. für Rom nicht nur die Werke der hervorragendsten Bildhauer und Maler seiner Zeit sammelte, sondern auch Tiere, wie zum Beispiel einen Elefanten und ein Rhinozeros. Sowohl die Medici wie schon die Griechen der Antike hielten es nicht für richtig, das Leben auf getrennte Bezirke zu verweisen, und es gab kaum etwas, was in ihren Gärten nicht Platz gefunden hätte.

»Erst die Renaissance erkannte die ganze Natur des Menschen und brachte sie ans Licht«, und viel von ihrem kraftvoll vielseitigen Menschsein spiegelt sich in den Gärten des Cinquecento. Aber die Ruhmsucht, die den Menschen zu so großen Leistungen angespornt hatte, entartete rasch zur Prunksucht. Plinius der Jüngere würde sich in diesen späten übersteigerten Gärten nicht zu Hause gefühlt haben. Ihre Atmosphäre ist weit entfernt von jener »sicheren und behaglichen Zuflucht« in Como, in die er seinen Freund einlud, um sich dort der Besinnlichkeit hinzugeben. Die Villen der Kardinäle mit ihren Wasserscherzen und ihrer mannigfaltigen Effekthascherei waren – was den Geist anbetraf – den Schaustellungen eines Nero im Kolosseum verwandter als dem Haine des Akademos.

Zweites Kapitel

Der Islam und die Gärten in Spanien

Die Gärten der Araber

Das dritte Band, das die Gärten der modernen westlichen Kultur mit dem antiken Rom verknüpft, ist jenes, das über die maurischen Königreiche von Spanien bis nach Byzanz zurückreicht. Die islamische Flut, durch Karl Martell im Jahre 732 zurückgedämmt, hat die Iberische Halbinsel für beinahe acht Jahrhunderte überschwemmt, eine Zeitspanne, die lang genug war, um dort unverlöschliche Spuren zu hinterlassen. Die Wüste ist ein harter Lehrmeister, sie züchtet ein kühnes, männliches, genügsames und kriegerisches Volk. Aber so wie es auch die Israeliten an sich erfuhren, verfiel dieser kräftige Menschenschlag rasch einer geistigen Trägheit, sobald er sich in einem Land befand, wo Milch und Honig flossen. Der harte Puritaner, der Askese predigt, macht oft aus einer Notwendigkeit eine Tugend. Wenn der Wüstennomade plötzlich, wie er es mit Unterbrechungen immer wieder tut, über die fetten Länder, die seine hochherzige Armut begrenzen, hereinbricht, kann ihm kaum Widerstand geleistet werden. Sein Ansturm, seine Wildheit, seine kraftvolle Selbstzucht treiben ihn vorwärts. Er setzt sich dann fest, um das zu genießen, was er erobert hat – und wie genießt er es! Diejenigen, die nie ein luxuriöses Leben geführt haben, entfalten dafür eine unwahrscheinliche Fähigkeit. Die Traumwelt des erobernden Semiten nahm die Gestalt eines schattigen Gartens an, in dem Sorbets gereicht wurden, in dem es Quellen und schöne Frauen und all das, was ihm die Wüste versagt hatte, gab.

Während das übrige Europa sich mit dem Problem der nationalen Konsolidierung, das der Verfall des Römischen Reiches als Erbe hinterlassen hatte, abmühte, war das maurische Kalifat von Cordoba bereits ein festgefügter Staat, der sich eines großen Reichtums erfreute und eine zentralisierte Macht besaß. Es wurde behauptet, daß es im Tal des Quadalquivir mehr als fünfzigtausend luxuriöse Landhäuser gab. Sie sind alle verschwunden, und weder ein Plan oder Bild noch eine genauere Beschreibung ist auf uns überkommen. Aber aller absichtlichen oder durch Vernachlässigung entstandenen Zerstörung zum Trotz, hat in Granada, der Hauptstadt des letzten islamischen Königreichs, ein wunderbarer Überrest der maurischen Gärten in Spanien die Zeiten überlebt. Diese Tatsache ist zum Teil auf den dem spanischen Charakter eigenen Konservatismus zurückzuführen, aber mehr noch auf den Umstand, daß die islamischen Gärten oft innerhalb des Hauses lagen und daher in irgendeiner Form erhalten bleiben mußten, solange die Gebäude, die sie wie ein Schrein umschlossen, noch erhalten waren.

Man hat gesagt, daß die spanische Gartenkunst keinen bestimmten nationalen Charakter besitze. Das ist nicht richtig, aber es ist schwierig, einen konstanten Charakterzug herauszuschälen, da es so wenig Gärten gibt, in denen man danach suchen kann. Es gibt nur sechs bedeutende frühe Gärten in Spanien, und ein jeder wurde unter grundverschiedenen Umständen verwirklicht.

Die frühesten sind jene der *Alhambra* und des *Generalife in Granada*, die, obgleich heute getrennt, dem Wesen nach eine Einheit bilden. Sie sind zum größten Teil maurisch und datieren aus der letzten Phase der Herrschaft der Mauren in Spanien.

Der zweite Garten ist jener des *Alkazar in Sevilla*. Er ist früheren Ursprungs als die Gärten der Alhambra, aber während die Gartenhöfe in Granada weitgehend unverändert sind, hat man jene von Sevilla mehrere Male umgestaltet, besonders unter Peter dem Grausamen von Kastilien (1334–1369) und unter Kaiser Karl V. (1500–1558).

Den dritten hat Philipp II. (1527–1598) um den *Escorial* entstehen lassen.

Der vierte in *Aranjuez* ist ein alter, stark veränderter Garten, der seinen heutigen Charakter hauptsächlich Philipp II. verdankt.

Vom fünften, dem *Buen Retiro in Madrid*, ist ein kleiner Rest noch vorhanden, der heute ein öffentlicher Park der Hauptstadt ist. Er war die Schöpfung des Herzogs Olivarez, des berühmten Günstlings Philipps IV. (1605–1665), und war einer der Gärten, die den größten Einfluß in Europa ausübten.

Und schließlich der sechste, *La Granja*, war ein Versuch des ersten Bourbonenkönigs in Spanien, Philipp V. (1683–1746), mit den Gärten seines Großvaters in Versailles zu wetteifern.

Man muß diese so verschiedenen sechs Gärten, die das Ergebnis von so unterschiedlichen Einflüssen sind, genau betrachten, wenn man den gemeinsamen Nenner finden will, der sie letzten Endes alle zu spanischen Gärten macht.

Nach der Auflösung des Kalifats von Cordoba, als die arabische Kultur in Spanien ihren Höhepunkt erreicht hatte, gingen die verschiedenen arabischen Königreiche, manchmal durch Bündnis, manchmal durch Abfall, allmählich in christliche Hände über, so daß zuletzt nur das Königreich Granada übrigblieb. Hier wurde auf einem Hügel ein großes maurisches Schloß mit einer Anzahl von Gärten und Lusthäusern errichtet. Diese Gärten machen den Eindruck von einer Anzahl miteinander verbundener Räume und Korridore im Freien. Der Hof gibt genau den römischen Peristylgarten von Pompeji wieder, und selbst die ausgedehnteren Gärten scheinen von der Architektur einer untergegangenen Kultur herzurühren.

Aus gutem Grund ähnelt der Patio der Sultane in Granada dem vierzehnhundert Jahre zurückliegenden Hof eines reichen römischen Bürgers in Italien. Denn das Spanien des 1. Jahrhunderts war eine der reichsten römischen Provinzen, und als

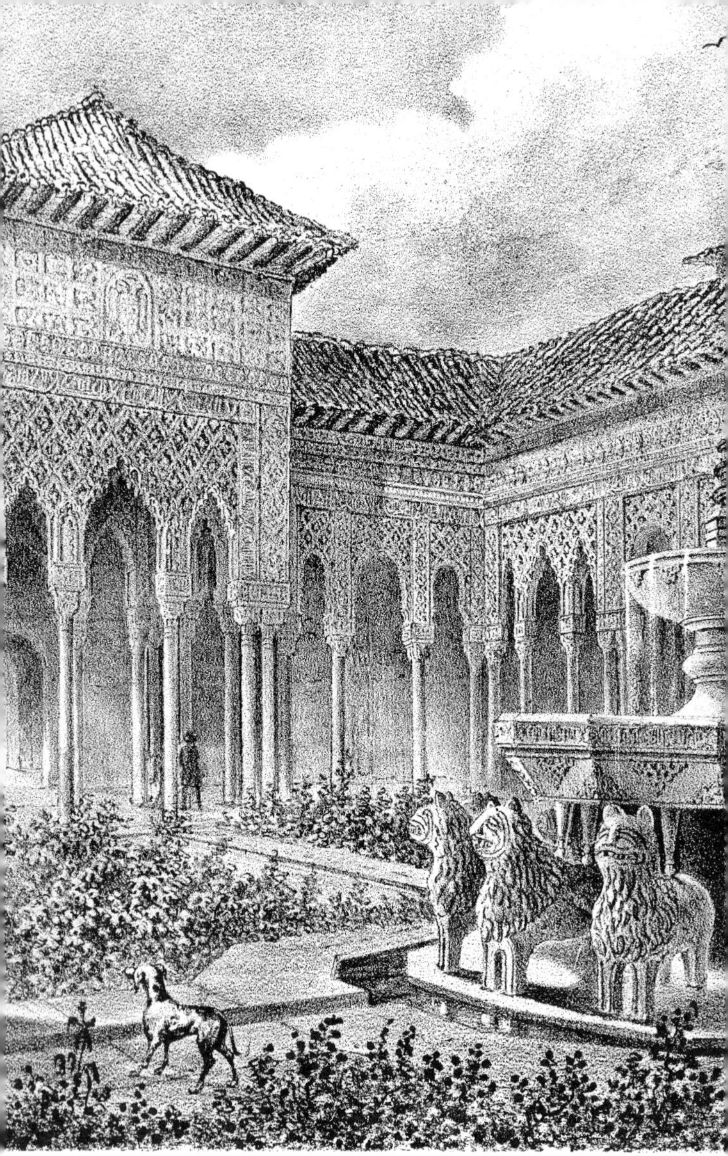

25 *Löwenhof in der Alhambra, arabisch-spanischer Hausgarten*

←
24 *Der Generalife in Granada, das arabische ›Vorbild‹ für die Wasserspiele der Villa d'Este*

die Araber kamen, muß das Land noch dicht mit Resten von Bauten der römischen Epoche besät gewesen sein. Laut Plinius gab es hier dreihundertsechzig Städte. Es ist aber nicht nötig, soweit zurückzugehen, um nach dem römischen Einfluß zu suchen. Schon früh hatten bei ihrem Ansturm die Jünger Mohammeds die gefährdeten Provinzen des Ostreiches überrollt und waren über das luxuriöse Leben, das sie dort vorfanden, erstaunt. Entlang der ganzen afrikanischen Nordküste, von Ägypten bis nach Mauretanien hinein, stießen sie auf die hellenistische Kultur, die sie begierig aufsogen. Auch dort, wo vorher die Goten und Vandalen sich niedergelassen hatten oder weitergezogen waren, ragten entlang der Küste, gleich großen gestrandeten Schiffsrümpfen, die römischen Peristylvillen empor. Sie fielen dem Islam als Erbschaft zu.

Es sind vier Haupthöfe in der Alhambra, die stufenweise erläutern, wie die Gärten über den inneren Raum der Gebäude hinauswuchsen. *Der Löwenhof* ist heute bis auf das Herz der Anlage, den Löwenbrunnen, seines ganzen Schmuckes beraubt. Was seinen Zweck oder seine Idee anbetrifft, so unterscheidet er sich kaum von einem gotischen Klosterkreuzgang, obgleich seine Architektur sich eher aus den Vorhängen von Zelten als vom Gerüstwerk von Balken herleitet. Nach heutigem Geschmack würde man ihn nicht als Garten bezeichnen, aber er mag wohl nicht immer so arm an Pflanzen gewesen sein wie heute.

Der zweite Hof, eindrucksvoller als der vorhergehende, ist *der Myrtenhof*. Er unterscheidet sich von allem, was wir an römischer, mittelalterlicher oder byzantinischer Gartenkunst kennen. Die Bepflanzung besteht fast ausschließlich aus einer Myrtenhecke, und fast die ganze restliche Fläche wird von einem langrechteckigen Bassin eingenommen, das wie ein Spiegel das umgekehrte Bild der Arkade und des mit Zinnen bekrönten Turms am Ende wiedergibt.

Der dritte, der *Hof von Linderaja*, zeigt, daß diese kleinen Außenräume auf ganz verschiedene Weise entworfen werden können. Er ist ein unregelmäßiges Rechteck, von Gebäuden eingeschlossen, aber nicht von ihnen beherrscht, dazu vollkommen bepflanzt, um Schatten zu spenden und Abwechslung zu gewähren, die beide sonst fehlen würden.

Der Hof der Frauen, der letzte der vier Höfe der Alhambra, stellt einen weiteren Schritt in der Entwicklung des Gartens zum Außenraum dar. Denn hier verbindet sich die relative Offenheit des Hofes von Linderaja mit dem reflektierenden Wasserspiegel des Myrtenhofes; er besitzt überdies eine abwechslungsreichere Bepflanzung.

Einige hundert Meter oberhalb der Alhambra befindet sich auf dem Hügel der Garten des *Generalife*, der, obwohl er ganz anders im Charakter ist, zu den Gärten der Alhambra erkennbar in Beziehung steht. Er besteht nicht aus einer Folge von in Gebäuden eingeschlossenen, sondern eher aus einer Reihe kleiner Gärten, die, in engen Terrassen gebaut, zum Palast hin absteigen. Der rechteckige und eingeengte Plan der Anlage läßt den Einfluß unsichtbarer Mauerfundamente vermuten, obgleich man eher den Eindruck von Gängen als von Räumen hat.

Von keinem dieser Gärten ist die Außenwelt völlig ausgeschlossen. Wohin man in der Alhambra geht, überall sind schmale Durchsichten sowohl den Hügel hinauf als auch hinunter nach der großen Ebene möglich. Zahllose Aussichtspunkte, ›clair-voyées‹, rahmen kleine Ausschnitte einer ausgedörrten Weite, die ausschließlich dazu dienen, den Geist dankbar in die kühlen Säulengänge mit ihren Fontänen zurückzurufen. Der arabische Garten streckt sich nicht sehnsüchtig nach dem freien Land aus, er wendet sich von ihm wie von etwas Verschmähtem ab. Dieses Land darf nur deshalb zu sehen sein, weil es unser Vergnügen am Frieden und am Schatten der Höfe steigert.

Architektonische Schmuckformen dominieren in vielen dieser ›Hofgärten‹. Die Fassaden der maurischen Gebäude wurden gewöhnlich mit farbigen Kacheln verkleidet und mit

Arabesken oder poesievollen Inschriften verziert. Der Eindruck des Ganzen auf einen westlichen, in romanisch-gotischer Überlieferung aufgewachsenen Geist ist zuweilen der einer sich spreizenden Überladenheit und Unruhe. Aber wo der Reisende heute nur wenige Minuten verweilt, verbrachten die ursprünglichen Benutzer dieser Gärten viele Jahre; und in einem solch kleinen Raum gab es kaum eine andere Möglichkeit, für Abwechslung zu sorgen.

Das hervorstechendste Charakteristikum der arabischen Gärten war die besondere Verwendung des Wassers. Der arabische Garten verlangte – wie der ägyptische – Wasser, jedoch auf ganz andere Weise. Der ägyptische Teich war nicht viel mehr als eine Zisterne, in die der Gärtner seinen Eimer tauchte; er war eine Notwendigkeit. Für den Nomaden aber war Wasser der größte Luxus seines Daseins: es war Kühle, in die er seine Hand tauchte, er spielte damit, bewunderte die Spiegelung des Himmels auf seiner Oberfläche und lauschte der Musik seiner Brunnen. Wasser als Stoff der Poesie war der größte Beitrag der Wüstenbewohner zur Kultur der Gartenkunst. Über siebentausend Kilometer von Spanien entfernt, und zweihundert Jahre später, legte Schah Jehan in Agra, dem äußersten Ende der großen islamischen Expansion, einen ähnlichen Wasserspiegel an, um die Vollendetheit des Tadsch-Mahal zu reflektieren. Die Wirkung der ruhigen (oder beinahe ruhigen, da der Prophet befohlen hatte, daß alles Wasser in Bewegung gehalten werden solle) spiegelgleichen Flächen bestand darin, den Himmel bis zu den Wurzeln der Bäume und bis zu den Fundamenten der Gebäude herabzusenken, um Helle und Heiterkeit zu verbreiten, weil eine so eingeschlossene Fläche sonst dunkel und düster, schwer und tot geworden wäre, wie etwa in den Kreuzgängen Nordeuropas. Hier treffen wir auf etwas außerordentlich Charakteristisches für die islamischen Gärten, das von den Renaissancegärtnern Italiens niemals versucht wurde. Und als später die Franzosen diese Wasserspiegel in größerem Maßstabe durchgeführt haben, geschah dies nicht nur in einem ganz anderen Geiste, sondern auch mit ganz anderem Ergebnis.

Doch hat man sich bei der Verwendung von Wasser weder auf seine spiegelnden Eigenschaften noch auf die Vorstellung der Kühle beschränkt. Das Gebot, daß das Wasser in Bewegung gehalten werden soll, war die Ursache für sinnreiche und dekorative Wasserkünste. Da den Mohammedanern verboten war, Lebendes nachzuschaffen, haben sie selten Schmuckwerk angewandt, im Gegensatz zu den Christen der Renaissance. Der Löwenbrunnen in der Alhambra ist vermutlich eine byzantinische Arbeit. Es wäre den Arabern zum Beispiel nicht möglich gewesen, Springwerke zu schaffen, etwa mit Musketieren, die Wasserstrahlen aus ihren Musketen schießen, oder mit Waschfrauen, die aus steinernen Kleidern Wasser wringen, beides beliebte Einfälle des Barock. Die Behandlung des Wassers durch die Araber war eine angemessenere, denn sie konzentrierten sich mehr auf sein Wesen als auf das Wasser als Quelle. Die Wasserknappheit in Spanien und die Notwendigkeit es bestmöglich zu verwenden, zwang die Araber zur vollendeten Meisterung des Wasserstrahles – eine Technik, die sie dem christlichen Spanien und so auch mittelbar Italien und ganz Europa lehrten.

Vielfach ist es die Art der Bepflanzung, die den Stil dieser Gärten prägt. Obgleich es viele Bäume und Sträucher gibt, die von einem Garten in den anderen wechseln können, ohne dessen Grundcharakter sonderlich zu ändern, gibt es andere, die – auf Grund ihrer betonten Eigenart und ihres Aussehens oder ihres Duftes – schon durch ihr Vorhandensein Erinnerungen und Empfindungen erwecken. Die Zypresse, die Libanon-Zeder, die englische Eibe, die Araukarie werden oft mit der Absicht gepflanzt, ein Echo zu erwecken. Der große Kalif Abder-Rahmân versuchte, ähnlich der medischen Frau des Nebukadnezar und mit ähnlichen Mitteln, die Atmosphäre seines Heimatlandes zu vergegenwärtigen. Er baute sich ein Landhaus in Cordoba, eine Kopie einer Villa in Damaskus, und pflanzte darin Palmen. Die Art, wie ein Garten angelegt ist, dessen Plan oder Gerüst, machen seinen Wert aus, soweit man so etwas überhaupt objektiv beurteilen kann.

Die Mudéjar-Periode

Die christlichen Spanier führten anfänglich keine neuen Elemente ein, sondern übernahmen, pflegten oder glichen an oder überließen die Gärten der von ihnen überwundenen Araber auch dem Verfall. In den hundert Jahren, die zwischen der christlichen Reconquista des frühen 15. Jahrhunderts und dem frühen 16. liegen, als Karl V. Herr über den größten Teil Europas geworden war, entwickelte sich in Spanien keine ursprünglich einheimische Tradition. Das wichtigste Beispiel der Gartenkunst in dieser ›Mudéjar-Periode‹ (der Begriff bezeichnet die christliche Kunst in Spanien etwa von 1450–1600, die maurische Elemente aufgenommen hat) ist der Alkazar in Sevilla.

Der *Alkazar von Sevilla* war eine Zeitlang der Palast eines der maurischen Kleinkönige, die auf das Kalifat von Cordoba folgten. Diese maurischen Königreiche zerfielen zweihundert Jahre vor dem Fall von Granada. In der Zwischenzeit wurde auch das Schloß des alten Sultans baufällig. Als aber um die Mitte des 14. Jahrhunderts Peter der Grausame, König von Kastilien und Leon, in Sevilla seinen Palast errichtete, baute er ihn an der alten Stelle mit altem Material und mit maurischen Werkleuten. Wie üblich, waren in den Gebäuden Höfe vorhanden, doch der Hauptgarten lag nach Südosten. Er war zwar größer als die Höfe, aber nicht weniger abgeschlossen, und längs der drei Seiten, die nach der Außenwelt gingen, war eine Mauer mit hohen Galerien errichtet worden. Dem Entwurf mangelte es an wirklichem Zusammenhang. Er bestand lediglich aus einer Folge von rechteckigen Gärten, die sich durch Teiche, vertieft angelegte Gärten, Terrassen und Gartenhäuser voneinander unterschieden. Wir sind heute nicht mehr in der Lage, die verschiedenen Phasen seiner Entwicklung voneinander zu trennen. Denn der Besitznahme von Karl v. gingen zweihundert Jahre einer unregelmäßigen Bautätigkeit voraus, und Karl v. fügte dann noch viele neue Elemente hinzu. Später waren es beträchtliche barocke Bereicherungen, die das ursprüngliche Gesamtbild noch mehr verzerrten. Jedoch nichts von dem, was Kaiser Karl veranlaßte, konnte die ursprünglich düstere Abgeschiedenheit der Gärten von Peter dem Grausamen mindern. Im Endergebnis waren die Gärten von Sevilla allerdings trotz der Theatralik der Palmen und der Mudéjar-Architektur im Plan identisch mit den spätmittelalterlichen Gärten in ganz Europa; selbst die für den Islam bezeichnende Verwendung des Wassers fehlt.

Die stärksten äußeren Kräfte, die die aus einem fremden Land übernommenen Gartenformen bis zur Unkenntlichkeit verflechten können, um sie als einheimische Schöpfung wieder erstehen zu lassen, sind Klima und Boden. Spanien und Italien waren – trotz ihrer gleichen Breitengrade – in dieser Hinsicht verschieden, und dieser einzige Umstand mag den in Italien eingeführten islamischen Garten verändert haben; das italienische Land ist fruchtbarer, seine Schiefer- und Tonschicht ist besser versteckt, die Erdschicht auf seinen Feldern und Hängen ist tiefer und weicher, seine Tonfärbung im allgemeinen gedämpfter und die Landschaftsgründe gehen in einer harmonischen Weise ineinander über. Spanien ist unfruchtbar; sein harter und dürrer Unterbau ist spärlich und regellos mit einer Vegetation bekleidet, die von der Sonne schnell verdorrt wird, die Tönung des Landes ist stark, die Kontraste sind scharf und die Landschaft unterstreicht Vordergrund und Horizont zu Lasten des Mittelgrundes, der verhältnismäßig unwichtig ist. Der Wunsch zur ummauerten Abgeschiedenheit ist in Spanien größer als anderswo, weil es dort an Schatten, Kühle und Grün mangelt. Auch wenn es das maurische Beispiel nicht gegeben hätte, würde man aus sachlichen Gründen wahrscheinlich in Spanien einen nach innen gerichteten

Patio-Garten entwickelt und sich damit zufrieden gegeben haben. Das aber nicht nur aus rein sachlichen Gründen, denn Spanien – obgleich es Italien die Saat weitergegeben hatte, die in der Renaissancezeit aufblühte und aus der das moderne Europa erwuchs – ist selbst niemals ›modern‹ geworden; in geistiger und religiöser Hinsicht löste es sich nicht von althergebrachten Vorstellungen.

Es ist Tatsache, daß die Renaissance, als sie mit Karl V. nach Spanien kam, ihr Wesen verändert hat. Die intellektuellen Spekulationen der Humanisten am Hofe Alfons' von Neapel, im exklusiven Kreis der Medici in Florenz und an jedem kleinen Hofe in Italien hatten in Spanien kein Gegenstück. Das zentralisierte Königreich von Ferdinand und Isabella von Kastilien duldete keine kleinen Höfe und die Inquisition keine Spekulationen. Als der Kaiser die italienische Art des Gartens einführte, erfüllte er damit in keiner Weise ein Bedürfnis der Spanier. Es gab keine soziale Schicht, die davon hätte Gebrauch machen können. Die Extreme von Reichtum und Armut hatten dazu geführt, daß an einem Ende der Stufenleiter die Nachkommen einer alten Ritterschaft und an dem anderen die Angehörigen eines nahe dem Hungertode lebenden Bauerntums standen. Dazwischen gab es nur wenige nach oben strebende Menschen, die fähig gewesen wären, eine spezifisch spanische Tradition zu entwickeln.

Die Zeit von Philipp II. bis zu Philipp IV.

Philipps II. Interesse an Gärten war durchaus nicht oberflächlich. In seinen Briefen an seine Töchter bezieht er sich des öfteren auf die Freude, die er daran hatte und erwähnt besonders kleine Gärten von eigentümlicher Zeichnung, ›alegretes‹, auf die er in Portugal gestoßen war und von denen er Pläne hatte machen lassen, in der Absicht, sie zu Hause zu kopieren. Diesen weichen Zug seiner sonst so unliebenswürdigen Natur bewies Philipp auch, als er die Ulme als Erinnerung an die Tage, die er als Gemahl einer englischen Königin verbracht hatte, einführte. Die gärtnerische Tätigkeit unter Philipps Regierung war sehr rege, doch kam wirklich Bedeutendes nicht zustande.

Die fortschreitende Konsolidierung der Krone in Spanien zu einer absoluten Monarchie, die die despotische Macht, die Ludwig XIV. später in Frankreich besaß, vorausnahm, war von erstrangiger Bedeutung für die Entwicklung der Gartenkunst. Philipp II. setzte die Politik seines Vaters Karl V. fort und behielt seinen Adel um sich, um ihn von den grundherrschaftlichen Quellen seiner Macht auf dem Lande zu trennen. Daher konnten große Gärten nur im Zusammenhang mit königlichen Residenzen in Erscheinung treten, und als der Hof an Größe und Komplexität zunahm, wurde der Garten mehr und mehr zum Schauplatz für dessen Vergnügungen. Dieser Hauptzweck des spanischen Gartens war gerade in Buen Retiro so augenfällig, daß man behauptet hat, das Gartentheater sei hier geboren.

Buen Retiro, im Osten von Madrid, war die Schöpfung des berühmten Herzogs Olivarez, allmächtigen Günstlings und Ministers Philipps IV. Mehr zum unmittelbaren Vergnügen als zum zukünftigen Ruhm geplant, wurde die Anlage so rasch wie möglich vorangetrieben und die Gelder dort verschwenderisch ausgegeben, wo es in die Augen fiel. Der Garten überstrahlte den Palast. Hauptschöpfer war Cosimo Lotti, ein Florentiner, der – vorher an den Boboli-Gärten in Florenz beschäftigt – im Jahre 1628 nach Madrid kam und unter anderem auch an den Gärten von Aranjuez arbeitete.

Der Palast von Buen Retiro ist nicht mehr vorhanden, auch seine Gärten sind zum großen Teil verschwunden, und nur ein Rest des Parks ist geblieben; die hinterlassenen Pläne und Zeichnungen sind verwirrend und nicht leicht miteinander in Einklang zu bringen. Ungeachtet der italienischen Mode, die immer noch stark in der architektonischen Manier der römischen Gärten mit ihren Balusterterrassen und wunderbaren

Außentreppen befangen war, scheint Cosimo Lotti mehr den Stil der frühen Renaissance zur Anwendung gebracht zu haben. Das Gebäude enthielt nach alter maurischer Art mindestens zwei innere Hofgärten, von denen wir nicht wissen, wo sie gelegen haben. Aufschlußreicher ist die Behandlung der offenen Höfe, die anstatt, wie es natürlich gewesen wäre, in die umliegenden Gärten und in den Park zu führen, vollständig von Mauern umgeben waren. Da es nichts Ähnliches in Italien gegeben hat, muß bei Lotti vieles auf den Einfluß der heimischen spanischen Tradition zurückzuführen sein. Es verwundert nicht, daß zu einer Zeit, in der Kirchen und Klöster ein Drittel der gesamten Fläche von Madrid bedeckten, stets die Vorstellungen des spanischen Klosters hinter allen spanischen Gärten stand.

Die Verbindung von Heiligem und Profanem war leicht zu vollziehen, da die religiösen Darstellungen immer theatralischer wurden. Die Gegenreformation hatte die auf größtmöglichen Effekt bedachte Artistik der Maler und Bildhauer benutzt, um die Menschen vom Denkvorgang abzulenken, indem sie in einer Flut von Gefühlen untertauchten. Jetzt wurden in diesen Gärten viele jener seltsamen ›Eremitagen‹ errichtet. Inwieweit solche Einsiedeleien wirklich eine religiöse Funktion ausübten, ist unklar. Das Kloster des Heiligen Jeronimo war in den Park einbezogen, und die Mönche mögen wohl diese unwahrscheinlichen Außenwerke ›bevölkert‹ haben; eins aber ist sicher, daß die Eremitage von St. Johannes Baptista von keinem geringeren Einsiedler als dem Herzog selbst in Anspruch genommen wurde. Er verbrachte darin seine Zeit allerdings nicht in Beschaulichkeit, sondern mit alchemistischen Künsten.

Man könnte fast annehmen, daß in Buen Retiro die ›Verwandlung‹ der Gartenhäuser in Einsiedeleien und Kapellen begonnen habe. Tatsächlich gab es aber zwei viel frühere Beispiele, beide in Italien: der Sacro Monte in Orta im Piemont – 1583 begonnen – und der im letzten Jahrzehnt des 14. Jahrhunderts angelegte Sacro Monte in Varallo, von dem Orta sich herleitet. Hinter der Stadt Varallo Sesia liegt ein Hügel von etwa fünfhundert Meter Höhe, auf dem sich eine Wallfahrtskirche befindet. Der Weg zur Kirche ist ein gewundener Pfad, der an fünfundvierzig Kapellen vorbeiführt, von denen jede eine lebensgroße Gruppe von Terrakottafiguren enthält. In Orta andererseits ist der Sacro Monte genaugenommen überhaupt kein Hügel, sondern ein bewaldeter Park beziehungsweise ein offener Hain von Kastanien und Lorbeer. Hier gab es nur zwanzig Kapellen, von denen allerdings kaum mehr als zehn zur Zeit des Beginns von Buen Retiro fertiggestellt waren. Die Anlage kann weder in Orta noch in Varallo als ein Garten angesehen werden, doch der Garten Philipps IV. in Madrid kann recht wohl davon beeinflußt worden sein.

Zu seiner Zeit galt der Park von Buen Retiro als bemerkenswert, doch mehr wegen der Großartigkeit seiner Einfälle als wegen des Gesamteindrucks. Sein Plan ist tatsächlich äußerst zusammenhanglos. Kein einziger Teil zeigt irgendwie einen deutlichen Bezug zum benachbarten; die Wasserwege und Seen sind regellos angelegt, die Alleen scheint man zum großen Teil so geplant zu haben, daß sie keinesfalls einen Durchblick gewährten, und die ganze Fläche war mittels Mauern in unregelmäßige eckige Formen unterteilt. Fast alle modischen ›Garten-Merkmale‹ der damaligen Zeit waren vorhanden, jedoch ganz ohne die zugrunde liegenden Vorstellungen von der Einheit oder wenigstens von der Regelmäßigkeit der Anlage, auf denen sie normalerweise beruhten.

Die wahrscheinliche Erklärung hierfür scheint darin zu liegen, daß der Park von Buen Retiro in aller Eile, ohne irgendeine vorherige Planung, angelegt wurde, so daß ein Teil jeweils einen anderen nach sich zog – ein Werk von vielen, deren Tätigkeitsfeld sich in einer nicht vorbedachten Weise auszubreiten begann, bis es mit dem gleichfalls nicht vorbedachten Wachstum eines Nachbarprojektes in Kollision geriet. Diese Baumethode deutet darauf hin, daß der Herzog Olivarez selbst die treibende Kraft war, da er in der gleichen Art die Außenpolitik Spaniens geführt hat.

Der Park und die Gärten von Buen Retiro waren insgesamt Szene für die wohleinstudierten festlichen Aufzüge, wobei einen besonders beliebten Ort für diese Gelegenheiten der See mit seinen Inseln darstellte. Hier fand im Jahre 1640 eine Aufführung statt, bei der eine über die Insel reichende, auf Booten ruhende Bühne Verwendung fand. Verschiedene und aufregende Attraktionen wurden gezeigt, es erschien das Schiff des Odysseus, der Wald der Circe voller sprechender Bäume, die aufsehenerregende Verwandlungsszene der Schiffsbemannung inmitten von Tritonen und allen anderen sagenhaften Bewohnern der Tiefe; als Odysseus triumphierte, versanken alle diese Wunder zusammen mit dem verzauberten Palast unter Donnerschlägen, Blitzen und Erdbeben in den See. In Italien haben diese Art von Einfällen und Erfindungen anscheinend die Vorführung eines wirklichen Dramas verhindert, in Spanien jedoch war das sehr beliebt, und viele Werke von Calderon wurden in Buen Retiro aufgeführt.

Der letzte der großen spanischen Gärten ist jener von San Ildefonso – *La Granja*. Er wurde von dem Enkel Ludwigs XIV. – der von Versailles inspiriert worden war – nach Zeichnungen von Boutelet angelegt. Seine Lage, eintausendzweihundert Meter hoch inmitten von Bergen, ist unendlich schöner als jene von Versailles, zumal man auch über genügend Wasser verfügte, was in Versailles nicht der Fall war; doch damit ist seine Überlegenheit auch erschöpft. La Granja fehlt die Großzügigkeit des Entwurfs und das Gefühl für Harmonie, wodurch sich alle großen französischen Gartenanlagen auszeichnen. Der Wasserfall ist prahlerisch, die Durchblicke werden durch die Nähe der Berge eingeengt, die Statuen sind gut, aber – wie so oft im Barock – es gibt zu viele von ihnen. Hinter allem steht eine fieberhafte Vergnügungssucht. Beim Anblick einer Wasserkunst dieses Gartens seufzte Philipp V. über die Kosten: »Drei Millionen für drei Minuten Vergnügen.« Doch ungeachtet solcher Kritik und der mangelnden Geschlossenheit des Ganzen, gibt es dort schöne Partien, und kein Garten von so eigener Sprache kann ganz ohne Wirkung bleiben.

Das wirklich Spanische an dem spanischen Garten scheint nach allem Gesagten eine Sache des Temperamentes zu sein. Der Charakter eines Gartens ist eben nicht allein durch das Klima, den Boden und die gesellschaftlichen Bedürfnisse seines Schöpfers bedingt, sondern es prägt sich in ihm, wenn auch unbewußt, die Stimmung seines Schöpfers aus. Der auffallendste Zug des spanischen Temperamentes scheint für viele Jahrhunderte der Fanatismus gewesen zu sein, der sich des öfteren als Grausamkeit manifestierte. Dazu gesellte sich ein Hang zur Entsagung. Es ist durchaus nicht abwegig, eine Manifestation dieser Eigenschaften in dem gleichbleibenden nationalen Habitus der spanischen Gärten zu sehen. Aber ungeachtet dieser geistigen Bindung hat der spanische Garten im Laufe der Zeit keine verbindliche Ausdrucksform, sondern beträchtliche sachliche Vielgestaltigkeit entwickelt, die auf andere nationale Einflüsse zurückzuführen ist, die nicht assimiliert werden konnten.

Portugiesische Gärten

Trotz der ausgeprägten Eigenart der spanischen Provinzen, von denen viele unabhängige Königreiche gewesen sind, ließ die Zentralisierung durch eine starke Monarchie den Künstlern nicht viel Raum für eine landschaftlich bedingte Sonderentwicklung. Madrid wurde mehr und mehr der Sitz der Regierung und der kulturelle Mittelpunkt des Landes. Die Autonomie von Portugal hat sich vom 12. Jahrhundert bis heute erhalten, abgesehen von jener kurzen Periode, in der Philipp II. sich der Krone bemächtigte, Philipp III. sie zu bewahren vermochte und Philipp IV. sie verlor.

Portugal ist ein reicheres und sanfteres Land als Spanien, mit mehr Regen, milderem Klima und breitfließenden, schiffbaren Flüssen. Mit Spanien hat es die römische und die maurische Tradition gemeinsam, aber seit dem 15. Jahrhundert bestand über seine Besitzungen im Fernen Osten auch ein direkter Kontakt mit einer weitab liegenden Kultur. Der Unterschied im Grundtypus des Gartens ist in diesen beiden Ländern nur gering, abgesehen davon, daß der Patio in Portugal verhältnismäßig selten vorkommt. Dagegen können wir Abweichungen in Einzelheiten und auch eine tiefer gehende Verschiedenheit im Charakter des Gartens feststellen. Philipp II. hatte die individuelle Note der kleinen portugiesischen Innenhofgärten, der sogenannten ›alegretes‹, erkannt. Wesentlicher war der Unterschied, der sich durch die Verwendung terrassierter Bassins ergab, die so angelegt waren, daß man das Wasser von einer Seite her mit einer Wand oder einem Gebäude dahinter sah. Wahrscheinlich ist dies ein Überbleibsel des Verteidigungsgrabens, der mit dem islamischen Gartenkanal kombiniert wurde. Die Bassins wurden früher tatsächlich als Bäder benutzt; immer jedoch waren sie der wichtigste Wasserspender für den Gärtner. Die das Wasser beherrschenden senkrechten Flächen waren oft mit Mosaiken oder Malereien geschmückt oder mit farbigen Kacheln verziert.

Überall auf der Iberischen Halbinsel gibt es zwar Kacheln, aber auf dem Boden und an den Wänden Portugals sind sie zahlreicher als irgendwo sonst in Spanien. Sie kamen mit den Arabern aus Kleinasien, wo diese Art keramischer Dekoration bei den Persern allgemein üblich war, und die Wahl der Farben ist, selbst nach Jahrhunderten der Einbürgerung in Spanien, die eines östlichen Bazars geblieben. Diese Kacheln sind unter dem Namen von ›azulejos‹ bekannt, eine Bezeichnung, die, wie so viele auf der Halbinsel, arabischen Ursprungs ist. Bis zum Verschwinden des letzten maurischen Königreiches und noch während mehrerer nachfolgender Generationen wurden die Azulejos mit Arabesken oder abstrakten geometrischen Mustern verziert. Erst von der Mitte des 16. Jahrhunderts an gewann die darstellende Kunst die Oberhand.

Nicht nur waren die einzelnen Kacheln jeweils mit Bildern geschmückt, sondern man hat für die ganze zu bedeckende Fläche einen Gesamtentwurf gemacht, wobei jede einzelne Kachel Teil einer größeren Gesamtdarstellung ist. Ein extremes Beispiel dieser Art befindet sich in Lumiar, wo ein kleiner Garten, die *Quinta de Azulejos*, fast ganz aus Bänken, Mauern und Brunnen besteht, die mit sorgfältig ausgeführten, zusammenhängenden Darstellungen in leuchtenden Farben bedeckt sind.

Die Verwendung von farbigen Ornamenten in einem Garten scheint das Fehlen von natürlichen Farben vorauszusetzen. Doch dürfte dies tatsächlich nicht der Grund gewesen sein, aus welchem diese portugiesischen Gärten weniger Blumen als ihre spanischen Nachbarn aufwiesen. Die Gärten des Buen Retiro prangten mit Rosen, Lilien, Jasmin, Nelken und Rosmarin. Dreizehn Wagenladungen Blumen wurden von Valencia nach dort gesandt, und wir haben Nachricht von einem Kardinal, der allein Blumenzwiebeln im Werte von zehntausend Dukaten aus seinem Garten in Rom hat kommen lassen, um ein Geschenk zu machen. Wenn die Spanier im frühen 17. Jahrhundert ihre Gärten mit einer Überfülle von Blumen schmückten, dann wären die Portugiesen dank des fruchtbaren Bodens ihres Landes und der Möglichkeit, exotische Gewächse aus Afrika und aus dem Osten zu importieren, noch leichter dazu imstande gewesen, und die Hilfe von Malern und Dekorateuren wäre entbehrlich geworden. Wenn man sich über die Verwendung von farbigen Gartenornamenten Gedanken macht, so muß man sich klarmachen, daß die heißen Jahreszeiten normalerweise jene sind, in denen Blumen nicht blühen, und daß viele leuchtende Farben, die wir heute mit den Gärten Italiens, Südfrankreichs, Spaniens, Portugals, Nordafrikas und der Atlantischen Inseln in Verbindung bringen, Neuankömmlinge aus Südamerika darstellen. Ohne die Bougainvillea zum Beispiel, die erst im 19. Jahrhundert von Brasilien nach Europa kam, würden viele Mittelmeergärten heute viel matter wirken. Jahrhundertelang beschränkte man sich in den nördlichen Ländern ganz auf die Farben der Natur. Hätte der Süden dasselbe getan, so wäre er in seinen offenen Gärten zu längeren Perioden von dürrer und staubiger Bräune und zu den durch nichts belebten Schatten seiner kleineren Patios und Alegretes verdammt gewesen.

Der hervorragendste aller portugiesischen Gärten ist der des Königlichen Palastes in *Queluz*. So wie der Garten sich heute darbietet, ist er eine Rekonstruktion der Anlage, die um die Mitte des 18. Jahrhunderts, zur Zeit der Pombalschen Reformen des Landes, ausgeführt wurde. Ein autoritäres Regime hat den Gartentyp bestimmt. Trotzdem ist es weit irreführender, Queluz das ›Versailles von Portugal‹ zu nennen, als La Granja das ›Versailles von Spanien‹. La Granja war für einen französischen König bestimmt, Queluz für einen portugiesischen. Der Einfluß der französischen Monarchie auf Europa hatte schon um 1760 wesentlich nachgelassen, und jedenfalls neigte der portugiesische Charakter im Gegensatz zum französischen mehr zum Empirischen. Das Ergebnis ist, daß Queluz viel mehr einem italienischen als einem französischen barocken Garten ähnelt. Das Hauptparterre, als Garten des Neptun bekannt, erinnert eher an Lante als an Versailles, obwohl es von einem Franzosen, Robilion, im Jahre 1762 angelegt wurde. Von ausgesprochen portugiesischer Art ist in Queluz nur der Ribeira de Jamar, ein Wasserlauf, der in einen Kanal verwandelt wurde, dessen Brüstungswangen mit Azulejos inkrustiert und mit Majolika-Urnen geschmückt sind; überspannt wird er von einer bezaubernden Brücke in der gleichen Art. Diese Anlage entspricht in gewisser Hinsicht dem Bassin von Fronteira, sie hat eine ähnlich dekorative Aufgabe, besitzt jedoch außerdem noch den Reiz, daß die Breite des Kanals es erlaubt, ihn mit Booten zu befahren, und die Brücke einst als Podium für die Musiker diente.

Eine andere portugiesische Besonderheit besteht darin, daß der Einfluß der Kirche in der Gartenkunst eine Rolle spielte.

Von allen europäischen Ländern war Portugal – mit Ausnahme jener Periode, als es gegen seinen Willen in die Bahn Spaniens gezogen wurde – das Land, das am weitesten entfernt vom Schauplatz der Reformation lag und am meisten gegen die Rückwirkungen dieses Kampfes gefeit war. Trotzdem vermochte Portugal sich nicht der Bigotterie seines Nachbarn zu entziehen, und obwohl die Inquisition in Portugal erst später eingeführt und früher als in Spanien in ihrer Aktivität beschränkt wurde, hatte sie doch zweihundert Jahre lang für das portugiesische Leben eine erhebliche Bedeutung. Wie Spanien, hatte auch Portugal schwermütige und bigotte Könige, doch war die Macht der portugiesischen Monarchie niemals so absolut. In Spanien drang das Leben der Kirche in jeden Spalt der Gesellschaft, und in ihren Gärten waren Klöster und Einsiedeleien so selbstverständlich wie Topfschuppen in den unsrigen. In Portugal wurden weltliche und religiöse Angelegenheiten dagegen streng voneinander geschieden. Klöster waren Klöster und königliche Paläste blieben königliche Paläste, und es bestand kaum die Gefahr eines Vertauschens. Die unerwartete Folge davon war, daß der Klostergarten eine Zeitlang merkwürdige Züge aufwies.

Im Unterschied zu den Gärten der mittelalterlichen Klöster waren sie nicht Gemüse- oder Obstgärten. Ihre Aufgabe war es, auf das geistige Leben des Klosterbewohners einzuwirken. Die aufgeschlossene Gastfreundschaft, die nach Alberti ein Garten zum Ausdruck bringen sollte, war schon lange verloren gegangen, aber noch immer bestand die Absicht, irgendeine Stimmung zu erzeugen. So sorgten Zedernalleen »die unter Strafe der Exkommunikation nicht beschnitten werden dürfen« für eine weihevolle geistliche Düsternis, die die Meditation förderte und auch ein Gefühl der Schrecknis erzeugte. Auf solche Weise erlebten im *Kloster von Busaco* die heiligen Haine der Druiden von Dodona eine merkwürdige Auferstehung.

Noch seltsamer ist der Rückgriff auf die Wassertreppe.

Wassertreppen erreichten Italien vom maurischen Granada aus und wurden das hervorragende Merkmal der späteren italienischen Gärten in ganz Europa, von der Villa d'Este bis hin nach Chatsworth. In den Klöstern Portugals aber haben dann diese Wassertreppen mit ihren rauschenden Kaskaden, ihren Kanälen aus Tuff, ihren mit Balustraden versehenen Terrassen und Brücken sich in Kreuzwegstationen verwandelt!

Drittes Kapitel

Der Französische Garten

Französische Gärten des 16. Jahrhunderts

Den Spaniern war es nicht gelungen, als sich ihnen die Gelegenheit bot, aus dem italienischen Garten etwas Eigenständiges zu machen. Dagegen vermochten es die Franzosen, ihm kurz nach dessen Übernahme ihren Stempel aufzudrücken. Der französische Garten jener Zeit in seiner schönsten Form zeigt, daß man die italienische Konzeption auf ein von Wassergräben umgebenes Schloß übertragen hat. Der Prozeß verlief allmählich, und das Ergebnis war sowohl in bezug auf den Geist als auch auf den Stil von allem, was es in Italien gab, grundverschieden.

Nach den verwirrenden Erfolgen der Engländer in den Feldschlachten von Crécy, Poitiers und Azincourt war der Widerstand gegen die englischen Eindringlinge lange Zeit während des Hundertjährigen Krieges defensiv und hinhaltend geworden. Schlösser und befestigte Städte besaßen im Frankreich des späten 14. und frühen 15. Jahrhunderts eine weitaus größere praktische Bedeutung als in England und Italien, weil diese beiden Länder sich im Innern einer verhältnismäßig friedlichen Periode erfreuten. Während der Schwarze Prinz und Heinrich V. auf französischem Gebiet Krieg führten, wurden die Franzosen zu einem ausgesprochen verschlossenen Volk, das in kleinen gedrängten Einzelgruppen inmitten eines Ozeans gefährlicher Verwüstung lebte. Wie Mäuse, wenn die Katze verschwunden ist, kamen sie hervor und durchstöberten eilig nach Lebensmitteln das Land, das sie nicht zu bebauen wagten. Seitdem die klassische Weise der Eroberung eines Schutz gewährenden befestigten Platzes darin bestand, ihn zu unterminieren, hatte man, da das Wasser das größte Abschreckmittel hierfür bildete, die Mehrzahl der Schlösser mit Gräben umgeben. Die Menschen konnten nicht immer so leben, wie sie es wünschten, sondern sie mußten oft dem Zwang gehorchen. Was aber durch langanhaltenden Zwang zur Gewohnheit wird, bleibt bestehen, auch wenn der Zwang aufgehört hat. Als schließlich die Engländer geschlagen wurden und Burgund von ihnen abfiel, kamen der französische Monarch und die Aristokratie aus ihren von Gräben umzogenen Herrensitzen hervor, und weil sie nicht mehr länger vom Norden bedrängt wurden, unternahmen sie aus Geltungsgründen einen kleinen Einschüchterungsversuch im Süden. Aber ihre Schlösser behielten ihre Gräben.

Die französischen Abenteuer in Italien zwischen 1494 und 1524 waren unheilvoll für Italien und – vom militärischen Standpunkt aus – fast noch mehr für Frankreich. Doch hatten sie auch eine positive Wirkung; sie infiltrierten der französischen Monarchie die Begeisterung für die Renaissance. Als Karl VIII. mit seinen Truppen im Triumph bis nach Neapel vorgedrungen war, wurde er gezwungen, in Auflösung zurückzugehen. Doch nahm er dabei etwas mit, was mehr als ein Sieg war, nämlich zwanzig italienische Künstler und vierzig Tonnen ›objets d'art‹. Eine solche Politik, die innerhalb einer Generation Leonardo da Vinci, Benvenuto Cellini und viele andere weniger bekannte, aber nicht weniger einflußreiche Künstler nach Frankreich brachte, um hier zu leben und zu arbeiten, konnte nicht ohne glückliche Ergebnisse bleiben. Mit ihrer Bewunderung für die italienische Renaissance legten die Franzosen den Keim für ihre Zerstörung, doch dabei glückte es ihnen, für sich selbst einen beträchtlichen Teil der Techniken jener Kunst und ihres ästhetischen Empfindens zu retten.

Zuerst schien es so, als ob die Franzosen nur eine allgemeine Weltläufigkeit und eine Fülle von schmückenden Einzelheiten aufgenommen hätten. Während längerer Zeit begriffen sie die Bedeutung und die Idee des italienischen Gartens noch nicht.

Was den jungen Karl während seines ersten dramatischen Einfalls in Italien beeindruckt hatte, war ganz einfach das Verlockende einer luxuriösen Lebensweise. Er hatte bereits den mittelalterlichen Garten seines Lieblingsschlosses Amboise etwas erweitert, aber nach einem kurzen Aufenthalt in Neapel, im Poggio Reale des Königs Alfons, wurde er mit Bedauern gewahr, daß er ihn noch nicht genug vergrößert hatte. Schon die Erweiterung als solche war von Bedeutung, denn der Garten mußte infolge der größeren Ausmaße die Begrenzung durch die Schloßmauern abstreifen und konnte sich über die umliegende Landschaft ausbreiten. Aber auch jetzt ging die französische Abneigung gegen das Wohnen in einem weiten, offenen und unbefestigten Raum nur langsam zurück. Während die Italiener so schnell wie möglich zu vergessen suchten, daß sie jemals in Burgen gewohnt hatten, und weitläufige Landhäuser mit großen Ehrenhöfen bauten, Willkomminschriften über die Tore meißelten und Gärten anlegten, die von der Außenwelt nicht isoliert waren, blieben die Franzosen immer noch in der Gewohnheit der Abgeschlossenheit befangen. Ihre Gärten wurden nicht mehr durch Mauern und Gräben geschützt, dennoch hielten sie die stärkende Illusion aufrecht, als ob dies der Fall sei.

Der Fortschritt war deutlich markiert. Die beschränkten Ausmaße des privaten Schlosses von Karl VIII. in Amboise machten die Ausdehnung der Gärten kaum möglich, aber Ludwig XII., der ihm nachfolgte, bevorzugte *Blois* und erweiterte dort die Gärten. Das Schloß von Blois war altehrwürdig, eine Zusammenfügung mittelalterlicher Bauten auf römischer Grundlage. Da die neuen Rasenplätze vom Schloßgraben nicht mehr umschlossen waren, ließ man ihn bald austrocknen, aber jedes der vier Hauptrechtecke wurde durch Mauern begrenzt, und dem Hauptgarten wurde eine Galerie von Treillagen hinzugefügt, so daß genau die Wirkung eines Klosterkreuzganges oder eines römischen Peristyls entstand: ein gedeckter umlaufender Wandelgang, von dem man nur in eine

Richtung – nämlich nach innen – blicken konnte. Ein ummauerter Garten mit seiner Atmosphäre geheimnisvoller Abgeschiedenheit und Weltentrücktheit kann seinen Zauber nur unter einer Bedingung erfüllen: er darf nicht zu groß werden. Wenn man sich aber in aristokratisch wetteifernde Schaustellung einläßt, dann wird die Größe ein wesentlicher Faktor, insbesondere wenn man Franzose ist. So wurden die ummauerten Gärten so groß, daß ihre ›Pointe‹ verloren ging. Da jeder Garten auf sich zentriert war und man nicht über ihn hinaussehen konnte, gab es keinen optischen Grund, die getrennten Gärten in ein harmonisches Ganzes zusammenzufassen; außerdem bestanden häufig zwingende Fakten der örtlichen Lage, die dagegen sprachen. Aus jener Zeit gibt es auch keinerlei Hinweis, daß man Gärten als ein Ganzes entworfen hätte und dieses Ganze in irgendeine Beziehung zum Wohnhaus getreten wäre. Die Gärten von Blois lagen auf verschiedener Höhe. Doch hatte man aus diesem Vorzug keinen wirklichen Nutzen gezogen. Die großen Terrassen wurden nicht sichtbar miteinander verbunden. Die Treppenläufe von Bramante hatten noch nicht den Architekturgarten geschaffen. Alles, was Blois Italien schließlich verdankte, waren die gartenbauliche Geschicklichkeit eines neapolitanischen Priesters, Pacello da Marcogliano, und ein sehr schöner marmorner Brunnen.

Der umlaufende, gitterne Wandelgang bestand einige Zeit, und solange dies der Fall war, blieb im wesentlichen auch der mittelalterliche Charakter des Gartens erhalten. Aber sobald man zuließ, daß die schützende Macht der Mauer durch einen Graben ersetzt wurde, war ein großer Fortschritt erzielt, denn eine Begrenzung durch Kanäle bedeutet zwar räumlich eine Einschränkung, läßt aber den Blick ungehindert schweifen.

Ein schönes Beispiel der Übergangszeit ist der *Garten von Dampierre*. Wie die meisten der französischen Gärten dieser Epoche, kennen wir ihn nur von den Stichen des Androuet Ducerceau. Hiernach war der ganze Gartenbezirk ummauert, aber innerhalb des Areals war der Hauptgarten – völlig unabhängig vom Schloß – von Gräben umgeben. Weitaus interessanter ist die Tatsache, daß der zweite, nicht im Verband befindliche Kanal, parallel zu einer Seite des Hauptgartens verläuft. Dieser Kanal kann aber nicht mehr Verteidigungsfunktionen beanspruchen, da seine Enden ganz offen sind. Der Schloßgraben wird nun bald ein ausschließlich ›dekorativer‹ Kanal sein.

Keiner der großen Gärten des 16. Jahrhunderts, die Androuet Ducerceau gezeichnet hat, ist in einem seiner ursprünglichen Form ähnelnden Zustand erhalten geblieben. Nur in *Villandry* in der Touraine vermittelt eine bis ins einzelne gehende gewissenhafte Rekonstruktion einige echte Ansichten des originalen Gartens. Im 18. und 19. Jahrhundert wurde der frühere Plan der Anlage völlig verändert und – dem Geist der Zeit entsprechend – der Graben aufgefüllt, um ihn durch Terrassen zu ersetzen. Die Restauration wurde im ersten Viertel des 20. Jahrhunderts durch Dr. Carvallo begonnen, der den Graben an seiner alten Stelle und die ursprünglichen Flächen und Einteilungen wieder anlegen ließ. Das Ergebnis der scheinbaren Erhöhung des Schlosses, das durch die Wiederherstellung des Grabens bewirkt wird, und die Sorgfalt der allgemeinen Rekonstruktion, sind beide vollkommen, die Interpretation des Gartens aus dem 16. Jahrhundert durch Dr. Carvallo jedoch fast zu eng.

Es steht nicht ganz fest, wie weit Jacques Androuet Ducerceau (ca. 1510 – ca. 1584) selbst ein berufausübender Architekt war. W. H. Ward war nur bereit, ihm mit einiger Sicherheit Arbeiten zuzuschreiben an Schloß und Stadt Montargis, an Château de Verneuil-sur-Oise und Charleval und an Maison Blanche in Gaillon. Seine große Bedeutung für die französische Architektur und Gartenplanung liegt in seinen Veröffentlichungen und besonders in den beiden Bänden ›Les plus excellents bastiments de France‹, deren Originalzeichnungen sich zum größten Teil im Britischen Museum in London befinden. An Hand dieses Werkes ist es möglich, die Entwicklung der besonderen Formen des französischen Gartens des 17. Jahrhunderts aus der straffen Geschlossenheit solcher spätmittelalterlichen Gärten wie Amboise und Blois zu verfolgen. Ein Beispiel dafür ist Vallery, in dem, obgleich es sich um einen geschlossenen Garten handelt, das Wasser zum typisch axialen Kanal wurde. In der Zeichnung ›Idealschloß in Form eines griechischen Kreuzes‹ wird die unbegrenzte Wiederholung eines geometrischen Musters nach allen Richtungen vorausgeahnt; in der Zeichnung ›Idealschloß in Form eines Rechtecks‹ sehen wir den Anfang der Art des Mollet, eine ›Patte d'oie‹ auf das Schloß zu verlaufen zu lassen. In Bury tritt die Treppe als architektonisches Element in Erscheinung, und Verneuil zeigt sich als ein vollentwickeltes Muster eines römischen Renaissancegartens, der ganz auf Bramantes Belvedere fußt und sehr eng mit St. Germain-en-Laye verwandt ist. In welchem Ausmaß Ducerceau selbst zu dieser Entwicklung beigetragen hat, ist nicht klar ersichtlich. Die frühen Gärten von Amboise, Blois und Gaillon waren zum größten Teil das Werk des Pacello da Marcogliano. Der Wassergarten von Verneuil dagegen mag sehr wohl ein Entwurf von Ducerceau selbst sein – er studierte in Rom von 1530 bis 1533 und war mit dem Belvedere vertraut. Ist es so, dann gebührt ihm die Ehre einer so weitgehenden Angleichung des französischen Gartens an den römischen, denn der ähnliche Garten von St. Germain ist späteren Datums. Obwohl Francini als Gärtner von St. Germain bekannt ist, hat Etienne Du Pérac, Architekt König Heinrichs IV. von Frankreich, das von Philibert Delorme begonnene Schloß 1594 vollendet und ist vermutlich auch für den Grundplan der Terrassen und Treppen verantwortlich.

In Dampierre und in geringerem Maße in Villandry findet man ein anderes Element, das für den französischen Garten wichtig bleiben wird, nämlich den See. Im alten Rom ist es ein Vergnügen der Kaiser gewesen, große künstliche Wasserflächen zu schaffen, auf denen künstliche Seeschlachten –

Wasserturniere oder Naumachien – ausgefochten wurden. Obwohl sie auch im Italien der Renaissance nicht unbekannt waren – wo alles, was klassischer Herkunft war, sich eines gewissen Ansehens erfreute –, waren sie mehr in der Theorie als in der Praxis Allgemeingut. Die großen Teiche oder Wasserbehälter Spaniens und Portugals waren dagegen niemals so groß und besaßen überdies andere Vorgänger. Es gibt einen Entwurf aus dieser Zeit für ein teilweise mit Gräben umgebenes Schloß, das einen sehr großen rechteckigen See auf der von keinem Graben geschützten Seite zeigt; auf dem See sind verschiedene bootsähnliche Gegenstände eingezeichnet. Dieser Plan wurde Leonardo da Vinci zugeschrieben, und wenn diese Zuschreibung stimmt, kam die Naumachia nach Frankreich über diesen Meister als ›Maître de plaisir‹ des Herzogs von Mailand; es war gewiß eine Form der Unterhaltung, die ihm lag. Die Naumachia als solche kam nicht in Mode, stattdessen diente der für sie bestimmte Platz dann in eleganteren und prunkvolleren Tagen für Wasserfeste, wie sie Fragonard zum Beispiel gemalt hat.

Ein unbekannter, niemals ausgeführter Plan kann kaum für die spätere Freude der Franzosen an großen Wasserflächen verantwortlich gemacht werden, aber das Beispiel von Franz I., dem Schutzherrn von Leonardo da Vinci, in Fontainebleau war sicher ansteckend. *Fontainebleau* wurde für einige wichtige Jahre zum Modell für ganz Frankreich.

Der früheste Einfluß aus Italien kam in zwei Wellen; die erste begann 1495 und konzentrierte sich auf Amboise und Blois, die zweite Welle kam etwa dreißig Jahre später, als Franz I. eine neue Gruppe italienischer Künstler kommen ließ, die sich mit dem Wiederaufbau und der Ausschmückung von Fontainebleau befaßten. Die Schule von Amboise machte die Franzosen mit dem Renaissance-Ornament vertraut, die Schule von Fontainebleau aber hat Frankreich das eigentliche Wesen des Renaissance-Entwurfes gelehrt. Obgleich mit Fontainebleau ein großartiger Werkbeitrag geleistet war, so ergab sich dennoch keine völlige Verschmelzung von Renaissanceschloß und Garten. Doch was man getan hatte, erwies sich als beispielhaft. Hier war die unmittelbare Umgebung – wie bei vielen durch Wassergräben geschützten mittelalterlichen Schlössern – eine sumpfige Niederung, die Franz ohne Schwierigkeiten in einen großen dekorativen See verwandeln ließ. Dieser königliche Garten wurde Mode, und andere große Seen entstanden unter gleichen Voraussetzungen. Die Niederung von Fontainebleau ist in gewisser Hinsicht Vorläuferin der ganz anders gearteten dekorativen Wasserflächen wie die Serpentine im Hyde Park und der See von Blenheim.

Der Unterschied zwischen den italienischen und den französischen Gärten ist sowohl auf die Struktur des Landes als auch auf die politische Entwicklung der beiden Völker zurückzuführen. Die einschränkenden Verhältnisse des Hundertjährigen Krieges hatten den Franzosen ein Leben hinter Mauern und Burggräben auferlegt. Wenn sie sich schließlich doch ausdehnten – allerdings ohne die Fesseln der alten Bauweise ganz abzustreifen –, so liegt die Erklärung hierfür in der Tatsache, daß Frankreich eine geeinigte Monarchie mit ihrem Schwerpunkt in der nördlichen Ebene geworden war. Mittel- und Nordfrankreich sind flacher, kälter und feuchter als die Umgebung von Rom, Florenz oder Mailand. Die wohlhabenden Kreise im Italien des 16. und 17. Jahrhunderts wohnten – wie zu Plinius' Zeiten – nur in den Sommermonaten auf dem Lande. Da die Sommer sehr heiß waren, baute man die Landhäuser auf den unteren Hängen der Hügel, wo kühle Winde und das Geräusch von rinnendem Wasser Entspannung brachten. Wir haben bereits ausgeführt, wie man eine solche Lage mit Fernsicht und Terrassenkonstruktionen verband und wie der italienische Genius mittels der architektonischen Wechselbeziehung der Terrassen den Garten zu einer Einheit verklammert hat. In Frankreich dagegen lebte der König mit seinen Edlen das ganze Jahr in seinen Schlössern; um sich Abwechslung zu verschaffen, wechselten sie aus dem einen zum anderen über, kehrten jedoch nur selten in ihre Stadthäuser zurück, wie es für den Adel von Rom oder Florenz selbstverständlich war. Darin liegt die eigentliche Ursache des Unterschiedes zwischen der italienischen Villa und dem französischen Château: erstere war ein hochentwickeltes Sommerhaus, ein luxuriöser Pavillon für Landpartien, letzteres eine vollständige Welt, die alles enthielt, was der Besitzer benötigte, Stadt- und Jagdhaus zugleich. Der wesentliche Grund für diesen Unterschied in den Lebensgewohnheiten lag in der Unbotmäßigkeit der französischen Städte, insbesondere von Paris. Die französischen Könige pflegten sich außerhalb von Paris aufzuhalten, da sie seit den Tagen Ludwigs XI. dies – mit wenigen Ausnahmen – als sicherer erachteten: so wie Rom im 14. Jahrhundert vorübergehend von seinen Bischöfen verlassen wurde, so wurde auch Paris aus den gleichen Gründen von seinen Königen verlassen. Die rasende Volksmenge, die während der Kämpfe der Fronde in die Tuilerien eingedrungen war, um sich zu überzeugen, daß der Dauphin in seinem Bette schlief, hat den gleichen Dauphin veranlaßt, dem Landleben den entschiedenen Vorzug zu geben, was auch beim Bau von Versailles eine Rolle gespielt hat.

Aus der Tatsache, daß die französischen Gärten weiterhin in der Ebene oder auf sehr flachen Hängen lagen, lange nachdem die Italiener das Hügelland erobert hatten, ergab sich folgendes: Einmal war es viel leichter, dort stille Gewässer als etwa Kaskaden und Brunnen zu schaffen. Zum anderen konnten Aussichten nur mittels verlängerter und sorgfältig angelegter Durchblicke erreicht werden. Drittens: Terrassen waren zwar vorhanden, kamen jedoch weniger hoch und weniger häufig vor und verloren von ihrer architektonischen Bedeutung. Und schließlich, da die Lage des Grundstücks nicht immer und eindeutig eine Terrasse am Ende eines jeden Gartens verlangte, legte man weiterhin nach dem mittelalterlichen Prinzip erhöhte Spazierwege längs aller vier Seiten an, und zwar noch lange, nachdem dies in Italien nicht mehr geschah.

Aus diesem letzten Grund beschäftigten sich die Franzosen besonders mit dem Parterre. Gerade wegen des Parterres wurden weiterhin erhöhte Spazierwege angelegt, obgleich man hätte erwarten dürfen, daß dieser schwache Anklang an die Wehrgänge entlang der Wallmauern einer mittelalterlichen Burg längst verschwunden wäre.

Ursprünglich war ein Parterre eine ebene Fläche in einem Garten. Das Wort taucht zum ersten Male in der Mitte des 16. Jahrhunderts auf und leitet sich von ›par terre‹ – am Boden – her. Ein wichtiges französisches Gartenbuch um 1600 behauptet, daß das Wort vom lateinischen ›partiri‹ – teilen – herstamme. Obwohl diese zweite Ableitung etymologisch falsch ist, definiert sie besser den Begriff des Parterre: eine Ordnung von Unterteilungen. Dessenungeachtet lohnt es, sich daran zu erinnern, daß die Franzosen, die den Garten besonders als Vertikalansicht entwickelten, auch viel zum Begriff des Gartens als einer Horizontalansicht beigetragen haben; gerade die letztere ist wesentlich für die Art des Parterres: es liegt in der Fläche und will von oben betrachtet werden.

Es gibt zwei Hauptquellen des unterteilten Beetes, die zusammen in die Bildung des ›Knotens‹ münden. Als man den mittelalterlichen Garten in eine große Anzahl von Rechtecken auf- und unterteilt hatte, wurde es Brauch – teilweise wegen der darin wachsenden Pflanzen, aber auch aus dem Wunsch nach Abwechslung –, jedes Rechteck auf verschiedene Weise zu unterteilen. Es ergab sich dadurch eine ergötzliche Probe vom Einfallsreichtum des Entwerfenden. Dies war nicht nur in Italien und Frankreich, sondern überall in Europa der Fall. In England war es allgemein üblich, die Ränder der Beete mit Thymian, Ysop, Standnelken und später mit Buchs abzugrenzen. Allmählich wurde die Einfassung wichtiger als der Raum dazwischen, und es fand eine merkwürdige Verflechtung solcher kleinen Hecken statt, die um 1500 als ›Knoten‹ bekannt wurde. Diese ›Knoten-Gärten‹ hatten nur sehr wenig Raum für Pflanzen innerhalb der Einfassungen, und jene, die dort wuchsen, hatten eine unschöne Art, das Rahmenmuster zu verwischen. Die Folge war, daß die Blumenbeete schließlich nicht mehr mit Blumen bepflanzt wurden: Allmählich entwickelte sich der Bildrahmen auf so verwickelte und umfassende Weise, daß der Raum für das eigentliche Bild verschwand. Anstelle von Primeln, Veilchen, Rosen, Lilien, Ringelblumen und Akelei wurden die Muster nunmehr mit verschieden gefärbter Erde und Sand ausgefüllt. Im 17. Jahrhundert entfernte man auch oft die Rahmenpflanzen, weil sie bedauerlicherweise zu wachsen wünschten und dann die klaren Linien des Entwurfs des Gärtners undeutlich machten. Anstelle von Standnelken und Buchs fanden schmale Bleistreifen Verwendung – manchmal gerade, manchmal wie winzige Zinnen geschnitten – oder man gebrauchte eichene Bretter, Schenkelknochen von Schafen oder Kieselsteine. Bacon wandte sich scharf gegen eine solche Verdrehung des Begriffs vom Gartenbeet: »Was die Anlage von Knoten oder Figuren mit verschieden gefärbten Erden anbelangt ... so sind es nur Spielereien, wie man sie oft auf Torten sehen kann.«

Neben dieser Entwicklung aus dem Blumenbeet gibt es aber noch einen anderen und wesentlich älteren Ursprung der ›Knoten‹. Solche Muster mögen auf Torten vorkommen, doch waren sie nicht immer Spielerei. Ihre Geschichte ist beinahe so alt wie die Geschichte der Menschheit. Die Gewohnheit, verschlungene Muster auf den Boden zu zeichnen, hatte es schon in den Gärten des Minotaurus, Trojas und des alten Ägypten gegeben, ja – die Menschen des Neolithikums praktizierten sie schon. Es ist durchaus wahrscheinlich und leicht zu verstehen, daß ein aus unübersteigbaren Mauern bestehendes Labyrinth sich aus der natürlichen Tendenz nach einer sorgfältig ausgearbeiteten Verteidigung entwickelte. Etwas von dieser Art liegt in den konzentrischen Erdhügeln von Maiden Castle in Dorset und existierte wahrscheinlich auch in Troja. Es gibt auf einem etruskischen Weinkrug die Zeichnung eines Irrgartens. Schwieriger wird es dem heutigen Bewußtsein, der nächsten Stufe in der Entwicklung zu folgen. Der Eindruck des Geheimnisvollen – ausgelöst durch die Komplexität des Entwurfs – suggeriert das Magische. Das Magische wird aber eher mit der Musterung als mit den realen Schwierigkeiten des Hindernisses identifiziert, woraus man folgerte, daß das Muster, wenn es zweidimensional war, als solches den Schutz gewähren konnte. Von China bis nach Peru ist man des Glaubens, daß sich böse Geister in gerader Linie fortbewegen und verschlungene Wege hassen; aus dem gleichen Grunde umgeben sich Hexen mit magischen Zirkeln. Dieser Anschauung zufolge lag Troja sicher hinter seinem komplizierten Mauersystem und der Schatz des Minos wurde in einem Labyrinth verborgen. Im alten Rom gab es ein bei den Kindern beliebtes Trojaspiel, bei dem man sich durch einen gezeichneten Irrgarten hindurchwinden mußte. Römische Fußböden mit dem Bild des Irrgartens sind so oft gefunden worden, daß man annehmen kann, daß sie wahrscheinlich damals ebenso häufig waren wie heutzutage Tennisplätze in England. Im Mittelalter wurden derartige magische Muster von der Kirche für ihre eigenen Zwecke verwendet, und der alte gewundene, in den Kirchenfußboden eingezeichnete Weg wurde von den Büßern auf den Knien verfolgt. Nannte sich der Mittelpunkt ›Jerusalem‹, so verwandelte das Labyrinth die Buße einer Pilgerfahrt ins Heilige Land in ein leichter zu praktizierendes Vorhaben. In den Gärten selbst entstanden echte Heckenlabyrinthe, wie sie auch von Karl V. in der Alhambra gepflanzt wurden; eines der berühmten Beispiele ist noch in Hampton Court vorhanden. In der Fläche aber begnügte man sich damit, die alten Muster in dem Rasen auszusparen, und nicht nur Kinder, sondern auch Erwachsene folgten ihnen, wahrscheinlich ohne noch zu wissen warum. Es dauerte nicht lange, bis man dazu überging, solche Rasenlabyrinthe in den Gärten anzulegen und sie mit Blumen zu bepflanzen. Sie waren vertrautes Gut geworden, und das menschliche Gemüt war für Muster dieser Art vorbereitet.

Trotz Bacon und anderer Gegner war das Parterre als ein auf den Boden aufgezeichnetes Muster bis zum 18. Jahrhundert beliebt. Es erlebte eine kräftige Auferstehung im letzten Teil des 19. und im frühen 20. Jahrhundert unter der fürchterlichen Bezeichnung einer ›musivischen Pflanzung‹. In Frankreich erreichte es seine komplizierteste Form am Ende des 16. Jahrhunderts.

Der französische Architekt Du Pérac kehrte 1582 von einem langen Aufenthalt in Italien zurück, wo er die Behandlung des ganzen Parterres als Einheit kennengelernt hatte. Eine Einheit, die aus der Beziehung der einzelnen Unterteilungen zum Ganzen resultierte, anstatt daß jeder Teil eine Individualität war, die für sich betrachtet werden wollte. Es leuchtet ein, daß in dem Augenblick, in dem ein ganzer Garten in einer Gesamtplanung aufgeht, er von oben betrachtet werden muß, und wenn erhöhte Spazierwege nicht vorhanden waren, diese angelegt werden mußten. Heinrich IV. pflanzte deshalb die berühmten Maulbeeralleen in die flachen und eintönigen Tuilerien. Selbst später, als die französischen perspektivischen Sichtgärten ihre volle Entwicklung erreichten, gaben die Franzosen ihre Vorliebe für diese Art von Parterre, das ›compartiment de broderie‹, nicht auf. Nur wurden jetzt Terrassen auf einer Seite oder höchstens auf drei Seiten vorgesehen, so daß das Parterre die Ausgangsbasis für die Allee abgeben konnte.

Ohne Zweifel stimmt es, daß Du Pérac aus Italien mit einer neuen Vorstellung zurückkam und als erster das ›compartiment de broderie‹ im Château von *Anet* anlegte; es ist aber nicht klar, ob diese Idee in Italien schon entwickelt war, als er ihr dort begegnete. Auf jeden Fall erreichte dieser Gedanke in Italien nicht jene Blüte wie in Frankreich. Es ist anzunehmen, daß die Kenntnis der einheitlichen Gestaltung eines Gartens, die den Italienern bereits vertraut war, zusammen mit der Wiederentdeckung der Arabeske aus Spanien, diese exquisiten blattartigen Gebilde hervorgebracht hat. Es ist falsch, anzunehmen, daß die Blumen allmählich aus dem Parterre verbannt wurden, denn insofern das Parterre sich aus dem Labyrinth entwickelt hat, sind darin nie welche vorhanden gewesen; sobald aber die Muster nur dazu dienen sollten, in den Beeten die Blumen in entsprechende Gruppen einzuteilen, wurden sie von Du Pérac so gut wie abgelehnt. Seine ›compartiments de broderie‹ konnten niemals einem untergeordneten Zweck dienen, sie waren der Stolz des Gartens, das reizvollste Stück darin. Um das Ausmaß der Umwälzung, die im Château von Anet vor sich gegangen war, richtig zu erkennen, genügt es, einen der im Jahre 1582 nach Frankreich gebrachten Entwürfe mit jenen, die Jan Vredemann de Vries im Jahre 1583 veröffentlicht hat, zu vergleichen.

Der Gärtner Heinrichs von Navarra, Claude Mollet, das Haupt einer Familie großer Gärtner, schrieb 1618 das Werk ›Le théâtre des plantes et jardinages‹. Dieses Buch ist die erste Bibel der Parterristen, und die darin verkündete Lehre wurde durch Mollets Söhne in die ganze Welt getragen. Das wesentliche Prinzip dieser neuen Lehre ist die vollendete Symmetrie, und wenn auch Lavendel, Thymian, Pfefferminz und Majoran verwendet werden durften, so war es der Stolz von Mollet, den Buchs, da er keinem jahreszeitmäßigen Wandel unterliegt, volkstümlich gemacht zu haben. Der Erfolg des Buchses ist begreiflich, denn er war nicht nur von langsamem Wachstum, gefügig und leicht zu beschneiden, sondern er vermittelte auch den dunklen, düsteren Eindruck, den die Zypressen dem italienischen Garten gaben und konnte in Schranken gehalten werden, was bei den Zypressen nicht der Fall war. Im Parterre selbst waren nur schlanke Arten von Bäumen und Büschen erlaubt, da ausladende Gewächse die Zeichnung verunklärten. Später gestatteten die Puristen zwar keinerlei Bäume mehr, doch um einen Mittelpunkt zu bilden oder die Ecken zu betonen, waren in dieser ersten Zeit eine Zypresse oder ein beschnittener Buchs erlaubt.

Der größte französische Exponent dieser Kunst war Boyceau, der im frühen 17. Jahrhundert arbeitete und ein Buch schrieb, das erst nach seinem Tode im Jahre 1638 veröffentlicht wurde. Das Buch enthält einige der ersten Versuche, Grundregeln für die Gartenkunst aufzustellen. Er unterstreicht besonders die Wichtigkeit der Proportionen; die Höhe der Bäume und der Hecken ist sorgfältig der Länge und der Breite der Wege anzupassen. Allerdings wurde von ihm, was Proportion und Symmetrie anbetrifft, Abwechslung verlangt: »Ich betrachte es als wirklich ermüdend«, schreibt er, »wenn alle Gärten geradlinig angelegt oder in vier, sechs oder neun Vierecke ohne Abwechslung aufgeteilt werden.« Er ist der Herold der großen Zeit der französischen Gärten, und seine Grundregeln von Symmetrie, Proportion und Variation sollten in Zukunft alle Schöpfungen, die nach ihm entstanden sind, beherrschen.

Das ›compartiment de broderie‹ war nicht die einzige Art von Parterre. Die Spezialisten haben gegen Ende des 17. Jahrhunderts ihre Technik verfeinert und elf verschiedene Arten herausgestellt, deren Unterschiede uns heute allerdings unwesentlich erscheinen.

Millers ›Dictionary‹ von 1724 nennt verschiedene Arten von Parterres einschließlich der ›bowling greens‹ oder ›plain parterres‹ – einfache Parterres. Diese wurden in England auf Grund der Qualität des englischen Rasens als sehr schön empfunden, nicht zuletzt, »weil sie dem Auge die Freude der Unaufdringlichkeit und natürlichen Einfachheit gewähren«. Dieses ausgesprochen englische Parterre wurde von Frankreich so übernommen, wie es sich im 18. Jahrhundert präsentierte, und erhielt den Namen ›boulingrin‹. Die Franzosen waren der Meinung, der Name rühre von einer Wortkombination her und bedeute ein versenktes Parterre oder ›bowl-in-the ground‹, und deshalb war es in Frankreich nichts Ungewöhnliches, eine Statue, Fontäne, einen Teich oder Busch in den ›boulingrin‹ zu setzen. Das Bowling aber ist ein ausgesprochen englisches und kein französisches Spiel.

Das Parterre war wirklich das Herz des eigentlichen Gartens. Die Vereinheitlichung der ›compartiments de broderie‹ in der Weise, daß Einzelbeete nur in einer geschlossenen symmetrischen Ordnung erscheinen, begann den Grundplan des ganzen Gartens zu bestimmen. Die Vorstellung eines streng symmetrischen Entwurfes – von den Italienern zuerst gedacht und dann aufgegeben – wurde in Frankreich als logisches Ergebnis des neuen Parterres wiedergeboren.

Der Übergang von einem Garten, der noch immer rechteckig, unzusammenhängend, auf sich selbst zentriert und in der Grundform mittelalterlich war, zu einer harmonischen, auf eine Mittelachse bezogenen und zugleich nach außen orientierten einheitlichen Anlage ganz im Stil der Renaissance, wurde unter der Regierung der zwei auf Franz I. folgenden Generationen beschleunigt. Franz I. kümmerte sich nicht weiter um seinen Sohn, nachdem er ihn, als er noch ein Kind war, mit Katharina von Medici verheiratet hatte. Die Reaktion von Heinrich II. bestand darin, daß er nicht nur seinen Vater und die Frau, die sein Vater für ihn ausgesucht hatte, zurückwies, sondern auch die italienischen Künstler ablehnte, die von jenen beiden begünstigt wurden. Als Heinrich den Thron bestieg, wurde Primaticcio, der die italienische Gruppe in Fontainebleau anführte, abgelöst und durch den Franzosen Philibert Delorme ersetzt. Der daraus sich ergebende Konflikt der führenden Persönlichkeiten – Katharina von Medici, Königin en titre, und Diane de Poitiers, Königin de facto – verursachte vielleicht einen Fortschritt. Doch es stand nicht mehr zur Diskussion, ob man zur voritalienischen Periode zurückkehren sollte, nachdem es bereits genügend einheimische französische Künstler gab, die den Einfluß der Schule von Fontainebleau verarbeitet hatten und sich danach sehnten, ihre Schwingen, und zwar ohne italienische Bevormundung, zu regen. Es handelte sich nicht mehr um eine Auseinandersetzung zwischen dem Stil der Gotik und dem der Renaissance, sondern zwischen Stilen innerhalb der Renaissance, wie sie einerseits von den einheimischen, andererseits von den italienischen Künstlern interpretiert wurden.

Die beiden fast zu gleicher Zeit entworfenen Schlösser *Anet* von Philibert Delorme für Diane de Poitiers und *Monceaux-en-Brie* von Primaticcio für Katharina von Medici, zeigen die Verschiedenheit der Auffassung. Beides sind Reißbrettarchitekturen und beide Künstler vergaßen im Eifer der Planung, daß die Schlösser einst Festungen waren. Der Garten von Anet ist wie das Schloß eine mehr auf das Innere bezogene Anlage, und zwar ist diese Bezogenheit in Anet viel stärker ausgeprägt als in Monceaux. Delorme konnte sich bei seinen Entwürfen immer noch nicht von der Erinnerung an die Tage der ›Franches Compagnies‹ freimachen, als die Außenmauern hoch und die nach außen gehenden Fenster klein waren. Bei den Italienern dagegen sind die Außenfenster groß, und die Architektur entwickelt sich bereits auf den perspektivischen Sichtgarten hin, in dem ein rechteckiges Feld hinter das andere gelegt ist und alle durch eine auf das Gebäude bezogene Achse verbunden sind. Ein versenkter Garten aber, der, wie in Anet, von einem überdeckten Bogengang umgeben war, konnte sich nicht ausdehnen. Dagegen können wir im Falle der seitlichen Alleen und Haine in Monceaux-en-Brie bemerken, wie hier ein künftiger Stil des Gartens sich abzeichnet. So wurde Monceaux der Vorbote von Vaux und Versailles, während Anet ein verfeinerter Nachklang der Vergangenheit war.

In der Zwischenzeit hatte in Italien die Renaissance eine Wandlung durchgemacht und ihr Zentrum hatte sich von der Toskana nach Rom verlagert. Architektur, Bildhauerei und Malerei waren prächtiger geworden. Man begnügte sich nicht mehr damit, mit griechischem und römischem Gedankengut nur zu liebäugeln, sondern erhob die klassischen Verhältnisse zu absoluter Autorität. Es genügte nicht mehr, die Briefe des Plinius zu lesen, man mußte auch Vitruv studiert haben. Die Welt der Kunst, die sich entwickelte, nachdem Bramante und Michelangelo Sankt Peter geschaffen hatten, war eine Welt der Öffentlichkeit und nicht mehr eine private. Sie war weit theatralischer, emphatischer und überstieg das menschliche Maß. Während italienische Gärten im Stil der vornehmen toskanischen Frührenaissance in Frankreich noch häufig anzutreffen waren, gab es – von Ausnahmen abgesehen – Gärten des späteren, ausgeprägteren römischen Stils nur selten. Die bemerkenswerteste Ausnahme war der von Heinrich IV. in *St. Germain-en-Laye* geplante Garten, wo unter dem Einfluß einer anderen französischen Königin italienischer Abkunft, Maria von Medici, der italienische Gartenkünstler Francini arbeitete. Bedingt durch die Steilheit des Hanges zum Ufer der Seine hin, wurde in glücklicher Weise ein schöner architektonischer Garten mit sechs längs einer Mittelachse angeordneten Terrassen angelegt und mit Balustraden und Treppen in Bramantes großem Stil geschmückt. In Maria von Medicis eigenem Jardin du Luxembourg dagegen, für den sie als Muster die Boboligärten vorgeschlagen hatte, gelang es – wegen der Flachheit des Geländes – weder einen ausgesprochen italienischen Garten anzulegen noch vermochte man ihn französisch zu gestalten.

Der italienische Einfluß war nicht der einzige ausländische, wenn auch der stärkste, der sich zu dieser Zeit in Frankreich geltend machte. Rubens war von 1622–1626 mit der Ausschmückung des Luxembourgpalastes beschäftigt, und wenn er auch keinen direkten Einfluß auf die Gartengestaltung genommen hat, so beweist doch seine Anwesenheit, daß Frankreich bereit war, sowohl Anregungen aus dem Norden als auch aus dem Süden aufzunehmen. Das Barock hatte sich in den Niederlanden durch die Vermittlung Spaniens viel nachhaltiger verwurzelt als jemals in Frankreich; wenn also die Gärten des französischen 17. Jahrhunderts barock genannt werden, so waren sie es nur in einem begrenzten Sinne. Es ist sicher richtiger zu sagen, daß der barocke Garten sich auf Italien, Spanien und Zentraleuropa beschränkte, wo er seinen Höhepunkt erreichte. Weil aber Frankreich zu Beginn des

17. Jahrhunderts sowohl nach den Niederlanden als auch nach Italien blickte, erhielt es von dort den Anstoß, den Burggraben zum Gartenkanal zu entwickeln, indem der Kanal das wichtigste Merkmal der Landschaft des Flachlandes war.

Gärten im Zeitalter Ludwig XIV.

Als wir den Garten der Katharina von Medici in Monceaux mit dem der Diane de Poitiers in Anet verglichen, stellten wir fest, daß es der Medici-Garten war, der die Ansätze für die zukünftige Entwicklung aufwies. Doch in wetteifernder Entfaltung einer ganz anderen Art von Prunk waren jetzt die Gärten der Maria von Medici von St. Germain-en-Laye und des Luxembourg-Palastes am Ende ihrer fruchtbaren Entwicklung angelangt. Stattdessen war es der Garten, den Kardinal Richelieu zwischen 1627 und 1637 schuf, der die große Tradition aufrechterhielt und die Verbindung zwischen Monceaux und Vaux-le-Vicomte darstellt. Hier können wir ohne Schwierigkeit bereits die T-Form von Versailles erkennen, obwohl der Querbalken des T viel wichtiger als der Längsbalken zu sein scheint. Auch hier sind die Parterres betont und von großen Alleen und Hainen umrahmt, wobei, was besonders bezeichnend ist, der in Form einer Allee gleichsam verlängerte Längsbalken des T den umliegenden Park durchschneidet. Man kann sich nur schwer einen größeren Gegensatz vorstellen, als den zwischen dem Garten des Kardinals Richelieu und dem Buen Retiro des Herzogs Olivarez. Sie stammen genau aus der gleichen Zeit, und wenn der eine die hastige, unausgeglichene und auch schwermütige Energie Spaniens zum Ausdruck bringt, so läßt der andere die stets überwiegende Vorliebe des gallischen Geistes für Ordnung und Regelmäßigkeit, die sich auf die Prinzipien der Vernunft und Geometrie stützen, erkennen. Frankreich näherte sich jetzt der Periode seines nahezu größten Wohlstandes und seiner größten politischen Macht. Das Land, das die Geheimnisse der Kultur Italiens erfahren hatte, wurde nunmehr, was den Geschmack anbelangt, zum Vorbild von ganz Europa. Dank der Persönlichkeit Heinrichs von Navarra hatte Frankreich unzweifelhaft eine Vorrangstellung in Europa erlangt. Doch die glänzendste und künstlerisch tonangebende Gestalt am Beginn dieses glänzendsten französischen Zeitalters war weder der junge König Ludwig XIV. noch Kardinal Mazarin, sondern der Finanzmann Fouquet – Erbe der geistigen Größe und Bedeutung eines Richelieu, wenn auch nicht der Erbe seiner politischen Macht. Fouquet stand nicht nur ein unermeßlicher Reichtum zur Verfügung, sondern er hatte auch die Fähigkeit, die größten schöpferischen Geister der Zeit an sich zu ziehen. Corneille, Molière, La Fontaine, Le Vau, Le Brun und zahllose kleinere Talente bildeten seinen Kreis; als ihr Mäzen in Ungnade fiel, zeigten sie die Echtheit ihrer Bewunderung und Zuneigung dadurch, daß sie es nicht unterließen, ihn öffentlich zu betrauern. Blickt man auf die europäische Geschichte zurück, so ist man es gewohnt, diese große Epoche als die des Sonnenkönigs anzusehen. Vielleicht wäre es richtiger, anstatt von einem Zeitalter Ludwigs XIV., von einer ›Epoche Fouquets‹ zu sprechen, obwohl dieser einen großen Teil seines Lebens in einer Gefängniszelle zugebracht hat.

Fouquet beauftragte den Architekten Le Vau, ihm in *Melun* ein Schloß zu bauen, wobei er sich des Malers Charles Le Brun für die Innendekoration bediente. Für die Anlage des Gartens berief er André Le Nôtre.

Doch keiner der beiden Größten der Geschichte der europäischen Gartenkunst – weder Le Nôtre noch Lancelot Brown – hat den mit ihrem Namen verbundenen Stil geschaffen. Beide schalteten sich in eine vorgefundene Entwicklung ein, die sie bis zur letzten Möglichkeit weitergetrieben haben. In Frankreich waren die Ernennungen für eine Anstellung in den Königlichen Gärten wenigen Familien vorbehalten. André Le Nôtre war die Anwartschaft auf die Stellung seines Vaters als Hauptgärtner der Tuilerien im Alter von vierundzwanzig

Jahren zugesagt worden, und er selbst hat für die Übertragung dieses Amtes an seinen Neffen Desgots gesorgt. Man vermutet, daß bereits sein Großvater Pierre Le Nôtre 1572 Hilfsgärtner in den Tuilerien war. Zwei Schwestern von André heirateten Gärtner der Tuilerien, Desgots und Bouchard; die Frau von Claude Mollet war als Patin bei der Taufe von André im Jahre 1613. Keine Familie aber hatte einen größeren Einfluß auf die Entwicklung der Gartenkunst als die Familie Mollet. Claude Mollet ist Gärtner von Heinrich IV. gewesen. Er hat uns überliefert, wie Du Pérac mit der Idee des ›compartiment de broderie‹ aus Italien zurückkam, und er war es auch, der zusammen mit Du Pérac das erste Parterre in Frankreich im Schloßgarten von Anet anlegte. Seine Söhne André und Gabriel waren Gärtner in St. James's Park in London während des Interregnums und unter Karl II. von England. Ein anderer Sohn brachte den französischen Garten nach Schweden, und es wird behauptet, daß ein Claude Mollet, ob Vater oder Sohn ist nicht klar, von Jakob I. von England beschäftigt wurde. Das berühmte und einflußreiche Buch von Claude Mollet ›Le théâtre des plantes et jardinages‹ wurde erst 1652 veröffentlicht, obgleich es schon um 1618 fertiggestellt war. Das Genie von André Le Nôtre entsprang also nicht kulturlosem Boden.

Verständlicherweise wissen wir über seine frühen Jahre am wenigsten. 1649 war er Zeichner der Königlichen Gärten und erhielt ein Gehalt. 1657 wurde er zum ›Contrôleur Général des Bâtiments Royaux‹ ernannt. Vaux-le-Vicomte wurde 1650 begonnen, und 1652 wird in der Vorrede zu dem Buche von Claude Mollet auf die dortigen »wunderschönen Gärten« Bezug genommen. Zeichnungen von Le Nôtre für Vaux sind bis jetzt nicht nachzuweisen. Seine Lehrzeit machte er in den Tuilerien und sein Auge wurde geschult, als er – mit Le Brun, seinem Mitschüler – unter Simon Vouet die Malerei erlernte. Da Poussin seit 1640 in den Tuilerien lebte, hat Le Nôtre zweifellos auch dessen Einfluß erfahren. Fouquet war ein Günstling Richelieus, und der Vater von André Le Nôtre wurde im Jahre 1629 von Richelieu beschäftigt. Es dürfte für Fouquet wohl kaum der Empfehlung von Le Brun bedurft haben, um jemanden anzustellen, der im Alter von siebenunddreißig Jahren bereits seit dreizehn Jahren zum Nachfolger für die Stellung eines ersten Gärtners in den Tuilerien bestimmt war. Fouquet hat ihn zur Großzügigkeit angespornt und ihn zu gewaltigen Entwürfen ermutigt. Da Fouquet für seine Anlage in Melun drei Dörfer im Wege waren, kaufte er sie auf und ließ sie niederreißen. Auch beschäftigte er dort zu gleicher Zeit mehr als achtzehntausend Arbeiter.

Es ist wichtig, sich die Art des Gartens zu vergegenwärtigen, den Le Nôtre in *Vaux-le-Vicomte* anlegen sollte. Es sollte keine Stätte sein, an der ein kultivierter Mann den Umgang mit seinen Freunden genießt, ein Verlangen, das die Gärten der Medici inspirierte. Noch weniger sollte er Abgeschiedenheit vermitteln, um dort auszuruhen oder um sich der Liebe hinzugeben. Er war vor allen Dingen als prächtiger Schauplatz für Feste gedacht. Nicht umsonst hatte Buen Retiro als Modell gedient.

Um dies zu ermöglichen, konzentrierte sich Le Nôtre auf ein großes Prinzip – der riesenhafte Garten sollte auf *einen* Blick in seiner ganzen Ausdehnung erfaßt werden. Daher mußten die einzelnen Teile – wie verschieden sie auch immer gestaltet sein mochten – dem Ganzen untergeordnet sein. Um den Garten auf einmal überblicken zu können, mußte er verhältnismäßig schmal, zugleich aber auch lang sein, weil er durch seine Größe beeindrucken sollte. Der Blick von der obersten Terrasse sollte zwar in die Ferne schweifen, aber dabei nicht nach den Seiten abgelenkt werden. So wurde der perspektivisch-geometrische Garten geboren: der kleine rechteckige, von Gräben umgebene Garten hat sich in einen riesigen Teppich verwandelt, der von der Terrasse des Hauses aus so weit aufgerollt wurde, daß er eher einer Theaterszenerie als einer Realität glich. Ein Hauch des Unwirklichen schwebt über diesen Gärten; sie haben etwas vom gemalten Hintergrund einer Bühne. Vor allem der Garten von Vaux-le-Vicomte besitzt jene besondere Unwirklichkeit des Theaters – er sollte in Erstaunen versetzen und nicht nur bezaubern. Dennoch gab es innerhalb des großen Gesamtplanes noch genügend Raum für Nebenentwürfe, in denen es der Phantasie erlaubt war zu spielen und Abwechslung zu schaffen.

Madame de Scudéry rühmte an Le Nôtre, daß er den Einfall gehabt hätte, in Vaux-le-Vicomte auf jeder Seite der Mittelreihe der Parterres den Wald zu belassen. Dies war allerdings kein neuer Gedanke, da er bereits in Monceaux und von Richelieu angewandt worden war. In erster Linie sollten diese Bosketts dazu beitragen, die Perspektiven zu unterstützen, den Blick vorwärtszuleiten und ihn gleichzeitig hindern, von einer Seite zur anderen zu schweifen. Außerdem sollten die Bosketts einen Hintergrund für Brunnen oder Statuen bilden. Schließlich sollten sie auch kleine Gärten umschließen, auf die man dann – freudig überrascht – stoßen würde; denn durch Bäume von der Hauptbühne getrennt, ergaben sich ideale ›kleine‹ Theater, in denen sorgsam vorbereitete Aufführungen zeitgenössischer Werke in kleinem Kreis in der Verborgenheit aufgeführt werden konnten, um damit ein ausgewähltes Publikum mit Verwunderung und Staunen zu erfüllen. Sie waren die natürlichen Abkömmlinge der italienischen ›giardini secreti‹ und besaßen noch etwas von der Aura des heiligen Haines.

Man ist versucht, in dem Garten von Vaux und in allen Gärten, die nach ihm entstanden, eine Spiegelung des Geistes der Zeit zu sehen. Nicht nur, daß in Frankreich die Monarchie einen absoluten Herrschaftsanspruch besaß, auch der Gedanke, daß der Mensch eine absolute, unbestrittene zentrale Autorität benötigte, wurde fast ohne Widerspruch hingenommen. Die Wahrheiten der mittelalterlichen Kirche hatten trotz der Bartholomäusnacht an Realität verloren, und andere Überzeugungen waren an ihre Stelle getreten. Mit der Monar-

31 *Ansicht von Fontainebleau, Französischer Renaissancegarten unter italienischem Einfluß*

32
St. Germ
en-Laye,
Römische
Renaissa
garten
in Frank

33 Renaissancegarten nach antikem Muster, Zeichnung von de Vries als Vorbild für französische Gärten

34 Renaissancegarten, nach Vredemann de Vries

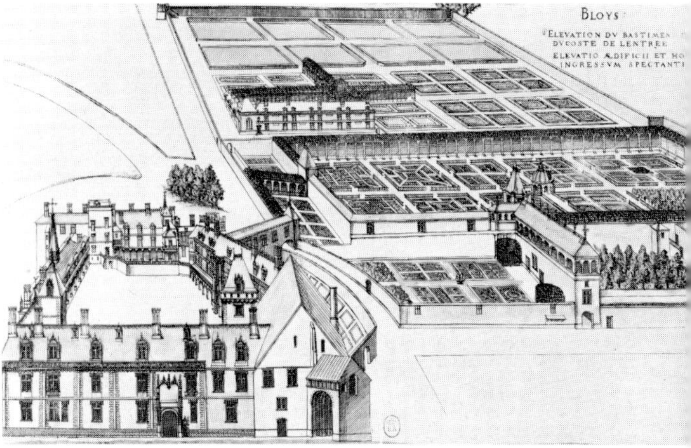

35 *Blois, nach Stich von Ducerceau, Renaissancegarten mit architektonischer Fassung als mittelalterlichem Erbe*

36 *Anet, nach Stich von Ducerceau, die Geburtsstätte des Gartenparterres*

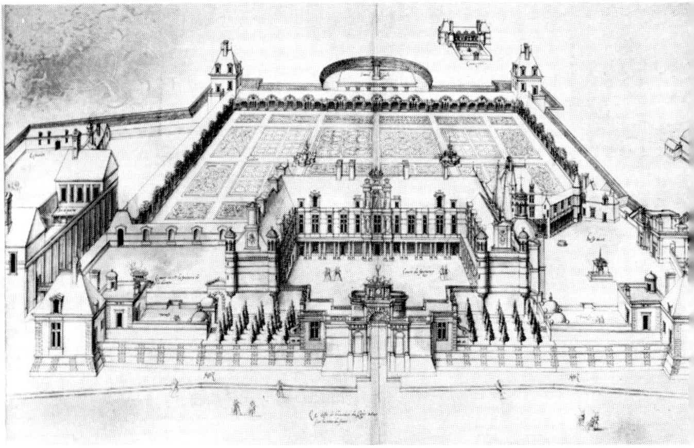

37 Monceaux, Stich nach Zeichnung von Pierre le Pautre

Frühbarockgärten in Frankreich nach italienischem Muster

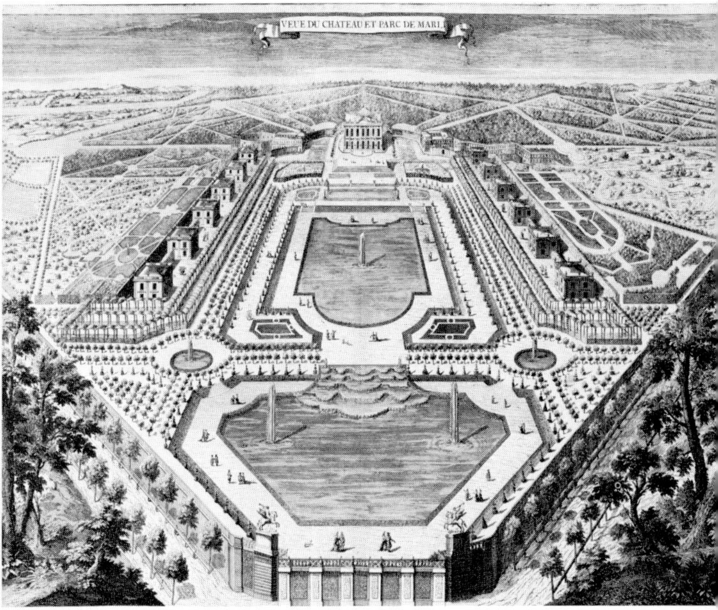

38 Marly, Stich nach Zeichnung von Pierre le Pautre

←
9 *Gärten von Villandry, heutiger Zustand*

40 *Idealplan eines Renaissancegartens von Joseph Furttenbach aus seiner ›Architectura Civilis‹: Bacons Idealgarten nachempfunden*

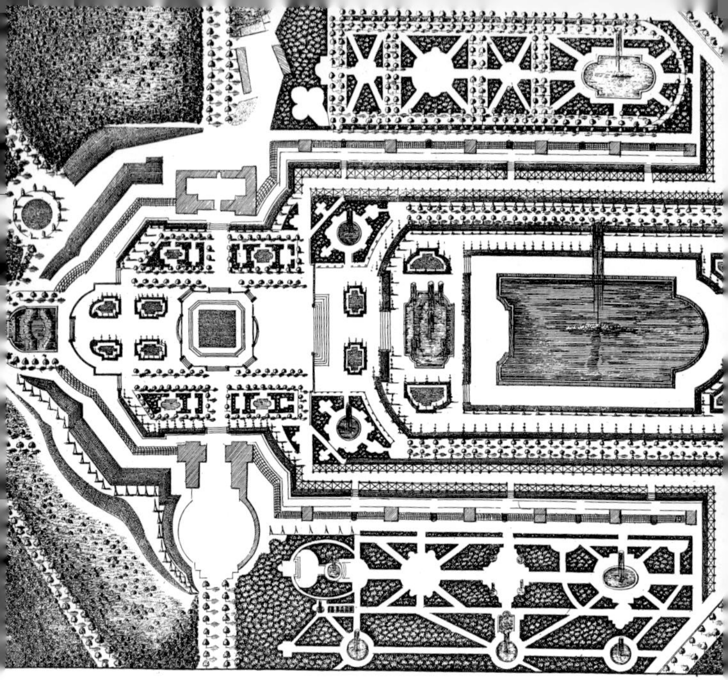

41 *Plan der Anlage von Marly*

Gärten des Hochbarock in Frankreich

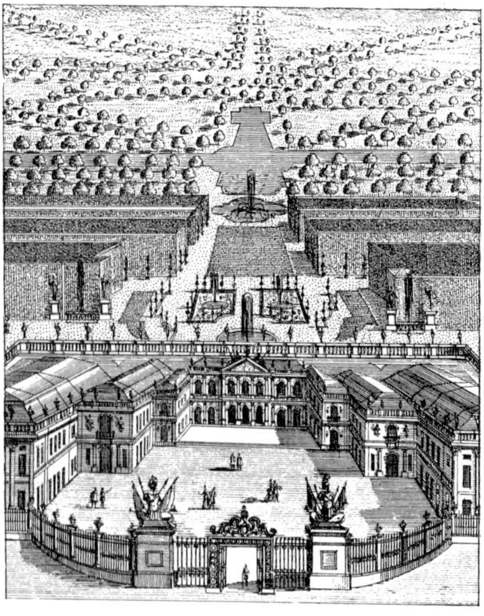

43 *Ansicht von Versailles*

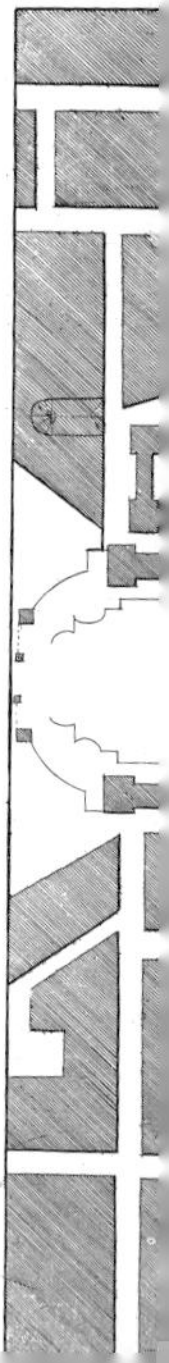

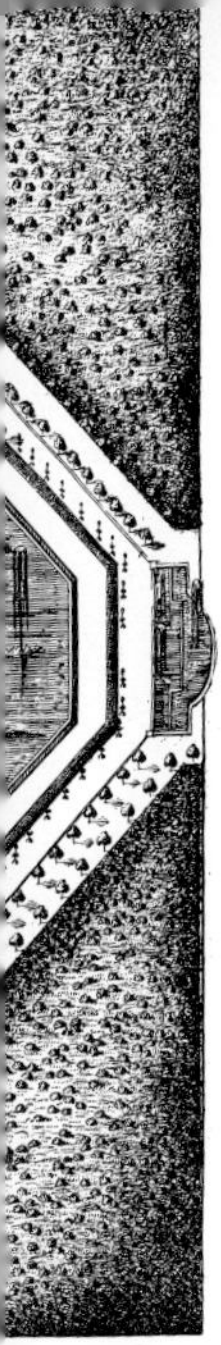

42 *Ansicht von Marly*

44 *Plan der Anlagen von Versailles*

45 *Grand Trianon in Versailles,*
Anlage nach Plänen von Jacques Hardouin Mansart und Le Nôtre

46-47 Zwei Fontänen in Versailles, nach Fabeln von La Fontaine: ›Die vielköpfige Schlange‹ und ›Der Fuchs und der Widder‹

Die Literatur als Anregerin für die Gartengestaltung

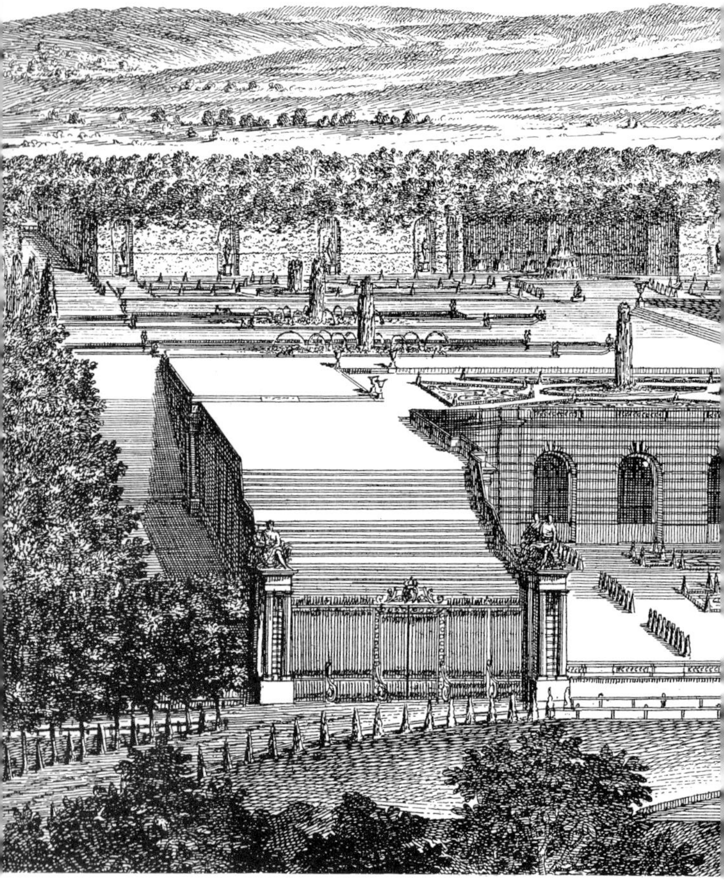

48 Die große Treppenanlage in Versailles

49 *Die drei großen Fontänen in Versailles*

chie als Angelpunkt hatte man jetzt ein ganzes Ordnungssystem konstruiert, ein System, das alle Künste durchdrang und das Leben in das unübersichtliche Gewirr eines gleichsam byzantinischen Zeremoniells von hoher Vollkommenheit verwickelte. Alle Künste spiegelten die politische Unterordnung unter ein zentrales Thema wider, das Thema war aber eine Fassade. Das Leben sollte prächtiger erscheinen, als es war, wozu die seidenen Vorhänge, das Scheinwerferlicht, die Fanfaren und der Hintergrund dienten. Um diejenigen zu ermutigen, die danach strebten, in ihren eigenen Augen an Bedeutung zu gewinnen, gab es ferner noch die amüsanten Abstufungen zwischen den verschiedenen Teilen dieses Gesellschaftsgebäudes: »Vor Damen nahm der König seinen Hut ganz ab, hielt ihn aber, je nachdem wie die Gelegenheit es erforderte, mehr oder weniger weit von sich. Vor Edelleuten lüftete er ihn, hielt ihn ganz kurz oder auch länger erhoben oder gegen sein Ohr. Vor dem niederen Landadel berührte er ihn nur. Fürsten von Geblüt grüßte er in der gleichen Weise wie die Damen.«

Durch diese komplizierte Etikette erhielt man das Gefühl, Teil eines genau abgestimmten Ganzen zu sein. Man kannte seinen Platz, was immer sehr angenehm ist. Die Gärten von Vaux spiegelten dies alles in wunderbarer Weise wider. Dort gibt es ein großes, zentrales Thema, dem sich alles übrige unterordnete; in den Rahmen des großen Entwurfes waren zahlreiche andere einbezogen, die in sich abgeschlossen waren, sich jedoch gleichzeitig gegenseitig ergänzten – sie gestatteten die Mannigfaltigkeit in der Gesamtheit. Es ist allerdings so, daß Ludwig XIV. sich erst als absoluter Herrscher erachtete, als Vaux vollendet und Fouquet gestürzt war; aber sowohl der Roi Soleil wie der Garten von Vaux kamen dem Verlangen der Zeit entgegen. Auch die Gärten von Versailles haben viel dazu beigetragen, den König, der sie geschaffen hatte, gleichsam zu weihen.

Der König war bei dem ersten Fest, das man in Vaux feierte,

nicht anwesend. Diener sollten es nicht versuchen, ihren Herrn zu überstrahlen. Durch die Berichte über die Pracht, die bei dieser ersten Gelegenheit entfaltet worden war, gereizt, schlug der König Fouquet vor, ein anderes Fest zu veranstalten, damit er dazu erscheinen könne. Fouquet sollte in seinem eigenen Haus während des Festes verhaftet werden, aber man konnte Ludwig dazu überreden, sich diese Absicht wieder aus dem Kopf zu schlagen. Vielleicht hätte Fouquet sich selbst gerettet, wenn er so wie Wolsey in Hampton Court gehandelt hätte ...: »Wozu errichtet sich ein Untertan einen so prächtigen Palast?« ... »Um ihn seinem Herrn zu schenken!« Wolsey war nicht der einzige Präzedenzfall: der Herzog Olivarez hatte dasselbe mit Buen Retiro mit noch größerem Erfolg als Wolsey mit Hampton Court ausgeführt. Fouquet aber liebte Vaux allzusehr. Die Verhaftung erfolgte einen Monat später, und der Mäzen seiner Zeit wurde zu lebenslänglicher Einkerkerung in der Festung von Pignerol verurteilt, wo er neunzehn Jahre später starb. Le Vau, Le Brun, La Fontaine, Molière und Le Nôtre zogen nach Versailles. Sie waren die wahren Herren des großen Jahrhunderts, und Fouquet seinerseits ist gewissermaßen ihr Herr gewesen.

Die Geschichte von Versailles ist bemerkenswert, nicht nur weil *Versailles* einer der drei bedeutendsten Gärten in der europäischen Geschichte ist – Belvedere und Stowe sind die beiden anderen –, sondern weil Versailles ein eklatantes Beispiel für ein Schloß ist, das ganz ausgesprochen im Hinblick auf den Garten gebaut wurde.

Der Herzog von Saint-Simon berichtet in seinen Memoiren: »Er verließ Saint-Germain, das einzigartige Saint-Germain mit seinem Zusammenklang von prächtiger Aussicht und ungeheurer Weite der Wälder, die es umgeben. Saint-Germain, einmalig auch wegen der Schönheit seiner Bäume, seines Bodens, seiner Lage, wegen des Vorteils und der Bequemlichkeit von Quellwasser in dieser Höhe, der wunderbaren Anmut der Gärten, der Hügel und der Terrassen, die man – so bequem übereinander angelegt, wie sie es waren – beliebig weit hätte fortführen können. Einmalig auch wegen des Zaubers und der Annehmlichkeiten der Seine, und endlich eine bereits fertige Stadt, deren Lage allein alles Wünschenswerte bot. Er verließ dies alles für Versailles, dieser traurigsten und undankbarsten aller Stätten ohne Aussicht, ohne Wald, ohne Boden, weil alles Schwemmsand oder Sumpf ist, also auch ohne Luft, was nicht gut sein kann.«

Der Platz war eine Jagdhütte, die wahrhaftig nichts Königliches an sich hatte: »ein kleines Schloß aus Pappe« ... erbaut von Ludwig XIII., der damit zufrieden war, wenn Richelieu Prunk entfaltete und das Amt des Königs ausübte. Ludwig XIV. wies in seinem Wesen auf eine merkwürdige, widerspruchsvolle und unerfreuliche Weise sowohl Züge seines Vaters als auch entschieden Charaktereigenschaften des großen Kardinals auf; während seines ganzen Lebens neigte er nämlich dazu, sich an friedliche, kleine Zufluchtsorte zurückzuziehen, um sie dann sehr bald in wohlausgestattete Paläste zu verwandeln. Dieser merkwürdige Prozeß aber begann in Versailles. Das ursprüngliche Gebäude von Ludwig XIII. hatte eine Front von rund fünfzig Metern, die sich nach einem Garten in toskanischem Stil hin erhob, der aus einer Terrasse und einem Parterre bestand. Das Ganze war nicht größer als einige Morgen, es lag in einer nicht anziehenden Gegend voller Sümpfe und Wälder. Die Equipe von Fouquet wurde 1661 dorthin gesandt, und gegen 1668 bedeckte der Garten bereits eine Fläche von zweihundertfünfzig Morgen, dabei dehnte sich die Gartenfassade des Schlosses über vierhundert Meter hin aus – Symbol und Spiegel vom Reichtum und der Macht des größten Herrschers auf Erden.

Die erstaunliche Schöpfung, die wir Versailles nennen, ist nicht allein auf den bombastischen Palast beschränkt. Sie ist nicht ein einzelner Stern, sondern ein Sternbild. Für den Palast wurde eine Stadt geschaffen und dazu nicht weniger als vier ›Zufluchtsorte‹, nämlich Trianon, das kleine Trianon,

Clagny und Marly – man sagt, daß das letzte so viel wie Versailles gekostet habe. Sie alle sind mit dem Zentrum der Prachtentfaltung, dem Schloß Versailles, durch die Alleen des ausgedehnten Parkes verbunden. Diese erstaunliche Manifestation wurde nicht als eine Einheit geplant und entworfen. Sie wuchs, breitete sich aus und entfaltete sich, um die Manie ihres Herrn zu befriedigen. Der Wechsel war das Beständige. Man hat den Eindruck, daß der leitende Gedanke nicht der Wunsch nach Vollendung und Ruhe, sondern ein Drang nach Verbesserung, Änderung und Vergrößerung war. Ludwig XIV. blieb während dieser nie endenden Umwälzungen zwei Ideen treu: er bestand darauf, daß das kleine, im Herzen der Anlage befindliche Schloß seines Vaters, trotz aller Veränderungen, dort erkennbar bleiben sollte, und daß der Garten, wie ihn André Le Nôtre in den ersten Jahren der Entwicklung von 1661–1667 entworfen hatte, trotz der ständigen Änderungen im Detail dem Hauptplan entsprechend durchgeführt werden sollte.

Der Garten war es, der zuerst fertiggestellt wurde. Ludwig bemühte sich, durch eine Reihe von prächtigen Festen die Erinnerung an den bewunderten Fouquet im Bewußtsein seiner Höflinge auszulöschen. Die ›Divertissements‹ waren wundervoll, jedoch beeinträchtigte Unbehagen die Dankbarkeit der Gäste. Ludwig wünschte ein Publikum, hatte es aber versäumt, für dessen Bequemlichkeit zu sorgen. Sein Garten war zwar die schönste Bühne der Welt, wenn aber die höfische Welt dorthin befohlen war, mußte auch der Schauplatz entsprechend hergerichtet werden. So wuchs das Schloß. Um 1682 hat man zwanzigtausend Leute in Versailles versammelt, fünftausend von ihnen wohnten im Schloß selbst. Für den Rest wurde die Stadt gebaut. Die Ställe konnten zweihundert Kutschen und zweitausendfünfhundert Pferde beherbergen. Nunmehr war für die Repräsentation vorgesorgt.

Der Grundplan des Gartens hat sich bis heute nicht verändert. Die von ihm beanspruchte Fläche umfaßt etwa ein

Rechteck, vermittelt jedoch den Eindruck einer enormen Fernsicht; vom Schloß ausgehend, erstreckt sie sich über eine Länge von ungefähr einem Kilometer bis zum Beginn des großen Kanals, der den Blick bis zum Horizont führt und gleichsam jeden Wunsch nach Erforschung dieser weiten Fernen unterdrückt. Die dem Palast vorgelagerte Terrasse öffnet sich nach den Seiten über Parterres, so daß sich rechts und links eindrucksvolle Ausblicke ergeben, einer abwärts zu dem berühmten Neptunbrunnen, der andere über die riesige Orangerie hinweg zu dem von der Schweizergarde gegrabenen See. Um den Eindruck der Weite zu gewährleisten, wiederholte Le Nôtre den Einfall vom Schloß Richelieus und von Vaux, die Mittelachse mit Baumgruppen zu flankieren. Hier führte er dies jedoch in einem viel größeren Maßstab und mit einem noch triumphaleren Effekt aus.

Le Nôtre war als Maler ausgebildet, und seine Gärten haften in der Erinnerung wie eine Gemäldefolge. Seine enge Zusammenarbeit mit den Architekten und die Tradition der Gartenkunst, deren Erbe er war, geben seinen Gärten eine solche Dichte in der Gesamtheit, daß man darüber vergißt, daß dies alles nicht mit Erde, Wasser und Licht, sondern mit Reißschiene, Zirkel und Winkelmaß begann. Eine geometrische Planung aber kann sehr eintönig werden. Wohl wechseln schon die Hauptbrunnen und andere Elemente in dem großen axialen Prospekt immer wieder, doch suchte Le Nôtre darüber hinaus die Eintönigkeit durch die Schöpfung von zahlreichen ›giardini secreti‹ in den seitlichen Gehölzen zu bannen, die sich in einem Zustand dauernder Veränderung befanden.

Über den Schloßbau berichtet der Herzog von Saint-Simon in seinen Memoiren, daß von allen naturbedingten Nachteilen der Lage der Mangel an Wasser der größte war. »Was man auch versucht hat, die großen Brunnen versiegten ... ungeachtet der Ozeane von Wasserbecken, die so viele Millionen gekostet haben, um sie in diesem Schwemmsand oder Sumpf anzulegen ... Der gleiche Wassermangel führte fast zur Vernichtung der französischen Infanterie ... Da zu dieser Zeit Frieden herrschte, plante Herr de Louvois, den Fluß Eure zwischen Chartres und Maintenon ganz umzuleiten und nach Versailles zu führen. Wer vermag das Gold und die Menschenleben zu berechnen, die dieser hartnäckige, jahrelange Versuch kostete, nachdem es in dem Lager, das man dort errichtet und lange Zeit unterhalten hatte, unter Androhung schwerster Strafen verboten war, von den Kranken – und, noch schlimmer, von den Toten – zu sprechen, die der harten Arbeit und noch mehr den Miasmen von so viel umgewühlter Erde zum Opfer fielen. Ganz abgesehen von jenen vielen anderen Soldaten, die Jahre benötigten, um ihre Gesundheit wiederherzustellen. Und wie viele haben sie nie wiedergewonnen! Während dieser ganzen Zeit war es nicht nur den Linienoffizieren, sondern auch den Obersten, Generalmajoren und sogar den Generälen, die dort beschäftigt wurden, weder gestattet – ganz gleich, wer sie waren –, sich eine Viertelstunde zu entfernen noch eine Viertelstunde bei den Arbeiten zu fehlen. Der Krieg von 1688 setzte endlich dem Unternehmen ein Ende ... «

Ein gedruckter Führer besagt, daß man zuerst auf den Stufen des großen Parterres innehalten soll, um – nach gebührender Betrachtung der ›Points de vue‹ – die Brunnen in ihrer vielfältigen Wechselwirkung zu bewundern und dann aber dem ›tapis vert‹, das an den fernen großen Kanal führt, bis zu seinem Ende zu folgen. Von hier aus wird besonders empfohlen, den Blick nach rückwärts auf das Schloß zu wenden. Anschließend hat man sich durch die verschiedenen Gehölze auf der linken Seite der Allee nach und nach hindurchzuwinden, bis man die Orangerie erreicht ... von hier überquert man das Parterre, um durch die Gehölze der rechten Seite zurückzukehren. Ein Garten, der einen gedruckten Führer für die Besucher benötigt, war etwas ganz Neues, um so mehr, wenn dieser Führer von einem König geschrieben ist. Denn es war Ludwig, der ihn höchstpersönlich verfaßt hat. Für ihn war

Versailles sozusagen ein Höhepunkt gigantischer Repräsentation, aus der letzten Endes seine lange Regierung bestand. Er war stolz auf dieses Werk und auf die Bewunderung, die es erregte; der Ruhm von Versailles war schlechthin sein Ruhm.

Die Pracht des Eindruckes ist nicht zu leugnen. Selbst die wenigen, die wie Saint-Simon einen klaren Kopf inmitten aller Lobpreisungen bewahrten, haben zugeben müssen, daß »weder Asien noch die antike Welt etwas Ausgedehnteres, Großartigeres, Vollendeteres zu bieten vermögen ... « Aber Vollendung, Ausdehnung und Großartigkeit verursachen nicht etwa Behaglichkeit: »Um etwas kühlen Schatten zu erreichen, ist man gezwungen, eine weite und sengend heiße Fläche zu überqueren, und danach kann man nichts anderes tun, als einen kleinen Hügel, mit dem die Gärten enden, hinauf- und hinabzusteigen. Der Kies, der die Wege bedeckt, verbrennt die Füße, doch ohne ihn müßte man hier im Sand und in dem schwärzesten Schlamm versinken ... Man kann nicht umhin, von der Vergewaltigung der Natur, die man überall antrifft, abgestoßen und angewidert zu werden. Zahllose, von überall hergeleitete und herbeigezwungene Wasserläufe stagnieren grün, dickflüssig und sumpfig. Sie verbreiten eine ungesunde, fühlbare Feuchtigkeit und einen noch stärkeren Geruch. Unvergleichlich ist die Wirkung der Brunnen und anderer Künste, obwohl sie viel Pflege und Mühe kosten. Aber der Erfolg des Ganzen ist nur der, daß man bewundert, um zu fliehen.«

Ludwig XIV. lebte bis 1715, und während der fünfunddreißig Jahre, in denen Versailles die Hauptbühne seines Lebens war, wurden viele Veränderungen vorgenommen; trotzdem ist es schwer, einen Fortschritt oder eine konsequente Weiterentwicklung im Geschmacklichen festzustellen. Man hat vergrößert, aber mehr geschah nicht. Zweifellos waren für jene, die in diesem Rahmen lebten, die Bosketts von 1710 und 1670 ebenso verschieden, wie es zum Beispiel die Hüte von 1960 und von 1940 sind; doch ist bei einer solchen zeitlichen Entfernung und bei nur ungenügenden Unterlagen nicht leicht festzustellen, aus welcher Richtung jeweils der Wind der Mode wehte.

Eine bedeutende Veränderung vom Jahre 1678 sollte dann die Entwicklung des Gartens beeinflussen. Die berühmte und höchst charakteristische Anlage aus den ersten Jahren von Versailles, die Grotte der Thetis, wurde entfernt und nicht wieder aufgebaut.

Eine Grotte war eine durch die Renaissance wieder aufgegriffene Form des klassischen Nymphäums – ursprünglich eine natürliche, farnbewachsene Felsenhöhle, über die Wasser tröpfelte, oder es war die einer Nymphe geweihte tiefe Höhlung unter den knorrigen Wurzeln eines Baumes, mit Moos bewachsen und dunkel. Diese Grotten waren malerische und unbehagliche Gebilde. Doch gingen in der Folge merkwürdige Dinge mit ihnen vor. Denn diese romantischen Höhlen entwickelten sich mehr in architektonischer als in naturhafter Richtung, bis sie schließlich Formen annahmen, die feuchten Kellerräumen ähnelten. In warmen Ländern hatte ein solcher kühler, tropfender, schattiger Raum seinen Reiz, und zur Zeit der römischen Kaiser war er weit verbreitet. Im Italien des 16. Jahrhunderts gibt es berühmte Beispiele, vor allen Dingen die von Raffael gezeichnete Elefantengrotte der Villa Madama und das von Vasari entworfene Nymphäum der Villa Giulia.

Während das Äußere des Nymphäums des 17. Jahrhunderts sich nicht anders als ein normales, von Menschenhand errichtetes Bauwerk darstellt, hat das Innere etwas von der Seltsamkeit jener Grotten, in denen die Oreaden wohnten. Die Griechen und Römer nutzten dabei die Möglichkeit, Tuff zu verwenden, ein poröses, unregelmäßiges vulkanisches Gestein, das sich wunderbar dazu eignete, das beabsichtigte Gefühl der tropfenden Düsterkeit zu steigern, was aber unschön wirkte, sobald man – wie es nicht selten der Fall war – den Tuff für andere Zwecke verwendete. Die Grotten waren nicht mehr naturhaft und ursprünglich, sondern bizarr, und diese eigentümliche Verzerrung des Natürlichen bezeichnete man als ›grotesk‹. Dem Gartenplaner boten sie Gelegenheit, seine Phantasie frei schweifen zu lassen.

In Frankreich war die große Periode der Grotten die Zeit Heinrichs IV. – dem Großvater von Ludwig XIV. –, der den berühmtesten Grottisten, Bernard Palissy, beschäftigte. Palissy, in erster Linie Töpfer, hatte für den Connétable de Montmorency eine Grotte in Ecouen gebaut. Vom Erfolg berauscht, erachtete er sich als eine Autorität für Grotten und legte die Leitsätze seiner Kunstfertigkeit in einem Buch nieder: ›Recette véritable par laquelle tous les hommes de France pourront apprendre à multiplier et augmenter leurs trésors‹. Nach Palissys Meinung mußte der Garten viereckig sein und, sofern die Lage es gestattete, an einem Hang angelegt werden, so daß er dadurch wenigstens auf einer Seite eine natürliche, höhergelegene, beherrschende Terrasse hatte. Wo aber eine Abschürfung nicht möglich wäre, könnte man das gleiche Ergebnis durch Aufschüttung erzielen, indem dann der Garten den Eindruck eines versenkten Parterres vermitteln würde. Grotten sollten an allen vier Ecken und im Zentrum erstehen. Das Zentrum ist der Kreuzungspunkt der Wege; diese sollen an ihren Enden wiederum Grotten haben. Auf diese Weise wies der klassische Garten von Palissy neun Grotten auf. Die acht Grotten in den Umfassungsmauern des Gartens sollten von halbkreisförmigen Amphitheatern gerahmt und die Grotten in den vier Ecken als Felsenhöhlen gestaltet werden, und zwar mit gähnenden Öffnungen, flankiert von Säulen oder Hermen und mit geeigneten Inschriften auf dem Architrav. Das Innere der Grotten wollte Palissy – wegen des glitzernden, irisierenden Effektes bei künstlicher Beleuchtung – mit Email geschmückt wissen. Auch sollte dieser erstaunliche Hintergrund, wenn er fertiggestellt war, durch naturalistische Tiere bereichert werden. ›Naturalismus‹ – echter oder vermeintlicher – war der Grundton der Kunst des Grottenbaus. Palissy schrieb ferner vor, daß die vier Grotten an den

Enden der Wege aus lebenden Ulmen bestehen sollten, deren Äste und Laub so zu schneiden wären, daß Pavillons entstünden. Die Grotte in der Mitte hat nach ihm ebenfalls ein Laubpavillon zu sein, der, aus Pappeln bestehend, auf einer Insel zu liegen hat. Dementsprechend lag auch die berühmteste, für Katharina von Medici in den Tuilerien errichtete Grotte von Palissy auf einer solchen Insel. Doch wissen wir über sie recht wenig, ausgenommen, daß ihr Zugang über farbig gefaßte Brücken erfolgte, und daß man sie bald zerstört hat.

Was die Grotte der Thetis anbelangt, so enthielt sie keine derart üppigen Phantasiegebilde. Äußerlich ähnelte sie einem dreifachen Triumphbogen, im Inneren bestand sie aus drei Nischen mit Gruppen von Statuen, und zwar Apollo mit seinen Nymphen, seitwärts von den durch Tritonen gehüteten Pferden des Sonnengottes gerahmt. In der Verdachung befand sich ein großer Wasserbehälter, der eine Unzahl von tropfenden und spritzenden Wasserspielen speiste. Der Fußboden zeigte einen geschmackvollen Belag, während die Wände mit zahllosen Muscheln verkleidet waren. Ludwig XIV. hatte für diese Grotte eine besondere Vorliebe. Über den Toren glänzten große vergoldete Embleme der Sonne. In der Mittelnische stand das Bildnis seines himmlischen Gegenparts Apoll. Welcher Gartenraum hätte dem Sonnenkönig besser entsprochen? Im übrigen bot er einen geeigneten Platz für Theatervergnügungen und Konzerte.

Trotzdem mußte die berühmte Grotte, als Hardouin-Mansart freie Hand zur Vergrößerung des Schlosses erhielt, dem Nordflügel weichen, und an ihrer Stelle wurde die Kapelle errichtet. Ihre Zerstörung gab allerdings der Schaffung der berühmten Bosketts einen Auftrieb, diesen verborgenen Gärten im Gehölz rechts und links der Königsallee, die mit ihrer Vielfalt von Wasserspielen ebenfalls bestimmt waren, Kühle zu spenden, die schattige Zuflucht mit dem Klang des tropfenden Wassers zu erfüllen und durch phantasievolle Ornamente zu beleben. Die Bosketts waren gleichzeitig die Erben der Grotten, insofern sie deren Bühnenfunktion übernahmen, da fast jedes Boskett ein spielfähiges Theater mit einer Bühne, einem Zuschauerraum und Eingängen besaß, die jederzeit in Gebrauch genommen werden konnten.

Der Verlust der Grotte der Thetis, bei der Le Nôtre wie bei all seinen Wasserspielen mit seinem Brunnenbauer Pierre Francini zusammengearbeitet hatte, scheint ihn verstimmt zu haben. Auf der Suche nach neuen Einfällen hatte er eine Reise nach Rom unternommen, und als er zurückkehrte, nahm ihn der König mit sich, um ihm das vom jungen Hardouin-Mansart neuangelegte ›Bosquet de la Colonnade‹ zu zeigen, das bestimmt war, die szenischen Funktionen der alten Grotten zu übernehmen. Als Le Nôtre schwieg, drängte ihn der König seine Meinung zu äußern. »Nun wohl, Sire, was soll ich dazu sagen? Sie haben aus einem Steinmetzen einen Gärtner gemacht, und dieser hat Sie mit einem Trick seines Handwerks beglückt.«

In der Tat hat Le Nôtre in seinen Gärten nur höchst sparsamen Gebrauch von der Architektur gemacht, und wenn er Mauern und Säulen benötigte, bediente er sich der gewachsenen Bäume. Seine großen Haine waren eine massive Phalanx aus beschnittenen Buchen oder Hainbuchen, die durch Treillagen in die gewollte Form gebracht wurden. Sicher hat er sich kaum um Blumenparterres gekümmert und ebensowenig jemals vergessen, daß er Gärtner und nicht Steinmetz war.

Le Nôtre verdankte ein gut Teil seines Ruhmes seinem anziehenden Wesen. Es scheint, daß er sich seine Stellung an einem Hofe, an dem es leichter war, sich Feinde zu erwerben als Freunde, nicht nur durch Gewandtheit, sondern auch durch einen ungewöhnlichen Charme bewahrt hat. Saint-Simon sagt von ihm: »Er war ehrlich, ehrenwert und offenherzig, weshalb jedermann ihn liebte und achtete. Niemals trat er ungebührlich hervor, noch vergaß er seine Stellung; auch war er völlig selbstlos, ob er nun für den König oder für Privatleute arbeitete. Er wollte nichts weiter, als der Natur helfen und das wirklich Schöne mit den geringsten Kosten erreichen. Er war schlicht und von einer bezaubernden Naivität.« Anläßlich seines Besuches in Rom, den wir bereits erwähnt haben, erklärte er dem Papst in einem Augenblick der Begeisterung: »Ich fürchte mich nicht mehr vor dem Tode, denn ich habe die zwei größten Menschen der Welt gesehen, Eure Heiligkeit und meinen Herrn, den König.«

»Doch ist ein großer Unterschied vorhanden«, entgegnete der Papst, »denn der König ist ein großer, siegreicher Fürst, und ich bin ein armer Priester, ein Diener der Diener Gottes. Er ist jung und ich bin alt.«

Le Nôtre klopfte ihm auf die Schulter, indem er ausrief: »Ehrwürdiger Vater, Sie schauen noch hübsch wohl aus und ich bin sicher, daß Sie noch das ganze Heilige Kollegium beerdigen werden.« Diese Prophezeiung brachte den Papst zum Lachen, worauf Le Nôtre seine Arme um ihn schlang und ihn küßte. Diese Geschichte hatte man in Versailles höchst ungläubig aufgenommen, und Wetten wurden abgeschlossen, daß Le Nôtre den Papst nicht tatsächlich umarmt habe. »Wetten Sie nicht«, sagte der König, »Sie werden verlieren. Als ich aus dem Krieg zurückkam, hat mich Le Nôtre umarmt; er wird gewiß nicht gezögert haben, auch den Papst zu umarmen.«

Es gibt noch eine andere Anekdote, nach der Le Nôtre, als er in den Gärten mit dem König spazierenging, zahlreiche Vorschläge gemacht habe, wobei Ludwig XIV. jedesmal mit Vergnügen zustimmte und bei jedem sagte: »Dafür werde ich Ihnen hunderttausend Livres geben«, bis sein Gärtner ausrief: »Ich werde kein Wort mehr sagen, denn wenn das so weitergeht, werde ich der Ruin Eurer Majestät sein.«

Ein oder zwei Monate bevor er im Alter von siebenundachtzig Jahren starb, sorgte der König, daß der alte Mann neben ihm durch die Gärten von Marly gefahren wurde. »Ach, mein armer Vater«, sagte Le Nôtre, »wärest du noch am Leben, um diesen armen Gärtner, deinen eigenen Sohn, in einem

Wagen neben dem größten König der Erde zu sehen, dein Glück würde vollständig sein.«

Dieser »arme Gärtner« war nicht nur ein ausgezeichneter Geschäftsmann, der seine eigenen finanziellen Angelegenheiten mit großem Scharfsinn regelte und für alle Familienangehörigen sorgte, sondern auch ein Kenner von Format. Die Sammlung von Kunstgegenständen, die er in seinem kleinen Heim in den Tuilerien anlegte, war von solch hohem Rang, daß der König viele Stücke von seinem Gärtner als Geschenk annahm und ihm als Anerkennung eine Pension von sechstausend Livres im Jahr aussetzte. Die Werke von Poussin und Claude Lorrain, die der Gärtner damals kaufte, sind jetzt im Louvre. Er legte immer Wert darauf, ein Gärtner zu bleiben, und als er geadelt wurde, wählte er einen Kohlkopf und drei Schnecken als Wappen. »Sire«, sagte er, »wollen Sie, daß ich meinen Spaten vergesse? Bedenken Sie, was ich ihm schulde.«

Viele Gärten werden dem Meister zugeschrieben, bei denen es unwahrscheinlich oder unmöglich ist, daß er etwas mit ihnen zu tun hatte. Die Gärten der Villa Ludovisi und der Villa Albani, mit denen sein Name in Italien in Verbindung gebracht wird, hatte man lange vor seiner zweiten Reise angelegt; und zur Zeit seines ersten Besuches war er noch jung und unbekannt. Es ist deshalb kaum anzunehmen, daß man ihm eine solche Aufgabe anvertraut hätte. Die Gärten können vielleicht Schöpfungen seines Vaters oder Großvaters gewesen sein, über deren Reisen jedoch nichts bekannt ist. Es stimmt, daß Karl II. von England um seine Dienste gebeten hat, und obgleich Ludwig widerstrebend zusagte, fehlt der Beweis, daß Le Nôtre die Reise tatsächlich unternommen hat. St. James's Park kann er nicht entworfen haben, denn dessen Gestaltung im Stil des späten 17. Jahrhunderts hat nicht das geringste mit Le Nôtres Stil zu tun. Da er aber dort aller Wahrscheinlichkeit nach am ehesten hätte seine Geschicklichkeit unter Beweis stellen können, so muß man billigerweise annehmen, daß er niemals in England war. Trotzdem stammen von ihm nachweislich die Pläne für einen Garten in Greenwich, obwohl er den Platz nicht gesehen hat.

Nur sehr wenige Gärten sind vermutlich die alleinige Schöpfung von Le Nôtre; dagegen sind jene zahlreich, die bereits bestanden haben und einen Beitrag von ihm aufweisen, der von der mündlichen Beratung bis zum detaillierten Plan der Erneuerung geht. Tradition, auch wenn sie auf einer scheinbar einwandfreien zeitgenössischen Quelle beruht, ist selten überzeugend und der natürliche Wunsch, den Namen des berühmten Gärtners des Königs mit dem eigenen Besitz in Verbindung zu bringen, mag oft auf Verbindungen zu Le Nôtres Vater oder Großvater zurückgehen. Zu einer anderen Kategorie gehören jene Gärten und Parks, für die er wohl Pläne vorgelegt hat, ohne jedoch das Gelände, für das sie entworfen wurden, jemals gesehen zu haben.

Ich bin der Ansicht, daß wir Le Nôtre als einen Meister in der Art von Rubens ansehen sollten; wie bei diesem gibt es sowohl eigenhändige Werke wie Werkstattarbeiten, und viele davon gehören beiden Kategorien an. Er war so gefragt, daß er begreiflicherweise nicht alles, was man von ihm verlangte, selbst erledigen konnte. Er mußte daher zu jenem Ausweg greifen, den auch die Inschrift auf seinem Grabstein andeutet: »Tous les Princes de l'Europe ont voulu avoir de Les Elèves.«

Selbst in Frankreich gab es nur wenige völlig nach seinen Plänen angelegte Gärten, denn seine Tätigkeit in Fontainebleau, St. Germain, St. Cloud und in den Tuilerien bestand größtenteils im Erhalten, Erweitern und Pflegen der Anlagen. Von Vaux-Le-Vicomte, Versailles, Clagny, Meudon und Chantilly abgesehen, gibt es wenig Gärten, deren Grundpläne ihm mit Sicherheit zugeschrieben werden können. Er scheint weder die Gärten des Trianon de Porcelaine noch die des darauffolgenden zweiten Trianon entworfen zu haben. Die ersteren werden Michel Le Bouteux, dem Gärtner des Herzogs von Vendôme, zugeschrieben, die zweiten dagegen Hardouin-Mansart, als dieser sich durchzusetzen begann und Le

Nôtre schon ein sehr alter Mann war. Wenn der ›Steinmetz‹ den Entwurf nicht selbst gezeichnet hat, so darf man doch annehmen, daß er federführend war. Zahlreiche kleine Gärten existieren in Paris, aber sie waren tatsächlich nichts anderes, als geschmackvolle ›parterres de broderie‹ im landläufigen Stil. Sie hatten nicht jene Qualität, wie sie Le Nôtre eigen war.

Vaux, Versailles, Clagny und Meudon gleichen sich insofern, als sie um eine Mittelachse angelegt sind, die vom Schloß aus verläuft. Nur in Chantilly hat man nicht den Eindruck einer disziplinierten Gestaltung, obgleich man behauptet hat, es sei Le Nôtres Lieblingsschöpfung gewesen.

Nach Versailles – wenn man bei einem Werk von ›nach‹ sprechen kann, das eher ein sich stets wandelnder Prozeß als eine fertige Schöpfung war – kam das *Château de Clagny* der Madame de Montespan an die Reihe, eine weitere ›Stilübung‹ in der Art von Vaux, die aber niemals vollendet wurde, weil Madame de Montespan durch die Erzieherin ihrer Kinder aus der Gunst des Königs verdrängt wurde, noch bevor das Schloß bewohnbar war. Das auffallendste Merkmal bildete ein Wäldchen aus in Kübeln gepflanzten Orangenbäumen, wobei die Kübel hinter Hecken versteckt wurden. Im übrigen begegnet uns hier wieder das Mittelparterre, das anfängt, sich zum Horizont hin zu verlieren.

Meudon, die Residenz des Grand Dauphin, zeigt den gleichen Stil. Man könnte glauben, daß die Gärten von Le Nôtre nichts anderes gewesen seien als ein ständig wiederholtes Vaux-Le-Vicomte. Aber obwohl sie getreu ihrem Zeitalter bestimmte Schemata darstellen, die man dem Boden aufgezwungen hat, die also nicht aus ihm erwachsen sind, zeigt Le Nôtre in *Chantilly* eine überraschende Anpassungsfähigkeit. In diesem Falle hat er durchaus nicht seine alten erfolgreichen Formeln wiederholt.

Marly bedeutete für Ludwig XIV. der letzte und erfolgreichste Nachkömmling von Trianon. Die Trianonfolge be-

Frans Pourbus d. J.
Garten in Mantua, Gemälde um 1569.
Brüssel, Musée des Beaux-[Divis] Arts

gann mit dem *Trianon de Porcelaine*, einem eleganten kleinen Pavillon, den man am Ende des nördlichen Armes des Kanals in Versailles errichtet hatte. Obwohl es als chinesisches Teehaus gedacht war, gab es dort nicht viel wirklich Chinesisches. Es wurde errichtet, um Madame de Montespan zu erfreuen und sollte eine private Zuflucht abseits von dem triumphierenden Prunk des Palastes sein. Man könnte glauben, daß die angeblich chinesischen Elemente des ersten Trianon von Bedeutung waren, doch ein an Chinoiserien gewöhntes Auge hätte wenig Ostasiatisches daran zu entdecken vermocht. Bei dem ›Porzellan‹ handelte es sich in Wirklichkeit um Fayence. Die Besonderheit des Gebäudes bestand in einer schweren Innen- und Außendekoration aus blauen und weißen Kacheln, die für unsere Augen eher wie eine Reminiszenz an Delft als an den Sommerpalast in Peking wirken würden. Das Spiel von Weiß und Blau wiederholte sich im Garten, denn Sitze und Blumenbehälter waren ebenfalls blau und weiß bemalt. Die ungewöhnliche Menge von Blumen erzeugte eine außerordentlich leichte und freudige Stimmung. Eine Eigentümlichkeit war die Verwendung von süßduftenden Pflanzen. Tuberosen, Hyazinthen, Nelken, Orangen, Zitronen, Myrthen und Jasmin füllten die Luft mit einem manchmal unerträglichen Duft, so daß man sich nicht lange auf den Terrassen aufhalten konnte. Das Haus erwies sich bald als zu klein. Da man aber bei einer Vergrößerung Gefahr lief, seinen intimen Charakter zu zerstören, wurden zwei getrennte Pavillons ›en suite‹ auf jeder Seite hinzugefügt, so daß ein offener Platz entstand. So begann in Frankreich die Gewohnheit, das Hauptgebäude mit Nebengebäuden für Freunde und Höflinge zu umgeben, eine Sitte, die – später durch Marly berühmt geworden – sich über ganz Europa verbreitet hat.

Das entzückende Trianon de Porcelaine bestand nur kurze Zeit. In Versailles hatte alles, was nicht einer ständigen Vervollkommnung und Veränderung unterworfen werden konnte, nur kurze Lebensdauer. An seiner Stelle entwarf Hardouin-

Mansart *Le Grand Trianon*, das sich bis heute erhalten hat. Dieses Trianon ließ andere Trianons entstehen. Dem Trianon von Mansart folgte später *Le Petit Trianon* und schließlich das vorbildliche *Hameàu* der Marie Antoinette. Sie waren alle ›Eremitagen‹, das heißt Zufluchtstätten, in denen man den Reiz der Zurückgezogenheit und des privaten Daseins genoß, so daß in ganz Europa die Bezeichnung ›Trianon‹ ein für sich gelegenes Sommerhaus bedeutete, ganz gleich, ob es in Marmor gebaut war oder unter einem Strohdach stand. Die größte dieser berühmten ›Eremitagen‹ war jene, die man einige Kilometer von *Marly-le-Roi* entfernt gebaut hatte.

Als Ludwig XIV. nach neuen Stätten der Zurückgezogenheit suchte, wurden ihm verschiedene Orte wegen ihrer landschaftlichen Reize und Vorzüge empfohlen. Er hat sie aber alle verworfen, weil ihre Möglichkeiten so unbegrenzt waren, daß sie ihn »ruinieren« mußten. Stattdessen wählte er ein enges Tal, mit stark abfallenden Felsenhängen, durch Sümpfe fast unzugänglich, von Hügeln begrenzt und ohne Aussicht. Diese Nachteile waren in des Königs Augen seine Hauptvorzüge; vor allen Dingen sagte ihm die Enge, die keine Ausweitung gestattete, sehr zu. Ursprünglich bestand die Absicht, den dortigen Aufenthalt jeweils auf drei Nächte – vom Mittwoch bis zum Sonnabend – zu beschränken und zwar nur dreimal im Jahr mit höchstens zwölf Hofleuten zur Erfüllung der notwendigen Pflichten.

Das Projekt wuchs schnell. Le Nôtre befand sich damals in Rom, und Hardouin-Mansart beeilte sich, in seiner Abwesenheit einen Garten entstehen zu lassen. Es stellte sich heraus, daß es eine Riesenarbeit war, diese »Kloake von einem Tal« trockenzulegen. Die Hügel, die der Hauptvorzug des Platzes waren, weil sie ihn in seiner Ausdehnung begrenzten, wurden abgeflacht, um Raum für Gebäude zu schaffen, und der Hügel am Ende des Tales durch ein Regiment Infanterie völlig abgetragen, um dem Tal, das ohne Ausblick war, eine Aussicht zu geben.

Hören wir dazu Saint-Simon: »Kurzum die Anlage mit ihren Gebäuden, Gärten, Brunnen und der Wasserleitung – diese bestand aus vierzehn Wasserrädern, die zweihundertdreiundfünfzig Pumpen antrieben, bekannt und berühmt unter dem Namen ›La Machine de Marly‹ –, mit den Parks und den veredelten und umfriedeten Wäldern, den Statuen und kostbaren Möbeln wurde das, was man *Marly* nannte. Man hat dicht belaubte Wälder geschaffen, indem man große Bäume aus Compiègne und aus noch weiter entfernten Gebieten herbeiholte und dort anpflanzte. Mehr als drei Viertel davon gingen ein und wurden sofort wieder ersetzt. Große Strecken von dichtem Wald und dunklen Alleen wurden in einem Nu in riesige Wasserflächen verwandelt – auf denen Gondeln zu fahren vermochten –, um dann wieder in Wälder zurückverwandelt zu werden, so dicht, daß man den Tag schon am Tage der Anpflanzung nicht mehr sah. Ich spreche von dem, was ich im Laufe von sechs Wochen gesehen habe, wobei Brunnenbekken hundertmal verändert, Kaskaden mit immer neuen und immer verschiedenen Figuren versehen, Bassins für Karpfen mit den feinsten Vergoldungen und Malereien, kaum vollendet, von den gleichen Meistern unendliche Male ersetzt und neu angelegt wurden ... Hierzu entwickelte sich ein Aufenthaltsort von Schlangen und Aas, Kröten und Fröschen, der einzig und allein ausgewählt worden war, um dort das Geld auszugeben. Dies entsprach dem schlechten Geschmack des Königs in allen Dingen und seinem stolzen Vergnügen, die Natur in die Gewalt zu bekommen.«

Obwohl Saint-Simon recht haben mag, daß eine entschiedene Vulgarität allem zugrunde liegt, was in Marly erdacht und ausgeführt wurde, eine Vulgarität, die an der Wurzel von allem, was der König tat, nagte, so bildete Marly trotzdem ein besonders schönes Beispiel in seiner Art. Wie in Versailles und wie in allen Gärten von Le Nôtre, erhob sich das Schloß, ein Parterre beherrschend, frei in einem offenen Raum. Der Hauptgarten erstreckte sich in der üblichen Weise längs der

Mittelachse des Schlosses bis zu dem Hügel, der entfernt worden war, und noch darüber hinaus in der größtmöglichen Ausdehnung. Anders als in Versailles besaß Marly Wasser im Überfluß, und was in Vaux eine Kette von Parterres und in Versailles eine Folge durch Alleen begrenzter Rasenflächen war, wurde in Marly zu einer Reihung von Zierbecken mit verschieden gestalteten Wasserspielen. Hinter dem Schloß stieg der Boden steil an, so daß man als Ersatz für eine Aussicht eine wunderbare Kaskade anlegte, schöner sogar als jene, die Monsieur, der Bruder des Königs, in Saint-Cloud besaß.

Das Charakteristische von Marly, das immer wieder und besonders von deutschen Fürsten nachgeahmt wurde, war die Weiterentwicklung des erstmalig im ›Trianon de Porcelaine‹ aufgetauchten Gedankens, eine Reihe von getrennten Pavillons für die Gäste des Königs zu errichten. Diese Gepflogenheit stellte natürlich die Gartenzeichner vor neue Probleme. Ein einzelnes Schloß mit einem auf Sicht und Perspektive eingerichteten Garten wie Versailles, beeinträchtigt nicht die Konzentration. An einem Ende der Achse liegt das Schloß, am anderen ein eingerahmtes Bild von unbestimmbarer Weite. Durch die Verschwiegenheit der Bosketts und der Wände aus beschnittenen Hainbuchen auf beiden Seiten besteht nicht die Versuchung, daß der Blick nach den Seiten abgelenkt wird. Wenn aber die auf Perspektive gestellte Sicht von regelmäßigen Pavillons, die sich wie Einzelvillen einer Vorstadtstraße aneinanderreihen, gerahmt wird, so verliert sie ihren ungebrochenen Zusammenhang und der Garten damit seine Geschlossenheit. Der Gedanke der getrennten Unterkünfte für Hofleute war bereits im Buen Retiro bis zu einem gewissen Grade zur Anwendung gelangt. Doch fehlte dort die ausschlaggebende axiale Konzeption, da die ›Eremitagen‹ wahllos im Park verstreut waren und ihre unmittelbare Umgebung ihre Eigenart bestimmte. In Marly hätte man natürlich jedem Pavillon einen eigenen Parkteil in Gestalt eines in sich geschlossenen Bosketts mit einem eigenen Parterre geben können, aber das hätte niemals in Einklang mit den Absichten Ludwigs XIV. gestanden, da er seine erwählten Höflinge stets in seiner Nähe zu haben wünschte. Ihre Pavillons mußten gleich einer Front von Lakaien aneinandergereiht werden.

Marly besteht nicht mehr. Obwohl Saint-Simon diese Schöpfung stark kritisiert hatte, kämpfte er mit allen seinen Kräften, um es nach dem Tode des Königs vor der Zerstörung zu bewahren. Doch hatte er nur Erfolg auf Zeit: der Regent verschonte es zwar, aber die Revolution, die erstaunlicherweise Versailles mehr oder weniger unbeschädigt ließ, löschte Marly-le-Roi aus. Wenn wir uns die Pläne und die idealisierten allgemeinen Überblicke aus der Vogelschau ansehen, so wird uns wahrscheinlich die große Konzeption sehr viel klarer, als denjenigen, die darin lebten. Ihnen dürften im allgemeinen die Durchblicke und der Gesamtblick durch den Glanz der Einzelheiten verdeckt worden sein – allerdings nicht in Versailles. Das Schönste darin waren die Kaskaden, die Brunnen und die Statuen.

Das Schloß des Prinzen Condé in *Chantilly* stellte ein ganz anderes Problem. Das von Gräben umgebene, mittelalterliche Kastell mit Anbauten aus dem 16. Jahrhundert war ein unsymmetrisches Gebilde, dem eine einigermaßen gegliederte Fassade als Ausgangspunkt für große Achsen und Gartenperspektiven fehlte, es sei denn, man hätte das Schloß vollständig umgebaut. Nach Norden und nach Süden wurden Parterres und Alleen angelegt, um die Blickbahn einzuengen, dennoch mangelt es an Konsequenz und Dichte, die sonst für den Le Nôtre-Garten so typisch waren. Das Durcheinander der Parterres, Bosketts und Wege im nördlichen Teil erinnert an Buen Retiro. Der Hauptgarten, der weder in den übrigen Teil einbezogen ist noch mit dem Schlosse zusammenhängt, liegt im Osten. In diesem Teil spürt man in der weiträumigen Planung und großzügigen Art eindeutig die Hand von Le Nôtre. Den Ausgangspunkt für die Gestaltung dieses Hauptgartens bildete aber nicht das Schloß selbst, sondern eine Seite vom südlichen Schloßparterre, das durch Treppen und Terrassen im Stil Bramantes im Belvedere erhöht wurde. Die Wirkung dieses eigenartigen Entwurfes hat zur Folge, daß das Schloß wie ein Flügel eines projektierten riesigen Palastes wirkt, dem das Corps de logis – das Hauptgebäude – und der südliche Flügel fehlen.

Von allen Berufsgärtnern ist Le Nôtre der berühmteste. Nur Lancelot Brown kann man auf Grund seiner fortdauernden Berühmheit und seines ausgedehnten Einflusses neben ihn stellen. Aber ein großer Teil der Bewunderung für Le Nôtre beruht auf ungenügender Unterrichtung: er war eine außergewöhnliche Persönlichkeit; er hatte ein ausgezeichnetes Gefühl für Proportionen in großzügigem Maßstab; mit den ungewöhnlichen Mitteln, die ihm zur Verfügung standen, vollbrachte er Ungewöhnliches; er entsprach genau dem, was seine Zeit verlangte; er war in der Tat ein großer Mann – doch war er weder ein Wunder noch glänzte er durch Originalität. Sein Verdienst bestand darin, eine bereits eingeführte Methode bis zu ihrer logischen Vollendung gebracht zu haben. Hätte es einen Le Nôtre nicht gegeben, so hätte der große französische perspektivische Garten des 17. Jahrhunderts sich auch nicht viel anders entwickeln können. Le Nôtre war die höchst ausdrucksvolle Verkörperung der großen französischen Schule der Gartenkunst, ein Höhepunkt, aber kein alleinstehendes Phänomen.

Nach Le Nôtre konnte dem geometrischen Garten nichts mehr hinzugefügt werden; man versuchte es auch nicht. Der rechtwinklige Garten hatte die Grenzen seiner Entwicklung erreicht: dem menschlichen Geist und dem menschlichen Auge sind Schranken gesetzt. Als die Perspektive glücklich die Raumtiefe erreicht und sich gewissermaßen über die Blickweite des menschlichen Auges hinaus ausgedehnt hatte, war die Grenze des Möglichen erlangt.

Schon zu Lebzeiten Ludwigs XIV. setzte eine Periode des Stillstandes ein. Niemand, der solche Gärten besaß, schien schließlich zu wissen, was er damit anfangen sollte, da das Leben letzten Endes nicht ein nie endender Prunkaufzug sein kann. Sofort nach dem Tode des Königs wurde Versailles vom Regenten aufgegeben, und Marly wurde nur durch Saint-Simon vor der Zerstörung gerettet. Das Zeitalter des theatralischen Barock war in Frankreich vorüber, und nach einer gewissen Zeit des Übergangs trat das Rokoko an seine Stelle. Als Ludwig XV. älter wurde, kehrte der Hof zwar nach Versailles zurück, aber Ludwig XV. war kein Sonnenkönig und für die Pompadour bildeten die Trianons einen passenderen Hintergrund als der große zeremonielle Garten des Versailler Schlosses. Es folgte ein verspielteres, weniger selbstbewußtes Zeitalter: sein Maler war Watteau und nicht Le Brun. Die Laute trat an die Stelle der Trommel.

Viertes Kapitel

Barockgärten im übrigen Europa

Renaissance-Gärten in England

In England wurde der Anstoß zur Aufnahme des neuen italienischen Stils von Kardinal Wolsey gegeben, einer Renaissancegestalt, die im Kreise jener vierzig Jahre früher lebenden Kardinäle aus den Familien der Borgia, della Rovere und Farnese nicht fehl am Platze gewesen wäre. Gegen Ende des Jahrhunderts schrieb Bacon, daß »die Menschheit frühzeitiger imstande war, prächtig zu bauen als schöne Gärten anzulegen, so als ob für die Gartenkunst eine größere Vollkommenheit nötig wäre«, wobei er hinzusetzte, daß von Dingen dieser Art die Menschheit nichts ausführe, bevor nicht die Zeiten für »Höflichkeit und Eleganz« reif seien. Allerdings kann man die Tage der frühen Tudors kaum als ›höflich und elegant‹ bezeichnen. Doch es war eine Epoche mit einer strengen zentralisierten Regierung, die dem einzelnen die Möglichkeit nahm, seine Nachbarn mit Krieg zu überziehen und stattdessen die entsprechenden Fähigkeiten auf andere Gebiete lenkte. Heinrich VIII. selbst und sein bedeutender Minister Wolsey gaben als erste ein Beispiel für einen prunkhaften und luxuriösen Lebensstil.

Die beiden großen englischen Gärten aus der ersten Hälfte des 16. Jahrhunderts waren jene von Nonsuch (1538 begonnen) und Hampton Court (1515 begonnen). Die Paläste dieser Gärten waren keine Kastelle mehr, sondern Wohngebäude, die der Bequemlichkeit und Repräsentation bestimmt waren. Auch ihre Gärten – nun frei von den Beschränkungen eines bewehrten Platzes – hatten wie die Gebäude den Zweck, den Besitzer zu erfreuen und seinem Selbstbewußtsein und Stolz zu schmeicheln. Die Gärten von Nonsuch und Hampton Court zeigten keine stärkeren italienischen Einflüsse als die Paläste, die sie umgaben. Obwohl sie Einzelheiten aufwiesen, die man als italienisch ansah, kann man diese Anlagen ebensowenig wie den Garten Karls VIII. in Blois als italienisch bezeichnen. Die vollständigste Beschreibung von *Nonsuch* datiert aus dem Jahre 1598, und doch gehören wahrscheinlich gewisse Details eher der letzten Zeit der Regierung der Königin Elisabeth als der ihres Vaters an. Der Platz war von einem Wildpark umgeben, er besaß »köstliche Gärten, Haine mit Laubengängen und mit Spazierwegen, so von Bäumen überdacht, daß es scheint, als hätte das Vergnügen den Ort gewählt, um dort mit der Gesundheit zu leben«.

Nach diesem Bericht von Paul Hentzner aus dem Jahre 1598 befanden sich viele Marmorsäulen und Pyramiden und eine Anzahl von Springwerken in dem Garten, von denen die bemerkenswertesten im einzelnen von ihm beschrieben werden. Die ansehnlichste Anlage war ein Springbrunnen in Pyramidenform, geschmückt mit sitzenden Vögeln, die Wasser aus ihren Schnäbeln spieen. Ein anderer, sinnig im Hain der Diana aufgestellter Brunnen, zeigte Aktäon, der sich in einen Hirsch verwandelt, während das dritte Wasserspiel von der Art war, wie wir sie zum ersten Male in Neapel ein Jahrhundert vorher antreffen, nämlich »eine Marmorpyramide voll von versteckten Rohren, um die Vorübergehenden zu nässen«.

Die Einzelheiten über die Gärten von *Hampton Court* sind weitaus vollständiger beschrieben. Zu seinen Charakteristika gehörten das Labyrinth, ferner der ›Mount‹, der Hügel mit seinen Lauben und Galerien, und die ›railed beds‹, die eingezäunten Beete. Der Irrgarten bedeckte zwar nur einen Morgen, aber seine Irrgänge waren über achthundert Meter lang. Der ›Mount‹, der Hügel, stellte ein sehr viel großartigeres Ganzes dar: er war auf Ziegelfundamenten aufgebaut und wurde von einer kunstvollen Laube bekrönt, die durch gedeckte Galerien mit anderen Teilen des Gartens verbunden war. Es sind keinerlei Spuren mehr von diesem Hügel vorhanden, doch gibt es Überreste ähnlicher Art in Rockingham Castle und in Boscobel. Diese Lauben waren wirkliche Laubsäle – oft reich ausgeschmückt und für die Dauer errichtet. Sie hatten verschiedene Formen. Manchmal waren es kleine rechteckige, Schutz gewährende Gebäude an den Ecken der Gärten, von denen aus man in die umliegende Landschaft blicken konnte. Zahlreiche der bescheideneren sind erhalten geblieben, das bedeutendste Beispiel ist in Montacute in Somerset. Vom Standpunkt der Gartengestaltung aus gesehen, bildeten sie Erweiterungen des Hauptgebäudes, in dessen Verband sie als Wachräume und Torhäuser die architektonische Natur des Ganzen betonten. Andere, noch weitaus kunstvollere, wurden als Banketthäuser benutzt, wobei sie den gleichen Zweck wie das Zelt bei einer ›Fête champêtre‹ oder einer heutigen Party erfüllten. Ein im Jahre 1581 in Whitehall zur Bewirtung einiger französischer Gesandten errichtetes Bankethaus – mit einem mit Wolken bemalten Segeltuch als Dach versehen – maß rund einhundert Meter im Umfang; es bestand aus Stechpalmen und Eiben, war mit hängenden Körben geschmückt, die mit Lorbeer, Rauten »und allen Arten von merkwürdigen, mit Goldflitter verzierten Blumen« gefüllt waren; außerdem war es mit Girlanden aus Granatäpfeln, Orangen, Gurken und Trauben behangen. Es wäre sinnlos, nach dem Zweck dieser Häuser zu fragen; sie stellten ›geistreiche Spielereien‹ dar und waren sozusagen das Gegenstück der Erwachsenen zu der Laubhütte der Kinder im Gebüsch – mit einem Wort Spielzeug! Eine der bemerkenswertesten, die mindestens fünfzig Menschen fassen konnte, war jene in einer Linde in Cobham in der Grafschaft Kent gebaute dreistöckige Laube, in der Treppen von Stockwerk zu Stockwerk führten. Zu den Nachkommen dieser Banketthäuser zählen unter anderem die Pavillons in Marly und die Tempel des 18. Jahrhunderts in Stowe.

Die dritte bemerkenswerte Besonderheit des Tudorgartens

bildete das von horizontalen, grün-weiß gestrichenen Latten gesäumte Beet. Eingefaßte Beete waren in ganz Nordeuropa charakteristisch für die Gärten des 15. Jahrhunderts, sie waren zweifellos aus der praktischen Notwendigkeit entstanden, die Blumenbeete vor unachtsamen Fußgängern, Reitern und umherlaufenden Tieren zu schützen. Die Einfassungen in Hampton Court waren keine Neuheit, sondern eher eine alte, im Verschwinden begriffene Gewohnheit. Sie haben dadurch unverdiente Aufmerksamkeit erregt, daß sich nicht nur Rechnungen über ihre Lieferungen erhalten haben, sondern auch in Hampton Court Bilder aufbewahrt werden, die ihre Verwendung zeigen. Sie waren zu flach und zu dünn, um ihren Zweck erfüllen zu können und stellten eigentlich nur ein schmückendes Element dar, ähnlich wie die in Holz geschnitzten, vergoldeten Wappentiere des Königs, die Flaggen trugen und sich in gleichmäßigen Abständen im Garten auf den Spitzen buntbemalter Pfosten aufrichteten. Die Nachkommen dieser Beetumzäunungen finden wir heute noch in den Einfassungen aus gebogenem Draht, die oft dazu benutzt werden, die Ränder der Rasenflächen in den öffentlichen Parks zu schützen.

Auf den ersten Blick erscheint es schwierig, in diesen frühen englischen Gärten irgendeinen besonderen nationalen Zug zu entdecken, und selbst wenn es stimmt, daß die Gartenkunst eine – durch ihren Aussagewert – besonders aufschlußreiche Kunst ist, müßte gerade zu Beginn ein spezifisch englischer Zug hervortreten. Wahrscheinlich ist der wichtigste und charakteristischste ein negativer. Die Franzosen beherrschten sehr rasch die Fähigkeit, ihre großen Gärten als Reißbretteinheiten zu planen, eine Meisterschaft, die von der sogenannten ›Logik des französisch-gallischen Geistes‹ herstammen dürfte, obgleich es vielleicht nicht gerade logisch ist, ein Problem zu sehr zu vereinfachen und es in eine geometrische Zwangsjacke zu pressen.

Der englische Charakter schreckt vor Extremen zurück, er

zieht es vor, etwas nicht bis zum ›logischen‹ Schluß zu treiben und nähert sich den Problemen auf empirische Weise. Infolgedessen vermitteln englische Gärten den Eindruck des allmählichen Wachstums, selbst wenn sie wie in Nonsuch und Hampton Court tatsächlich das Ergebnis eines einzigen Schöpfungsplanes sind. Alle großen Gärten im England des 16. Jahrhunderts nehmen charakteristische Renaissance-Züge an, aber keiner von ihnen, selbst der vollendetste, wurde im vorhinein wie in Frankreich als ein Ganzes entworfen. Die verschiedenen Elemente – für sich reizvoll und harmonisch – wurden entsprechend der Gegebenheiten des Bodens disponiert, aber das Verhältnis der verschiedenen Teile zueinander war sich selbst überlassen. Zeremonielle Pracht, die in erster Linie das Ergebnis einer berechneten Ordnung ist, war unerreichbar. Die Atmosphäre dieser Gärten scheint trotz ihrer beträchtlichen Größe heiter und sorglos gewesen zu sein. Die Gärten erfreuen mehr durch ihren Geschmack als durch ihren Einfallsreichtum.

Die Renaissance-Idee von einem einheitlichen Gartenplan erscheint in England zum ersten Male in *Bacons Idealgarten* (1597). Es war ein Garten des Übergangs, nicht mehr mittelalterlich und doch nicht ganz frei von mittelalterlichen Zügen. Tatsächlich ist er ein ›literarischer‹ Garten, in dem wir sehnsuchtsvolle Verträumtheit finden, aber keine dramatisch-bewegenden Akzente, die ein romantischer Garten haben muß; keine verborgenen Tiefen, keine Geheimnisse. Trotzdem erinnert er an einen Garten der Unwirklichkeit oder an einen Garten, der aus einem Geschichtenbuch von Rittern und Damen entstiegen sein könnte. Die Atmosphäre ist in ihm unbeweglich, die Düfte hängen in den Lüften, steigen dann auf ›wie ein Tönen von Musik‹; die Gegensätze sind eintönig süß und das Licht wechselt kaum.

Bacons Idealgarten ist der Garten eines Königs, obgleich er außer seiner Pracht keine königlichen Eigenschaften aufweist. Wir finden darin keine Vorsorge für einen Hof, nicht den Versuch zu beeindrucken; es fehlt ihm auch das Aussehen und die Atmosphäre eines Audienzsaales im Freien. Bacons ungeschminkte Meinung ist die, daß große Fürsten manchmal »Statuen und anderen Schmuck zum Pomp und zur Repräsentation hinzufügen, aber nichts für die wahre Freude an einem Garten tun«.

Was ist nun »die wahre Freude« an einem Garten, die so verschieden ist von den Gartenfreuden in Italien und Frankreich? »Sie ist«, sagt er, »die reinste der menschlichen Freuden: sie ist die größte Erfrischung des menschlichen Geistes, ohne die die Bauwerke und Paläste nur grobschlächtige Werke sind.« Hierbei gibt es nichts, wodurch sich ein König von einem Bauer unterscheidet, ausgenommen, daß der erstere vielleicht seinem Vergnügen auf breiterer Basis nachgehen kann. Wenn die Gärten des Cicero und der Medici dazu dienten, um darin zu diskutieren, die Gärten Frankreichs, um darin zu paradieren und die Gärten des 17. Jahrhunderts in England, um darin zu promenieren, so glich der Garten des Bacon mehr dem des jüngeren Plinius, nämlich einem Ort, an dem der Mensch seinen Geist erfrischt.

Bacon beginnt seine Beschreibung des Idealgartens mit Einzelheiten darüber, wie er versuchen will, dort einen ›ver perpetuum‹, einen ewigen Frühling, zu schaffen. Scheinbar ein mittelalterliches Thema, denn die Zaubergärten der Dichter des Mittelalters erscheinen im allgemeinen unabhängig von den Jahreszeiten stets in voller Blüte. Bacon betont aber höchst realistisch die Freuden, die jeder Monat bringen soll: Für November, Dezember und Januar sind es die immergrünen Pflanzen, die Stechpalme, der Efeu, der Lorbeer, die Eibe, Rosmarin, Lavendel; für Januar und Februar Seidelbast, Krokus, Primel, Anemone, die frühe Tulpe, Hyazinthe, Kaiserkrone; für März Veilchen, gelbe Narzisse, Maßliebchen, Mandel, Pfirsich, Heckenrose; in April Goldlack, Levkoje, Schlüsselblume, Lilie, Pfingstrose und Flieder; Mai und Juni haben die reichste Liste, und im Juli beginnt er, nach der

Gartennelke, Rose und der blühenden Linde, Früchte aufzuzählen; und von nun an bis zum Ende des Jahres hören wir nichts mehr über Blumen mit Ausnahme von Mohn, Stockrosen, Eisenhut und Rosen. Dafür dienen dem Vergnügen nunmehr das Obst, die Nüsse und das Laub. Geringer als die Augenvergnügen sind die Wohlgerüche, »die Erdbeeren sterbend hinterlassen, die einen sehr herzstärkenden Duft hervorbringen«, »Goldlack, der viel Freude bereitet, wenn er unter einem niedrigen Wohnzimmer oder Gemachfenster blüht«, »Geißblatt, wenn es etwas weiter entfernt ist« und gewisse Pflanzen, wie Pimpernelle, wilder Thymian und Wasserminze, die »voll eines starken Duftes sind« ... »deshalb soll man ganze Alleen damit bepflanzen, um sich daran ergötzen zu können, wenn man spazierengeht oder sich die Füße vertritt«. Erst nachdem diese Freuden aufgezählt sind, wendet sich Bacon zu der Gliederung des Ganzen. Dies charakterisiert nicht nur den Engländer mit seiner eingeborenen Liebe für die Schönheiten der Natur, sondern auch das Mittelalter, das noch ein enges und vertrautes Verhältnis zu den Realitäten besaß.

Dieser Idealplan umfaßt als Fläche etwa dreißig Morgen und ist in drei Teile aufgegliedert. Der erste Teil am Haus – eine offene Terrasse – entspricht dem, was in den Plänen von Le Nôtre die Terrasse oder das Parterre war und diente dem gleichen Zweck, nämlich als Ausgangspunkt für den Entwurf und als Verbindung zwischen dem Gebäude und dem eigentlichen Garten. Dieser erste Abschnitt bestand nur aus Rasen: »denn nichts ist dem Auge angenehmer als ein schöner, kurzgehaltener Rasen«. Hier, in diesem ersten Teil des Gartens, begegnet uns auch die typisch insulare Note, nämlich eine kompromißlose Ablehnung der französischen Parterreformel, denn nach Bacon ist »die Bildung von ›Knots‹ – verschlungenen Mustern – oder von Figuren aus verschieden gefärbten Erden, die vor den Fenstern des Hauses nach der Gartenseite liegen, nur Spielerei«. Dafür erscheint der Rasen als durchgehend charakteristischster Bestandteil der englischen Gartenkunst. Obgleich wir hier die Darstellung des Idealgartens und nicht die Beschreibung eines tatsächlich existierenden Gartens haben, nimmt Bacon an ihm mit wirklichen Freuden und Sorgen teil und sieht auf beiden Seiten dieses Rasens Spazierwege vor, die von Hecken eingefaßt und mit Lattenwerk gedeckt sind, so daß, wenn es heiß ist, der Hauptgarten bequem erreicht werden kann. Dies war eine Vorkehrung, die den französischen Parterregärten fehlte.

Der eigentliche Garten liegt im zweiten Abschnitt und hat zwölf Morgen zu umfassen. Er ist genau viereckig und soll mit Heckenwerk und Treillagen umzäunt sein, mit Bögen und über jedem Bogen ein Türmchen »für Vogelkäfige« ... oder »breite, abgerundete Tafeln aus farbigem Glas oder vergoldet, damit die Sonne darauf spielt«. Hinter dieser Einfriedung soll auf jeder Seite Raum für »verschiedenartige Seitenalleen« vorhanden sein – ein Beweis, daß die Anwendung von Bosketts, die den Hauptgarten flankierten, in England ebensogut wie in Frankreich bekannt war, und zwar lange bevor Le Nôtre geboren wurde. Tatsächlich ist hier der französische axiale Garten mit seinen Durchblicken im Ansatz vorhanden, da Bacon forderte, daß die Alleen nicht vollständig um den Hauptgarten herumgeführt werden sollten, sondern daß eine Lücke bleiben müsse, damit man von dem Rasen vor dem Hause einen Ausblick auf den eigentlichen Garten genießen könne, und von diesem wiederum den Blick auf den dritten Abschnitt.

Obgleich aber für jeden Garten ein Ausblick in den nächsten vorgesehen war, existierte die Vorstellung von einer Perspektive, die alle Teile miteinander verbindet, noch nicht. Der großen Perspektive stellt sich eine Geisteshaltung entgegen, die offensichtlich noch im Mittelalter verwurzelt war: »Ich wünsche genau in der Mitte einen schönen Schneckenberg mit drei Aufgängen und Alleen, breit genug, daß vier nebeneinandergehen können, Alleen, die vollendete Kreise

50 *Holländischer Barockgarten des Grafen von Nassau, unter Einfluß von Le Nôtre*

51-52 Bizarr-barocke Grotten- und Laubenanlagen in Heemstede bei Utrecht

53
Orangeriegarten in Het Loo, intimer holländischer Barockgarten
nach französischem Vorbild, um 1680

→

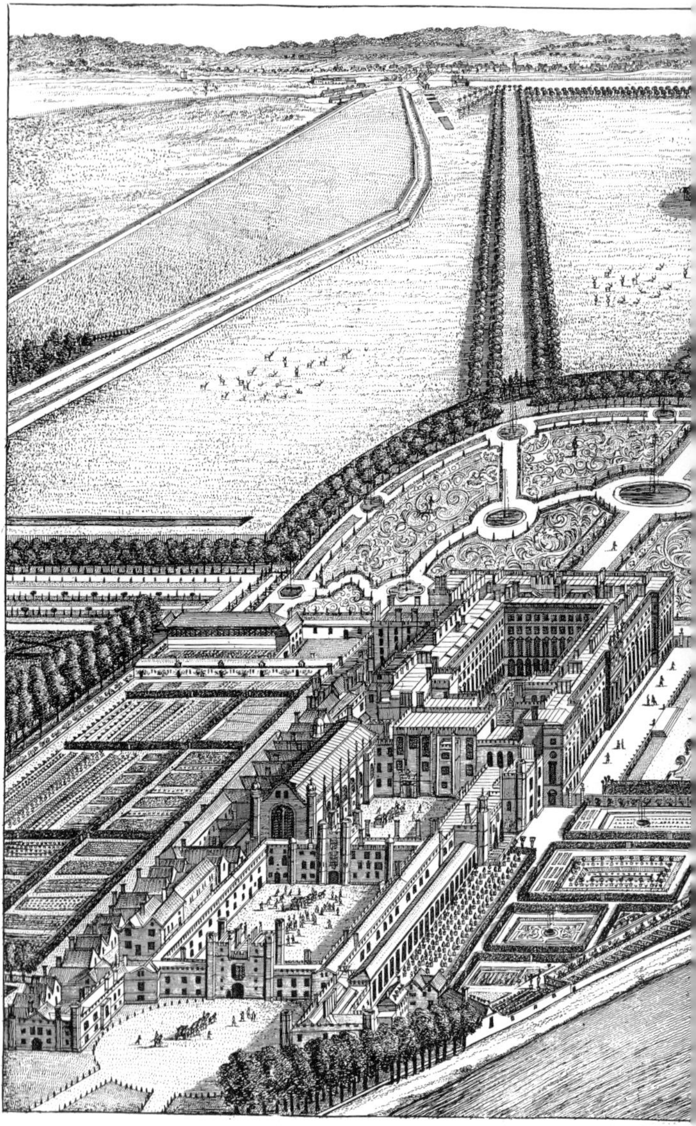

54 Plan von Hampton Court

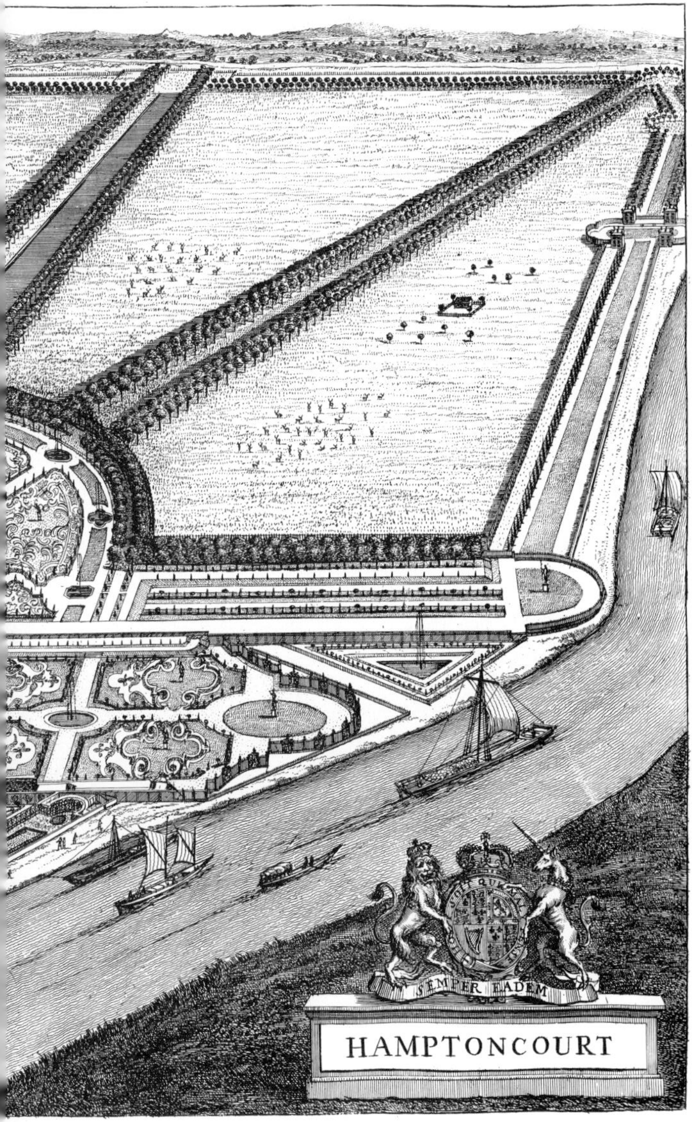

Plan von Chatsworth House 55
Plan von Badminton 56
Plan von Chelsey 57
→

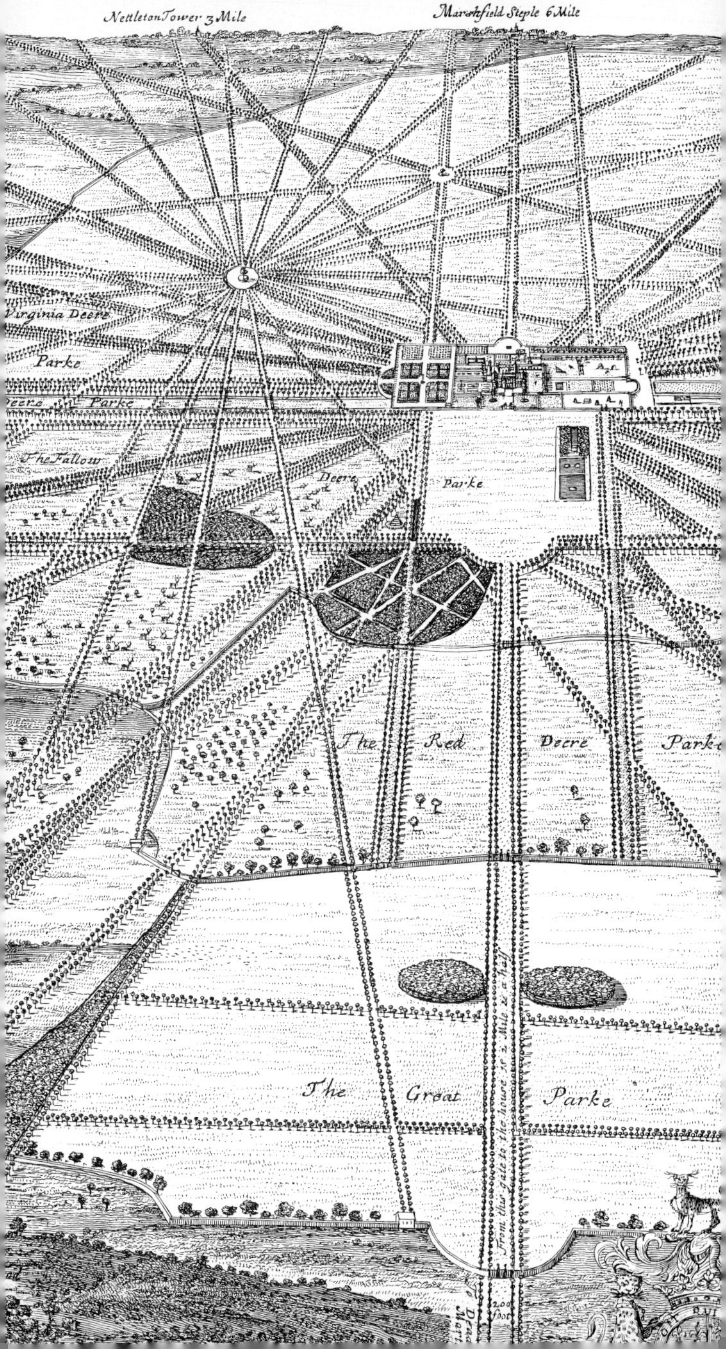

Nettleton Tower 3 Mile
Marshfield Steple 6 Mile
Virginia Deere
Parke
Deere Parke
The Fallow
Deere
Parke
The Red Deere Parke
The Great Parke
From the gate to the house is 2 Mile & a half
200 foot

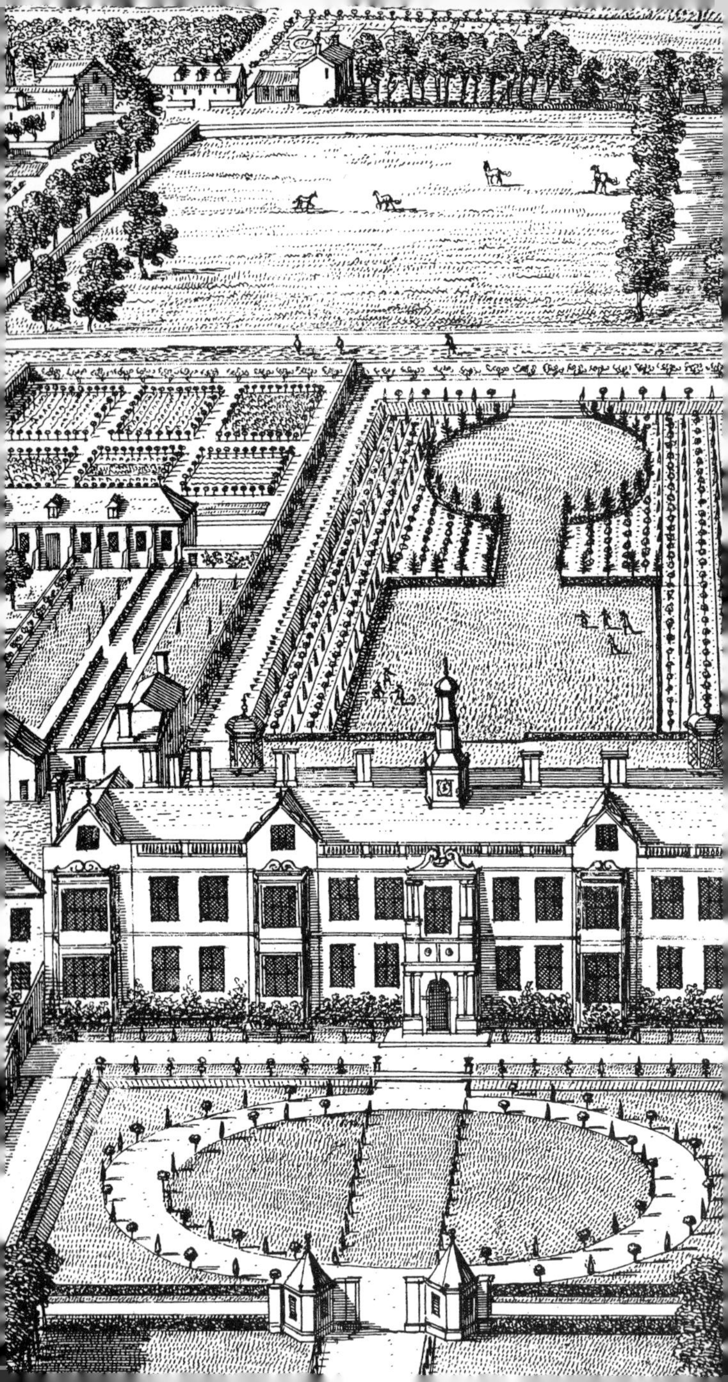

sein müssen – ohne Aufsätze oder Ausbuchtungen. Der ganze Berg soll etwa neun Meter hoch sein und von einem schönen, mit hübsch geformten Kaminen und wenig Glas geschmückten Banketthaus bekrönt werden.« Eine gewisse Analogie zu den Burggärten des Mittelalters bilden die äußeren Seiten der flankierenden Bosketts, bei denen Bacon verlangt, daß der Boden gegen die Mauer erhöht wird, damit man von der Höhe aus in die Felder blicken kann.

Der dritte Teil, den Bacon ›the heath‹ – die Heide – nennt, wird von einem wilden Garten eingenommen. Dort sollen keine Bäume stehen, sondern nur einiges Dickicht von Heckenrosen und Geißblatt. Der Boden soll mit Veilchen, Erdbeeren und Primeln bepflanzt sein, und zwar nicht nach einer bestimmten Ordnung, sondern so, wie sie in der Natur wachsen. »Ich liebe auch kleine Häufchen wie Maulwurfshügel, einige mit Thymian, andere mit Nelken, noch andere mit Gamander und Sinngrün, die dem Auge eine schöne Blüte zeigen, wieder andere mit Veilchen.« Es ist nicht sicher, ob es Vorläufer zu diesen ›Heidegärten‹ von Bacon gab. Die mittelalterliche Wildnis war jedenfalls von anderer Art, sie ähnelte mehr einem labyrinthischen Buschgarten. Bacon stellt seine ›heath‹ nicht so dar, als wäre sie etwas Neues und Besonderes, und wenn wir auch keine Beispiele dafür in den Gärten der damaligen Zeit finden, so kann sie doch sehr verbreitet gewesen sein. Letzten Endes repräsentiert sie die ausgesprochen englische Auffassung, daß nämlich ein Garten bis zu einem gewissen Grade idealisierte englische Landschaft darstellen soll.

Bacons berühmter Essay eröffnet die Epoche des verfeinerten Gartens in England. Die erste Anwendung seiner Grundsätze wurde im Garten von Hatfield vorgenommen, den der Franzose Salomon de Caus für Robert Cecil, Earl of Salisbury, entworfen hat. Der zweite wurde von seinem Sohn Isaac de Caus für den Earl of Pembroke in Wilton House angelegt. Die ursprüngliche Planung von Hatfield scheint man heimischen Gärtnern anvertraut zu haben. Aber ein oder zwei Jahre nach Beginn der Arbeiten wurden diese Pläne bereits verworfen und durch die des Salomon de Caus ersetzt; damit begann der langanhaltende französische Einfluß auf die englische Gartenkunst.

Sowohl in *Hatfield* als auch in *Wilton* nahmen die Wasserkünste einen bedeutsamen Platz ein. In Hatfield gab es einen künstlichen Wasserlauf, dessen Grund und Boden mit aus Paris bezogenen, gefärbten Kieselsteinen und Seemuscheln verziert war; ferner gab es auch – in Blei gegossen – Laub, Fische und Schlangen, die eine gewisse Verwandtschaft mit Bernhard Palissys Relief in den Grotten der Tuileriegärten zeigen.

Viele Züge eines klassischen Gartens finden sich in Wilton: die Terrassen, die Balustraden, die Fontänen, die Statuen, die Parterres, die Bosketts, der ovale Pfad, der an das Hippodrom des Plinius erinnerte, die langen gedeckten Gänge und, was vor allen Dingen besonders bezeichnend ist, die Großzügigkeit in den Maßen und die Einheit des Entwurfs. Im Jahre 1615 war er der fortschrittlichste Garten von England, der deutlich demonstrierte, daß die französische Interpretation der Renaissance den unmittelbaren Einfluß Italiens überwunden hatte; er bedeutete das Ende des mittelalterlichen Gartens in England. Der Tudorgarten ist ein ›Garten fröhlicher Wonnen‹, ein Spiegel der Jugendfrische dieser Epoche. Von jetzt an verändert sich alles; und welche Gestalt der Garten auch annimmt, jedenfalls wird er nicht mehr der Reflex völliger Spontaneität sein.

Die Bestandteile eines Gartens dieser Zeit waren nahezu die gleichen wie überall im spätmittelalterlichen Europa. Es gab dort erhöhte Seitenalleen, Hügel, Lauben, Obstgärten und Springwerke, wobei sich der Garten in England durch mehr Blumen und besseren Rasen auszeichnete, denn im Vergleich zum Belvedere und zur Villa d'Este, zu Amboise und Fontainebleau war Hampton Court von Heinrich VIII. reich mit Blumen ausgestattet. Allerdings war sein Blumenschmuck im Vergleich zu dem eines einfachen Bungalows von heute sehr ärmlich. Viele europäische Blumen blühen nur im Frühling, und gäbe es nicht die aus Asien, Afrika und Amerika eingeführten Arten, dann wäre heute nach Ende Juni nicht mehr viel zu sehen. Die Ursache für den verhältnismäßig großen Mangel an Blumen in den Gärten bis zum 19. Jahrhundert lag also darin, daß Blumen neun oder zehn Monate lang im Jahr kaum zu haben waren. Warum sollte man also Beete vorsehen, wenn sie so lange leer stehen mußten? Dieser Nachteil hatte zur Folge, daß selbst im 17. und 18. Jahrhundert noch viele europäische Gärten völlig ohne Blumen waren.

In den französischen, flämischen und holländischen Gärten spielten Blumen keine besondere Rolle, obgleich sie in den Niederlanden häufiger als in Frankreich vorkamen. Der Tulpenkult in Holland ist ebensowenig ein Zeichen von Blumenliebe wie zum Beispiel der Preis, den heute griechische Reeder für impressionistische Gemälde zahlen, ein Zeichen ihrer übergroßen Empfänglichkeit für die Malerei ist. Die Tulpe, lange Zeit die Lieblingsblume der Türken und Perser, wurde im Westen zum ersten Male in Augsburg 1559 zum Blühen gebracht. Innerhalb von zwanzig Jahren zentralisierte sich die Zwiebelspekulation in Holland. Wie groß jedoch auch die Begeisterung war, sie erstreckte sich eigentlich mehr auf Sammler und Liebhaber als auf die als Künstler arbeitenden Gärtner. Allerdings bedeutete die Tulpenzucht einen Nachteil für die anderen Blumen, denn wenn die Beete abgeblüht waren, gab es, um diese zu ersetzen, nichts mehr von so lebhafter Färbung. Um das Fehlen der stark leuchtenden Tulpen auszugleichen, blieb den Gärtnern nichts anderes übrig, als ihre Blumenbeete mit Kugeln und Scheiben aus gefärbtem Glas zu schmücken.

Es zeigte sich jetzt, daß es zwei verschiedene Auffassungen in der Gartenkunst gab, und nicht alle Gärtner waren sich einig, welchen Weg sie gehen sollten. 1545 war der erste botanische Garten in Padua gegründet worden; 1547 folgte Pisa, 1577 Leiden, 1580 Leipzig, 1593 Heidelberg, botanische Gärten, die im 17. Jahrhundert dann an zahlreichen Orten nachgeahmt wurden. Das Interesse an der Pflanzenkunde und das Sammelfieber veranlaßte viele Privatleute, sich ›Gärten‹ anzulegen. Doch waren dies nicht Gärten in unserem Sinne, obgleich der Unterschied nicht immer augenscheinlich ist.

Es ist einfach, Listen von Blumen anzufertigen, die zu einem bestimmten Zeitpunkt in den Gärten vorhanden sein konnten. Jedoch gibt es keine Anzeichen, daß diese Blumen dann auch im allgemeinen gezüchtet wurden. Man möchte eher das Gegenteil annehmen. Akanthus, Asphodill, Aurikel, Amarant, Studentenblume, Kornblume, Schlüsselblume, Osterglocken, Gänseblümchen, Goldlack, Stockrose, Iris, Jasmin, Lavendel, Lilie, Maiglöckchen, Ringelblume, Narzisse, Stiefmütterchen, Pfingstrose, Immergrün, Mohn, Primel, Nachtviole, Rose, Rosmarin, Löwenmaul, Levkoje, Bartnelke sowie Veilchen aller Art wurden in einer Liste für Tudorgärten zusammengestellt, aber wir dürfen mit ziemlicher Sicherheit annehmen, daß nur wenige der englischen Gärten – und noch weniger auf dem Kontinent – alle diese Pflanzen zugleich enthalten haben.

Andererseits hatten alle englischen Gärten Rasenflächen, und zwar von einer Qualität, die die Gärten des Kontinents niemals erreichen konnten. Der schönste Rasen fand als Fläche für Kugelspiele Verwendung. Das Kugelspiel, ein Spiel des 13. Jahrhunderts, hat man gewöhnlich in den Alleen an den Schenken gespielt. Doch wurde im Jahre 1541 ein Gesetz erlassen, das eine Strafe von sechs Schilling und acht Pences für jeden festsetzte, der außerhalb seines Obstgartens oder Gartengeländes spielte, wo hingegen jener, der ein Stück Land, das jährlich mindestens einhundert Pfund abwarf, oder mehr besaß, die Erlaubnis erhalten konnte, auf den eigenen privaten Grünflächen zu spielen. Aus zwei Gründen war das behördliche Interesse am Kugelspiel zu verstehen: Einmal, weil seine große Beliebtheit dem Bogenschießen Abbruch getan hatte, das aber der Staat aus militärischen Gründen zu fördern wünschte, und zum anderen, weil es ein großes Wettspiel geworden war. Das Gesetz von 1541 förderte also die Entwicklung eines guten Spielrasens und gleichzeitig die ausgesprochen englische Sitte, Sport in den Gärten zu treiben.

Der Bürgerkrieg und die vorübergehende Beseitigung der Monarchie verursachten der englischen Gartenkunst empfindlichen Schaden. Es gab kaum einen größeren Materialisten als den Puritaner, und die Periode des sogenannten Commonwealth (1649–1660) wurde durch die Forderung, nur von Brot zu leben, entstellt. Man hat die königlichen Gärten von Wimbledon zerstört und Nonsuch verkauft; auch Hampton Court war bedroht und entging nur mit knapper Not einem ähnlichen Schicksal. Dafür machte die Aufzucht von Gemüse große Fortschritte. Soweit überhaupt einige Lustgärten von Mitgliedern der herrschenden Parlamentspartei angelegt wurden, zeigten sie mehr die strenge holländische Art; sie waren nämlich leer, einfallslos und sauber wie ein Sonntag in Wales.

Die andere Seite der Geschichte ist jene von den geschlagenen Rittern, die – wie beispielsweise Evelyn – gewaltsam daran gehindert wurden, an den Staatsgeschäften teilzunehmen und sich deshalb auf ihre Landsitze zurückzogen, um sich dort ihren Gärten zu widmen. Diese Männer waren weder auf Nutzen bedacht, noch waren sie Künstler. Sie stellten die Vorläufer jener Gruppe eindringlich wissenschaftlich Forschender dar, aus der später die Royal Society erwuchs. Es kann ganz sicherlich von ihnen nicht behauptet werden, daß sie ausschließlich nur Pflanzenkenner oder Sammler waren. Evelyn, Thomas Browne, Thomas Hanmer liebten ganz offensichtlich ihre Gärten, und Evelyn bildete sich sogar ein, ein Gartenkünstler zu sein. Aber Hanmers Garten rangierte hinter seinen Tulpen und der von Evelyn hinter seiner Baum-Sammlung; Browne, der »niemals Besitzer eines größeren Gartens war«, beschäftigte sich vor allem damit, unbekannte gelehrte Beziehungen mit einem Garten der Antike herauszufinden.

In den letzten Jahren des Interregnums gab es zwar Anzeichen für eine Änderung. Der Lord Protector zog in Hampton Court ein, und in Whitehall wurden französische Gärtner beschäftigt. Die moralische Rigorosität der Periode der Strenge begann nachzulassen, und gallische Frivolitäten kündigten die Restauration an.

Es hieße, es sich allzu leicht zu machen, wenn man jeden europäischen Garten, der französischen Einfluß zeigt, auf die Schule von Le Nôtre zurückführen wollte. Denn tatsächlich war der französische Einfluß schon lange vor 1660 allgemein, vor jenem Jahr nämlich, in dem das kleine unbedeutende Château von Ludwig XIII. sich in den Händen seines Sohnes aufzublähen begann: Wir haben das Schaffen von Salomon und Isaac de Caus in England und Deutschland erwähnt, Olivier de Serres bereiste die Pfalz, in der er vielleicht auch tätig war. Ein Mitglied der Familie Mollet war Gärtner bei König Jakob I. von England. André, Gabriel und Claude Mollet der Jüngere haben bestimmt ein oder zwei Jahre vor der Restauration in England gearbeitet. André Mollet war Gärtner bei der eigenartigen Königin Christine von Schweden, die 1654 abdankte, als die Gärten von Vaux erst vier Jahre alt waren und Le Nôtres Ruhm noch jung war.

Es waren auch die überall anzutreffenden Mollets, die für die einzige wichtige Variante des französischen Gartens verantwortlich sind, in ihrem ästhetischen Wert und in ihren Auswirkungen bedeutsame Variante. Es ist nicht klar ersichtlich, wo zuerst die ›patte d'oie‹, der ›Gänsefuß‹ – ein Halbkreis, von dem fünf Alleen ausstrahlen – angelegt wurde. Es gibt keinen Beweis dafür, daß es ihn schon im 16. Jahrhundert gegeben hat. Doch ist die Patte d'oie ein allgemeines Merkmal des 17. Jahrhunderts. Die Monarchen dieses Jahrhunderts pflegten an den Jagden in Kutschen teilzunehmen. Ludwig XIV. »lenkte selbst eine kleine offene Kutsche, die von vier oder fünf Ponys unter fünf- oder sechsmaligem Wechsel gezogen wurde, er fuhr allein mit hängenden Zügeln und mit einer solchen Geschicklichkeit, wie sie wenige Berufsfahrer aufweisen und mit all der Eleganz, die er gewöhnlich zeigte«. Als die Königin Anna von England zu stark geworden war, um zu Pferd an der Jagd teilzunehmen, hatte sie einen leichten, von Pferden gezogenen Wagen, der mit außergewöhnlich hohen Rädern versehen war. »Sie war bekannt dafür, daß sie in diesem ungewöhnlichen und gefährlichen Jagdgefährt ihre schönen, starken Pferde vierzig oder fünfzig Meilen an einem Sommernachmittag hetzte.« Swift schrieb über sie: »Sie jagte in einem Wagen und fuhr ihn rasend gleich Jehu und war ein mächtiger Jäger gleich Nimrod.« Um solche Fahrten möglich zu machen, wurden große Reitwege in den Wäldern geschlagen, und wenn diese Wege gerade waren, konnte die königliche Jägerin desto schneller das Wild verfolgen und es auf größere Entfernung, falls es den Weg kreuzte, besser sichten. Wenn dann die Reitwege noch in einem Knotenpunkt zusammenliefen, konnte ein Verfolger, der den Anschluß verloren hatte, die verschiedenen Wege von diesem Punkt aus entlangblicken und so die übrigen Verfolger wiederfinden. Da auch Le Nôtre diese Anordnung in seinen Entwürfen verwendet hat, schloß man allzu schnell daraus, daß er sie auch erdacht hat, doch steht das Verdienst der Erfindung wahrscheinlich den Mollets zu. Le Nôtre gebrauchte das Motiv hauptsächlich in der Tiefe des Parks und selten plante er so, daß eine der strahlenförmigen Alleen am Schloß endete; selbst in dem von ihm stammenden Plan von Greenwich, wo die Situation eine solche Lösung nahelegte, verdeckt eine Bodenfalte das Schloß für den Beschauer, der sich auf der Patte d'oie am Eingang des Parks befindet. Es waren bestimmt die Mollets, die die Situation umkehrten und die Patte d'oie als perspektivischen Zentralpunkt verwendeten.

In ›Le jardin de plaisir‹, einem Werk, das André Mollet im

Jahre 1651 veröffentlichte, befindet sich eine symmetrische Anlage, die für ein Wasserschloß empfohlen wird. Hier ist die Patte d'oie ein wichtiger Teil des axialen Planes und liegt nicht weit vom Schloß entfernt. In *Drottningholm* in Schweden erscheint die Patte d'oie wieder in einer ungewöhnlichen Lage, nämlich nicht dicht am Schloß, sondern dort, wo der Garten an den Wald grenzt, was seine Funktion als ein nach außen gerichteter Aussichtspunkt unterstreicht. Die logische Steigerung dieser Tendenz findet sich in Schloß *Fredensborg* in Dänemark, wo die Patte d'oie tatsächlich von der Fassade des Schlosses ausstrahlt, und zwar in sieben auseinanderlaufenden Alleen anstelle der üblichen fünf.

Diese beiden skandinavischen Beispiele stammen aus der Zeit um 1660. André und Gabriel Mollet betätigten sich 1661 in England als Gärtner des Königs, wurden jedoch im Jahre 1658 von dem Protektor mit einer Vollmacht ausgestattet, um nach Hamburg reisen zu können. Wir dürfen daher annehmen, daß die vorgenannten Entwürfe während ihrer Abwesenheit entstanden sind. Wie lange sie vorher in England weilten, ist nicht bekannt. 1660 überwachte Pepys die Ausschachtung des Kanals im *St. James Park*, der sicherlich nach einem Plan von Mollet angelegt wurde. Die Patte d'oie – von der ›Horse Guards Parade‹ ausgehend – führt den Kanal längs einer von der Mittelachse leicht abweichenden Allee. Die endgültige Vollendung des Molletschen Typus eines Gartens war *Hampton Court*, wo ähnlich wie in Fredensborg – aber in vornehmerer Weise – die Patte d'oie ihren Ausgang von dem berühmten Fontänenparterre nimmt, das in erster Linie auf die östliche Fassade des Palastes bezogen ist.

Diese Mollet-Gärten dürfen nicht als schwache Nachahmungen Le Nôtres angesehen werden. Wenn sie nicht tatsächlich schon vor der Zeit Le Nôtres entstanden sind, so doch zumindest gleichzeitig. Das Werk ›Le jardin de plaisir‹, in dem eine Patte d'oie beschrieben wird, wurde im ersten Jahr der Entstehung von Vaux veröffentlicht.

Wichtiger als der bloße zeitliche Vorrang ist die Tatsache, daß diese Gärten eine ganz verschiedene Funktion haben. Obgleich auch sie auf Perspektive angelegte Gärten in dem Sinne waren, daß man einen Durchblick durch die sich in der Ferne perspektivisch verengenden Alleen hatte, so stieß das Auge doch fast immer auf eine Begrenzung. Das heißt, daß die Alleen nicht so wie jene von Versailles in dunstiger Unendlichkeit verflossen. Es besteht nicht die Absicht, den Eindruck zu erwecken, als ob nun der Garten – oder der Besitz des Eigentümers – grenzenlos gewesen wären. Die Grenze ist zwar weit entfernt, aber sie blieb als solche immer sichtbar. Noch wichtiger ist der Umstand, daß die äußersten Teile des Parks und des Gartens jetzt zum Hause in unmittelbarer Beziehung stehen, und dieses von jedem entfernten Punkte aus sichtbar bleibt. Der Besitzer kann hinausgehen und seine Wohnung in einer Vielzahl von verschiedenen Ansichten bewundern – ein Muster der Mannigfaltigkeit, wie es ein Garten von Le Nôtre nicht vermitteln kann. Der Unterschied der Auffassung erwies sich in seiner vollen Bedeutung erst siebzig Jahre später.

Die englische Revolution von 1688 brachte, als Wilhelm von Oranien König wurde, Engländer und Holländer, die schon immer eng verbunden waren, für einige Zeit in noch engere Beziehungen zueinander. In der Tat haben England und auch Holland die Führung Frankreichs in Fragen der Gartenkunst voll anerkannt. So waren zwei der noch erhaltenen, sehr seltenen Briefe von Le Nôtre an den Earl von Portland, den Gesandten Wilhelms III. in Paris, gerichtet. Portland hatte die bedeutendsten französischen Gärten besucht, wobei Le Nôtre, der bereits in den Achtzigerjahren stand, bedauert hatte, daß er »in Anbetracht seiner Jugend« nicht fähig sei, ihn zu begleiten, um ihm alles zu zeigen. Dabei werden Pläne und ein Geschenk des Königs erwähnt. Le Nôtres Neffe, Claude Desgots, bereiste gerade England, wobei Portland ihn unterstützen sollte. Le Nôtre hat, im Gegensatz zu der Überlieferung, England jedoch niemals besucht und keine ausgeprägte, reine Form des Le Nôtreschen Gartens kam auf der Insel zur Ausführung. Die Verbindung zu Le Nôtres Schaffen findet sich in *Greenwich*, für dessen Anlage Le Nôtre Entwürfe sandte. Charles II. dürfte Le Nôtre während seines Exils kennengelernt haben, als er die armselige Wohnstatt seiner Mutter im Louvre teilte, während Le Nôtre die Gärten der nahen Tuilerien betreute.

In *Het Loo* in den Niederlanden wirkte ein französischer Zeichner, Daniel Marot, den Wilhelm von Oranien angestellt hatte. Aber trotz alledem brachte die Ankunft Wilhelms in England sowohl die französische Kunstfertigkeit als auch den politischen Einfluß Frankreichs zum Stocken. Allerdings hatte sich die französische künstlerische Produktivität auch in ihrem Ursprungsland selbst weitgehend erschöpft. Der Zustand des Küchengartens in Versailles am Ende des Jahrhunderts war bezeichnend für die Malaise, die sich mit dem Altern des großen Königs auf Frankreich herabgesenkt hatte. Viele von den Obstbäumen waren abgestorben und nicht ersetzt worden, andere hatten sich von ihren Nägeln an den Mauern gelöst und hingen verwahrlost herab, und das schon vierzig Jahre nach der ersten Bepflanzung, trotzdem der Garten das Meisterwerk des großen La Quintanie war.

Obgleich also der Impuls in seiner Heimat bereits erloschen war, dachte man im Ausland nicht daran, an den wichtigsten Einrichtungen des französischen Gartens zu rühren. Selbst in England, wo man sich der Problematik offenbar bewußt war und deshalb verschiedene Persönlichkeiten auswählte, um verschieden lautende Vorschläge zu erhalten, schien eine klar herausgestellte Alternativlösung nicht möglich, es sei denn, daß man bewußt zu einer früheren Mode zurückkehrte. Als Pepys 1666 in White Hall mit Hugh May, einem königlichen Architekten, spazierenging, äußerte er sich »über die gegenwärtige Mode, die Gärten einfach zu gestalten, wo wir doch die besten Kieswege der Welt haben, wie sie weder Frankreich noch Italien besitzen, und unser Rasen auf unseren ›bowling alleys‹ – den Spielplätzen – besser ist als irgendwo anders. Wenn so unsere Tätigkeit hier die allgemeine Zustimmung findet, befinden wir uns auf dem besten Weg, wobei man nur einige wenige Statuen und Töpfe hinzufügen muß, was sehr hübsch aussehen kann, wenn man letztere mit diesen oder jenen Blumen und frischem Grün füllt, wie sie von den Jahreszeiten hervorgebracht werden. Was die Blumen anbelangt, so wirken sie am besten auf kleinen Plätzen.« Dies bedeutet die Rückkehr zum flämischen Stadtgarten mittlerer Größe, bietet aber keine Lösung für die Anlage eines großen Gartens wie St. James oder Hampton Court.

Zweiundzwanzig Jahre nach Pepys' Äußerung wird mit der Thronbesteigung von Wilhelm III. von Oranien und Maria II. aus dem Hause Stuart der Prozeß, Details des französischen Stils zu beseitigen, beschleunigt, doch ändert sich die Gesamtstruktur durchaus nicht. Die Vereinfachung der Parterres, das Fehlen eines großzügigen Gedankens und Planes, die Zunahme von Buchs, Eibe und beschnittenen Pflanzen, das alles war sozusagen eine Bestätigung für den holländischen Kommentar zum französischen Text. Daß die genannten Merkmale als holländischer Einfluß angesehen wurden, ergibt sich aus der Tatsache, daß unmittelbar nachdem ihr verhaßter Schwager gestorben war, die Königin Anna, die buchsumrandeten Parterres von Hampton Court entfernen ließ.

Obwohl Portland, ein Holländer, dem Namen nach die Leitung der Königlichen Gärten von England innehatte, wurde von diesem Zeitpunkt an das eigentliche Amt des Gärtners allmählich den Ausländern entzogen. Nach dem Tode des letzten Mollet im Jahre 1666 wurde John Rose zum Gärtner von Karl II. ernannt. Wir wissen über Rose nur, daß er ein Günstling des Grafen Essex war – dessen Garten in Cashiobury eine Zeitlang der berühmteste in England war –, daß Rose ferner ein sehr tüchtiger, praktischer Gärtner war, und daß man vermutet, er habe einige Zeit unter Le Nôtre gearbeitet. Mit Rose erscheint zum ersten Male ein königlicher Gärtner, der zugleich Gartenkünstler ist.

Das Ende des 17. Jahrhunderts ist eher eine Periode der großen ›kaufmännischen‹ Gärtner als eine Zeit großer Gartenkünstler. 1681 wurde in Brompton die berühmte Baumschule ›Brompton Nursery of London and Wise‹ gegründet, und zwar auf dem Gelände, das heute von den Museen am Beginn der Exhibition Road bedeckt wird. Diese Baumschule aber entwickelte die Lieferung von Gartenpflanzen erstmalig zu einem großen Geschäft. Hier wurden große Lager von Buchs, Eibe, Hainbuche und Linde unterhalten, sozusagen der schmückende Kleidervorrat für die Gartengestalt Englands. London und Wise waren beide Engländer, und obwohl sie mehr Kaufleute als Künstler waren, hat ihr Aufstieg die Periode der fremden Vorherrschaft beendet. Ihre wirkliche Leistung bestand darin, daß sie mit geringeren Kosten ihren Kunden eine größere Ausschmückung und Schaustellung ermöglichten, was zur Folge hatte, daß die großen Gärten nicht nur noch größer wurden, sondern sich auch vermehrten. Viele von den Gärten, die durch London und Wise entstanden, waren Abwandlungen von französischen Mustern, Kopien der Molletschen Entwürfe oder von früheren Plänen, wie solchen von Ducerceau. Unter ihrer Leitung wurden die verschiedenen gängigen Auffassungen des geometrischen Gartens ohne irgendwelche Bereicherung durch neue Einfälle weiterverwendet. Soweit man es überblicken kann, zeigen ihre Werke keinerlei Originalität und selbst das berühmte Parterre in Blenheim hatte seinen Vorläufer und sein mutmaßliches Vorbild im Schloßgarten des Herzogs von Enghien in Belgien. Tatsächlich waren viele von den großen, damals von Kip und Knyff gestochenen Gärten, wie zum Beispiel der Garten von Badminton und der von Chatsworth in den Plänen durchaus rückständig. Der Grundgedanke entstammte den französischen Gärten, aber es fehlte das französische Gefühl für Rhythmus und Maß sowie die ausgesprochene Geschlossenheit der Gesamtanlage. Sie wirken wie eine Rückkehr zur Konzeption der frühen Renaissance mit ihrer Gruppierung mehrerer separater Gärten – nur daß die Anlagen jetzt viel ausgedehnter waren.

Trotzdem begannen allmählich charakteristische nationale Varianten hervorzutreten, wenn auch in dieser Phase der Entwicklung die negativen Merkmale stärker als die positiven hervortraten. Die axiale Ausrichtung des französischen Gartens, die in England niemals wirklich triumphiert hatte, tritt zwischen 1690 und 1726 immer mehr zurück. Der axiale Durchblick war noch immer gebräuchlich, jedoch wurde zur Hauptperspektive jetzt eine der Alleen des Parks. Der eigentliche Garten folgte nicht länger dieser Linie, sondern dehnte sich – und durchaus nicht symmetrisch – nach beiden Seiten aus. Auch wurde der reich verzierte Teil des Gartens – selbst in den prächtigsten Anlagen – ständig kleiner, ungeachtet der gesteigerten Preiswürdigkeit der Dienste von London und Wise und deren Nachfolger. Die Verkleinerung der Teppichbeete dürfte weitgehend auf die Abnahme ihrer Popularität zurückzuführen sein. Wenn man nun dem französischen Gartentyp seine Symmetrie, seine streng axiale Ausrichtung, seine Teppichbeete nimmt, was bleibt an Französischem – außer dessen Größe und Geisteshaltung – dann noch übrig? Und in England fehlte dazu sogar jede Einstellung.

Der Grund, warum der französische Garten in England nicht recht heimisch wurde, ist leicht erklärbar. Der äußerst anmaßende Bühnenrahmen von Versailles verlangte nach einem Starschauspieler und einer glanzvollen tragenden Gesellschaftsschicht. Doch der englische Adel zur Zeit der Königin Anna und Georgs II. war nicht so den Launen des Monarchen unterworfen, wie es bei den Höflingen Ludwigs XIV. der Fall war, der sie als absoluter Herrscher ständig um sich haben wollte. Der proholländische Hof von Wilhelm von Oranien hatte dagegen die englischen Adligen veranlaßt, mehr

Zeit auf ihren privaten Besitztümern zu verbringen. Manche englische Würdenträger, wie zum Beispiel der Herzog von Beaufort und der Herzog von Devonshire, waren ungeheuer reich, aber machten nicht viel von sich her. Man war nicht gezwungen, im Dienste des Staates prunkvoll zu repräsentieren – eher das Gegenteil! Das hatte nichts mit Sparsamkeit zu tun. Der Adel war nicht genötigt, sich in der Art der Verwendung seines Grund und Bodens irgendeine Beschränkung aufzuerlegen, wie es holländische und österreichische Magnaten mußten; aber ein übermäßig langer Garten empfiehlt sich nicht unbedingt seinem Besitzer, der es liebt, auf seinem Grund und Boden spazierenzugehen. Der passionierte Fußgänger zieht es vor, seinen Spaziergang nicht auf einen Blick zu übersehen. Es gab jedoch keinen Grund, daß der englische Garten nicht breit und weiträumig werden sollte – so weiträumig wie er es dann wurde. Ein breit angelegter Garten teilt seine Wirkung auf, ein langer verdichtet sie. Der englische Magnat war seiner Stellung zu sicher, als daß er es nötig gehabt hätte, diese durch übermäßigen Prunk aufzuwerten. Im Gegensatz zu Ludwig XIV. fehlte ihm die Erinnerung an die Fronde.

Unter der Regierung der Königin Anna wurde zwar nichts besonders Originelles an Gartenentwürfen geleistet, aber das Gartenhandwerk selbst machte große Fortschritte, und man lernte das Material, mit dem man es zu tun hatte, besser beherrschen. Viele von diesen Kenntnissen wurden jedoch – die botanischen Gärten ausgenommen – bald wertlos, weil allzuwenig davon für den neuen Gartentypus benötigt wurde.

Holländische Gärten

Man hatte zuweilen behauptet, daß es so etwas wie einen holländischen Garten nicht gäbe. Ferner wurde auch gesagt, daß man weder von einem echten spanischen noch von einem eigentlich deutschen oder skandinavischen Garten sprechen könnte. Damit ist gemeint, daß tatsächlich keine dieser Nationen einen nationalen Gartentyp entwickelt hat, dessen Anlage eine so einmalige und unverwechselbare Gliederung besessen hat wie die Gärten Italiens im 16., die Frankreichs im 17. und die Gärten Englands im 18. Jahrhundert. Doch es ist für eine lebendige Gemeinschaft, wie sie jedes dieser Völker darstellt, undenkbar, daß man Einflüsse von außen aufgenommen hätte, ohne ihnen dabei eine eigene nationale Prägung zu geben. Manchmal entwickelt sich, wie das bei französischen und englischen Gärten der Fall ist, ein grundlegender Unterschied, öfters aber liegt dieser Unterschied in Details, im Nebensächlichen, in der Akzentuierung oder im Geist der Schöpfung. Solche kleinen Unterschiede dürfen aber nicht als oberflächlich beiseite geschoben werden. Der individuelle Charakter eines Gartens kann wie der eines jeden Kunstwerkes sowohl von seiner äußeren Erscheinung als auch von seinen grundlegenden Voraussetzungen und seiner Konzeption abhängen.

Holland hat eine so ausgeprägte Landschaft, daß man den Einfluß politischer Faktoren, so dramatisch dieser auch gewesen sein mag, kaum zu berücksichtigen braucht. Die Flachheit des Landes schließt naturgemäß eine Entwicklung des Terrassengartens aus, denn dort, wo es keine großen Höhenunterschiede gibt, ist die Anlage von Springwerken und Kaskaden schwierig. Weder in Holland und Seeland noch in Flandern oder Brabant gab es eine Möglichkeit, Wasserspiele mit einem Wasserüberfluß ohne zusätzliche Wasserwerke anzulegen, wie dies etwa in der Villa d'Este der Fall war. Da der Boden in Holland zum größten Teil alluvialen Ursprungs ist, fehlt es an Ort und Stelle an Steinmaterial, so daß die Anlage eines römischen Monumentalgartens Unsummen verschlungen haben würde. Das Land besaß eine blühende Landwirtschaft, war dicht besiedelt und intensiv bestellt, weshalb die Gärten räumlich beengt waren. Formbestimmend war vor allem die große Zahl von Entwässerungskanälen. Im alten Ägypten

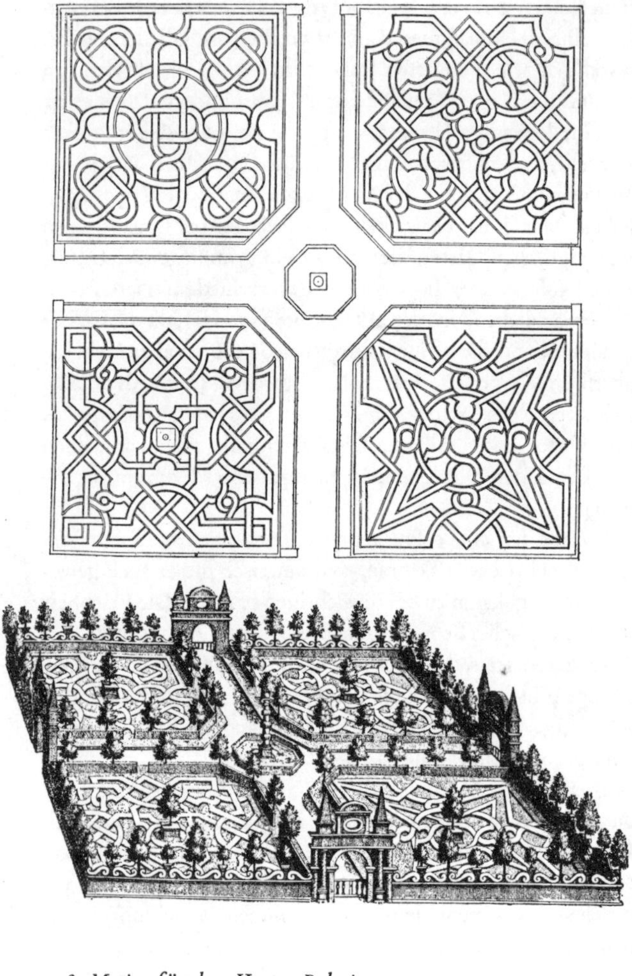

58 Motive für den ›Hortus Palatinus‹
von Salomon de Caus in Heidelberg, um 1600

59 Die Gärten in Ambras, um 1570

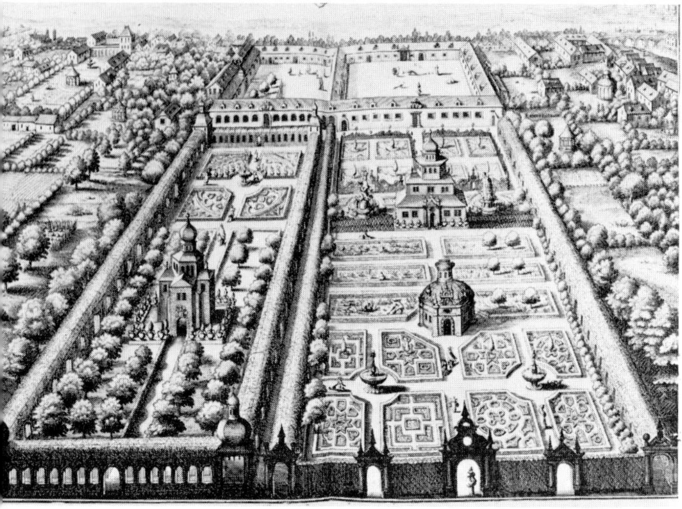

60 Kielmannischer Garten in Wien

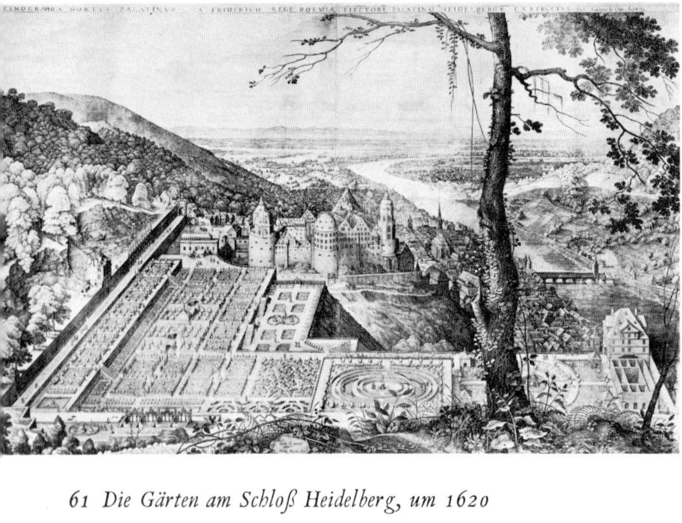

61 Die Gärten am Schloß Heidelberg, um 1620

62 Grottenhof der Residenz in München, um 1600

63 Lusthaus in Stuttgart, um 1570

64 *Kassel-Wilhelmshöhe, Tempel auf der Mitteltterrasse der großen Kaskade*

V

65 Kassel-Wilhelmshöhe; hochbarocke Terrassenanlage römischer Herkunft; Originalplan von Francesco Guarniero, 1705

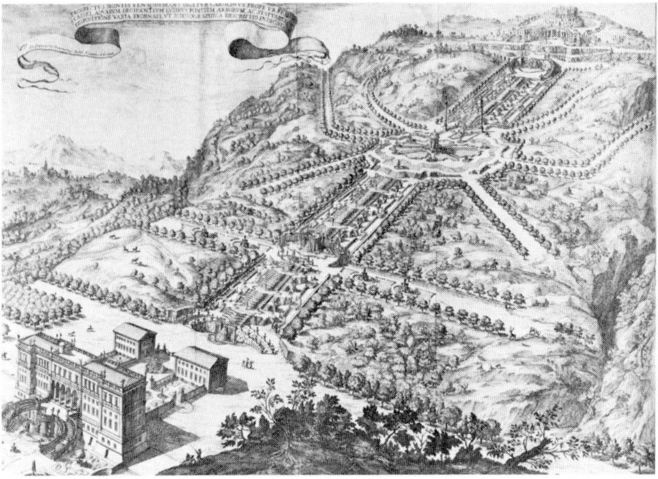

Barockanlagen in Deutschland in Stichen von Salomon Kleiner

66 Favorita in Mainz, 1726

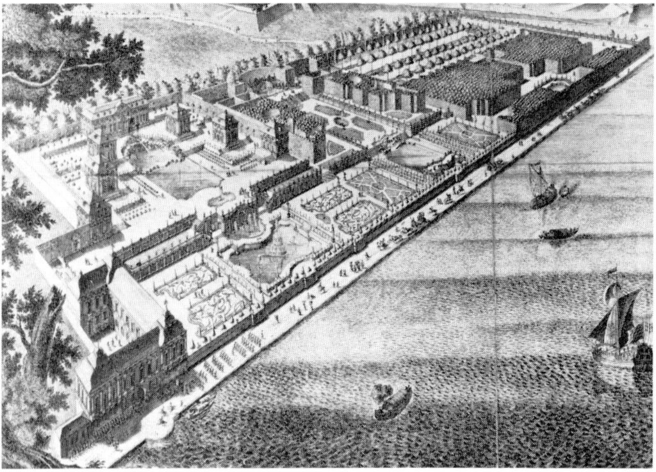

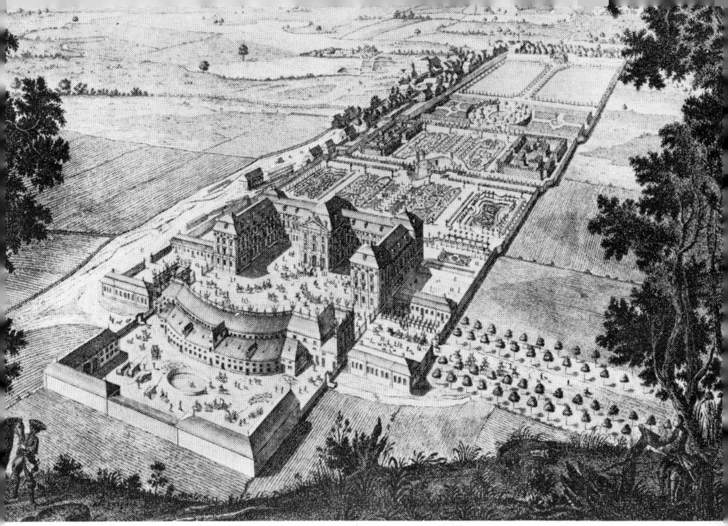

67 *Gärten in Pommersfelden,* 1728

68 *Der Belvedere-Garten in Wien,* 1731

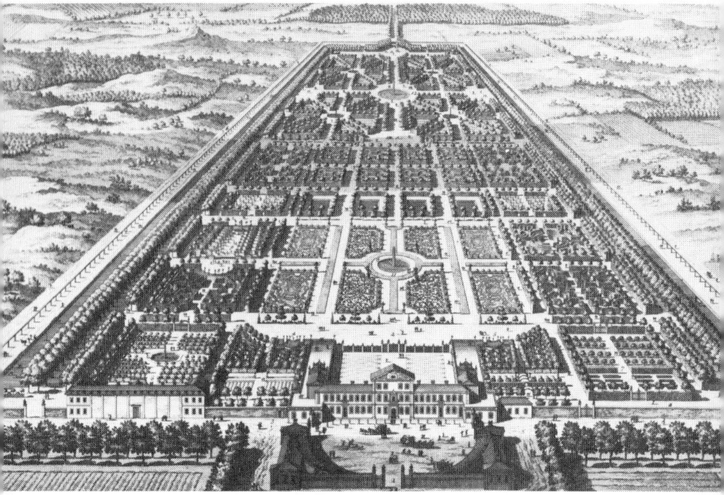

69 Der Garten von Herrenhausen bei Hannover als Beispiel des französisch-holländischen Einflusses in Deutschland, nach 1680

70 Herrenhausen, Luftbild des heutigen Zustandes

71 Rokokogarten an der Würzburger Residenz

›Geometrischer‹ Plan für Karlsruhe, um 1750

war es die Art der Bewässerung, die den schachbrettförmigen Gartentypus von Theben entstehen ließ. In den Niederlanden standen die Gärten in ihrer strengen rechteckigen Aufteilung den Gärten des Niltales nicht nach, die holländischen Gartenformen paßten sich dem Lauf der Kanäle an.

Die Häufigkeit der Kanäle in Holland scheint bis zu einem gewissen Grade die Entwicklung und Verwendung des französischen Gartenkanals beeinflußt zu haben, was allerdings von einigen Gartenexperten entschieden bestritten wird. Wohl kann man in Frankreich die Entwicklung des Wassergrabens zum schmückenden Gewässer verfolgen. Doch ist es durchaus möglich, daß Richtung und Schnelligkeit dieser Entwicklung auch durch die Existenz der mit Kanälen umgebenen Gärten an der nordöstlichen Grenze des Landes beeinflußt wurden. Die Wirkung ist in beiden Ländern verschieden. Die Länge und relative Enge des Kanals in Frankreich diente dazu, die Perspektive zu betonen; der Blick gleitet über die Verkürzung zum Horizont hin. Dies war allerdings nur bei einem zur Dekoration angelegten, festumrissenen und geschlossenen Kanal möglich. Um in Holland einen solchen direkten Blick auf die Perspektive des Kanals zu erreichen, hätte das Haus inmitten der Strömung oder an einem der sehr seltenen Punkte, an denen der Kanal die Richtung wechselt, stehen müssen. Der größte Teil der holländischen Gärten aber wird durch einen seitlichen Kanal begrenzt, wobei das Wasser nur zufällig eine schmückende Funktion ausübt, ähnlich wie dies bei einer Straße der Fall sein kann. In Holland ist der Hauptzweck des Kanals die Entwässerung, ferner dient er als Verkehrsmittel und nicht zuletzt spielt er die Rolle eines Hindernisses.

Die Auswirkungen dieser unterschiedlichen Gegebenheiten waren bemerkenswert. Wenn schon ein als Schmuck dienender Kanal in einer solchen Lage einen Teil der Aufmerksamkeit auf sich lenkt, so zieht ein Kanal, der gleichzeitig belebter Verkehrsweg ist und dadurch naturgemäß eine größere Bedeutung gewinnt, gewissermaßen das ganze Leben des Gartens an sich. Er wird gleichsam zur Barriere zwischen Ideal und Wirklichkeit, und zugleich noch mehr, nämlich Nahtstelle von beiden: eine Demarkationslinie, zu der sich der Gartenbenutzer naturgemäß hingezogen fühlte. Zwar gibt es auch bei vielen französischen Gärten hübsche Spazierwege längs der Kanäle, besonders in Chantilly, doch war die Hauptidee beim französischen Kanal, daß man an ihm entlang blickte und nicht, daß man an ihm entlang spazierenging.

Der große Stil war außerdem in Holland bei weitem nicht so beheimatet wie in Frankreich und den Fürstentümern des Heiligen Römischen Reiches. Es entsprach nicht dem holländischen Geschmack weite Perspektiven anzulegen. Man besaß diese ohnehin schon, denn kein Hügel beengte den Horizont, und es bestand daher keine Veranlassung, Weite vorzutäuschen. In Holland gab es außerdem kein unkultiviertes oder scheinbar unkultiviertes Land, über das man hinwegblicken konnte. Parks, die in Europa so verbreitet waren, traf man hier selten an. Wenn man ein Land mühsam dem Meere abgerungen hat, so wird man davon kaum etwas zu reinen Vergnügungszwecken abgeben. Ein auf einen weiten Ausblick ausgerichteter Garten in Holland würde in der Hauptsache eine Sicht auf Nachbargärten und auf ein weites, intensiv bestelltes Schachbrett mit Deichen, Windmühlen und sauberen Gehöften ergeben haben.

Andererseits ist der Garten mittlerer Größe eigentlich immer auf ›das Innere‹, auf die Betrachtung der Anlage gerichtet. Dies ist auch in Holland der Fall, mit dem einzigen Unterschied, daß der Kanal am Ende oder an der Seite ihm etwas von einem offenen Hof verleiht. So wie heutzutage der Vorstadtgarten durch die an der Eingangsseite vorüberführende Straße, die nicht übersehen werden kann, beeinflußt wird, so konnte der holländische Garten seinen Kanal nicht verleugnen. Solche Gärten haben ihre besondere Note. Alle früher betrachteten Gärten waren so angelegt, um vom Hause aus oder von bestimmten Punkten innerhalb des Gartens gesehen zu werden. Die holländischen Gärten dagegen, an denen eine Straße oder ein Kanal entlangläuft, die also zu den Vorübergehenden hin geöffnet sind, wollen vor allen Dingen von außen betrachtet werden; in ihrer extremen Form verkehren sie die Idee von der großen Perspektive ins Gegenteil.

Um die geringe Größe und die fehlende Kontur auszugleichen, suchte man im holländischen Garten im Innern Abwechslung zu schaffen, wodurch er nun überladen wurde. Da er weder eine Aussicht noch Brunnen, Kaskaden und Architekturen besaß, bediente man sich zum Ausgleich der Statuen, der eingetopften und vor allem der beschnittenen Pflanzen. Der typische holländische Garten wurde nicht so sehr wegen der Einheit des Entwurfes als vielmehr wegen seiner Vielfalt des Details geschätzt.

Über die holländischen Gärten in der Mitte des 18. Jahrhunderts berichtet Sir William Chambers: »Überall in Holland werden die Parterres mit ihren Beeten bewundert, die – mit Buchs bestickt – farblich durch Ziegelmehl, gemahlene Kohle und Porzellanscherben bereichert sind. Kein Garten gilt als vollkommen, wenn er nicht mit einem gefüllten Wassergraben umgeben ist, über den man zahlreiche Lusthäuser gebaut hat, um darin dem Tabakgenuß zu frönen. Auch darf man von Eleganz nicht sprechen, wenn nicht Tonnen von Blei zu schlittschuhlaufenden Holländern, Harlekins und flötespielenden Schäferinnen umgeschmolzen sind, die alle in sauberen Farben hübsch bemalt werden. Vergoldete Merkure sitzen wie Vögel auf Fialen, jeder Zugang wird von mehreren Grenadieren aus Pappmaschee behütet und eine Fama, rittlings über dem Eingangstor, hält den Passanten ein Schild entgegen, auf dem in holländisch der Name und die Schönheiten des Platzes, die Tugenden und moralischen Ansichten des Besitzers aufgeführt werden.«

Der Holländer ist von Natur aus eigensinnig und realistisch, ein praktischer Tatsachenmensch. Er ist nicht wendig, phantasievoll und feinfühlig, alles Eigenschaften, die ausgesprochen französisch sind. Ungeachtet dieses starken Gegensatzes von Charakter und Neigung war der Einfluß der bedeutenden französischen Gärten so groß, daß selbst ein Gegenspieler Ludwigs XIV. wie Wilhelm von Oranien, den Hauptplan der Gärten von *Het Loo*, seines Lieblingssitzes, nach französischem Muster entwerfen ließ. Vergebens sucht man im Entwurf für Het Loo und den anderen, nicht sehr zahlreichen, großen Gärten im Holland dieser Zeit nach besonderen Merkmalen, die sie von den französischen Gärten unterscheiden könnten. Man stößt dabei höchstens auf das Charakteristikum, daß eine Ausdehnung nach den Seiten fehlt, wie zum Beispiel in Versailles, wo sich durch die Anlage von seitlichen Kompartimenten Durchblicke vom Hauptparterre nach links über die Orangerie zum See der Schweizer Garde und von seinem nördlichen Teil rechts abwärts zum Neptunbassin ergeben. Die holländischen Gärten nach französischem Muster scheinen durch die geradlinig gegliederte Landschaft wie festgeortet. Wenn sich dieser Eindruck als beständig erweist, dann wird letzten Endes nur noch der französische Charakter der großen holländischen Gärten verstärkt und die Bedeutung der einzigen Perspektive wird noch mehr als jemals bei Le Nôtre unterstrichen.

Die Betrachtung von Details läßt die nationalen Eigenarten noch stärker ins Bewußtsein treten. Van der Groen veröffentlichte 1668 den ›Nederlanischen Howenier‹ mit dem gleichen Ziel und dem gleichen Erfolg wie Boyceau sein ›Traité du Jardinage‹; leider zeigen die vielen Parterreentwürfe im holländischen Werk deutlich einen Mangel an Leichtigkeit, Phantasie und Beschwingtheit – wohl alles Kennzeichen des holländischen Geschmacks. Da gibt es keine jener prächtigen, schwungvollen und rhythmischen Muster, wie sie die Teppichbeete von Anet, vom Luxembourg und von den Tuileriegärten auszeichnen, wie wir sie übrigens auch sonst bei jedem Garten finden, der die Handschrift von Boyceau, den Mollets oder von Le Nôtre aufweist. Das Fehlen einer feinen und raffinierten Gestaltung des Parterres muß zum Teil zweifellos auf den Mangel an Aussichtspunkten, die einen Überblick gestatten, zurückgeführt werden. Auch Terrassen waren selten. Doch liegt der tiefere Grund offenbar in der Tatsache, daß die elegante Geschmeidigkeit der ›Compartiments de broderie‹ dem holländischen Temperament tatsächlich fremd war.

Nicht weniger bezeichnend als die Ablehnung der französischen Parterres ist die Ablehnung klassischer Grundformen. In keinem der anderen europäischen Gärten dieser Zeit gibt es so wenig unmittelbare Erinnerungen an Rom wie in Holland. Wohl gebrauchte Vredeman de Vries 1583 die damals üblichen Begriffe, aber es fehlen die Anzeichen dafür, daß er tatsächlich verstand, was sie bedeuteten. Die von ihm veröffentlichten Vorlagen für ›Knoten‹ – Muster der Beete – nennt er ›dorisch‹, ›jonisch‹ und ›korinthisch‹, aber bei genauerem Studium der Zeichnungen kann man keinerlei Beziehung zwischen seinen Formen und den klassischen Ordnungen finden. Es ist in der Tat nicht möglich, einen wirklichen Unterschied in diesen Parterreordnungen festzustellen.

Der praktische Grund für das Fehlen des üblichen klassischen Formenapparates, das für die holländischen Gärten kennzeichnend ist, ist der Mangel an Steinmaterial. Ohne Steine gab es keine Balustraden, keine Schmuckvasen und Statuen, es sei denn, daß man den Mangel durch gebrannten Ton, Blei oder Bronze auszugleichen versuchte. Soziologisch gesehen, lag die Erklärung darin, daß es keine gebildete Adelsschicht gab. Die erfolgreichen Kaufleute, die Gärten anlegten, hatten nichts von Plinius dem Jüngeren gehört; die alten Sagen, die in Frankreich und Italien fortlebten und durch in Stein gehauene Statuengruppen dargestellt wurden, waren für die Bürger von Amsterdam böhmische Dörfer. Hätte es einen Adel als Vorbild gegeben, dann hätten die Bürger solche Schöpfungen – ob ›böhmisch‹ oder nicht – verlangt, doch es fehlte der fruchtbare Anreiz des Snobismus. An Stelle von

Thetis, Apoll, Latona oder des Raubes der Sabinerinnen bevorzugte der Holländer Genrebildwerke. Er war letzten Endes herzhafter Realist und kein Romantiker; er wollte nicht ein griechischer Philosoph im Haine des Akademos sein, sondern fühlte sich als holländischer Mynheer, der im eigenen Garten seine Pfeife rauchen wollte. Wenn er der Wirklichkeit zu entfliehen versuchte, zog er es vor, dies auf eine prosaische Weise zu tun.

Die Niederlande besaßen im 15. Jahrhundert viele Voraussetzungen, auf Grund deren sie eine führende Stellung in der neuen kulturellen Entwicklung hätten einnehmen können, ihnen aber fehlte das Italienische im Wesen und die ständige Gegenwart einer erhebenden Vergangenheit, die Erinnerung an die Leistungen der Antike. Es gab bei ihnen weder römische Ruinen, die Anregungen boten, noch Statuen, die hätten ausgegraben werden können. Der große wirtschaftliche Reichtum von Gent, Brügge und Antwerpen ließ eine Überfülle alter Kunstformen entstehen – letzter Widerschein der christlichen Kultur des Mittelalters. Doch war das alles die überreife Frucht eines alten Baumes und nicht die aufbrechende Blüte einer jungen Pflanze. Gent war nicht Florenz, Antwerpen kein Venedig. Wären nicht die Einflüsse gewesen, die aus dem sonnerfüllten mittelmeerischen Süden eindrangen, der Norden würde sicher von sich aus andere Lebens- und Denkformen sowie andere Kunstformen entwickelt haben. In diesem Falle wäre eine vollendete nördliche Blüte des Geistes erwachsen und nicht jene, die bewußt auf alten vergessenen Kulturen basierte. Doch die Einflüsse aus dem Süden erwiesen sich als zu stark, und wenn auch der lokale Genius sie assimilierte und Mischformen entstanden, so war es im 16. Jahrhundert doch die wieder aufgelebte klassische Welt, die ganz Europa verband, so wie es vorher die christliche Idee des Mittelalters getan hatte.

Die Niederlande können wir nicht als eine geschlossene Einheit betrachten, die zu allen Zeiten denselben Einflüssen unterworfen war. Das Gebiet, das wir heute als Holland und Belgien bezeichnen, weist rassische, religiöse und topographische Unterschiede auf, aus denen verschiedenartige Kulturen erwuchsen. Brabant und Flandern waren – was Rasse, Religion und geographische Lage angeht – mit Frankreich eng verbunden, und beide befanden sich zeitweise tatsächlich unter französischer Oberherrschaft. Es entstanden dort Gärten, die man als Variationen der französischen Gärten betrachten kann, da in der hierfür entscheidenden Zeit der französische Einfluß vorherrschte. Bei den niederländischen Provinzen von Holland und Seeland war die Situation eine andere. Weit davon entfernt, unter französischem Einfluß zu stehen, haben sie wie kein anderes Land sich verzweifelt dagegen gewehrt.

Doch trotz dieser Unterschiede besitzen die holländischen und die flämischen Gärten ein Gemeinsames: sie sind im allgemeinen kleiner als die französischen. Die Stärke des mittelalterlichen Flandern lag in dem kräftigen demokratischen Leben seiner Städte und nicht bei dem auf seinen befestigten Burgen sitzenden Adel. Um 1600 gehörten die Gärten dem aufstrebenden Bürgertum und nicht dem überzüchteten Adel: sie waren Stadt- und Vorstadtgärten. Vielleicht ist es wichtig zu unterstreichen, daß es nach der Lage der Dinge weder ein Amboise noch ein Blois oder Fontainebleau in Holland geben konnte, und da Anlagen dieser Art fehlten, können wir nur Nachrichten über Stadtgärten haben. Paris hatte zwar auch seine Stadtgärten, es nimmt jedoch nicht wunder, daß infolge der sozusagen vor der Tür liegenden Gärten der Tuilerien und der von St. Germain die geschmückten Hinterhöfe der Kaufleute meist keiner Aufzeichnung gewürdigt wurden. Wenn wir in Frankreich über ebenso gute Abbildungen von Stadtgärten wie in Holland verfügen würden, so könnten wir wahrscheinlich feststellen, daß ein Garten des 16. Jahrhunderts in Amiens oder Tours ähnlich wie in Gent oder Brügge ausgesehen hat. Wir wissen, daß später, als Le Nôtre die Mode bestimmte, der kleine Pariser Stadtgarten gewöhnlich durch ein einziges Teppichbeet ausgefüllt war. Der große Künstler wurde um Entwürfe angegangen und fertigte solche an; auch Entwürfe von Boyceau und den Mollets dürften Verwendung gefunden haben.

Um die Mitte des 17. Jahrhunderts trennte sich hinsichtlich der kleinen Gärten die preziöse französische Auffassung von der übrigen europäischen. Niemand wäre in Frankreich auf den Gedanken gekommen, daß das Teppichparterre ein Platz für angenehme Spaziergänge oder behagliche Gespräche des Besitzers mit seinen Freunden sei oder ein Ort, um dort allein eine besonnte Stunde zu genießen. Der einzige Zweck dieser Anlagen bestand darin, von den oberen Fenstern betrachtet zu werden und tadellos, wohlgeformt, elegant und kostbar auszusehen. Die einzige Person, die überhaupt den französischen Stadtgarten betrat, war der Gärtner, und sein einziges Handwerkszeug der Besen. Die merkwürdigen kleinen, von Vredeman de Vries wiedergegebenen flämischen Gärten waren aus anderem Geist erwachsen. Sie bestehen zwar in der Hauptsache aus flachen Formen, die von ganz oben überblickt werden können, doch zeigen sie zum Unterschied von den französischen Parterres nicht nur diese flachen Muster, die als ein einziges zusammenhängendes Bild gesehen werden wollen, sondern sie haben neben der horizontalen auch eine vertikale Komposition. Es befinden sich darin Bäume und Sträucher, gedeckte Gänge aus Flechtwerk, die die Geschlossenheit des Gesamtblicks von den Fenstern auf das Parterre brechen und zeigen, daß der Garten dazu benutzt werden soll, um darin spazierenzugehen, darin zu sitzen, zu spielen und zu lieben. Diese kleinen Gärten werden nicht als eine Einheit behandelt, sondern sie bieten sich als eine Anzahl lose zusammenhängender Unterabteilungen, die voneinander durch Gitter oder Staketzäune getrennt sind. Selbst wenn der Garten einem wohlhabenden Manne gehörte und daher recht groß war, wurde die Fläche durch Wiederholungen und nicht als ein einziger großer Raum gegliedert.

Dieser Unterschied ist auf die verschiedenen Ausgangspositionen zurückzuführen. Der französische bürgerliche Garten des 17. Jahrhunderts stellt wohl oder übel eine Verkleinerung des monumentalen Schloßparterres dar, der flämische und holländische Garten des 16. Jahrhunderts ist hingegen die Aufwertung eines bäuerlichen Stückes Land.

Vredeman de Vries lernte für seine Kunst von Italien, und seine Entwürfe sind eigentlich nichts anderes als der Versuch, den frühen italienischen Villengarten in einen Stadthinterhof zu pressen; es war das ein nicht minder krasser Fehler wie ihn später auch die Franzosen begingen, als sie glaubten, daß es für einen umfriedeten Raum von einem halben Morgen keine bessere Vorlage als Versailles gebe!

Le Nôtre machte keine ernsthaften Versuche, dieses Problem zu lösen, um, wie es andere taten, einen Eindruck der Weite zu vermitteln, die eigentlich fehlte. Evelyn, der durch seine Reisen und umfangreichen Tagebücher bekannte Globetrotter, besuchte 1644 das Hôtel de Liancourt in Paris. Es besaß einen engen Garten, der aber durch Hinzufügen eines gut gemalten Prospektes scheinbar eine Erweiterung erfuhr, indem nämlich durch eine Scheinperspektive auf der Wand der Eindruck entstand, als ob der Wasserlauf sich in meilenweite Entfernung ergösse. Die Kunst dieser Täuschung, die dazu diente, den eigentlichen Garten größer erscheinen zu lassen, entspricht den Mitteln, die bereits in Pompeji zur Anwendung gelangt waren und zeigt eindeutig, in welchem Maße der Maler mehr als der Architekt dazu beigetragen hat, den französischen Garten zu gestalten.

Renaissance-Gärten in Deutschland

Während der englische Garten des 16. Jahrhunderts den Formenkanon der italienischen Renaissance auf dem Umweg über Frankreich kennenlernte – Nonsuch ist von Heinrich VIII. im bewußten Wettstreit mit dem Wundergarten Chambord von

Franz I. angelegt worden – so hat der deutsche Renaissance-Garten seine Anregungen im wesentlichen unmittelbar von Italien empfangen. Als Karl VIII. von Frankreich seinen abenteuerlichen Zug nach Italien durchführte, zog auch ein deutscher Fürst, der Herzog Eberhard von Württemberg, über die Alpen mit dem Gelehrten Reuchlin im Gefolge – ein fürstlicher Gelehrter in Gesellschaft des bürgerlichen. Den Gelehrten aber ging es damals vorzugsweise um botanische Kenntnisse, und so war es nicht weiter erstaunlich, daß die Schöpfer der deutschen Botanik zugleich Besitzer schöner Gärten waren. 1525 gründete Henricius Cordus, der in Ferrara promoviert hatte, in Erfurt einen Garten und legte damit, da bald weitere Bürger sein Beispiel nachahmten, den Grundstein für die vielgerühmten Gärten Erfurts, was dann Erfurt den Titel ›des Heiligen Römischen Reiches Gärtner‹ eingetragen hat. Dieses botanische Interesse führte dazu, auch den privaten Hausgärten vornehmer und gebildeter Besitzer einen wissenschaftlichen Charakter zu verleihen. Was Bacons Idealentwurf für den englischen Garten darstellt, verkörpert sich im deutschen Raum in dem *Convivium religiosum* des Erasmus – ein Ort, »dem ehrbaren Vergnügen geweiht, die Augen zu erfreuen, die Nase zu erfrischen, den Geist zu erneuern«. Wie bei Bacon ist der Garten ein fest umgrenzter Ort, der aber in Beete unterteilt wird, die mit Staketenzäunen umfriedet sind. Er zeigt in den verschiedenen Kompartimenten eine deutliche Trennung von Nutz- und Ziergarten. Im Brennpunkt des Interesses steht aber nicht der Rasen, wenn er auch in Gestalt einer Spielwiese vorhanden ist. Anstelle des englischen Rasens spielt das Wasser eine besondere Rolle, das in England im Vergleich zu den deutschen Gärten dieser Zeit weitaus sparsamer verwendet wird; in Hampton Court mußte sogar das Wasser nachts von Arbeitern aus der Themse herbeigeholt werden, um die Bassins zu füllen.

Für diesen Idealgarten des Erasmus dürfte ein Baseler Privatgarten Pate gestanden haben, wie überhaupt der Bürgergarten im Deutschland des 16. Jahrhunderts, ähnlich wie in Holland, eine bedeutende Rolle gespielt hat, was angesichts der blühenden, bürgerlichen und städtischen Kultur jener Epoche nicht weiter erstaunlich ist. So nehmen die Gärten der Fugger mit ihren Wasserkünsten in Augsburg eine gewichtige Stellung im Gefüge der Stadt ein: Beatus Rhenanus, der Kenntnisreiche, stellt sie 1531 in einem seiner Briefe über die Gartenanlagen von Blois. Das botanische Element war darin bedeutend, und so erblühte auch im Garten des Augsburger Ratsherrn Johann Heinrich Herward 1559 die erste Tulpe in Deutschland. Aber nicht nur Augsburg, sondern auch die anderen großen Handelsstädte wie Nürnberg und Frankfurt – in der Mainmetropole der vielgerühmte Garten des prunkliebenden Bürgermeisters Schwindt – bis nach Breslau hin zeichnen sich durch ihre bürgerlichen Gärten aus.

Zu Beginn des 16. Jahrhunderts lief die deutsche Gartengestaltung parallel der architektonischen Entwicklung, als man aus Italien Labyrinth, Grotte, Wasserspiele, Insel usw. übernahm, allerdings ohne deren harmonischen Zusammenklang. Wie diese Ingredienzen sich dem Gesamtplan einfügten, ist damals eine Frage zweiter Ordnung gewesen. Man verfuhr im Garten ähnlich wie bei der Architektur, die Genüge darin fand, sich Ordnungen und Ornamente anzueignen ohne Rücksicht auf die für Italien so kennzeichnende Ausgewogenheit und Harmonie im Ganzen. Doch mehren sich zu Beginn des 17. Jahrhunderts die Bestrebungen, die einzelnen Gartenteile – besser gesagt die einzelnen Gärten – durch entsprechende Anordnung zu einem geschlossenen, harmonischen Ganzen, nämlich zu einem einzigen Garten zusammenzuschließen. Das versuchte man vornehmlich in den fürstlichen Lustgärten, von denen man einen besonderen Aufwand und Reichtum forderte, wie aus einer Wert- und Rangdisposition der Gartenanlagen von Konrad Geßner, Züricher Arzt und Polyhistor, hervorgeht, in der an fünfter Stelle die »Prachtgärten« erscheinen, »wie Fürsten oder Staaten sie besitzen mit prachtvollen Gebäuden, Teichen, Wasserwerken und künstlichen Hügeln, Turn- und Ballspielplätzen«. Ein Beispiel dafür sind die Gartenanlagen des 1564 von Erzherzog Ferdinand von Tirol, Sohn Kaiser Ferdinands, seiner Gemahlin Philippine Welser geschenkten Schlosses *Ambras* bei Innsbruck mit seinen von Säulenhallen umgebenen Blumenparterres, seinen Laubengängen und Lusthäusern, Labyrinthen, Grotten, künstlichen Brunnen, Fischbassins, Tierkäfigen und Wildgehegen.

In der Nachfolge von Ambras erwuchs nach der Mitte des 16. Jahrhunderts das von dem älteren Bruder Ferdinands, dem Kaiser Maximilian II., in der Nähe von Wien geschaffene großartige Lustschloß *Neugebäude* mit seinen bedeutenden Gartenanlagen, wobei italienische Künstler in weitgehendem Maße tätig waren.

Zu den Gärten, die unmittelbar von Italien beeinflußt waren, gehört auch *Hellbrunn* bei Salzburg (1613–19), eine Schöpfung von Erzbischof Marcus Sitticus von Hohenems, die auch heute noch weitgehend ihren Renaissancecharakter, nicht zuletzt durch den Reichtum an Grottenwerken und Wasserautomaten, bewahrt hat. Wie in Ambras fehlt auch in Hellbrunn und bei dem kurfürstlichen *Lustgarten der Residenz in München* um 1613 – in der 2. Hälfte des 17. Jahrhunderts neugestaltet – noch die unmittelbare Beziehung zwischen Garten und Schloß. Auch in dem 1645 durch Merian überlieferten Lustgarten des Herzogs Christoph von Württemberg (1550–1568) stehen die die Gebäude umgebenden Anlagen mit dem Schloßbau in keiner formalen Bindung; er enthielt die erste Orangerie in Deutschland. Um 1570 galt das Stuttgarter ›Paradieß‹ als der schönste Garten Deutschlands.

In Deutschland war seit der Wende des 17. Jahrhunderts das Interesse für Gärten außerordentlich gewachsen, wovon nicht zuletzt die zahlreichen Übersetzungen von französischen und italienischen Gartenschriftstellern Zeugnis ablegen. 1597 erschien das erste deutsche Gartenbuch von Johann Peschel, das zahlreiche Auflagen erlebte. Auch die Kupferstecher begannen – nach dem Vorbild der Niederlande – ihre Kunst in den Dienst des Gartens zu stellen. Vorzüglich der Ulmer Joseph Furttenbach (1591–1667), der zehn Jahre in Italien gelebt hatte und durch seine weitreichende und eindrucksvolle Tätigkeit auf den Burg-, Festungs- und fürstlichen Lustgarten Einfluß genommen hat. Unter seinen zahlreichen Entwürfen ist der ›Paradiesgarten der deutschen Schule‹ für Zeit und Ort und nicht zuletzt ob seiner klaren Gliederung sehr typisch. Ein auf vier Seiten von Mauern umgebener Garten zeigt im Zentrum einen achteckigen Saal, dessen vier Türen jeweils in einen der Gartenteile führen, die durch Hauptwege getrennt sind. In der Mitte eines jeden der regelmäßigen Viertel befindet sich ein Springbrunnen, auf den vier Laubengänge zulaufen, wodurch jeder Teil wiederum geviertelt wird – in diesen Ausschnitten sind Blumenbeete angelegt. Hier durften sich die Kinder als Belohnung einen Blumenkranz winden oder wurden mit Obst und Backwerk beschenkt. Der Gelehrtengarten der Renaissance hat sich in einen Lehrgarten für Kinder verwandelt.

Die Tafelwerke Furttenbachs mit ihren Entwürfen verschiedenster Art bildeten den Keim, aus dem sich die barocke Gestaltung von Gartenräumen entwickeln konnte. Furttenbach bevorzugt im allgemeinen die Längsausdehnung gegenüber der bisher üblichen quadratischen Form, wie ihn noch der ›Paradiesgarten‹ zeigt. Die Entwicklung nach der Tiefe hin bezeugt nicht zuletzt seine reichste Erfindung, nämlich die eines ›Königlichen Lustgartens‹, in der diese Tendenz ausdrücklich von ihm betont wird: »Sintemahlen und wann der sinnreiche Mensch in einem solchen langweerenden, von grünem Gewächs überzogenen Bogen fürbaß spaziert, so thut er und also zu eußerst in diesem so fernen augpuncten die so ansehnliche Grottenfazia erblicken, hierdurch das Gemüth erfrischet mit dem verlangen bald dorthin zu kommen, sintemahlen und je nahender er hinzutritt, je mehr die wundergernkeit ihn anreizt, das allda zu findende wol zu besichtigen.«

Das ist, auf das Ganze gesehen, die große Achse, der Garteneinheitsraum, dem alle Einzelheiten untergeordnet werden. Das neue Raumempfinden hatte Furttenbach in Italien erfahren, das er in durchaus eigenständiger Leistung weiterentwickelte. »Die deutsche Sonderart ist vor allem darin zu sehen, wie die Hauptachse wieder mit kleinen Unregelmäßigkeiten und Winkelreizen durchsponnen wird und wie die mehr aufs Prächtige angelegten ausländischen Vorbilder ins Wohnlich-Gemütvolle umgebogen werden, aus kalter stolzer Pracht ein reizvoller Ort zur Erholung und Spiel wird« (Paul Ortwin Rave). Nach der etwas überspitzt formulierten Meinung von Senta Dietzel, einer Kennerin des Werkes von Furttenbach, »ist es sehr fraglich, ob ohne den festen Grund, den Furttenbach gelegt hatte, diese Selbständigkeit der Entwicklung des deutschen Barockgartens bewahrt worden wäre. Die große Blüte der deutschen Gartenkunst gründet auf seiner Leistung«. Sicher ist nur, daß Furttenbach als Theoretiker an der Entwicklung des Barockgartens entscheidend mitgewirkt hat.

Die großartigste Gartenschöpfung des frühen 17. Jahrhunderts in Deutschland dürfte der von Salomon de Caus angelegte *Heidelberger Schloßgarten* sein, der sich in seinen Grundlagen bis in die Gegenwart erhalten hat. Salomon de Caus, der uns schon mit Gartenschöpfungen in England begegnet ist, war im Gefolge von Elisabeth Stuart, einer Tochter König Jakobs I. von England, nach Heidelberg gekommen, als diese den Kurfürsten Friedrich V. von der Pfalz ehelichte. Ausgangspunkt für die Schöpfung war ein kleiner ebener Platz vor dem Schloß – doch ohne Bezug auf dessen Architektur – der von einer Mauer umfriedete sogenannte ›Hasengarten‹ mit einem Haus als Zentrum. Von diesem Platz aus begann man 1614 die verhältnismäßig kleine Fläche zu erweitern, indem man durch Sprengung den Berghang zurückdrängte und mit den gewonnenen Steinen und dem Erdreich den Raum zwischen Talrand und Futtermauern aus- und auffüllte. Dabei umgriff man das eigentliche Tal und umbaute auch den im rechten Winkel gegenüber dem Schloß liegenden oberen Rand. Auf solche Weise wurden mehrere riesige übereinanderliegende Terrassen aufgetürmt, die sich in ihrem Kern bis heute erhalten haben. Doch waren sie seltsamerweise nur optisch in der Gesamtschau und nicht wie in Italien durch Freitreppen zu einer Einheit verbunden; sie standen nur durch schmale steile Treppenläufe in Verbindung. Auch in der Gliederung, das heißt der Bepflanzung, hat man nicht versucht, ihre Zusammengehörigkeit besonders zu betonen. Das Gelände der einzelnen Terrassen wurde in einzelne in sich geschlossene und harmonisch gegliederte Bezirke aufgeteilt, die Bergwand durch eingehöhlte Grotten und Galerien aufgeschlossen. Kein dominierender Weg bestimmte die Richtung. Durch eine Fülle von schmückenden Elementen in Gestalt von Laubengängen, einem Pomeranzenhain, vielen Springbrunnen, zahlreichen Wasserscherzen und Grottenanlagen war für Abwechslung gesorgt. Ebenso durch einen Reichtum von Schmuckformen in der Bepflanzung. Doch bei aller Fülle oder besser gesagt trotz aller Fülle fehlte es an einer straffen Durchbildung, wie sie erst die großen Achsen der barocken Gärten vermitteln. Die Fertigstellung der rasch fortgeschrittenen Anlage wurde durch die böhmische Thronbesteigung Friedrichs V. unterbrochen und unterblieb schließlich ganz als eine der Folgen dieses Königsabenteuers. Salomon de Caus, der später als Ingenieurarchitekt in die Dienste Ludwigs XIII. trat, hat uns glücklicherweise seine Vorstellungen der fertigen Gartenanlage in einem von ihm 1620 herausgegebenen Stichwerk überliefert.

Obwohl die Wirren des Dreißigjährigen Krieges der Gartenkunst Abbruch taten, entstanden noch bedeutende Anlagen, darunter auch die Gärten von *Schlackenwerth* und *Schloß Gitschin*, der böhmischen Residenz von Wallenstein. Eine große Fontäne und ein halbes Dutzend Springbrunnen gliederten die Gartenkompartimente, für die die seltensten aus-

Maximilian de Geer
Lusthaus im Park von Schleißheim,
Miniatur, um 1760.
München, Residenz

ländischen Bäume und Gewächse beschafft wurden. Aber auch in der Prager Residenz von Wallenstein werden einige zwanzig Bürgerhäuser für ›des Herzogs Haus‹, wozu selbstverständlich auch ein Garten gehören mußte, geopfert, ein Garten, der wie Gitschin einen starken italienischen Einfluß verrät. Italienischer Einfluß ist auch in der im Westen des Reiches gelegenen, wenige Jahrzehnte später von Johann Moritz von Nassau (1604–1679) geschaffenen *Gartenstadt Kleve* zu spüren. Dieser Fürst, anfänglich in Diensten der Generalstaaten und zeitweilig Gouverneur von Niederländisch-Brasilien, wurde 1647 von dem Großen Kurfürsten zum kurbrandenburgischen Statthalter der ehemaligen Grafschaften Kleve, Mark, Ravensberg und Ravenstein am Niederrhein bestellt. Der gartenfreudige Fürst schuf um Kleve als Mittelpunkt eine großartige, bis in das Areal des sogenannten Reichswaldes reichende Wald-Parkanlage; der Reichswald war ein uraltes, schon von den Karolingern genutztes Jagdgebiet zwischen Niederrhein und Maas, das sich bis gegen Nymwegen erstreckte. Auch gab es in diesem Gebiet Wasser genug, sogar genügend Quellwasser, um die so beliebten Springwerke zu betreiben. Von dem fürstlichen Gartenschöpfer wurden riesige Schneisen angelegt, Plätze angeordnet, Kunstbrunnen gebaut und eine Reihe von Landsitzen angelegt, die den Nachrichten zufolge starken italienischen Einfluß zeigten, besonders der Lustgarten des sogenannten ›Neuen oder Hohen Thiergartens‹, der in Terrassen übereinander aufgebaut und mit prächtigen Fontänen geschmückt war. Moritz war weit gereist und kannte sowohl die italienischen wie die holländischen Gärten, deren Anregungen er hier auf eine freie, selbständige Weise zu nutzen wußte. Wenn er in einem Brief an den Kurfürsten nach Berlin wiederholt »von diesem schönen Ort« spricht, »der weder in Italien noch in Frankreich seinesgleichen hat«, so dürfte das Eigenlob von ihm nicht einmal übertrieben gewesen sein, was dessen Eigenart angeht, denn die Anlage war weder rein holländisch noch rein italienisch.

»Es war der erste Versuch einer großen landschaftsformenden Parkschöpfung, der in Deutschland unternommen wurde und der zu einem breiteren Durchbruch barocker Gartenideen führte«. (D. Hennebo). Die Klever Anlage hat wiederum nach Berlin zurückgewirkt, wo damals der Anfang von *Unter den Linden* entstand, der Tierpark zum Schloßpark erweitert, der nachmals so berühmte Botanische Garten begründet und 1645 ein Lustgarten beim Schloß auf der Spreeinsel angelegt wurde.

Barocke Großanlagen in Deutschland

Die Franzosen hatten 1665 ihre Konzeption des Gartens zur Vollendung gebracht, und der Glanz, der von ihm ausging, war so groß, daß alle anderen Auslegungen des Renaissancegedankens in den Schatten gedrängt wurden.

Nach diesem Zeitpunkt begannen die fürstlichen und herrschaftlichen Gärten in vielen Ländern eine gewisse Gleichheit zu zeigen. Der Einfluß der französischen Vorstellungen einer Gartenanlage breitete sich weithin aus, aber letzten Endes war es der Einfluß einer Idee und nicht der einer Vorlage. Dafür sind viele deutsche Gärten ein Beweis. Französische Gärtner zogen aus in die ganze Welt und überall, wo sie tätig waren, entstand ein ›Versailles‹, aber meist ein Versailles durchaus eigener Prägung.

Bei der Entstehung der ausgedehnten deutschen barocken Gartenanlagen zwischen 1690 und 1740 im Verband der zahlreichen fürstlichen Residenzen, haben nämlich neben den französischen Einflüssen auch holländische und italienische mitgewirkt. Dabei spielten die kulturellen, politischen und familiären Beziehungen – wie Heiraten zwischen den fürstlichen Häusern – eine Rolle. Außerdem wachten diese Landgrafen, Herzöge und Kurfürsten eifersüchtig über die Wahrung ihrer im Westfälischen Frieden sanktionierten ›Libertäten‹, weshalb auch die Hauptstadt des Reiches, Wien, niemals eine solche Rolle spielen konnte, wie es in Frankreich Paris beziehungsweise Versailles getan haben.

Von den vielen Ende des 17. und zu Beginn des 18. Jahrhunderts entstandenen Gärten hat nur der ›Große Garten‹ von *Herrenhausen* bei Hannover den geometrischen Stil seiner Entstehungszeit bis heute verhältnismäßig rein zu bewahren vermocht. Der Gründer derselben war Kurfürst Johann Friedrich von Hannover (1665–1679), Gönner des Philosophen Leibniz, der auch nach dem Ableben des Kurfürsten dessen Nachfolger bei der Gartengestaltung beriet. Die im Jahre 1666 im Raum des heutigen Parterres geschaffene erste kunstlose Gartenanlage wurde 1674 auf Grund neuer Pläne erweitert und umgestaltet, um die gestiegenen Ansprüche des Hofes zu befriedigen. Als im Jahre 1680 nach dem Tode des Begründers sein jüngerer Bruder Ernst August (1680–1698) zur Regierung kam, hat dessen Gemahlin Sophie den Herrenhausener Garten zu ihrem eigensten Anliegen gemacht, und es ist bezeichnend, daß sie darin im Jahre 1714 auch vom Tode überrascht wurde. Die Kurfürstin Sophie, zwölftes Kind des Kurfürsten Friedrich v. von der Pfalz und seiner Gemahlin Elisabeth Stuart, war nach dem böhmischen Königsabenteuer ihres Vaters in den Generalstaaten im Exil aufgewachsen. So hatte sie in Holland die ersten entscheidenden Eindrücke empfangen und dabei auch die großen, heute veränderten beziehungsweise verschwundenen Gartenanlagen der Oranier in Nieuwburg bei Rijswijk, Honslaarsdyk beim Haag und Het Loo bei Apeldoorn kennengelernt, bei denen als künstlerisches Gestaltungsmoment die ›Graft‹, der natürliche Kanal, eine Hauptrolle spielte. Die Idee des wasserumgebenen holländischen Gartens hat denn auch in Herrenhausen ihren Niederschlag gefunden, nachdem 1690–1700 die ursprünglich quadratische Form sich in eine rechteckige Anlage verwandelt und vergrößert hatte, deren Herz und Zentrum seit 1720 die ›Große Fontäne‹ mit einem Strahl von dreißig Meter Höhe bildet, der seit 1856 auf siebenundsechzig Meter, seit 1956 auf zweiundachtzig Meter Höhe gesteigert wurde.

Schöpfer der Anlage war Martin Charbonnier von unbekannter Herkunft, der schon für Sophie vor deren Thronbesteigung in Iburg und Osnabrück tätig gewesen war. Vor Beginn der Herrenhausener Arbeiten hatte ihn die Kurfürstin nochmals eigens wegen der neuen Anlage nach Holland gesandt, woraus sich erklärt, daß auch der Herrenhausener Garten gradlinig und plan von einem Wassergraben umgeben wird.

Das im Zweiten Weltkrieg zerstörte Schloß, begleitet von Galeriegebäude und Orangeriehaus, bildet die eine Schmalseite dieses Gartens. Herrliche Lindenalleen umrahmen ihn und begleiten den ringsum fließenden Kanal im wesentlichen. In seiner im großen und ganzen um 1710 vollendeten Gestalt folgt der Garten den klassischen Regeln von Le Nôtre mit einem reich gegliederten Parterreraum mit zentralem Wasserbecken unmittelbar vor der Gartenseite des Schlosses. Dahinter befinden sich vier fast quadratische Becken, darauf folgt ein zweites einfacheres Parterre, das die Überleitung zu den Bosketts bildet, die von je zwei ganz regelmäßigen sternförmigen, von Buchshecken eingesäumten Alleen durchzogen werden und im Zentrum je ein Bassin haben. Die einzige Unregelmäßigkeit des Gartens ist die Anlage des reizvollen Theaters östlich von den großen Parterres mit geschnittenen Heckenwänden und vergoldeten Statuen vor den grünen Kulissen. Bezeichnend ist eine Fülle von Einzelfeldern mit Lusthäusern, Fontänen, Grotten, Wasserfällen und Springwerken, die den Garten im Vergleich zu anderen Schöpfungen dieser Zeit etwas altertümlich erscheinen lassen und wie Reminiszenzen aus dem Hortus Palatinus des Heidelberger Schlosses wirken, in dem Sophie einige Jahre vor ihrer Verheiratung geweilt hatte. In Herrenhausen dürfte auch die geistvolle Tochter von Sophie, Sophie Charlotte, die den Kurfürsten Friedrich III. und späteren König Friedrich I. von Preußen heiratete, erste Anregungen für die Gartenanlagen des von ihr erbauten Charlottenburger Schlosses in Berlin empfangen haben, dem sich die Gartenanlagen von Schloß Monbijou zugesellten.

Sind bei der Herrenhausener Anlage holländisch-französische Einflüsse bestimmend gewesen, so haben italienische Terrassengärten bei den ersten Gartenanlagen auf *Wilhelmshöhe bei Kassel* – damals noch ›Winterkasten‹ genannt – Pate gestanden. Die Anregung dazu hat der kunstsinnige Landgraf Carl von Hessen-Kassel sicher während einer italienischen Reise im Zusammenhang mit einem Besuch von Caserta empfangen. Für die Verwirklichung seiner großen Absichten an einem Hang des Habichtswaldes verpflichtete er einen italienischen Künstler, Francesco Guerniero, der seine wahrhaft gigantischen Pläne noch während deren Verwirklichung in einem von ihm 1705 in Rom herausgegebenen Stichwerk – 1706 in deutsch erschienen – seiner staunenden Mitwelt vorgelegt hat. Leider ist der Plan nicht in vollem Umfange zum Tragen gekommen, was angesichts der Stichfolge und der zeitgenössischen farbigen Projektansichten in Schloß Wilhelmshöhe bedauert werden muß. Geblieben beziehungsweise ausgeführt ist nur das auf einer Anhöhe des Habichtswaldes gelegene Wasserschloß in Form eines monumentalen Oktogons mit der überdimensionalen Figur des Herkules Farnese als Bekrönung – Ausgangspunkt der geplanten Wasserkünste, die in drei weiten Sprüngen bis vor ein damals nicht ausgeführtes Schloß anstelle der heutigen Wilhelmshöher Anlage führen sollten – unterbrochen durch zwei querlaufende Terrassen mit Grotten, Wassertheater und anderem Wasserwerk. Ferner sah der Plan sechs mächtige Alleen unterhalb des höchsten Kaskadensprungs vor, die wie Glieder einer gewaltigen Spinne – eine Abwandlung der Patte d'oie – die Waldhänge überspannen sollten. Doch nur das oberste Drittel des Planes – vom Herkules-Schloß bis zur Neptungrotte – wurde fertiggestellt mit einer auch in der Verkürzung noch immer imponierenden Kaskade von zweihundertfünfzig Meter Länge, von einer schier endlosen Flucht von übermannshohen, gleichsam im Zuge des Strömens vorwärts gebogenen Stufen, die seitlich von niedrig plätschernden Stiegen begleitet werden. Grotten- und Beckenwerk unterbrechen und bereichern diese Kaskadenanlage, die auch im reduzierten Zustand »vielleicht das Grandioseste ist, was irgendwo der Barockstil in Verbindung von Architektur und Landschaft gewagt hat!«(Dehio)

Dagegen ist die fast um die gleiche Zeit von Landgraf Carl zu Füßen seines Kasseler Stadtschlosses auf einer Fuldainsel angelegte *Karlsaue* in ihrer Anlage dem Gartenstil französischer Prägung verpflichtet. Wir wissen, daß der Landgraf für die Gestaltung der Karlsaue ein Gutachten beziehungsweise Pläne von Le Nôtre erbeten hatte. Doch ist es unsicher, ob ein Entwurf von Le Nôtre für die Ausführung bestimmend war. Das Staatsarchiv in Marburg besitzt mehrere Entwürfe von unbekannter Hand, deren gestalterische Tendenzen jedoch alle von der gleichen Absicht bestimmt sind, die sich schließlich auch durchgesetzt hat. Von dem Prachtbau einer 1945 teilzerstörten Orangerie, die man ob ihrer Größe mit Corps de logis, Pavillons und Verbindungsgalerien getrost als ›Orangerieschloß‹ bezeichnen darf – sie wurde auch als fürstliche Wohnung genutzt – strahlen in Form der Patte d'oie spitzwinklig drei große Achsen mit Wegen und Kanälen aus, zwischen denen die Parterres, die Wasserbecken und Heckenquartiere abwechslungsreich geordnet waren. Auch bei der später erfolgten Umgestaltung zum Landschaftsgarten blieben die großen Achsen der Kanäle und Alleen erhalten und vermitteln so auch heute noch einen vorzüglichen Eindruck von den ursprünglichen Absichten.

In dem kunstfreudigen bayerischen Kurstaat werden die italienischen Einflüsse, die im 17. Jahrhundert zu Gartenanlagen in den Schlössern von *Nymphenburg* (1671) und *Schleißheim* (1683) geführt hatten, unter dem Kurfürsten Max Emanuel (1679–1726) von französisch orientierten Anlagen abgelöst, nachdem das Schicksal den Kurfürsten infolge seiner Politik gezwungen hatte, längere Zeit im französischen Exil zu leben. So entstehen seit 1701 in Nymphenburg und seit 1715 in Schleißheim jene auf axial-geometrischen Formen beruhenden Anlagen, für die sich Max Emanuel aus Paris die Le Nôtre-Schüler Carbonet und Dominique Girard geholt hatte, zu denen sich später Joseph Effner, der Schöpfer der bedeutsamen Gartenarchitekturen der Pagodenburg (1716–19), der Badenburg (1719–21) und der Magdalenenklause (1725–28) gesellte, während für die 1734–39 erbaute Amalienburg François de Cuvilliés der Ältere zeichnete.

Diese vielen kleinen Nebenbauten übertreffen an Zahl die verwandten französischen Gartenanlagen und stellen eine besondere Eigentümlichkeit von Nymphenburg dar – nicht zuletzt, weil sie in Form und Inhalt höchst individuell differenziert sind.

Sowohl in Nymphenburg wie in Schleißheim ist die Hauptachse des Gartens durch einen breiten Kanal bestimmt; er beginnt – beziehungsweise endigt – jeweils am Ende der mit Bassins, Fontänen und Teppichbeeten geschmückten Parterreanlage vor dem Schloß. In Nymphenburg teilt dieser Kanal den Garten in zwei Hälften, die beide von einer Querachse durchzogen und so sichtmäßig über den Kanal hinweg verbunden sind; im Zentrum der beiden Hälften und im Verlauf der Querachse und weiterer Diagonalachsen erheben sich Baden- und Pagodenburg mit ihren Bosketts und Sonderachsen. In Schleißheim spannt sich der Kanal zwischen dem Parterre vor dem Schloß und dem kleinen Schloß Lustheim; die Wasserachse wird hier am Ende des Parterres eingeleitet beziehungsweise durch eine Kaskade abgeschlossen, die in Nymphenburg ebenfalls vorhanden ist, aber dort liegt, wo sich in Schleißheim Lustheim erhebt. Die axiale Gliederung zu Seiten des Kanals ist in Schleißheim heute noch viel wirksamer als in Nymphenburg.

Am 15. Juni 1715 wurde auf einer kreisförmig abgeholzten Lichtung des Hardtwaldes der Grundstein für einen hohen, achteckigen Turm und damit zugleich der Grundstein für die spätere badische Residenzstadt *Karlsruhe* gelegt. Da das Terrain, ähnlich wie in Versailles, sandig und sumpfig war, mußte man das Gebäude auf einen Rost von vierhundert Eichen stellen. Dieser Turm – Herz und Kernpunkt einer ihm später vorgelegten, ungleich niedrigeren Schloßanlage mit Corps de logis und angewinkelten Seitenflügeln – war anfänglich Jagd- und Lustschloß zugleich, in dem der schönheitsfreudige Markgraf eine nicht unbeträchtliche Zahl von als Heiducken und Husaren verkleideten Mädchen einquartiert hatte, die ihrem Gönner neben anderen Freuden mehr als ein Dutzend Bände mit von ihnen gezeichneten Lilien, Tulpen und Hyazinthen geschenkt haben. Nach Vollendung der erweiterten, zum Schloß ausgebauten Anlage im Jahre 1751 breiteten sich originellerweise nicht weniger als zweiunddreißig Radien sternförmig vom Turme aus, stadtwärts als Straßen, waldwärts als Alleen gebildet – eine Ordnung, die noch heute das Stadtbild bestimmt. Als gärtnerische Schöpfung im Sinne einer rationalen, zentralisierenden Konzeption, die den Fürsten in den Mittelpunkt aller Dinge stellt, war die Anlage wahrhaft ›superbe‹; so hat es wenigstens der im übrigen doch recht kritische Kaiser Joseph II. empfunden.

Um die gleiche Zeit ließ Herzog Eberhard Ludwig IV. von Württemberg in *Ludwigsburg*, nahe seiner Residenz Stuttgart, – um 1720 – einen Garten in geometrischer Manier anlegen, wie das auch 1719 in *Dresden* in Gestalt des ›Großen Gartens‹ geschah.

Aber nicht nur die weltlichen Herren, sondern auch die geistlichen Fürsten, vornehmlich die Kurfürsten, waren um große Gartenanlagen in geometrischer Manier bemüht. Leider hat die Französische Revolution eine der schönsten und eigenwilligsten Anlagen im Bereich der geistlichen Residenzen an Rhein und Main, die von Kurfürst Franz Lothar von Schönborn bei Mainz geschaffene *Favorita*, dem Erdboden gleichgemacht.

Bei der Planung dieses Lustschlosses wurden die einmaligen Möglichkeiten des vom Ufer des Rheins ansteigenden Geländes zur Anlage von breiten, terrassenhaften Erdstufen genutzt. Der Eingang von der Stadt an der nördlichen Schmalseite bestimmte die Richtung der Zufahrt, die parallel dem Flußlauf, aber keineswegs in der Achse des Grundstückes lag, und oberhalb Raum für eine gleichlaufende, vom übrigen Garten isolierte Promenade frei ließ. Das Lustschloß selbst lag zwar in der Achse der Zufahrt, aber es bildete keineswegs das Zentrum der beiden dazwischen liegenden Parterrezonen, deren Achsen sich quer zu dem Eingangsraum mit Ausrichtung auf den Strom entwickelten, sondern war in einer Ecke des amphitheatralisch angeordneten Bezirkes der Orangerie erbaut. Diese, ein Festsaal, stand auf der obersten Geländestufe der ersten Parterrezone, während sich rechts und links kleinere Pavillons als gleichmäßige Einzelgebäude in Dreiergruppen staffelten; durch die Gefälligkeit der Anordnung übertraf die Favorita das Vorbild von Marly. Die zum Rheinufer herniedersteigende Raumfolge war durch Rampen und Treppen geordnet und durch Wasserbecken, Kaskaden und Pflanzenkübel gegliedert. Seitlich verlief – in seitlich einseitiger Achsenschwenkung – die zweite gleichfalls prächtig durchgegliederte Querachse, ebenfalls reich mit Wasserkünsten und Figuren geziert, während die Gänge, Rampen und Stufen von Heckenwänden begleitet wurden. Für diesen Parallelismus der beiden quer zum Flußufer gelegenen Parterres, wie auch für das ziemlich abrupte Zusammenstoßen mit der parallel zum Fluß laufenden Eingangszone hätte man in Frankreich wenig Verständnis gehabt, während man in Deutschland mit Vorliebe solchen unkonventionellen Spannungen huldigte.

Die wenigen vorstehenden Beispiele lassen schon erkennen, daß es in Deutschland zu Beginn des 18. Jahrhunderts einen einheitlichen Gartentypus in französischem Sinne, in einer Manier strenger Observanz, nicht gegeben hat. In den deutschen Gärten dieser Zeit werden fremde Anregungen mit

Phantasie assimiliert und gegensätzliche Anschauungen in eigenwillig schöpferischer Weise durchgebildet, wie es auch der *Zwinger in Dresden* beweist, der eine Sonderstellung ganz eigener Art einnimmt. In einem Bollwerk des Festungswalles, seit je als ›Zwingergarten‹ bezeichnet, begann man 1709 nach Plänen von Mathias Daniel Pöppelmann ein Werk, das keinen Vorgänger hat. Ein viereckiger Platzraum, der sowohl für gärtnerische Schaustellung wie für festliche Aufzüge gedacht war, buchtet auf zwei Seiten mit lusthausartigen Aufbauten hufeisenförmig aus, die Treppenanlagen enthalten und zweigeschossig sind, wie die entsprechenden Saalbauten an den vier Ecken. Die Verbindung bilden Bogenreihen, unterbrochen von den Treppenhäusern mit dem Kronentor nach der Stadtseite; das zweite nach der Elbseite vorgesehene gleichartige Tor ist nicht zur Ausführung gekommen. Figuren, Blumenvasen, Springwerke und Grotten füllen und bereichern diesen gärtnerischen Festraum, dessen originelle Schöpfung schon die Zeitgenossen, nicht zuletzt die ausländischen, »in entzückende Verwunderung« versetzte.

Was die Gartenschöpfungen anbetrifft, sind die Verhältnisse in den österreichischen Reichslanden ähnlich gelagert. Der italienische Einfluß war aus politischen und geographischen Gründen noch gewichtiger als der französische. Aber trotz der Feindschaft zwischen Habsburg und Frankreich kommt auch hier das internationale französische Element zum Tragen. Doch tritt fast immer à l'italienne die Kaskade an die Stelle des Kanals.

Die politische Entwicklung – die Türkenkriege – hatten bis zum Ende des 17. Jahrhunderts die gärtnerischen Entwicklungsmöglichkeiten außerhalb Wiens behindert. Erst die Friedensschlüsse von Karlowitz und Rijswijck (1697 und 1699) vermochten endlich den Reichslanden friedliche Jahre zu sichern, die eine reichere Entfaltung des kulturellen Lebens am Kaiserlichen Hofe in Wien gestatteten. Mit der neu gewonnenen Sicherheit drängte man in Wien über den Befestigungsgürtel hinaus, und es entstehen jetzt in den Vorstädten und im Vorgelände größere Lustschlösser und Landhäuser des österreichischen Hochadels. Zu den hervorragendsten Anlagen gehören die *Gärten des Palais Liechtenstein*, die Anlage des *Belvedere* des Prinzen Eugen und die des kaiserlichen Lustschlosses *Schönbrunn;* leider sind bei letzterem die großartigen Pläne Fischers von Erlach nicht zum Tragen gekommen, der das Schloß auf jene Anhöhe setzen wollte, die heute die Gloriette ziert. In dem Belvederegarten und den ihm verwandten Anlagen des angrenzenden Palais Fondi-Mansfeld, später *Schwarzenberg*, ist das mittlere Parterre wohl vorhanden, die seitlichen Bosketts aber nicht, wodurch wie in den Niederlanden die seitliche Ausdehnung und die seitlichen Ausblicke fehlen.

Der *Belvederegarten* erstreckt sich auf einem Hanggelände zwischen zwei nach Entwürfen von Joh. Lukas von Hildebrandt ausgeführten Wohnschlössern. Der ursprüngliche Zustand ist in einem Stichwerk von Salomon Kleiner überliefert, das 1731 zu erscheinen begann und sich in zehn Folgen bis 1740 hinzog. Die Anlage ist keineswegs nach einem von Anfang an feststehenden Plan entstanden, sondern sie erwuchs erst als Folge eines stetig fortschreitenden Geländeerwerbs, bis eine geniale Hand alle Teile überzeugend zusammengeschmolzen hat. Die Ausführung der Pläne oblag dem 1717 in die Dienste des Prinzen Eugen getretenen kurbayerischen Architekten Dominique Girard, der uns schon in Nymphenburg und Schleißheim begegnet ist. Eine einzige, durchgehende Mittelachse bestimmt die Gliederung der rechteckig gestreckten Anlage. Der Höhenunterschied im Gelände wurde geschickt durch eine gärtnerische Querachse aufgefangen, wodurch eine Untergliederung in der Horizontalen wirksam wird: es entstehen ein auf das untere Belvedereschloß bezogener Heckengarten, dessen vier Kompartimente von künstlich gestutztem Baumverschnitt gerahmt und durch ein diagonales Wegesystem unterteilt werden, und ein dem oberen Belvedereschloß vorgelegter Gartenteil, der durch eine erhöhte Abböschung mit einer Kaskade in der Mitte und zwei weitgespannten Treppen an den Seiten von dem unteren Gartenteil geschieden und doch mit ihm in Verbindung steht; der obere Teil – baumlos – ist durch Teppichbeete und Wasserspiele gegliedert.

Diese Form des Wiener Terrassengartens erfuhr eine großartige Steigerung auf einem Besitz des Prinzen Eugen im *Marchfeld*, in dem heute leider verwilderten *Schloß-Hof*, da dort unbegrenzte Ausdehnungsmöglichkeiten keinerlei Begrenzung auferlegten. Sechs breitere und schmälere Terrassen steigen zum Palast empor, der auf drei Seiten von Parterres umgeben ist. Treppen und Kaskaden verbinden und gliedern dabei die Terrassen, die durch große Wasserbassins, eine mächtige Grotte und eine Fülle von Parterres geziert waren. Ist dieser Parterrereichtum französischem Einfluß zuzuschreiben, so entstammt die Terrasse Italien – nicht nur hier, sondern allenthalben im Wiener Einflußgebiet, findet man eine solche glückliche Synthese beider Stilgattungen.

Schloß-Hof, dessen ursprüngliche Pracht und Schönheit uns durch zahlreiche in den Jahren 1758–60 im Auftrage der Kaiserin Maria Theresia von Belotto il Canaletto gemalte Veduten überliefert ist, konnte durchaus mit den Gartenanlagen von Schönbrunn wetteifern, für die so viele Entwürfe vorgelegt wurden; leider haben dann nicht die besten davon ihre Verwirklichung gefunden, so daß ein etwas trockener Schematismus das Ergebnis war. Der Garten, 1705–06 von Jean Trehet angelegt, erfuhr 1765 eine durchgreifende Änderung nach den Plänen F. Hetzendorfs von Hohengerb und Adrian van Steckhoven, nachdem die erste Anlage bereits 1750 durch den sogenannten Kammer- und Kronprinzengarten nach dem Entwurf von Jean Nicolas Jadot de Ville-Issey erweitert worden war. Erst in der letzten Phase, als der Garten seine heutige Gestalt erhielt, erbaute Hohenberg die graziöse Gloriette, die zum Wahrzeichen von Schönbrunn geworden ist.

Auch in den Schönbrunner Gartenanlagen manifestiert sich die deutsche beziehungsweise österreichische Neigung, den Garten in eine Vielzahl von Komplexen zu gliedern, was die Kraft der klassischen Mittelachse mindern mußte.

Gärten in Rußland

Bis zum Ende des 17. Jahrhunderts war der Lebensstil des russischen Menschen noch keineswegs verfeinert, seine Kultur fußte auf der von Byzanz. Die Vulgarität der gleißenden Farbgebung, die mit dem griechisch-orthodoxen Ritus aufkam, wurde niemals durch das persische Gefühl für Maß und Harmonie gemildert, wie dies in Spanien durch den arabischen Einfluß der Fall war. Kultivierte Gartenkunst dürfte in Rußland zum ersten Male durch Peter den Großen nach seiner Rückkehr aus dem westlichen Europa – Österreich, Preußen, Holland und England – aufgetreten sein. Peter der Große, oberflächlich von westlicher Kultur berührt, baute 1715 die große Anlage von *Peterhof*, für die Alexandre Le Blond – dessen Werk ›Théorie et pratique du jardinage‹ die Doktrin der französischen Schule bewahrt – einen schönen Garten anlegte, der in jüngster Zeit mit seinem Reichtum an Wasserspielen und seiner Fülle vergoldeter Figuren eine glanzvolle Auferstehung erlebte, wie aus einer erst kürzlich erschienenen Publikation hervorgeht. Trotz dieses erfolgversprechenden Ansatzes war die Gesellschaft des alten Rußland, wenn sie nicht alles Fremde haßte, fremdenfeindlich genug, um nicht sogleich jeder neuen Mode zu folgen. Man lernte den französischen Stil allzu spät kennen, um eine russische Abwandlung zu entwickeln, denn als Peter der Große 1725 starb, kündigte sich bereits die Mode der englischen Gärten an.

Der Spanische Erbfolgekrieg, durch den ein Enkel Ludwigs XIV. König von Spanien und Neapel wurde, trug zur Ausbreitung des französischen Gartenstils in diesen Ländern bei. Die von Italien und Spanien im 17. und 18. Jahrhundert nach Frankreich eingeflossenen Anregungen strömten nunmehr in letzter Gestalt zu den Ursprüngen zurück, in die schlaffen und schwächlichen Hände eines Philipp V. und seines Sohnes Karl III.

Die beiden großen Gärten von *La Granja* in Spanien und *Caserta* bei Neapel hängen eng zusammen. Caserta wurde von Karl Bourbon in Erinnerung an seine Kindheit in Spanien angelegt. In ihrer Konzeption sind diese beiden Gärten der gleichen Gruppe wie die Wilhemshöhe in Kassel und Schloß Schönbrunn bei Wien zugehörig, denn sie zeigen eine Art Umkehrung der Perspektive. Versailles war in Übereinstimmung mit den von Ammanati anderthalb Jahrhunderte zuvor festgelegten Regeln auf einer leicht erhöhten Plattform errichtet worden, von der aus der Gartengrund allmählich abfiel; der Blick vom Schloß her glitt entlang dieser sanften Neigung und verlor sich schließlich in der dunstigen Ferne. In La Granja, Caserta, Wilhelmshöhe und Schönbrunn hingegen zeigt das andere Ende des Gartens steigenden und nicht abfallenden Boden, so daß die Aussicht durch einen Hügelkamm sehr scharf begrenzt und durch eine vom Himmel sich abhebende Architektur gekennzeichnet wird – so in Wilhelmshöhe durch den ›Herkules‹, in Schönbrunn durch die ›Gloriette‹ und in La Granja durch den Prospekt des Gebirges. In italienischen Gärten war eine solche Gestaltung nichts Ungewöhnliches, für französische Begriffe war es ungewöhnlich, denn sie verwandelte das Schloß sozusagen von einer Anlage, die einen Ausblick haben sollte, in eine Anlage mit einem Anblick und betonte die Rückkehr zur Empfindung des umschlossenen Raumes, den Versailles so beharrlich zerstört hatte. Damit wurde in den Gärten von Caserta, Wilhelmshöhe und Schönbrunn, so ausgedehnt diese auch waren, der Schein des Grenzenlosen aufgegeben.

Es dürfte abwegig sein, diese Art von gestalteten Gärten, die zeitlich zwischen Bramantes Belvedere und Caserta liegen, in eine einzige Kategorie zusammenzufassen und sie als barock zu bezeichnen. Man läuft dabei Gefahr, das Bild durch eine solche Vereinfachung zu verwischen. Insofern man das Barock als einen theatralischen Stil, eine prunkende Schau, auffaßt, waren sie barock, und auch in der Hinsicht, daß das Barock Material verwendet, ohne Rücksicht auf seine wesentlichen Eigenschaften zu nehmen. Jedoch das bewußt Emotionelle, Leidenschaftliche und Quälende des Barock findet man nur in einzelnen Gärten Spaniens und Portugals.

Es ist aber durchaus irreführend, alle diese Gärten, die auf einem geometrischen Grundplan beruhen, als ›formal‹ zu bezeichnen. Eine freihändig gezeichnete Form kann genauso steif sein wie eine mit dem Lineal gezogene, sie kann dank einer verborgenen Symmetrie genauso harmonisch wirken – als ob die einzelnen Teile in vollkommenem Gleichgewicht einander entsprächen. Die Gärten von Lancelot Brown, denen wir im folgenden noch begegnen werden, sind letzten Endes genauso ›formal‹ wie jene von Le Nôtre.

Fünftes Kapitel

Gärten der Imagination

Was ich über die beste Form von Gärten gesagt habe, gilt nur für diejenigen, die in gewisser Hinsicht regelmäßig sind; es mag ganz unregelmäßige geben, die, soviel ich weiß, mehr Schönheit als irgendwelche anderen haben können ... etwas davon habe ich bisweilen gesehen, doch mehr darüber von Leuten gehört, die viel unter Chinesen gelebt haben ... Bei uns wird die Schönheit der Bauten und Anlagen hauptsächlich nach gewissen Proportionen, nach Symmetrie oder Einheitlichkeit bewertet; unsere Wege sind so angeordnet, daß sie einander in bestimmten Abständen entsprechen. Die Chinesen spotten dieser Art von Anlagen ... Sie gebrauchen all ihren Einfallsreichtum, um Formen von größtmöglicher und ins Auge fallender Schönheit zu erfinden, aber ohne feste Ordnung, die allgemein und leicht erkennbar im Verhältnis der einzelnen Teile ist ... Und wer die Arbeit der besten ostasiatischen Gewänder oder die Malerei auf ihren schönsten Wandschirmen oder Porzellanen betrachtet, wird feststellen, daß all ihre Schönheit von dieser Art ist, das heißt ohne feste Ordnung.

Sir William Temple
›Upon the Garden of Epicurus‹, 1685

Chinesische Gartenkunst

An der Wurzel einer jeden nationalen Schule der Gartenkunst steht – abgesehen von den politischen und sozialen Verhältnissen, die dazu beitragen, sie zu formen – ein geistiger Impuls, der ihr einen kontinuierlichen Charakter verleiht. In geschichtlicher Frühzeit praktizierte der Chinese eine animistische Form der Religion. Der Himmel, die Berge, die Meere, die Flüsse, die Felsen und die Tiere, alles waren Verkörperungen von Geistern. Es mag in diesen Vorstellungen ein höchstes Wesen, den ›Geist des Großen Himmelsgewölbes‹ gegeben haben, mit dem nur der Kaiser von den Spitzen der Berge aus in Verbindung trat; für den gemeinen Mann gab es jedoch eine Unzahl von weniger bedeutenden Geistern, mit denen er in eine besänftigende persönliche Beziehung treten konnte. Die Wirkung eines solchen Glaubens auf die Haltung eines Volkes führte zur Demut, Zurückhaltung und zu guten Sitten, denn der Mensch war letzten Endes – eine Daseinsform unter vielen – nur simpler Bewohner der Welt und nicht der Herr über alles, als der sich der stolze europäische Erbe der griechischen Kultur fühlte.

Metaphysisch gesehen, war das Universum von zwei Prinzipien gestaltet, nämlich vom Prinzip der Ruhe und dem der Tätigkeit, aus ›Ying‹ und ›Yang‹, die dem Wesen nach auch den weiblichen und den männlichen Charakter zu verkörpern schienen. Diese Auffassung verlieh dem nationalen Temperament ein besonderes Bewußtsein von der Bedeutung von Kontrasten, verkörpert in dem felsigen Berg und dem lächelnden Tal, dem knorrigen Baum, der sich gegen den glatten Schnee abhebt, oder in der aufrechten Form im Gegensatz zur liegenden.

Vor einem solchen Hintergrund lehrte Laotse (6. Jahrhundert v. Chr.) die quietistische Philosophie des Taoismus. Ausgangspunkt und Ziel ist ›Tao‹, womit Laotse das höchste Wesen bezeichnete, das der Urgrund allen Seins ist. Der Mensch soll mit Hilfe des Tao streben, sich ins Tao zu versenken, es zu begreifen, um am Ende in es zurückzukehren. Alle wahre Tugend beruht nur im Einssein mit dem Tao, im Sein und nicht im Tun des Menschen. Das Tun ist nur dann tugendhaft, wenn es der durch Tao geläuterten sittlichen Natur selbst entspringt, nicht wenn es durch äußere Ordnungen anerzogen wird.

Konfuzius (551–478 v. Chr.) andererseits, der ebenfalls nach der Freiheit der geistigen Ruhe strebte, empfiehlt, um diesen Zustand zu erreichen, ein Leben im Dienste der Allgemeinheit und Mitarbeit in einer festgefügten Gemeinschaft;

er predigte ein Leben der Mäßigung in jeder Hinsicht. Auf diesen so fruchtbaren Boden fiel die Lehre Buddhas, nach der der Zustand der Ruhe und der Kontemplation, die Beherrschung der Leidenschaften und Gelüste in eine mystische Sphäre erhoben wird. So vereinigten sich im Charakter des kultivierten Chinesen die Liebe zur Natur und diese erstaunliche passive Rezeptivität für Sinneswahrnehmungen.

Der bewohnbare Teil Chinas war seit ältester Zeit dicht bevölkert und intensiv bebaut. Um der städtischen und vorstädtischen Umgebung zu entfliehen, wurde es zur Gepflogenheit, solche Plätze aufzusuchen, die im allgemeinen bergig und oft abgelegen waren, wo die Schönheit oder Größe der Szenerie den grauen Alltag vergessen ließen und die tieferen Harmonien des Geistes enthüllten. Sich dessen bewußt zu werden, mußte den Menschen mit Wonne erfüllen. Hier in einem leicht gebauten Sommerhaus und in Gesellschaft von wenigen, aber wohlerwählten Freunden konnte der Mensch einige Tage mit angenehmen Gesprächen verbringen, Verse schmieden und die dem Genius des Ortes angemessenen Opfer darbringen. Die Reise zu solchen Plätzen war oft mühsam und besonders schwierig für die Frauen, deren künstlich verkümmerte Füße sie zu schlechten Fußgängern machten. Was war daher natürlicher als der Versuch, die äußerlichen Voraussetzungen, die diesen Zustand intensiven Lebensgefühls – zu sein, nicht zu handeln – auslösten, nahe dem eigenen Heim zu wiederholen. Das heißt, tatsächlich einen der verehrten Landschaft ähnlichen Garten zu schaffen.

Dies war der Ursprung des chinesischen Gartens, und obwohl der durch Tradition geheiligte Charakter einer solchen Nachahmung nicht überall erhalten blieb, so hat die Liebe zur natürlichen Landschaft und der gefühlsbetonte Charakter, den sie hervorrief, die Zeiten überdauert.

Anders als die Gärten Europas mit ihrer zweifachen Abstammung sowohl von einem ›Sanktuarium‹ als auch von dem einem Helden geweihten Hain, war es der Hauptzweck dieser

Gärten, vor allem einen ersehnten geistigen Zustand herbeizuführen. Da aber der Ursprung des Gartens mehr ein naturhafter war als ein urbaner, hat das Geometrische in den chinesischen Gartenentwürfen keinen Raum. Mochten die Umrisse rektangulär sein, mochte es auch viele Pavillons geben, so spielte die Architektur darüber hinaus weiter keine Rolle. Die langsame und stetige Entwicklung im Laufe der Jahrhunderte bietet wenig Greifbares, woraus man auf Revolutionen in der Entwicklung dieser Gartenkunst schließen könnte. Es gibt zwar legendenhafte Überlieferungen von großen Gärten der Chou-Dynastie, aber es fehlen jene sicheren Beweise, wie sie beispielsweise die ägyptische Geschichte der gleichen Periode in den Malereien der Grabmonumente aufweist. Von den Chou-Gärten wissen wir als einzige Tatsache, daß sie ausgedehnt waren. Unter der Han-Dynastie (etwa von 206 v. Chr. bis 221 n. Chr.), die unter dem Einfluß der neuen Lehren Buddhas stand, errichteten die Kaiser in ihren großen Gartenparks künstliche Erhebungen, auf denen sie dann ihre Paläste erbauten. Die Gärten des Kaisers Wu-ti bedeckten etwa einhundertdreißig Quadratkilometer Bergland, wobei ein jedes Tal sein eigenes Sommerhaus besaß.

Doch für unseren Wissensdurst, der um die frühesten Gärten des Fernen Ostens kreist, scheint das allzu wenig – ebensowenig wie das, was wir über die Auswirkungen des Buddhismus auf die Gartengestaltung wissen. Man muß es als einen Glücksfall bezeichnen, daß der Staatsmann Hsi-Ma-Kuang im Jahre 1026 n. Chr. einen langen und detaillierten Bericht über seinen eigenen Garten niederschrieb: »Andere mögen ihre Paläste gebaut haben, um darin Kummer einzuschließen oder um über die Nichtigkeit des Daseins nachzudenken. Ich habe mir eine Eremitage geschaffen, um mich darin meiner Muße zu überlassen und mit meinen Freunden zu plaudern. Zwanzig Morgen haben mir für meine Bedürfnisse genügt. In der Mitte steht ein Pavillon mit einer Bibliothek von etwa fünftausend Bänden, um die Weisheit der Alten zu befragen und mit dem Altertum meine Zwiesprache zu halten.« In dieser Anlage gab es auch Wasserläufe, Kaskaden und Seen, auf denen Schwäne lebten, sowie einen großen überhängenden Felsen mit einem Pavillon darauf, wo Hsi-Ma-Kuang sitzen und die Röte des Sonnenaufgangs genießen konnte. In einem der Wasserläufe befand sich eine Insel, deren Ufer mit Sand, Muscheln und vielfarbigen Kieseln bedeckt waren. Auch gab es immergrüne Bäume und eine Hütte aus Binsen, die einer ärmlichen Fischerhütte ähnelte. Zahlreiche weitere Pavillons waren über den Garten verstreut; einige lagen auf Hügeln, andere in kleinen Tälern. Auch gab es dort einen von sandigen Pfaden durchzogenen Bambuswald, in den die Sonne nie eindrang, ferner einen Zedernwald, einen Hain von Granatäpfeln, Zitronen und Orangen, einen von Trauerweiden begleiteten Weg, eine Felsengruppe, die mit Efeu und wilden Blumen bedeckt war, eine tiefe Grotte, in die das Licht durch eine von wildem Wein und Geißblatt umrahmte Öffnung fiel. Ein See enthielt kleine schilfige, von Vögeln bevorzugte Inseln, weil auf ihnen besondere für die Vögel eingerichtete Häuser standen, die der Besucher des Gartens sowohl auf Holzbrücken als auch auf Trittsteinen erreichte. »Wenn die Seerosen am Ufer des Teiches in voller Blüte stehen, erscheint er mit Purpur und Scharlach bekränzt wie der Horizont des südlichen Meeres, wenn die Sonne aufgeht.« Von einem Kiosk endlich, der sich auf einem Felsenwall erhob, konnte man über die weite flache Ebene des Kiang schauen, so daß Hsi-Ma-Kuang sich auch an dem Anblick des Flusses, wie er sich durch die Reisfelder schlängelte, erfreuen konnte.

Der Garten des Hsi-Ma-Kuang gehört der Sung-Dynastie an, einer Zeit, in der viele chinesische Künste den Gipfel ihrer Blütezeit erreichten. Wir dürfen deshalb mit Recht annehmen, daß er ein besonders feines Beispiel eines Gartentypus war, den es bereits jahrhundertelang gegeben hatte und der noch weitere Jahrhunderte überdauern sollte. Die chinesische Ethik war bis in die jüngste Zeit konservativ. Wenn immer die Chinesen etwas Vorzügliches hervorbrachten, wurde es sofort durch die Strenge der Gesetze zum Erstarren gebracht, indem diese festlegten, wie einer solchen Vollendung auch in Zukunft nachzueifern sei. Dies war der Weg, auf dem der Kult des Klassischen zur wahren Religion Chinas wurde. Wie es gewöhnlich der Fall ist, gesellte sich zu den religiösen Gesetzen der Aberglaube; so wurden irgendwelche Formen, die gefielen, als glückbringend erklärt und gewisse Verhältnisse und Bezüge, die unharmonisch waren, als unheilbringend angesehen. Daraus entstand ein Kodex der Symbolik.

Man hat der Symbolik für die Gärten des Fernen Ostens aber wohl eine allzu große Bedeutung eingeräumt. Sie ist zwar vorhanden, aber für den Geist der Gärten ist sie nicht allein entscheidend. Zu einem Teil diente sie dazu, den Schöpfungsdrang auf gewisse Formen festzulegen, und zum anderen war sie ein gewollter Kunstgriff, um das zu verewigen, was nicht mehr verstanden wurde. Die Symbolik spielte etwa die gleiche Rolle wie jene Sprichwörter, die Anwärter für den Staatsdienst bei ihren Pflichtprüfungen zitieren mußten – Sprichwörter, die gleichzeitig den regierenden Klassen feststehende Prinzipien gaben. Die Mischung von Moral und künstlerischem Geschmack in diesen Sprichwörtern mag der abendländischen Auffassung reichlich affektiert erscheinen, aber ebensowenig würde der chinesische Literat die westliche Unterscheidung von Ethik und Ästhetik verstanden haben:

... *Ein privater Garten soll ein Stück einer ländlichen Wildnis aufweisen; blendet er nur durch seine Pracht, so benimmt eine solche Vulgarität den Atem.*

... *Es gibt vier Regeln für das Leben in den Bergen: keine Anpflanzungen von Bäumen nach einer bestimmten Ordnung, keine künstlich verteilten Felsen, keinen Prunk im Wohnhause und keine Hintergedanken im menschlichen Herzen.*

... *Gehen, um die Pflaumenblüte nach dem Schneefall zu betrachten, die Chrysanthemen während des Frostes besichtigen, die Orchideen während des Regens pflegen oder dem Flüstern des Bambus bei der*

Brise zu lauschen, das sind die Freuden der Muße eines einfachen Landedelmannes, aber auch Augenblicke tiefster Bedeutung für den Gelehrten.

Ein solcher Grad der Wahrnehmungsfähigkeit, solche exquisite Empfindungen sind dem kultivierten Europäer zwar nicht fremd, ungewöhnlich aber wird ihm die äußerste Sorgfalt dünken, mit der der Geist darauf vorbereitet wurde.

Den Unterschied zwischen der europäischen und der chinesischen Einstellung zur Kunst veranschaulicht der folgende Kommentar von Roger Fry treffend: »... Man hat das Gefühl, man müsse etwas auf der Hut sein bei einem Volke, das die ›Teezeremonie‹ erfunden hat, ein Volk, das sich vorzüglich in den Zustand einer erwartungsvollen ästhetischen Anbetung zu hypnotisieren vermag. Viele werden bestimmt sagen, diese hypnotische Übung, die darin besteht, daß man den Gartenpfad schweigend zum Teehaus zurücklegt, diene nur dazu, eine entsprechende Empfänglichkeit zu erzeugen und einen dafür günstigen geistigen Zustand herbeizuführen. Das aber ist es gerade: Die Chinesen versetzen sich stets in einen gesteigerten geistigen Zustand, indem sie den kritischen gesunden Menschenverstand weghypnotisieren. Sie haben eine Art, Dinge kostbar erscheinen zu lassen, noch bevor sie geschickt gefaßt und mit Geschmack zur Schau gestellt werden.«

Die Überfülle an Gebäuden in den chinesischen Gärten war die natürliche Folge dieser passiv empfänglichen Haltung. Der Garten wurde nicht als ein Ort betrachtet, in dem man sich Bewegung verschaffen konnte, sondern er wurde als eine Reihe von Szenerien angelegt, die mit geglückten Übergängen wie auf einer Bildrolle aufeinanderfolgten, wobei aber jedes Bild ein geschlossenes Ganzes bildete. Diese Bilder sollten von einem sorgfältig ausgewählten und wohlgeschützten Standpunkt aus – der selbst ein köstlicher Teil des Ganzen war – genossen oder sozusagen aufgesogen werden. Der Hausherr wählte den Pavillon oder das Gartenhaus, um jenen ästhetischen Genuß zu finden, den er gerade ersehnte oder den die Natur bot. Hsi-Ma-Kuang besaß einen ›der Morgensonne zugekehrten Pavillon‹, während andere Plätze, wie die Grotte, den heißen Tagen vorbehalten blieben. Und andere Pavillons wiederum waren so angelegt, daß, wenn die Brise sich regte, er dort sitzen und dem Bambus lauschen konnte; weitere wurden mit großer Sorgfalt nur für die Dauer einer Stunde im Jahr geplant, um etwa die Wirkung des Vollmondes auf den blühenden Mandelbaum zu erleben. Dies alles waren Teile eines raffinierten Planungsprozesses, der es ermöglichte, alle Herrlichkeiten eines köstlichen Lebens zu kosten und zu genießen, eines Prozesses, der die gesammelten Erkenntnisse vergangener Zeitalter und die Selbstdisziplin des abgeklärten Philosophen erforderte.

Da diese Gärten ursprünglich verkleinerte Wiederholungen einzelner bevorzugter Landschaftsszenerien waren, mangelte ihren Schöpfern selten das Bewußtsein für die Wichtigkeit des Grades der Verkleinerung. Diese Verkleinerung des Maßstabes war zum Teil auch die Ursache dafür, daß die unmittelbare Darstellung sich nach einer festgelegten Symbolik orientierte. Wenn ein künstlicher Hügel, der nur dreißig Meter hoch ist, einen Berg von dreitausend Meter Höhe darstellen soll, dann kommt man bald dahin, daß jeder Klumpen, jede Bodenschwelle, Gestein- oder Maulwurfshügel entsprechende feste Bedeutungen annehmen muß. Es ist jedoch tatsächlich ebenso falsch, diese Gärten als nachahmende Darstellung wie als zweidimensionale Gemälde aufzufassen. Der Künstler erkennt, wie man gewisse natürliche Effekte erzielen kann, legt das Geheimnis in einigen Grundprinzipien nieder und bedient sich dann derselben, um ähnliche, aber durchaus nicht die gleichen Wirkungen zu erzielen. So wie das chinesische Gemälde mit seiner Sparsamkeit der Linien und seiner nervösen Feinheit, durch die es sich der Kalligraphie nähert, zeitweilig etwas von einer geschriebenen Sprache annimmt, erweist sich die extreme Form des fernöstlichen Gartens als eine kurze auf die Bodenfläche skizzierte Notiz. Eine beliebte Landschaft, der West-See, eine weite, von Inseln übersäte und von Brükken durchkreuzte Wasserfläche, konnte in die Grenzen eines engen Gartens vermittels eines Teiches, einer Insel, eines Pavillons und einer Brücke transponiert werden oder schließlich und endlich auf eine kleine Fläche von geharktem Sand mit zwei Felsen und einer Reihe von Trittsteinen. Vor dem willigen Geist entstehen dann die köstlichen Harmonien des Originals, ohne daß eine Rekonstruktion von diesem gegeben wird.

Was in der Tat diese Haltung in der Gartenkunst ermöglichte, war das feine Empfindungsvermögen der Gärtner – vergleichbar den Kalligraphen, die mehr zur eigenen Freude schrieben, als um Worte aufzuzeichnen. Für sie konnten die Felsen nicht einfach Symbole für Inseln sein, sie hatten immer eine ihnen eigene Schönheit, ihre Maße und ihre Gestalt, ihr eigenes Gefüge und ihre Lage. Im buddhistischen ›Nirwana‹ finden die Felsen und die Steine wie die Menschen ihren Platz, wenn sie ›richtig‹ sind.

Steine, und zwar unbehauene Steine in allen natürlichen Formen, Größen und Farben sind das Grundelement des fernöstlichen Gartens. Man könnte beinahe sagen, daß Steine für die Chinesen und Japaner dasselbe sind, was Bäume für die Engländer des 18. Jahrhunderts bedeuteten oder Blumen für uns heute sind. Es ist schwer festzustellen, wie es dazu gekommen ist, es sei denn, daß die Steine, die etwas Bleibendes, von dem Wechsel der Jahreszeiten Unabhängiges darstellen, eine Anziehungskraft für eine Philosophie besessen haben, die dem Wechsel abhold war. In Indien maß der Buddhismus den Bäumen in den Klostergärten eine besondere Bedeutung zu, denn Buddha war unter einem Baum geboren und hatte später seine Erleuchtungen unter einem solchen. Die Buddhisten in China scheinen dagegen die Bäume nicht als besonderes Merkmal verwendet zu haben und zogen vor, Buddha Denkmale von Stein zu errichten.

In den durch die Kraft der geistigen Vorstellung geschaffenen Gärten wurden Felsen benötigt, um Felsenspitzen und Abgründe einer Ideallandschaft nachzubilden, aber die Felsen hatten nicht nur den Wert von Nachbildungen, sondern vermochten darüber hinaus durch ihr Eigendasein Empfindungen auszulösen. Sie wurden als in sich schöne Dinge angesehen, die mit ihrer unaufdringlichen, geheimnisvollen Schönheit das Echo ihrer Unwiderstehlichkeit und Vollkommenheit im menschlichen Geist erweckten. Sie waren sozusagen Proben einer ›natürlichen‹ Skulptur. Als Zeugnisse außerordentlicher Aussagekraft wurden diese Steine auf Sockel montiert und in den Gärten – gleich den Statuen im Westen – aufgestellt. Bestimmte Formen waren sehr gesucht. Expeditionen wurden ausgesandt, um die Steine zu sammeln, und in den Städten gab es Geschäfte, die sich ausschließlich mit deren Verkauf befaßten. Der Kenner schätzte sie so hoch, daß im Japan des frühen 19. Jahrhunderts eine merkwürdige Version der europäischen mittelalterlichen Gesetze gegen den Luxus auftaucht, wonach Höchstpreise für einzelne Exemplare gesetzlich festgelegt wurden.

In den Augen der Chinesen war die hervorstechendste Eigenschaft eines Gartens das ›Malerische‹. ›Malerisch‹ bedeutet dabei aber nicht einfach, daß dies durch ein Gemälde dargestellt werden kann, ebensowenig wie ›poetisch‹ nicht unbedingt bedeutet, daß solches durch ein Gedicht zum Ausdruck gebracht werden kann. Es gibt ja viele Gemälde, die nicht malerisch und viele Gedichte, die nicht poetisch sind. Wir müssen hier als malerisch eine gewisse Steigerung jener visuellen Wirkungen verstehen, die eine positive affektive Antwort hervorrufen ... es liegt ein Zug zum Karikaturhaften in ihnen.

Es scheint, daß es außerhalb des malerischen oder gefühlsmäßig betonten Gartens keine große Entwicklung der Gartenkunst in China gegeben hat. Es bestand keine Notwendigkeit, eine Form, die alle gefühlsbetonten Bedürfnisse befriedigen konnte, weiterzuentwickeln. Die Berührung mit dem Westen brachte keinen Wechsel in der Auffassung mit sich. Im frühen 18. Jahrhundert legte Pater Benoît, Mitglied der Jesuitenmission, einen Teil des Parkes des Sommerpalastes, *Yüan Ming Yüan*, im europäisch-architektonischen Stil an und stattete ihn mit Treppen, barocken Brunnen und symmetrischen Pflanzungen aus. Zwar waren die Chinesen von der Technik der Wasserkünste und von der Fülle der Erfindungen entzückt, doch scheint dieser Garten ein vereinzeltes Beispiel geblieben zu sein. Als der Kaiser alt geworden war, besuchte er ihn nur selten, und nach seinem Tode verfiel er vollständig.

Japanische Gärten

Die Chinesen trieben die Entwicklung der Gartenkunst im großen und ganzen nicht soweit wie die Japaner. Die Philosophie, die als Maxime ›nicht zuviel‹ hat, verhindert jedes Prinzip, sich bis zur logischen Endfolgerung zu entwickeln. Für den Japaner dagegen existierten Beschränkungen dieser Art nicht.

Es wird behauptet, daß Japan vor dem Eindringen des Buddhismus aus China im 6. Jahrhundert bereits einen eigenen Gartenstil besessen hat. Dieser Stil, insofern er wirklich vorhanden war, ist unter dem Namen ›Kaiserlicher Audienz-Saal-Stil‹ bekannt und scheint aus elementaren natürlichen Landschaften in den Höfen vor den Palästen bestanden zu haben. Die Bestandteile dieser Landschaften waren gleichbleibend: ein See, eine Insel, eine Brücke, ein Pflaumen- und ein Orangenbaum. Es ist nicht unwahrscheinlich, daß es solche Gärten gegeben hat, und wenn es so ist, dürften auch sie chinesischen Ursprungs gewesen sein.

Der Japaner erwies sich selten als Initiator, aber es wäre unrichtig, ihn einfach als schwachen Nachahmer der Chinesen zu bezeichnen. Er hat in vielen Künsten und allen Wissenschaften eine erstaunliche Rezeptivität für neue Ideen gezeigt und darüber hinaus die Fähigkeit besessen, diese bis zum letzten zu entwickeln. So brachten die Japaner die Gewohnheit der Chinesen, Bestandteile der natürlichen Landschaft im Garten zu verwenden, auf eine Formel und schufen damit etwas Originales.

Der japanische Garten drückt weniger Humanitas und weniger Poesie als der chinesische aus, aber in seinen besten Äußerungen finden wir reinere Ideen und mehr von einer Art, die man, wenn auch zögernd, ›mystisch‹ nennen möchte.

Im 15. Jahrhundert, der klassischen Periode des japanischen Gartens, entwickelte die Gartenkunst bestimmte Regeln. Die Gärten wurden in drei Haupttypen aufgeteilt, nämlich in Hügelgärten, Flachgärten und Teegärten. Das Ideal des ›Hügelgartens‹ besaß fünf Hügel, von denen jeder seine genau festgelegte Aufgabe zu erfüllen hatte. Der Haupthügel hatte häufig sein Vorbild im Fujiyama, dem berühmten Vulkan, der hinsichtlich seiner Form als der vollkommenste Berg angesehen wurde. Die anderen Hügel waren – Mittel zum Zweck – in ihrer Lage auf ihn bezogen; dadurch daß sie hinter ihm hervorblickten oder ihn ein wenig verdeckten, vermittelten sie den Eindruck der Tiefe, und indem sie – obgleich auf derselben Ebene liegend – niedriger waren als der Haupthügel, unterstrichen sie seine Höhe. Am Fuß der Hügel pflegte ein See zu erscheinen, aber nicht, wie viele irrtümlich annehmen, nur deshalb, weil auch der Fujiyama einen See besitzt, sondern allein aus dem Grunde, weil die Schönheit von Berg und See sich ergänzt. Auf dem See befinden sich gewisse Inseln, die Gastgeberinsel, die Gästeinsel und die elysische Insel. Während die ersteren über Brücken oder Trittsteine zugänglich sind, ruht die dritte unerreichbar inmitten des Sees. Auch Bäume sind vorhanden. Der aufrechte Hauptbaum, etwa eine Eiche, hat etwas von einer Meßlatte und unterstreicht durch ihre Gerade die Verzerrung der knorrigen und voneinander abweichenden Formen der malerischen Kiefern. Die wichtigste Rolle aber spielen die Steine. Die Gelehrten haben nicht weniger als hundertachtunddreißig Hauptarten von Steinen – neben einer Anzahl von wesentlich geringerer Bedeutung – unterschieden. Die Hauptaufteilung scheidet zwischen stehenden und liegenden Steinen, die das männliche und das weibliche Prinzip verkörpern, das aktive und das passive, Yang und Ying. Das Ideal, gewissermaßen der Goldene Schnitt, besteht im Verhältnis von fünf männlichen zu vier weiblichen Steinen. Wieviel Steine ein Garten auch haben mag, wenig oder viele, drei waren in jedem Fall unerläßlich, nämlich der ›Stein des Hüters‹, der ›Stein der Würde‹ und der ›Stein der beiden Götter‹. Der erstere – groß und aufrecht – deutet an, daß sich von hier aus der schönste Blick auf den Garten bietet, er ist sozusagen der Beweis, daß dem Gartenentwurf letzten Endes doch ein einigendes Moment zugrunde liegt. Andere Steine führen traditionelle Namen, die mit irgendeiner angeblichen Charakteristik oder mit dem Zweck, für den sie errichtet wurden, in Verbindung stehen. Da gibt es zum Beispiel den Stein des Berggipfels, den Stein, der den Lauf des Baches hemmt, den Stein der günstigen Wolke, den Stein im Nebel, den Stein des Mondschattens, den Mandarin-Entenstein oder den wasserzerteilenden Stein, den wasserempfangenden Stein, den Raststein der Möwe, den Stein, der den Wasserfall umarmt und eine Unmenge von anderen mit beschreibenden und reizvollen Namen.

In den ›Flachgärten‹, die zumindest theoretisch eine See-, Marsch- oder Moorszenerie darstellen, haben Steine und Bäume ihren zugewiesenen Platz. Auch hier ist der ›Stein des Hüters‹ eine Art ›punctum indifferens‹. Kein Gartentypus hat normalerweise Rasenflächen und der Boden, der in Europa gewöhnlich mit Rasen bepflanzt ist, besteht in Japan aus festgestampfter Erde oder aus Sand, der in ornamentalen Figuren gestreut und geharkt wird; manchmal auch aus Moos und sogar aus Tannennadeln, die in gleichmäßigen gebogenen Linien gelegt sind, um die Wellen eines Wasserlaufes anzudeuten.

Mit größter Sorgfalt ist ein Wasserlauf mit Steinen ausgelegt mit Quelle, Mündung und Wasserfall. Die Felsen sind so gelegt und die Kieselsteine so gruppiert, daß die Zerteilung und der Andrang des eingezwängten Wassers oder das ruhige gleichmäßige Fließen desselben an tieferen Stellen dargestellt wird. Das Wasser stürzt, bricht sich, schießt und kocht ... aber in Wahrheit gibt es dort überhaupt kein Wasser. Warum sollte es dort auch Wasser geben? Was am Wasser erfreut, sind ja diese Bewegungen, die man leicht durch solche Mittel wie Stein, Sand oder Tannennadeln darstellen kann.

Alle Kunstgriffe, die dazu beitragen, den Maßstab zu vermitteln, sind gestattet. Ganz zu Beginn gab es die ›Schule der Distanzverminderung‹, die die Verringerung der Perspektive durch eine fortschreitende Verkleinerung der entfernt gelegenen Gegenstände zu betonen wußte. Darauf folgte die ›Schule der Distanzvergrößerung‹, die auf größeren Bodenflächen den Eindruck der Weite durch genau entgegengesetzte Mittel erzielte. In beiden Fällen – und überhaupt im allgemeinen – war der japanische Garten hauptsächlich für die Betrachtung von den Fenstern des bewohnten Hauses entworfen. Ausblicke von nebensächlicher Bedeutung konnten für bestimmte Pavillons oder für die Betrachtung von Aussichts-Steinen angelegt werden. Wege aus Trittsteinen durchkreuzen diese Landschaft aus gestampften Boden oder Sand. Die Verteilung der Trittsteine erfolgte ebenfalls nach bestimmten Gesetzen, die ganz offensichtlich von der Bequemlichkeit diktiert waren; es sollten diese Steine nicht in der Geraden gelegt werden, und es waren hie und da Ruhesteine einzufügen, die gestatteten, mit beiden Füßen daraufzustehen. Während einer gewissen Periode war auch ihre Höhe über dem Boden durch eine starre Konvention festgelegt, denn je niedriger die soziale Stufe war, der jemand angehörte, um so geringer auch die Entfernung der Oberfläche der Trittsteine von dem Schlamm. Die Wasserwege, ob sie nun natürlich oder künstlich dargestellt wurden, waren, wenn irgend möglich, von Brücken gekreuzt. Brücken waren in den japanischen Gärten nicht als Wege gedacht, um trockenen Fußes Gewässer zu überqueren, sondern eher als Aussichtsterrassen; und je mehr sie den Aufenthalt über dem Wasser durch ihre Anlage verlängerten, desto besser war es.

Von Menschenhand gefertigte Gegenstände, wenn solche überhaupt vorhanden waren, zeigten eine merkwürdig puritanische Gestaltung; es haftete ihnen etwas ausgeprochen Rustikales und primitiv Ungeschliffenes an. Anstatt des auserlesenen Halbkreises aus Jade, das chinesische Ideal einer Brücke, zogen die Japaner eine rohe Holzkonstruktion oder einen Monolithen vor. Unter den übrigen Merkmalen des Durchschnittsgartens war das Auffallendste die Laterne oder besser gesagt die Laternen, denn diese Gattung zeigte wie die Urnen im 18. Jahrhundert in England einen Hang zur Vervielfältigung. Diese Laternen, in der Art eines Taubenschlages, waren das unmittelbare Ergebnis des Einflusses von buddhistischen Klostergärten, sie erfüllten für deren Mönche denselben Zweck wie die Kerzen in katholischen Kirchen oder die Dreifüße in Delphi. Sie waren nämlich in erster Linie Opfergaben und Geschenke, während ihre Aufgabe als Lichtspender von sehr geringer Bedeutung war. In künstlerischer Hinsicht stellten sie nur Akzentuierungen – sozusagen die aufgesetzten Lichter in der Zeichnung – dar; sie lieferten das ordnende symmetrische Element als Folie zu den natürlichen Formen, aus denen sich der Garten zusammensetzt.

Eine ganz besondere Form der Gartenkunst war in der Tat der ›Teegarten‹. Er scheint im Japan des 14. Jahrhunderts in Erscheinung getreten zu sein, und man nimmt an, daß er seinen Ursprung in China hat. Was das Teetrinken und die Höflichkeitsformeln einer Teegesellschaft anbelangt, so besteht kein Zweifel darüber, daß beides von China kam. Das esoterische Zeremoniell und das Religiös-Rituelle der Teezeremonie aber sind nur ein weiteres Beispiel dafür, wie die Japaner eine chinesische Anregung aufnehmen und diese dann bis zum äußersten Formalismus zu entwickeln vermögen.

Die Absicht der Teezeremonie – sie ist stark zweckgebunden – entspricht der einer Moralübung. Sie ist bestimmt, die einfachen Tugenden der Zurückhaltung, Bescheidenheit, Höflichkeit, Feinfühligkeit aufs eindringlichste zu lehren. Die Teilnehmer betreten den Teegarten durch eine enge Öffnung von kaum einem Meter Höhe, was eine ehrerbietige und demütige Haltung verlangt. Sie durchqueren dann einen Garten, dessen Ordnung eine gewisse geistige Aura erwecken soll. Der hervorragende Teeprofessor Rikiu bevorzugte zum Beispiel einen Garten, der die Stimmung »des einsamen Bezirkes eines abgeschiedenen Bergheiligtums, auf das der Herbst seine roten Blätter gestreut hat« beschwört; Enshiu war andererseits der Ansicht, daß der Teegarten die »süße Einsamkeit einer Landschaft, in der der Mondschein durch die Wolken gedämpft wird und ein Halbdunkel zwischen den Bäumen herrscht« zum Ausdruck bringen soll. Oguri Sotan bevorzugte eine »Graswildnis im Herbst mit einer Fülle wilder Blumen«; eine andere, einfachere Auffassung meinte, daß der Teegarten einen Geist widerspiegeln sollte, der mit dem ›Geist des Tees‹ harmoniere. Der ›Geist des Tees‹ ist kein Begriff, der dem westlichen Denken geläufig ist. Wie er auch ausgelegt wurde, jedenfalls war er der Geist einer ehrlichen und anständigen Armut. Die Deutungen dieses ungewöhnlichen Geistes waren aber so subtil, daß die Professoren so weit gingen, die genaue Anzahl und Verteilung der Nägel zu bestimmen, die die Türen des Teehauses zusammenhalten sollten. Die Laterne sollte vorzugsweise von einfacher Zeichnung sein und nach Möglichkeit Zeichen der Alterung tragen. Die Zäune, die Tore, die fragilen und einfachen Bauten wurden einer sorgfältigen Betrachtung unterzogen und zweckentsprechend geordnet. Einen solchen Garten zu entwerfen, mußte für einen erfahrenen Zeichner wie ein Schachspiel anmuten; jeder Zug läßt nur die Möglichkeit bestimmter weiterer Züge offen. Innerhalb der Gebäude wurden »die Riten, wie es sich gehört, zelebriert, mit ihren vorgeschriebenen Komplimenten, Verbeugungen, Ausrufen der Bewunderung für die vorgeschriebenen Blumen, die in der vorgeschriebenen Vase geordnet waren, und auf die der Gastgeber mit den vorgeschriebenen Worten aufmerksam gemacht hatte, um dann in die stets gleichbleibende Litanei der Konversation und des Austausches von Höflichkeiten über die Tasse Tee überzugehen, der zubereitet, angeboten, angenommen und getrunken werden mußte mit all den Bemerkungen, Gesten und dem Lächeln der alten liturgischen Vorschrift.« (R. Farrer)

Doch all dieses, was nach westlichen Gebräuchen so fremd anmutet, unterscheidet sich im Kern kaum von der Etikette, die am Hof eines Ludwigs XIV. in Versailles herrschte, oder von dem Drill der militärischen Zeremonien beim Flaggengruß.

In keinem Typus des japanischen Gartens hatten die Blumen die Bedeutung, die sie heute im Westen haben. Einige Arten wurden zwar sehr bewundert, besonders die Pflaumenblüte, die Glyzinie und die Chrysantheme; doch sollten in der klassischen Periode der japanischen Gartenkunst die erwünschten Eindrücke Dauer besitzen, was mit Blumen nicht zu erreichen war. Die Mehrzahl der verwendeten Bäume waren immergrüne Gewächse, und wenn sie es nicht waren, wurden sie mehr nach der Form ihrer Stämme und Zweige als nach ihrem Laub bewertet. Um die Gestaltung zu erzielen, die der Gartenkünstler wünschte, und um die ablenkende Vulgarität von Blüten zu beseitigen, wurden sogar die Azaleenbüsche beschnitten.

Das Bedürfnis des Japaners, die natürliche Landschaft zu verkleinern, und der Wunsch in ihr die reizvoll verzerrten Formen, die eine wetteifernde Natur manchmal hervorbringt, erscheinen zu lassen, führte zu einer Art von Kunstfertigkeit, die der westlichen Kunst der Pflanzenbeschneidung vergleichbar ist, nämlich zur Kunst der Züchtung von Zwergbäumen. Wieder einmal führte der logische Geist zu einem solchen extremen Ergebnis, wie es der Zwerggarten ist, in dem die aufgewendete Geduld und die Kunstfertigkeit von der Würdigung des Dauernden ablenkt.

Die besterhaltenen Reste früher Gärten befinden sich unweit von *Kyoto*. Du Cane hat uns eine nunmehr fünfzig Jahre zurückliegende Beschreibung eines sehr alten dortigen Klostergartens hinterlassen: »Zuerst ein kleiner Vorhof und dahinter der geheiligte Bezirk. Woraus bestand er auf den ersten Blick? Aus einigen wenigen Laternen aus Stein, von fast winzigen Ausmaßen, die mit dem restlichen Garten harmonierten, wovon mehrere so in samtigem Moos vergraben sind, daß ihre Form durch die Dicke ihres grünen Baldachins beinahe verändert erscheint; einige merkwürdig geformte und phantastische Steine, die ebenfalls von grauen Flechten und Moos bedeckt waren, ferner mehrere alte, knorrige und verkrümmte Büsche und zwei oder drei Miniaturbrücken aus Stein. Nicht eine einzige Blume, um die Strenge der Konturen zu mildern.« Dieser Garten war in einem Kiefernwald gelegen und Du Cane stellte nach einiger Zeit fest, daß die Kiefernnadeln nur am Boden lagen, während sich keine auf einem erhöhten Wall, auf den Lampen, noch auf den Sträuchern befanden – und dann »wurde mir bewußt, wie gescheit und geschickt der Einfall war. Die Kiefernnadeln stellten nämlich das Wasser dar, jede Nadel unter der kleinen Brücke lag an ihrem Platz; sie bildeten eine völlig glatte Fläche und folgten immer demselben Weg wie fließendes Wasser ... wer hatte die Geduld, diesen Teppich anzulegen? Man denkt an das Werk eines Büßenden, der dazu verurteilt war, diese Kiefernnadeln in peinlicher Ordnung zu halten; ein Windstoß konnte viele Arbeitsstunden für ihn bedeuten.«

Für fremde Augen mag dies alles nur künstlerischer Einfall sein, aber man darf zweifeln, ob diejenigen, die diese Kiefernnadeln Hunderte von Jahren immer wieder ordneten, nur dies darin sahen. Was man darüber hinaus darin entdecken kann, hängt teilweise von der Einbildungskraft ab, nämlich von der Fähigkeit, in einem kleinen Garten in L-Form, von dem jeder

Arm nicht länger als neun Meter ist, »turmhohe Berge, Wasserfälle und Wasserschluchten zu sehen ... eine menschenleere Wildnis von Felsen mit herabstürzenden Gewässern. Riesenhafte Spitzen recken sich in der Ferne und der trockene Fluß mündet zwischen zwei Bergen ...« (Sacheverell Sitwell) Dies alles aber wird vermittels einiger gegen einen Hintergrund von Hecken gesehener Felsen und weniger Bäume beschworen! Diesem oder verwandten Empfindungen kommt, mit Worten ausgedrückt – ähnlich wie man, vielleicht fälschlich, Musik zu erklären versucht –, der japanische Garten am nächsten.

Noch ungewöhnlicher, noch extremer, der letzte Schritt vor der Ekstase des Nichts, der Empfindung ohne Ursache, einer vom Bewußtsein völlig gelösten Wahrnehmung ist der Garten von *Ryuanji*... »Ryuanji ist eine kleine Fläche aus weißem Sand in Größe und Form eines Tennisplatzes, durchfurcht von geraden Linien. Auf dem Sand befinden sich fünf Gruppen von insgesamt fünfzehn Steinen. Das ist alles.« (Sacheverell Sitwell)

Bei so subjektiv aufgefaßten Kunstwerken liegt die Schwierigkeit ihrer Erfassung darin, daß man in ihnen jedes Ding oder Nichts sehen kann. »Das kleine Rechteck ist voll Bewegung wie Picadilly Circus ... Doch regt sich nichts ... es ist nichts weiter als eine alte Dose ohne Inhalt ... es ist ein Sternbild und die Sterne ziehen ihre Bahn. Es gleicht einer Katastrophe von ungeheueren Ausmaßen, einer in Bruchstücke zersplitterten Welt oder Weltensystem ... Dasein von ganzen Ländern und Kontinenten ... zu groß für menschliche Anteilnahme ... Wir befinden uns in einer von Urkräften erfüllten Leere ... So oft man die Steine betrachtet, so oft nehmen sie eine andere Bedeutung an ... So können die fünfzehn Steine, wenn sie in verschiedenem Winkel gesehen werden, die Bedeutung einer musikalischen Variation annehmen. Die Bedeutung ist musikalisch, aber die Symbolik bleibt Geheimnis ... Hier herrscht ein ursprüngliches Gesetz und eine ursprüngliche Ordnung ... oder würde irgend eine andere Ordnung der Steingruppe diese Magie besitzen?«

Ein Garten dieser Art hört auf, ein Garten im landläufigen Sinne des Wortes zu sein. Er nähert sich mehr einer Kristallkugel, dem Blick des Hypnotiseurs oder den Wirkungen des Mescalins. Ein solcher Garten ist die logische Vollendung der Verfeinerung der Sinne, die jähe eigenwillige Welt der abstrakten Maler – einer Welt, in der die Flecken auf dem Dekkel eines Buches die Aufmerksamkeit stärker und entschiedener in Anspruch nehmen können als die Decke der Sixtinischen Kapelle. Er gehört zu jener Kunst ›mit dem Stilett‹, die alles, was der Mensch je gewesen ist, und alles, was er erreicht hat, vernichtet und abwirft zugunsten einer mystisch kontemplativen Ekstase, einer Art verhaltenem Bersten des Verstandes, einer Auflösung der Identität.

Man kann sich wahrhaft keine umfassendere Steigerung denken, es sei denn man sitzt auf einem Kissen wie Oscar Wilde und meditiert über die Symmetrie einer Orange.

Sechstes Kapitel

Die große Gartenrevolution

Der einzige Beweis, den wir für unsere ursprüngliche Begabung in bezug auf die Kunst des Vergnügens haben, ist unsere Geschicklichkeit, Gärten anzulegen. Und das ist keine geringe Ehre für uns, weil weder Italien noch Frankreich jemals die geringste Ahnung davon gehabt haben; sie würden auch unsere Anlagen nicht im entferntesten begreifen, sollten sie sie sehen. Es ist wirklich wahr, daß wir nicht kopiert haben, daß wir nichts anderes als die Natur zum Vorbild hatten. Es sind keine vierzig Jahre verflossen, seitdem diese Kunst bei uns geboren wurde, und es ist sicher, daß es vorher nichts Ähnliches gab.

Thomas Gray

Stimmen der Opposition

In den dreißiger Jahren des 18. Jahrhunderts begann in England der große Umbruch in der Gartenkunst in Erscheinung zu treten – ein Umschwung des Geschmacks, der ohne Beispiel in der Geschichte der Gartenkunst ist, und für den es kaum eine Parallele auf einem anderen Gebiet der Kunst gibt. Ein Umbruch erfolgt aber selten so unmittelbar, wie es oft den Anschein hat. Nur wenn der Vorzug des Rückblickes gegeben ist, fällt die Zusammenschau der Anzeichen seines Kommens leicht.

Seit Bestehen der Kreuzgänge in den Klöstern und der Höfe in den Burgen waren die Gärten Europas – nach außen drängend – ständig gewachsen, bis sie schließlich Hunderte von Morgen bedeckten. Die Wälle und die Gräben waren verschwunden, die geraden Linien aber waren geblieben. Diese Regelmäßigkeit hatte sich so tief in den menschlichen Geist eingeprägt, daß man die Geometrie fälschlich als ›Ordnung‹

aufgefaßt hat. So behauptete Thomas Burnet, Theologe und Kosmogonist, in seiner ›Theory of Earth‹, daß alles viel besser geworden wäre, wenn das Land flach erschaffen und die Meere in regelmäßigen Formen und die Sterne in geometrischen Bildern angeordnet worden wären. Daß wir aber um diesen wünschenswerten Zustand geprellt worden sind, sei ein in der Natur der Dinge begründeter Grundfehler, und der Mensch müsse sich bemühen, ihn langsam und mühsam wiedergutzumachen. Doch andere, die weniger als Burnet der Theorie zugeneigt waren, begannen bereits, fünfzig auf solche Weise regelhaft angelegte Morgen als langweilig zu empfinden.

Der geometrische Garten war tatsächlich am Ende seiner Möglichkeiten angelangt. Überall in Europa, vom Peterhof des Zaren bis zum La Granja des Königs von Spanien, von Chatsworth im Peak District von England bis zu des Kaisers Schönbrunn an der Donau, von Schwedens Jakobsdal bis zu Caserta bei Neapel, breiteten sich die Versailles nachahmenden Gärten über immer weitere Flächen aus. Vor den sich wie Klippen emportürmenden klassischen Fassaden legten sich die unvermeidlichen ›compartiments de broderie‹. Endlose Alleen, schimmernde Kanäle, Fontänen, Wasserkünste und ›Points de vue‹ wurden mit Lineal und Kompaß über weite Landflächen verteilt. Der kleine mittelalterliche Burggarten hatte das Ende seiner Entwicklung erreicht; es blieb nichts mehr zu tun, als die Alleen immer weiter und weiter auszudehnen und immer mehr Wasserkünste hinzuzufügen, bis man gewissermaßen ganz Europa in Sterne, Ausblicke und lineare ›Pièces d'eau‹ aufgegliedert hatte. Zumindest schien es so, als ob etwas anderes nicht mehr möglich wäre.

Und wenn im Zusammenhang mit den Palastbauten nichts anderes übrigblieb, als den sogenannten ›Garten‹ immer prächtiger und größer werden zu lassen, um den Nachbarn auszustechen, so sahen der kleine Gutsbesitzer auf dem Lande und der bescheidene Bürger in der Stadt, wenn sie auch nicht den

Anspruch erhoben, der Pracht der Kaiser und Könige nachzueifern, sich doch ähnlichen Problemen gegenübergestellt, auch wenn sie mehr der holländischen als der französischen Variante zuneigten. Sie pflegten ihre Gärten als Parterres anzulegen, wobei eine Anzahl symmetrischer Muster auf den Boden gezeichnet und mit Buchs bepflanzt wurde. Sobald dann die Möglichkeit der horizontalen Gestaltung erschöpft war, verwandelte man den stark gewachsenen Buchs in skulptierte Formen: die Erfindungen wurden immer bizarrer und erstaunlicher und der Garten füllte sich zusehends.

Es würde keine Entwicklung der Künste geben, wenn nicht der Mensch der Langeweile unterworfen wäre. Zu derselben Zeit als überall bedeutsame Nachahmungen von Versailles geplant wurden, und lange bevor man Caserta entworfen hatte, begann der französische Hof, die Anlagen von Versailles als langweilig zu empfinden. Aber was tun? Man war durch die eigenen Erfolge hypnotisiert und konnte sich nicht vorstellen, daß es noch eine andere Lösung gab, als den Dingen einfach ihren Lauf zu lassen. Die Lösung aber fand man in England.

Es hatte seine guten Gründe, daß der Umbruch, als er kam, gerade in England in Erscheinung trat. Eine der wichtigsten Gründe war die Vorliebe der Engländer für Spaziergänge über Land. Der gleiche Umstand, der den englischen Garten so bemerkenswert macht, nämlich das englische Klima, setzt zugleich der Benutzung des englischen Gartens Grenzen. Die Gärten der athenischen Philosophen waren gesellschaftliche Treffpunkte im Freien. Die Intelligenz verbrachte dort einen Großteil ihres Daseins, ihre Heime waren dagegen nur unzulängliche Aufenthaltsorte. Die Gärten der italienischen Renaissance waren sozusagen Museen, in denen man sich erging, diskutierte und auch Pläne und Verschwörungen erdachte. Die französischen Gärten dagegen waren Bühnen, um zu paradieren und gesehen zu werden, die Patios in Spanien Räume, um darin Siesta zu halten und sowohl Schatten wie auch den

Klang des rinnenden Wassers zu genießen. Aber während wievieler Tage im Jahr ist es möglich, in einem englischen Garten zu leben? In welcher Weise ist das englische Wetter dazu angetan, in schöner Kleidung einherzuspazieren? England ist nicht der Ort für große zeremonielle Schaustellungen ›en plein air‹, es sei denn, daß entsprechende Vorkehrungen getroffen wären.

In England ist der Garten niemals ein Ort gewesen, um in erster Linie darin zu sitzen, zu debattieren oder darin zu agieren; die ›Fêtes champêtres‹ von Fontainebleau und Chantilly und die Gastereien des Plinius an den Wasserkünsten waren nichts für den Engländer; für ihn bedeutete der Garten stets einen Ort, um sich darin zu ergehen oder darin zu spielen. Auch die angeborene Vorliebe des Engländers für körperliche Übungen ist, wenn auch nicht so unmittelbar, auf das Wetter zurückzuführen; auch seine Fähigkeit, sich mit sich selbst zu beschäftigen, hängt hiermit zusammen. Wenn man dies alles zusammennimmt, muß man sich fragen, welche Aussichten ein Versailles in einem solchen Lande gehabt haben soll. Welch ein Alptraum, daran zu denken, sich in eintönigen Alleen endlos dahinschleppen zu müssen! Welch ein verstohlenes Schleichen über die großen leeren Parterres! Wenn Ludwig XIV. in den Gärten von Versailles immer allein gewesen wäre, so würde er sich in Wahrheit wie eine Maus im Kolosseum gefühlt haben!

Wir sind an eine vereinfachende Darstellung der englischen Geschichte gewöhnt, in der es eine Periode gibt, die man als ›Neugotik‹ bezeichnet. Tatsächlich waren aber gotische Formen immer vorhanden, oder sie wurden neu geschaffen, so daß streng genommen von einer ›Wiedererweckung‹ keine Rede sein kann; der gotische Geist war immer lebendig, und zwar oft in besonders starkem Maße bei jenen, die im Vordergrund der klassischen Bestrebungen standen. Das ist weiter nicht erstaunlich. Gotik – das ist der Geist des Geheimnisvollen, des Übernatürlichen, das Wissen um unbekannte Ängste und unfaßbares Sehnen; es ist Form gewordenes Gefühl des unerlösten Menschen. All dies verschmolz mit dem alten unbezweifelten Glauben. Die Grundsätze des klassischen Stils dagegen bedeuteten die Geltendmachung der Vorherrschaft des Menschen, sein Recht, Fragen zu stellen, seine Fähigkeit, die richtigen Antworten zu finden, wogegen das Barock nicht mehr und nicht weniger als den Versuch der Gegenreformation darstellt, den gotischen Geist mit den Mitteln der Klassik neu zu erschaffen. Wir haben gesehen, daß der Engländer das Barock nicht akzeptierte, nachdem er die Angriffe der Gegenreformation abgewiesen und die stilistischen Extreme verworfen hatte. Stattdessen erreichte und festigte er einen typischen Kompromiß in Gestalt der ›Church of England‹, einer Kirche, die genügend beweglich war, um dem Menschen das klassische Recht, Fragen zu stellen, zu gewähren, wobei sie gleichzeitig Vorsorge für ihr Unvermögen, diese zu beantworten, getroffen hatte. Hier lag eine Verbindung von Klassischem und Gotischem, kein vollständiges Verschmelzen, sondern eine Koexistenz vor, die sowohl einen Horace Walpole dazu trieb, Strawberry Hill zu bauen, als auch die klassische Strenge von Burlingtons palladianischen Herrenhäusern mit den schlängelnden Wegen und bewußt unregelmäßigen Gartenformen in Beziehung brachte.

Außerdem ist es nicht möglich, den Geist des Nationalismus zu ignorieren. Viele haben mehr aus nationalen als aus ästhetischen Gründen das Franzosentum der Stuarts und das Holländertum von König Wilhelm III. und Königin Maria verworfen. Als schließlich Anna auf den Thron kam, ließ sie den holländischen Buchs entfernen, so wie Wilhelm es mit dem ›Parterre de compartiment‹ getan hatte. Wenn aber das Parterre weder Teppich- noch Knotenmuster zeigen oder mit beschnittenen Pflanzen geschmückt werden sollte, was blieb dann eigentlich zu tun? Man konnte das Parterre dann nur auf gut englische Art als eine zusammenhängende Rasenfläche gestalten, und – wenn man wollte – es als ›parterre anglais‹ bezeichnen. Im übrigen verschwanden weder das französische Teppichmuster noch der holländische Buchs sogleich, denn noch im 18. Jahrhundert lassen sich gut für beides Beispiele finden, allerdings hatten sie an Zahl und Bedeutung verloren.

Trotz allem bisher Gesagten muß man aber annehmen, daß die wesentliche Ursache für den großen Umbruch wirtschaftlicher Natur war. Königin Anna war sparsam und erwartete von ihrem Gärtner, Henry Wise, daß er – obwohl mit sehr viel geringeren Mitteln als sein Vorgänger, der Earl von Portland, ausgestattet – weit größere Flächen betreute. Einen Teil dieser Einschränkungen konnte eine gute Organisation ohne Zweifel wettmachen. Aber um den Anforderungen großer Sparsamkeit zu genügen, war es sicher der beste Weg, die kostspieligen ›Vornehmheiten‹ auszuschalten. Die Teppichbeete aber waren eine dieser Spielereien, Statuen und komplizierte Wasserkünste eine andere, Terrassen eine dritte. Switzer, dessen Schriften eine bedeutende Rolle in der späteren Phase der Garten-›Revolution‹ spielten, betonte, daß der Hauptzweck seiner Schriften die Einführung einer billigen Art von Gartengestaltung sei, und zwar als Antwort auf die Fragen jener, die durch die Kosten der Gärten in der üblichen Manier abgeschreckt würden. Im 18. Jahrhundert – besonders aber zu Beginn und am Ende – wurde Sparsamkeit als ein Hauptfaktor eines guten Gartenentwurfs propagiert.

All dies ist weit von Marly, Vaux und Versailles entfernt und dem puritanischen England des Interregnums und den Aufteilungen von Wimbledon sehr viel näher. Die unmittelbare Auswirkung von Switzers Doktrin ›Utile Dulci‹ – »eine verständige Mischung und Verbindung von Annehmlichkeiten des Landes mit Nützlichkeitserwägungen« – bestand darin, »solche Verflechtungen aus Buchs und ähnlichen nichtigen Ornamenten abzuschaffen, und an deren Stelle den schlichten, aber edlen Schmuck von Gras, Kies und ähnlichem zu setzen, worin wir die anderen Länder so überragen.« Entfernte man aber die Teppichbeete und »ähnliche nichtige Ornamente«, so blieben von dem Renaissancegarten nur die Bosketts in einer rechteckigen Einzäunung übrig. Deshalb wurden die Anpflanzung und Verteilung von Bäumen für die nächsten sechzig Jahre zur Hauptaufgabe eines Gärtners.

Die italienischen ›boschi‹ waren ›Laubarchitektur‹ – »Pflanzenformen, die die Formen von Gebautem wiederspiegeln«. Sie waren tatsächlich das Werk von Künstlern in der Beschneidung von Pflanzen. Wer sich nicht in Abbildungen von Gärten des 17. Jahrhunderts vertieft hat, hat heute Mühe sich vorzustellen, wie baumlos diese waren. Die Bosketts bestanden im Idealfall aus dichten rechteckigen Blöcken von Grün mit steilen glatten Wänden und flachem Oberteil. Die Seiten konnten stets beschnitten werden, und wenn die Spitzen im Innern des Bosketts manchmal außer Reichweite lagen, so konnte ihre Unregelmäßigkeit doch gegen den aufmerksamen Blick eines Betrachters durch Steilwände von Laub abgeschirmt werden. Somit erschien nichts, sei es Stein, Baum oder Wasser, in einer Form, die auch nur im entferntesten an seinen natürlichen Zustand erinnerte. Daher gab es nichts mehr, das in seiner Art irgendwie an Bacons wilden Garten gemahnte.

Die raffinierte Künstlichkeit des Gartens des 17. Jahrhunderts mußte den Reiz der natürlichen Wildnis heraufbeschwören. So war es nicht weiter verwunderlich, wenn sich einzelne Stimmen zugunsten der ganz anders gearteten Schönheit von sich frei, in natürlichen Formen entfaltenden Pflanzen erhoben. In puritanischen Kreisen hatte man das Gefühl, daß bei den neuen Zuchtversuchen, an denen ernsthafte Gärtner arbeiteten, etwas nicht stimmte, daß sie nahezu anstößig und gewiß vergänglich seien. Die Natur dagegen war ›schlicht und rein‹ gewesen – bis der Mensch größere, farbigere und mehr gefüllte Blumen erzeugte. Nach Andrew Marvell war ein Garten jetzt »ein Teich von toter und stehender Luft«. Die gleichen Kreise verwarfen auch den hauptsächlich französischen – und daher in ihren Augen römisch-katholischen und ›unmoralischen‹ – Luxus von Statuen, Nymphäen und Teppichbeeten.

Andrew Marvell gibt in ›The Mower, Against Gardens‹ diesem Gefühl entsprechenden Ausdruck, indem er schreibt:

Fontänen und Grotten durch Zwang geboren,
Die lieblichen Felder vergessen und verloren,
Wo in freigebiger Natur allen lacht
Der Glanz und Duft unberührter Pracht...

Wenn aber der Garten von dem herrschaftlichen Luxus der Blumen und Statuen entblößt wurde, dann behielt er, falls er überhaupt bestehen blieb, nichts anderes mehr als die Rasenflächen und Kieswege im Sinne von Pepys. Die Götter wohnten jedenfalls nicht mehr darin, und es überrascht nicht, daß man den übriggebliebenen Garten schließlich als »ein ummauertes Nichts« empfunden hat.

Nach Andrew Marvell hatten die »lieblichen Felder« Reize, wie sie weder die holländischen noch die französischen Gärten aufweisen konnten. John Rea schrieb 1665, daß »eine ausgewählte Sammlung von lebender Schönheit, seltenen Pflanzen, Blumen und Früchten tatsächlich den Reichtum, den Glanz und die Freude eines Gartens darstellen.« Rea war ein Baumschulenmann, und so ist sein Interesse an der Ablehnung der Gärten von Pepys und May verständlich; doch steckt mehr dahinter als nur dieses, denn Rea brachte das zum Ausdruck, was Bacon vor ihm und sehr viele Engländer nach ihm empfanden.

Der Einfluß von Marvells berühmtem Kollegen John Milton hat sich ebenfalls, wenn auch nicht direkt, gegen die Auffassung von einem Garten als einem dachlosen, aus Blättern gefertigten Gebäude gerichtet. Der ›Garten Eden‹, wie ihn Milton in seinem ›Paradise Lost‹ beschrieb, war sehr verschieden von der Schöpfung eines Le Nôtre. Milton und Marvell trugen aber nur dazu bei, den menschlichen Geist auf eine

Wandlung vorzubereiten, ohne daß sie dabei einen unmittelbaren und sichtbaren Einfluß auf die Gartengestaltung genommen hätten. Dagegen war Sir William Temple im Jahre 1685 nahe daran, die Revolte tatsächlich auszulösen.

Temple war nicht nur Staatsmann und Literat, sondern auch ein Landwirt, der wohl sehr einflußreich gewesen wäre, wenn seine Gedanken über Gartengestaltung seiner Zeit nicht vorausgeeilt wären. Er hatte sich zu einer neuen Vorstellung durchgerungen, um dann doch vor der letzten Konsequenz zurückzuschrecken. Die Zeiten waren für den Typus des chinesischen Gartens noch nicht reif, und er selbst äußerte sich darüber nur insoweit, als er von einer undurchführbaren Idee sprach: »Ich könnte kaum solche Versuche in unseren Gärten empfehlen. Es sind Wagnisse von zu hohem Einsatz.«

Die allgemeine Einstellung zu dem starren architektonischen Garten wurde – wenn auch unauffällig – immer ablehnender. Doch die aristotelische Idee, daß der Mensch die schlimmen Zufälligkeiten der Natur korrigieren könne, um ihr die Vollkommenheit, die sie haben sollte und nach der sie ständig strebte, wiederzugeben – gerade Linien, kreisrunde Meere und geometrische Bäume –, diese Idee wurde vor dem Ende des 17. Jahrhunderts nicht unmittelbar angegriffen. Zu diesem Zeitpunkt äußerte der Earl of Shaftesbury Gedanken, die sich um den Ursprung des Ideals des ›edlen Wilden‹ bewegten, und die das ganze 18. Jahrhundert stark beschäftigten. Nach dieser Auffassung war die Natur in ihrem ursprünglichen Zustand vollkommen und weit davon entfernt, von ihrem Ziel durch widrige Zufälle abgedrängt zu werden; der Mensch selbst war vielmehr der ›böse‹ Zufall und mußte nach dem Vorbild der jungfräulichen Natur nach Vollkommenheit streben. Philosophisch gesehen, war dies das Ergebnis einer Zusammenfassung der puritanischen Anschauung, »wonach jede Erscheinung befriedigend und nur der Mensch nichtswürdig ist«. Die unmittelbare Quelle für Shaftesburys Ansichten über die Gartenkunst war jedoch italienisch. Um 1690 besuchte er Italien und erlebte dort in den Gemälden von Claude Lorrain und Poussin eine Kunst, die die Landschaft entdeckt hatte, die aber von der Künstlichkeit von Versailles sehr verschieden war. Bis zu diesem Zeitpunkt wurde die Landschaft, insofern man sie überhaupt als solche wahrgenommen hat, als Hintergrund für die menschliche Erscheinung aufgefaßt. Hügel und Felder tauchen sparsam hinter den Schultern einer Madonna auf, oder die Landschaft war nur Rahmen für einen schlafenden Gott; jetzt aber führt die neue ›Landschaft mit Figuren‹ den Blick tiefer in das Bild hinein zu der zumindest gleichwertigen Szenerie hinter den Figuren.

Addison ritt im ›Spectator‹ von 1712 die erste eindeutige Attacke gegen die herrschende Mode: »Unsere britischen Gärtner lieben es, sich von der Natur so weit wie möglich zu entfernen, anstatt auf sie einzugehen ... Ich weiß nicht, ob ich mit meiner Ansicht allein stehe, doch für meinen Teil würde ich viel lieber einen Baum in all seiner Pracht und Ausdehnung von Ästen und Zweigen betrachten als in einem in geometrischen Figuren beschnittenen und getrimmten Zustand. Ich kann mir durchaus vorstellen, daß ein Gemüsegarten in Blüte unendlich mehr Freude bereitet als die kleinen Labyrinthe der vollendetsten Parterres.«

Addison stand entgegen seiner Annahme mit seinen Ansichten nicht allein. Im Vorwort der 1504 veröffentlichten ›Arcadia‹ des Jacopo Sannazaro (1458–1530) gibt es einen Satz, der folgendes besagt: »Die stolzen, dicht belaubten Bäume, die ganz natürlich, ohne Hilfe der Kunst den Gipfel der furchterregenden Berge bedecken, sind im allgemeinen dem Auge angenehmer als die sorgfältig gezogenen und mit Kenntnis entwickelten Zierpflanzen der Gärten. Dem Ohr wird durch das Trillern der im Gehölz frei herumfliegenden Vögel mehr geschmeichelt als durch den sorgfältig einstudierten Gesang der im Herzen der Städte in wunderbaren Käfigen eingeschlossenen Vögel.« Die ungeheure Volkstümlichkeit der ›Arcadia‹ des Sannazaro im 16. Jahrhundert ist allein ein

Beweis für das ständige Vorhandensein solcher Auffassungen, auch wenn sie im Gegensatz zu dem herrschenden Geschmack standen.

Alexander Pope setzte in der ihm charakteristischen Art im ›Guardian‹ des nächsten Jahres den Angriff auf die Gärten mit beschnittenem Buschwerk fort, wobei er einen witzigen Katalog eines Gärtners mitteilt, der unter anderem anpreist: »Adam und Eva in Taxus; Adam ein wenig beschädigt durch den Fall des Baumes der Erkenntnis im letzten großen Sturm; Eva und die Schlange kraftvoll wachsend, St. Georg in Buchs, sein Arm noch kaum lang genug, doch wird er im nächsten April in der Verfassung sein, den Drachen zu töten; ein grüner Drache aus gleichem Material, einstweilen mit einem Schwanz aus kriechendem Efeu (diese beiden können nur zusammen verkauft werden); verschiedene hervorragende Dichter in Lorbeer, etwas ausgeblichen, können für einen Cent losgeschlagen werden. Eine Sau von frischem Grün, die aber zu einem Stachelschwein aufgeschossen ist, da sie vergangene Woche in regnerischem Wetter vergessen wurde ...«

Beschnittene Pflanzen besaßen keine Bedeutung in den Entwürfen der großen französischen Manieristen, die stattdessen Statuen bevorzugten und sie auch ihrer Art gemäß darbieten konnten; die Manieristen würden sich nicht mit Addison und Pope wegen der beschnittenen Pflanzen in den überfüllten holländischen Gärten auseinandergesetzt haben. Le Nôtre aber hätte den Grund für den Angriff und die vorbehaltlose Bevorzugung der Natur vor der Kunst überhaupt nicht begriffen. Diese Angriffe trafen die Kultur des europäischen 17. Jahrhunderts an ihrer Wurzel, obwohl die Angreifer sich dessen wohl kaum bewußt waren.

Alle Kräfte, die für eine grundlegende Änderung eintraten, richteten sich in England nunmehr gegen den architektonischen Garten. Die Philosophen hatten die Schönheit der Welt vor dem Sündenfall entdeckt. Die Ökonomen hatten festgestellt, daß die Gruppierung von Pflanzenwerk außerordentlich teuer war. Die Gärtner hatten immer größere Schwierigkeiten, in das traditionelle Bild Neues einzubauen. Das Auge der eleganten Welt hatte sich mit den unsymmetrischen Mustern auf chinesischem Porzellan, Lackarbeiten und Seiden vertraut gemacht. Der monarchische Despotismus war tot, der klerikalen Autorität widersetzte man sich, und der Geist wie der Geschmack waren frei zu forschen; die Welt war voll an Überraschung und Spannung.

Zu ihrer eigenen Verwunderung stellten die Engländer fest, daß sie die vitalste und größte Nation der Welt waren; es gab kein Land, dessen Gebräuche oder dessen Gärten sie auch nur im entferntesten für nachahmenswert hielten. Ganz bestimmt nicht die Frankreichs, auch nicht die italienischen, spanischen oder holländischen Gärten. Wenn eine Landschaft zu bewundern war, so konnte es keine bewundernswertere als die englische Landschaft geben. Wenn man keine frisierten Bäume und geraden Alleen mehr wünschte, was wünschte man dann? Die Antwort konnte nur lauten: »Alles was ihrer Verneinung entspricht.« In dieser Hinsicht wurde manches versucht; aber der Garten eines Lord Burlington in Chiswick, mit seinen geistlosen gekrümmten Wegen, war kaum geeignet, jene zu ermutigen, die daran dachten, die Starrheit von Versailles zu beseitigen. Dann noch lieber für alle Ewigkeit Le Nôtre als ausgerechnet diese unglücklichen Vorläufer des viktorianischen Buschwerks, die keineswegs einwandfrei erkennen ließen, was etwa zu tun oder wie es zu tun sei. Immerhin war es ein Beginn. Der Plan dazu bewies die Notwendigkeit eines – wenn auch schmerzlichen – Übergangs. Aber ein Übergang zu was?

Als der Umbruch kam, wurde seine Wesenheit ganz einfach so aufgefaßt: Bisher hatte man den Garten als eine Ausweitung des Hauses aufgefaßt, er wies daher architektonische Merkmale auf; nun galt es, dagegen das Problem vom anderen Ende anzugehen, um die Natur bis zu den tatsächlichen Mauern des Wohngebäudes zu ›idealisieren‹.

Blicken wir zurück, so scheint es, als ob der erste praktische Schritt zur Verwirklichung des neuen Stils, sobald die neuen Ideen sich entsprechend kristallisiert hatten, die Aufhebung der Gartengrenzen gewesen sei. Und tatsächlich, nichts konnte grundlegender sein. Der Garten hatte in der Vorgeschichte verschiedene Ursprünge. Vor allen Dingen war er immer ein umfriedeter Raum. Zu Beginn bestand er aus einem von Pfählen umgebenen Bezirk vor einer Höhle oder Hütte. Es ist unwichtig, ob er sich zuerst als Schutz vor den wilden Tieren oder vor Wind und Sonne entwickelte, oder ob er bei tierzüchtenden Völkern die Aufgabe hatte, das Zelt des Menschen vor dem Einfall der eigenen Herden zu bewahren. Materiell und geistig war der erste Garten ein Heiligtum. Zehntausende von Jahren hindurch bedeutete der Schutz einer Palisade aus Dornen oder Felsen Sicherheit, Frieden, Bequemlichkeit, Zuflucht und Ruhe.

Obwohl die weiten französischen Gärten in ihrer Form einige Merkmale ihres weit zurückliegenden und tatsächlich auch ihres unmittelbaren Ursprungs beibehielten, haben sie doch dem Begriff des Gartens als Heiligtum widersprochen. Es ist schwierig, sich abgeschieden und in Sicherheit zu fühlen, wenn sich Alleen nach allen Richtungen zum Horizont hin erstrecken. Außerdem war die Abgrenzung des Gartens etwas, das Le Nôtre und seine Nachfolger nie wirklich befriedigend lösen konnten. Ihr Ehrgeiz schien es zu sein, den Besitz derart zu vergrößern, daß ja niemand, der bei Vernunft war, es versuchen würde, die Grenzen desselben zu erreichen, um nämlich dann festzustellen, wie dürftig diese noblen Alleen einfach ... endeten. Tatsächlich kümmerten sich die Zeichner der französischen Gärten um das äußerste Ende dieser Alleen überhaupt nicht. Niemand kam dorthin und von niemandem wurde erwartet, daß er dorthin ginge; sie waren nur vorhanden, um Perspektiven von mehreren ausgesuchten ›Points de vues‹ aus zu gewähren. Bei den gegebenen Maßstäben war ein einheitlicher und angemessener Abschluß für alle Alleen kaum möglich, ohne den ganzen Besitz mit einer palastartigen Fassade, mit einer Kette von Bergen oder gar mit dem Meere abzuschließen. Den französischen Gartenplaner verlangte es, zu zeigen, daß die ganze Natur seiner Kunst unterworfen war. Indem er die unvermeidliche Trennungslinie zwischen Natur und Kunst möglichst entfernt von der Zentralachse legte, konnte er das Vorhandensein einer natürlichen prosaischen Landschaft durchaus ignorieren. Dagegen bestand die Absicht des englischen Gärtners darin, den Garten durch Verbergen der Grenzen als einen Teil der gesamten Welt der Natur erscheinen zu lassen, wobei der Garten ein durch Menschenhand veredelter, ein erlesener und nach den schönsten Vorbildern der Natur vervollkommneter Teil war.

In diesem Zusammenhang ist es notwendig, die Landschaft in der Umgebung des Gartens genauer zu betrachten. Auf private Wälder stoßen wir zum ersten Male im Altertum, und zwar in Gestalt der Jagdparks der Perser. Ob das Wiederauftauchen dieser Parks in Europa ebenfalls mit der Jagd zusammenhing, oder ob sie, wie so vieles andere, über Byzanz, die Normannen oder die Mauren in Spanien ihren Weg nach Frankreich und England gefunden haben, ist eine Frage, die Sir Thomas Browne als eine ›schwierige Untersuchung‹ bezeichnet haben würde. Es liegt nahe, sich diese Parks in erster Linie als einfache wilde Landstriche vorzustellen, die von zahlreichen Pfaden und Schneisen durchzogen waren. Als die Jägerei planmäßiger betrieben wurde, hat man die Schneisen nicht mehr dem Zufall überlassen, sondern sie bewußt angelegt. Die französischen Parks und Allee-Gärten waren leicht aufeinander abzustimmen, indem man die Schneisen in die Verlängerung der verschiedenen Achsen des Gartens legte, was die scheinbare Weite des Gartens noch vergrößerte, zugleich aber ein Ineinanderübergehen beider Teile einleitete.

Zu Anfang gab es keinen Übergang zwischen Garten und Park. In den französischen Schlössern des 16. Jahrhunderts, in Chambord mit seinem Park von fünftausendfünfhundert Hektar, in Chenonceaux, wo durch die erzwungene Trennung von Schloß und Garten eine andere Beziehung entstanden sein könnte, in Fontainebleau, in Blois und in Anet waren die Parks von den Gärten auf die gleiche Weise wie zu Beginn der Renaissance voneinander getrennt. Die erste Aufgabe ist es gewesen, die Gärten miteinander und dann mit dem Gebäude zu verbinden; die nächste bestand darin, den Garten in den Park auslaufen und schließlich wie in Versailles auf die umgebende Landschaft übergreifen zu lassen. Das einzige Mittel, durch welches der geometrische Garten dies erreichen konnte, war die Allee; und es gelang ihr mit großem Erfolg, was aber mit einer deprimierenden Eintönigkeit bezahlt werden mußte. Batty Langley schrieb 1728 in seinen ›New Principles of Gardening‹: »Dazu verdammt zu sein, die berühmte Gerade von Moskau nach Petersburg oder jene andere von Agra nach Lahore in Indien entlangzugehen, muß genau so unangenehm sein, wie ein Urteil, das zu Galeerenarbeit verdammt. Einen Begriff von einem solchen Gefühl hatte ich, als ich nur einige Minuten, eingemauert zwischen den hohen geschorenen Taxushecken von der Besitzung von Lord D., lief.« Das aber hieß, daß die Zeit der Allee als Bindeglied zwischen dem Park und dem Architekturgarten einstweilen vorüber war.

Das Problem der Abgrenzung und der Ausdehnung mußte deshalb vor allem gelöst werden. Die Ausdehnung blieb immer noch beträchtlich. Obwohl die englische Aristokratie nicht nach einem Bühnenrahmen nach französischem Muster fragte, war sie trotzdem in ihren Forderungen nicht bescheiden. Die Männer, die Castle Howard, Blenheim und Stowe bauten, waren nicht mit einigen Morgen Garten zufriedenzustellen; große Flächen waren gefragt, und oft befand sich dort, wo die Gebäude erstellt und die Gärten angelegt wurden, bereits schon vor dem Wandel des Geschmacks ein ausgedehnter Garten oder ein großer Park, und man zeigte keine Neigung, dessen Größe zu verringern. Deshalb verlangte das Problem der Gartenbegrenzung jetzt eine neue Lösung.

Das Streben nach der ›Natur‹ hatte mit einer Ablehnung aller erkennbar geometrischen Formen, insbesondere der geraden Linien begonnen. Die Geraden wurden aus den Gärten entfernt, die Geraden des Parkes aber blieben. Es entstand erneut eine Trennung. Dabei geschah jedoch etwas Seltsames und Ungewöhnliches. Der gewundene Pfad, der kurvenreiche Wasserlauf und der Hain, der so vernachlässigt war, daß sich darin Bäume »in all ihrer Pracht und ihrem Reichtum von Ästen und Zweigen« entwickeln konnten, all das erinnerte an den Park altertümlicher Prägung, bevor man aus diesem die geraden Schneisen und die ›Pattes d'oie‹ herausgehauen hatte; der Garten war tatsächlich zum Park geworden. Unter diesen Umständen war es natürlich wieder von Wichtigkeit, den Garten und den Park zu verschmelzen, woran es den Perspektivgärtnern vorher auch gelegen hatte. Dabei ergab sich aber jetzt eine technische Schwierigkeit. Während der architektonische Garten mit dem Park nur mittels der durch die Alleen gegebenen Sichtachsen verbunden war, sollte dieser neue Gartentyp, der in Wahrheit ein eigens entworfener Park war, mit dem eigentlichen Park an vielen Stellen und manchmal auf breiter Front verbunden und verschmolzen werden. Wie aber konnte man das Rotwild und die Schafe aus der unmittelbaren Nähe des Hauses fernhalten? Die Methode, die dazu angewandt wurde, war der ›Ha-Ha‹. Im alten Garten war der Übergang von der Allee in die Schneise oder in die Allee des Parkes gewöhnlich durch einen Pfahlzaun oder durch eine Einzäunung mit einem Tor gekennzeichnet. Dies war eine unglückliche Lösung, die auch so empfunden wurde. Gegen Ende des 17. Jahrhunderts hat man in Frankreich – aus der militärischen Praxis heraus – die Methode entwickelt, die Trennungslinie durch einen Graben, auf dessen Grund ein Zaun versteckt war, zu kaschieren. Diese Erfindung war der ›Ha-Ha‹, eine Bezeichnung, die eine zweifelhafte Überlieferung auf die Ausrufe jener zurückführen will, die unerwartet auf dieses Hindernis stießen. Horace Walpole, der 1770 die Geschichte des Umbruches in der Gartenkunst schrieb, die er während ihrer kritischsten Phase miterlebt hat, betrachtete den ›Ha-Ha‹ als den entscheidenden Schritt für die Erweiterung des Gartens über seine Grenzen hinaus. Er schrieb: »Der Hauptanstoß, der richtungsweisende Schritt zu allem, was folgte – ich glaube, der erste Gedanke stammte von Bridgeman –, war die Niederlegung der Grenzmauern und die Erfindung der Gräben ... Diese einfache Zauberei hatte kaum stattgefunden, als sich Planierungen, Erdbewegungen und Festigungen anschlossen. Das anliegende Parkgelände außerhalb des versenkten Zaunes mußte mit den Rasenflächen innerhalb desselben in Einklang gebracht werden; es galt ferner, den Garten von seiner ursprünglichen Regelmäßigkeit zu befreien, damit er mit der nicht kultivierten Landschaft draußen übereinstimmte ... In diesem Augenblick erschien Kent, der immerhin Maler genug war, um die Reize der Landschaft zu genießen, auch kühn und fest genug in seinen Anschauungen, um das Wagnis einzugehen und sich durchzusetzen, und nicht zuletzt mit dem Genie begabt, ein großes System aus dem Zwielicht unvollkommener Versuche zu befreien. Er übersprang die Hürde und stellte fest, daß die ganze Natur ein Garten war. Er fühlte den köstlichen Kontrast zwischen den Hügeln und Tälern, die unbemerkt ineinander übergehen, genoß die Schönheit der lieblichen Anhöhen und versenkten Mulden, bemerkte, wie verlorene Gehölze eine Bodenwelle schmückend krönten; indem sie den Blick zwischen ihren anmutigen Stämmen in die Ferne lockten, erweiterten sie die Perspektive und rückten sie durch täuschenden Vergleich in die Ferne.« Die liebenswürdige und überzeugende Darstellung von Walpole soll uns aber nicht irreführen. Eine gute Darstellung bedeutet noch nicht, daß sie auch den Tatsachen entspricht. Der französische Garten hatte bereits seit 1660 ›die Hürde übersprungen‹. Nicht die Niederlegung der Grenzen war das wichtigste Merkmal des englischen Umbruches in der Gartenkunst, sondern die Angleichung dessen, was innerhalb der Einfriedigung lag mit dem, was sich jenseits derselben befand. Der französische Garten erstrebte gerade das Gegenteil. Ohne Zweifel war der ›Ha-Ha‹ ein wichtiges Mittel zum Zweck.

So sah Walpole den englischen Garten von 1770, der aber nicht jener war, der sich vierzig Jahre früher oder zwanzig Jahre später zeigte. Denn der Umbruch war nicht ein einfacher Vorgang, und die Revolutionäre hatten, wie es häufig der Fall ist, durchaus keine klare und einheitliche Vorstellung von dem, was sie wollten. Der einzige Gartenschöpfer, der eine Darstellung des neuen Glaubensbekenntnisses versuchte, war Stephan Switzer.

Das neue ›Glaubensbekenntnis‹

Switzer, der eine Zeitlang Küchengärtner in St. James gewesen war, erhielt seine Ausbildung in der Schule von London und Wise. Im Unterschied zu den meisten Gärtnern war er ein Mann von einer gewissen Bildung und literarisch begabt. Nach seinem Stil zu urteilen, war Thomas Browne sein bevorzugter Autor, und das Beste in seinen Schriften würde diesem großen Meister zur Ehre gereicht haben. 1715 veröffentlichte er ›The Nobleman, Gentleman und Gardener's Recreation‹, ein Werk, das er 1718 und nochmals 1742 zur ›Ichnographia Rustica‹ in Anlehnung an Brownes ›Materia Medica‹ erweiterte. Die Zeitspanne zwischen der ersten und der letzten Fassung des Buches deckt sich ungefähr mit der Periode des Übergangs; doch was Gemeinplätze in der letzten Auflage waren, hörte sich in der ersten wie Avantgardismen an. »Ich verlege mich«, schrieb er, »auf eine Art von extensiver Gartenkunst, die bei uns noch nicht sehr bekannt ist.« Diese »extensive Gartenkunst«, führt er weiter aus, »ist nichts anderes als das, was die Franzosen ›Le Grand Manier‹ nennen und steht im Gegensatz zu solchen gekräuselten, winzigen und kümmerlichen Werken, denen wir auf Schritt und Tritt begegnen; sie sind so schlecht und dabei so kostspielig ... Der Höhepunkt dieser Entwürfe sind beschnittene Pflanzen, Blumen und andere Spielereien, die sich nur für kleine Stadtgärten und nicht für ausgedehnte Landstrecken eignen. Diese bestehen, wie es sein soll, aus sich weit ausbreitenden Gärten und Anpflanzungen, geschmückt mit wunderschönen Statuen und Springwerken und sind voll von langen schattigen Wegen und Bosketts ... Sie erlauben auch, daß die anliegende Landschaft sich offen dem Blick darbietet und daß das Auge nicht durch hohe Mauern, falsch angelegte Wälder oder durch andere Widerstände behindert wird, wie dies an so vielen Orten der Fall ist, wo das Auge das Gefühl hat, eingekerkert zu sein und die Füße sich wie gefesselt vorkommen.«

Diese Attacke gilt in Wirklichkeit noch nicht den Alleen und den geradlinigen oder geometrischen Entwürfen. Wenn wir sorgsam lesen, stellen wir nämlich fest, daß wir nichts anderes als einen großen Perspektivgarten nach französischem Muster zu erwarten haben, aus dem das Teppichparterre zum Teil entfernt oder zumindest sehr vereinfacht wurde, wie wir ihn denn auch zu Anfang des Umbruches vorfinden. Man hat den Eindruck, daß Switzer nicht ein Gegner des architektonischen Gartens an sich, sondern nur von dessen holländischer, in England gebräuchlicher Spielart war. Die gepflegten und sauber beschnittenen figürlichen Pflanzen, die man zu Wilhelm von Oraniens Tagen gesetzt hatte, waren bis zu Switzers Zeiten beinahe dreißig Jahre gewachsen: Buchs und Taxus aber können in dreißig Jahren ein gutes Stück größer werden. Kein Wunder daher, wenn die Gärten der Generation seiner Väter sich in seinen Augen so eng, klein und nichtssagend präsentierten, wie es heutzutage der Garten von Levens ist.

Tatsächlich trat Switzer für die Rückkehr zu einer großzügigen Konzeption der Proportionen ein: »Überall dort, wo ich die Freiheit dazu habe, würde ich meinen Garten allen Szenerien öffnen und damit auch den unbegrenzten Freuden eines weiten Ausblicks in die Ferne und die weite Natur.« Als Ideal kann man aber nur den Ausblick auf eine natürliche und nicht auf eine von Menschenhand geregelte und geordnete Welt bezeichnen. Das ist der Punkt, an dem das 17. und 18. Jahrhundert auseinandergehen. Die Ergebnisse scheinen auf den ersten Blick ähnlich zu sein; da aber die Konzeption verschieden war, war auch die weitere Entwicklung grundverschieden. Wenn wir die Pläne in Switzers Buch betrachten, haben wir große Mühe, darin etwas wirklich Umwälzendes zu entdecken, aber wir müssen annehmen, daß sie eine allgemeine Verbesserung der Gärten darstellten, die beweist, wie weit die englische Gartenkunst seit den Tagen der Mollets durch den holländischen Geschmack entartet war.

Im Jahre 1742 erkannte Switzer das Hauptziel seines Angriffes noch klarer. Damals waren seine beiden Lehrer London und Wise bereits tot, und er konnte ihnen Beweggründe zuschreiben, die er zu deren Lebzeiten nicht erkannt hatte oder auf die er sich damals nicht beziehen wollte. Nachdem er Addisons Worte über die natürliche Form des Baumes anführt und begrüßt, fährt er fort: »Als die damaligen großen Gartenschöpfer Lager von Pflanzen unterhielten, war es für sie selbstverständlich, alle wunderschönen Anpflanzungen von Obst- und Waldbäumen, die ihnen im Wege standen, zu entfernen und Pläne zu entwerfen, die ihnen einen größeren Gewinn versprachen. Hier lag die Ursache, daß man den holländischen Geschmack begünstigte, in den die Menschen von mittlerer Bildung so vernarrt und von dessen kleinen Nichtigkeiten und Kunstphantastereien sie so entzückt waren, und zwar immer in dem Glauben, daß das Schönste das am wenigsten Natürliche sei. Die wahren Künstler hingegen huldigten immer der Natur, und sie waren sich immer bewußt, daß alle Kunst im Studium der Natur besteht.«

Diese Leute aber, die sich so überlegen des wahren Verhältnisses zwischen Kunst und Natur bewußt waren, brachten in diesen Übergangsjahren verschiedene merkwürdige Resultate hervor. Pope selbst legte einen kleinen Garten in *Twickenham* an. An Stelle von beschnittenen Bäumen pflanzte er am Fluß zwei Weiden; dieser ›natürliche‹ Garten enthielt aber auch einen Tempel aus Muscheln, einen Weingarten, einen Obelisk zur Erinnerung an seine Mutter, einen Bowling-green, ein Boskett, eine Orangerie, einen Küchengarten und die berühmte Grotte.

Es gibt eine minuziöse, nach Popes Tod 1745 erschienene Beschreibung dieser Grotte, die sich über zahlreiche Seiten erstreckt, in der wir Schritt für Schritt durch die berühmte Höhle geführt werden, wobei uns ein jeder Stein und sein Stifter genannt werden. Es gibt darin Feuersteine, Moos, Marmorbrocken, Glasstücke, verschiedene schöne Stücke von eruptivem Gestein, Sternkorallen, Fossilien, Kupfererz, Silbererz, Goldquarz, Achate, Blutsteine, mehrere Kolibris mit ihren Nestern und »verschiedene sehr natürliche mineralische Sehenswürdigkeiten aus Feuersteinen und Schlacken aus Glashütten, Öfen usw.«.

Hören wir dazu Pope selbst:

Halte dort an, wo in dunkler Höhlennacht
Der Themse Flut spiegelt die volle Pracht.
Wo Tropfen von steiniger Decke träge fallen,
Der Bach funkelt, zerteilt von spitzen Kristallen,
Ungeschliffene Steine keinen Glanz versprühn
Und verborgene Metalle in Unschuld glühn.
Komm herbei und betrachte die große Natur!

Diese Aufzählung zeigt, mit welcher Vorsicht wir den Gebrauch des Wortes ›Natur‹ im 18. Jahrhundert betrachten müssen. So befindet sich auf der Klippe östlich von *Bournemouth* ein Garten, der aus in Zement eingelassenen Muscheln, zerbrochenem Porzellan und weggeworfenem Gerümpel besteht. Ein Schild aber besagt, daß es sich um ›The Garden of Nature‹ handelt.

In England war im 18. Jahrhundert nur eines klar, nämlich

daß die Natur die Geraden verabscheute, was auch ein Lieblingsausspruch von William Kent besagte. Die unmittelbare Folge dieser großen Entdeckung aber waren die gewundenen und gekrümmten Wege und Wasserläufe, die die ›Natur‹ bestimmt noch mehr verabscheut haben würde. Kent (1684–1748) ist so oft als der führende Kopf des Umbruches zum natürlichen Garten angesehen worden, daß seinem Werk mehr Aufmerksamkeit gezollt wurde, als es tatsächlich verdient. Noch vor kurzem hat man ihn als den englischen Künstler des 18. Jahrhunderts gepriesen, den man einem vielseitigen Renaissancekünstler durchaus zur Seite stellen könnte. Er begann seine Laufbahn als Lehrling eines Karossenbauers und ging nach Rom, um dort die Malerei zu erlernen. Hier lenkte er die Aufmerksamkeit des Earl of Burlington auf sich, der sein Beschützer für sein ganzes Leben wurde. Als Porträtmaler und Bildhauer versagte er vollkommen, genoß aber dagegen einigen, wenn auch kaum verdienten Ruf als Architekt, Raumgestalter, Möbelzeichner und Gartenplaner. Niemals war er das Genie oder – wie es seine Beschützer verkündet haben – ein zweiter Raffael, noch war er für die Geschichte der Gartenkunst so bedeutend, wie es Walpole angenommen hat. Er besaß ein gewisses Talent, die Theorien einer Gruppe von Dilettanten, die sich um Burlington versammelt hatten, in die Tat umzusetzen und wurde – wahrscheinlich mit vollem Recht – als ein Tausendsassa angesehen. Seine Malereien, seine Möbel und der größere Teil seiner Innendekoration zeigen einen peinlichen Mangel an Feingefühl, und man kann kaum behaupten, daß seine Gartenzeichnungen irgendwie besser gewesen wären.

Eine späte und vollständige Schöpfung von ihm ist uns in *Rousham* in Oxfordshire erhalten – ein Garten, der nach Aussage von Walpole Kents Talent von der besten Seite zeigt. Wie in Stowe stützt er sich dabei auf einen Plan von Bridgeman, und wie in Stowe war das Ergebnis ein Garten, der weder Fisch noch Fleisch war. In Stowe kamen die Zeit und Lancelot Brown zu Hilfe, doch in Rousham, wo Brown nicht zugezogen wurde, konnte auch die Zeit die mangelhafte Harmonie und die Mittelmäßigkeit der Proportionen nicht gutmachen. Rousham ist zwar ein unschätzbares historisches Dokument, aber man darf es nicht als Beispiel einer glücklichen Gartenkomposition ansehen. Von Rousham kann man dasselbe behaupten, was ein Zeitgenosse von dem späteren, berühmten Garten in Hagley sagte: »Man kann sich leicht vorstellen, wie dieses Grundstück hätte besser angelegt werden können.«

Allgemein wird die Ansicht vertreten, daß die Inspiration zu den Gärten von Kent von den Landschaftsbildern von Claude Lorrain, den Brüdern Poussin und von Salvator Rosa herrühre. Es trifft zwar zu, daß Italien einen entscheidenden Einfluß auf die Entwicklung von Kent ausübte – so trug er ständig ein gewisses ›Italienertum‹ zur Schau und war als der ›Signor‹ bekannt – aber man hat auch guten Grund anzunehmen, daß die italienischen Gärten eher als die italienischen Bilder sein Vorbild waren. Viele der großen Renaissancegärten Italiens waren im 18. Jahrhundert bereits zweihundert Jahre alt und erschienen deshalb nicht mehr als das, was ihre Schöpfer beabsichtigt hatten. Wie es bei Gärten immer der Fall ist, unterlagen sie dem vom Wandel des Geschmackes bedingten Änderungen; doch die weitaus größten Veränderungen hatte die Zeit selbst mit sich gebracht. Zahlreiche dieser Gärten waren zu wuchernden Wildnissen geworden, in denen die ursprünglichen, beschnittenen Hecken des Originalentwurfes zu unentwirrbaren Pflanzenbergen aufgeschossen waren, weit höher als es in der Absicht jener lag, die sie gepflanzt hatten. Dazwischen konnte man da und dort bemooste alte steinerne Treppen, schon lange schweigende Fontänen und kopfüber gestürzte Statuen vor leeren Sockeln erkennen. Hier war Feierlichkeit! Hier war Erhabenheit! Das geordnete Abbild eines geregelten Alls aber bestand nicht mehr, und das zugrunde liegende Gefüge eines Renaissancegartens war nur dem wirklich scharfsichtigen Blick erkennbar. Kent hatte beides nicht. Was Kent tatsächlich mit nach Hause brachte, war die Erinnerung an vereinzelte Gartenszenerien – ein wuchernder ›bosco‹, der einen Tempel halb verdeckt, ein Teich von Bäumen überschattet, die einstmals Teil einer beschnittenen Hecke waren, eine Reihe von Statuen, ein Halbkreis von Büsten in Nischen; das alles sind die Bilder, die er wiederzugeben sich bemüht hat.

Diese Arbeitsmethode ließ drei für die weitere Entwicklung des englischen Gartens wichtige Dinge entstehen: Die Verwendung von unbeschnittenen Bäumen, wie dies Addison verlangt hatte, die Aufteilung des Gartens in eine Folge von Bildern und schließlich und recht eigentlich die völlige Preisgabe der großen Errungenschaften der Renaissance, nämlich sowohl die Beziehungen der einzelnen Teile des Gartens zueinander als auch der ganzen Gartenanlage zum Gebäude. So war es also weitgehend das Werk von Kent, worauf sich, ungeachtet der Mittelmäßigkeit seines persönlichen Talents, der spätere Landschaftsgarten aufbaute.

Der beispielgebende Garten dieser Zeit war der von *Stowe*. Wir besitzen von ihm eine ausgezeichnete detaillierte Beschreibung aus dem Jahre 1724, die seinen Übergangscharakter verdeutlicht. Lord Percival besuchte diese Gärten im August jenes Jahres und beschrieb sie in einem seiner Briefe. Die Gärten bestanden aus zahlreichen, mit Statuen geschmückten Spazierwegen, die in Sommerhäusern und Tempeln endeten. Es gab dort einen Apollotempel, einen Triumphbogen, einen Garten der Venus und ein mit Statuen von Göttern und Göttinnen überfülltes Amphitheater. Dies alles wurde von einer hohen Säule beherrscht, auf der sich eine Statue des Prinzen Georg im Ornat erhob. Am Ende des bekiesten Weges, der vom Haus wegführte, befanden sich zwei Tempel mit einem runden Teich von zweieinviertel Morgen, aus dessen Mitte sich eine mindestens fünfzehn Meter hohe Pyramide erhob, von deren Spitze Wasser herabfallen sollte. Auf halbem Wege befand sich ein weiteres Bassin mit einer weiteren Pyramide und, dem Gebäude noch nähergerückt, schoß ein Springbrunnen seinen Strahl zwölf Meter in die Höhe. Die querlaufenden Wege endeten in »Kolonnaden, Bögen und Statuen, und jene verborgenen, die Boskette durchschneidenden Pfade waren entzückend«. Obwohl Percival wohl zwanzigmal glaubte, daß er alles gesehen hätte, fand er sich immer wieder in verschiedenen neuen Gärten und auf neuen Wegen, genauso vollendet und genauso geschmückt wie diejenigen, die er verlassen hatte. »Nichts«, schreibt er, »ist unregelmäßiger als das Ganze und nichts regelmäßiger als die einzelnen Teile, die voneinander grundverschieden sind. Dies zeigt den guten Geschmack unseres Lords ... Die Schönheit dieses Gartens erfährt noch eine Steigerung, indem er nicht von Mauern, sondern nur durch einen ›Ha-Ha‹ begrenzt wird, der den Ausblick auf eine schöne bewaldete Gegend gestattet und die Länge der mit hohen Bäumen bepflanzten Alleen nicht erkennen läßt.«

Die Pyramiden und Säulen von römischer Ordnung, die die früheste Anlage von Stowe verschönten, waren weit entfernt von den ›unendlichen Freuden‹ Addisons an einem blühenden Gemüsegarten. Trotzdem wurden sie zeitweise als Krönung eines guten Gartenentwurfes empfunden, wie aus einer dichterischen Lobpreisung von Pope hervorgeht:

Folgt dem Verstand, der jede Kunst belebt,
Damit sich Teil an Teil zum Ganzen wohl verwebt,
Und Schönheit überall sich freiwillig kann gestalten
Ja selbst aus Schwierigkeiten wie aus des Zufalls Walten.
Natur hilft dann und Zeit läßt alles reifen
Zum Wunderwerk, zu einem wahren Stowe!

Auf den ersten Blick scheint ein solcher Garten dem Stil Le Nôtres näher zu sein als der Garten, zu dem Stowe später wurde. Doch besteht bereits in diesem Zustand ein wesenhafter Unterschied, denn wir erfahren mehr über Unregelmäßigkeiten, Überraschungen und weniger von reinem Pomp.

Die erste Anlage des neuen Gartens in Stowe stammte von Bridgeman, einem Schüler der Partner London und Wise, der weitgehend deren Praxis folgte. Bridgemans Plan zeigt keine besondere Originalität, er war jedoch eine frühe Arbeit, in der der Einfluß seiner Lehrer noch stark mitwirkte. Später hat Switzer seine Tendenz bemängelt, das Parterre so zu vergrößern – der heutige Rasen wurde später angelegt –, daß es in gar keinem Verhältnis mehr zum Gebäude stand und ihm zeitweise der ganze verfügbare Raum geopfert wurde. Das Stowe von Bridgeman ist im Grunde genommen nicht viel mehr als ein später Garten im französischen Stil, der sich mehr und mehr auf den Reiz und die Vielfalt der Einzelheiten konzentriert hat, aber immer weniger auf Zusammenhang und einheitliche Wirkung achtet. Von ›Naturalismus‹ dagegen war nichts zu entdecken, abgesehen von der Unregelmäßigkeit des Umrisses des Ganzen und vom Streben, die an den Garten angrenzende offene Landschaft sichtbar werden zu lassen.

Es ist ein unmögliches Unterfangen, die Beiträge der verschiedenen Beteiligten bei so vielen großen Gärten auseinanderhalten zu wollen. Mehr als in der Architektur fühlten sich in der Gartenkunst des 18. Jahrhunderts die Auftraggeber und ihre Freunde berufen, Anregungen zu geben, solche zu adaptieren und Originalentwürfe zu ändern, so daß Gärten dieser Art häufig den Geschmack einer Gruppe dieser Zeit und nicht die ästhetische Auffassung eines einzelnen Künstlers widerspiegeln. Selbst in Versailles hatte der große Ruf Le Nôtres es nicht verhindern können, daß Mätressen, Hofleute und Architekten Ludwigs XIV. dem Gartengestalter ins Handwerk pfuschten. Wieviel bei dem frühen Stowe reiner Bridgeman ist, kann man unmöglich erkennen, zumal er bestimmt nicht der Mann war, der den Beiträgen von Vanbrugh oder Kent Widerstand entgegensetzte. Als der Einfluß von Kent zunahm, wurde der ursprüngliche Garten von Bridgeman vermutlich stark verändert und dabei die originale Strenge mehr und mehr gelockert, indem der Erzfeind der Geraden – Kent –

diese Geraden nacheinander entfernte. Trotzdem zeigt der Garten von Stowe in allen seinen Wandlungen ein gleichbleibendes Charakteristikum: die Anlage war überladen. Die Herzogin von Portland beklagte sich vor 1744, daß: »die Gebäude darin wirklich unangenehm eingeengt seien ...«, und in William Marshalls ›Planting and Rural Ornament‹ (1796) wird diese Kritik wiederholt, wenn er schreibt: »Die Kunst hat in Stowe offensichtlich zuviel des Guten getan. Es gibt dort zuviel Bäume und zuviel Bauten. Alles scheint den Tempeln geopfert zu sein ...«

Mittlerweile war die Mode der vorhergehenden Epoche in den größten Mißkredit geraten. Das 19. Jahrhundert ist beim 20. Jahrhundert nicht so in Ungnade gefallen wie das 17. beim 18. Selbst Le Nôtre wurde nach der Auffassung von Heeley zum »gefeierten, aber grausamen Verderber, der die seufzende Erde zerstückelte«, und Lord Kames hat Versailles als »ein bleibendes Denkmal des verwerflichsten und verdorbensten Geschmacks« bezeichnet.

Der Garten – ein Gemälde

Man kann feststellen, daß während der Periode des Überganges sich in England nicht nur eine Gartenform, sondern drei unterschiedliche Gartentypen entwickelten. Der erste, aber am wenigsten häufige, war der ›malerische‹ Garten, der zweite ›der poetische‹ und der dritte, der mit der Musik mehr Gemeinsames hatte als mit den anderen Künsten, der ›geläuterte‹ Garten. Alle drei waren theoretisch ›natürliche‹ Gärten – wobei das Wort ›Natur‹ in jedem Falle unterschiedlich zu werten ist –, aber das jedem Typus zugrunde liegende Prinzip war verschieden.

Der erste, der ›malerische‹ Garten, war den Regeln der Landschaftsmaler unterworfen und entlieh sich deren Kunstgriffe, um nach dem Muster der zweidimensionalen Landschaft eine in drei Dimensionen entstehen zu lassen.

Der zweite, der ›poetische‹ Garten, basierte auf Beobachtung und infolgedessen auf der Wiedergabe der natürlichen Erscheinungen.

Der dritte, der ›geläuterte‹ Garten, wollte weder durch die Wiedergabe der Natur Gefühle erwecken noch eine andere Kunstform nachahmen, dafür aber einen bestimmten Eindruck – hauptsächlich durch die Verwendung einer Linienformel – hervorrufen.

Diese drei Gartentypen, die sich im Laufe des 18. Jahrhunderts zu logischer Vollendung entwickelten, wurden Allgemeingut. Einem vierten Typus, der ›ferme ornée‹, blieb eine Entwicklung versagt.

Als der echte architektonische Garten seine Rolle ausgespielt hatte, war es zuerst nicht ganz klar, welche Art von Garten sein Erbe antreten würde. Ein früher Mitbewerber war die ›ferme ornée‹, die, wenn sie sich entwickelt hätte, die Gartenkunst vielleicht in eine rein dekorative Rolle gedrängt und den Garten in eine Spielart des ›poetischen‹ Gartens verwandelt haben würde. Es ist nicht ausgeschlossen, daß die Idee der ›ferme ornée‹ in Frankreich geboren wurde.

Genügend Gründe sprechen für die Richtigkeit der Annahme, daß Dufresnoy, Le Nôtres Nachfolger, sich als erster mit dem Problem der ›ferme ornée‹, der gartenkünstlerischen Gestaltung des Gutsbesitzes, beschäftigt hat. Stimmt dies, so dürfte die französische Auffassung ziemlich sicher sentimentaler und poetischer Natur gewesen sein, was schließlich zu solchen Spielereien wie der Anlage des ›Hameau‹ von Marie Antoinette in Versailles geführt hat. Die englische Auffassung war jedenfalls praktischer. Man sagte sich nämlich: Wenn wir die Schönheiten der freien Natur schätzen, dann gilt es, das Land mehr oder weniger so hinzunehmen, wie es ist. Da in England ein Großteil des Landes landwirtschaftlich genutzt wird, darf man den Garten nicht in einen Park, den ein kleinerer Gutsbesitzer nicht unterhalten kann, übergehen lassen, sondern man muß das umliegende Farmland gärtnerisch einbeziehen. Der Gedanke, der sich hinter der englischen ›ferme ornée‹ verbirgt, ist der eines rein wirtschaftlich rentablen Gutsbesitzes, der einen Gewinn abwerfen, außerdem aber so ausgestattet sein sollte, daß er zugleich die Funktion eines Gartens übernehmen könnte. Aus heutiger Sicht ist es leicht, festzustellen, daß eine solche Verschmelzung undurchführbar war. Denn sobald man die zwingenden Erfordernisse der Landwirtschaft dem dekorativen Element – der Domäne des Gärtners – opferte, konnte das Gut nichts mehr einbringen. Trotzdem wurden wiederholt Versuche unternommen, diese Idee zu verwirklichen, und nur langsam verschwand sie. Das bekannteste Beispiel ist *Wooburn Farm* bei Chertsey, wo Philip Southcote einen solchen Garten entwarf und dabei, wie man behauptet, Hinweise von Kent verarbeitet hat.

Die Theorie der ›ferme ornée‹ ist gewiß attraktiv. Wie aber hat man die Theorie in die Praxis umzusetzen versucht? Auf welche Weise kann man einen Gutshof schmücken? Die Technik schien vorzugsweise darin zu bestehen, mit Kies bestreute Wege um die Felder anzulegen und Sitzgelegenheiten an geeigneten Punkten anzubringen, die Raine mit Zierpflanzen – vorzugsweise Rosen – zu beranken und in ungünstigen, dem Pfluge nicht erreichbaren Ecken Blumen anzusäen. Was hätte man außerdem noch tun können? Vielleicht die Kühe mit den Zeichen des Tierkreises versehen und ihre Hörner ähnlich den Stieren des Brahma vergolden? So berichtet Whateley in seiner Beschreibung von Wooburn » ... von einer Hecke, die mit Geißblatt, Jasmin und allen Arten von wohlriechenden Pflanzen geschmückt ist und deren Ranken sich mit dem Dickicht verflechten. An der Hecke entlang zieht sich, mehr oder weniger weit entfernt, in wellenförmiger Linie ein sandiger oder bekiester Weg. Zu beiden Seiten des Rasens hat man Abwechslung durch kleine Gebüschgruppen, Tannen oder sehr kleine Bäume und oft auch durch Blumenbeete zu erreichen versucht. Doch ist dieser Schmuck zu verschwenderisch verstreut und beleidigt das Auge durch seine Winzigkeit ... In jeder Ecke oder auf jedem freien Platz befindet sich ein Rosengehege, eine mehr oder weniger dichte Baumgruppe oder ein Blumenbeet. Wenn man einerseits das Parterre zur Verschönerung der Felder plünderte, so suchte man andererseits das Land nach Pflanzen ab, die für den Garten neu waren. Sträucher und Blumen, die man allgemein als charakteristisch für das eine ansah, wurden wahllos in das andere versetzt ... Eine bescheidenere Anwendung wäre besser gewesen ... Sogar das Gegackere und Gegurre des Geflügels ist nicht vergessen, denn eine sehr einfache Menagerie befindet sich neben dem gotischen Gebäude: ein kleiner sich dahinschlängelnder Fluß ist für die Wasservögel bestimmt, während das übrige Geflügel zwischen den blühenden Büschen der Ufer umherirrt ... Die Einfachheit eines Gutshofes fehlt, und die Schlichtheit ist einer Überfülle von schmückenden Zutaten geopfert. Bei so viel eleganter Dekoration, die zwar an einen Garten, aber nicht an einen Gutshof verschwendet werden darf, kann der bäuerliche Charakter nicht erhalten bleiben.«

Sehr bald dürfte man die Grenzen erkannt haben, aber der Hauptgrund, daß die ›ferme ornée‹ sich nicht durchzusetzen und populär zu werden vermochte, war in der Tatsache zu suchen, daß die Landwirtschaft sich sozusagen der geraden Linie verschrieben hatte, die Gerade aber nicht mehr in Mode war.

Im 18. Jahrhundert neigte die Theorie überwiegend dazu, die Gartenkunst mit der Malerei in Verbindung zu bringen. Ein Garten galt als gut entworfen, wenn man annehmen durfte, daß ein Landschaftsmaler ihn als Motiv gewählt haben würde. Etwa um die Mitte des Jahrhunderts konnte ein Schriftsteller der Welt versichern – noch dazu bei einer Äußerung über einen poetischen Garten –, »daß die Gartenkunst lediglich darin besteht, in der Natur Bilder entstehen zu lassen, und zwar nach den gleichen Regeln, die für die Malerei auf der Leinwand verbindlich sind. Beide sind Künste der Nachahmung und erstreben das gleiche Ziel durch Anwendung der gleichen Prinzipien – nämlich die Schöpfung einer angenehmen, gefälligen Komposition durch entsprechende Verteilung von Massen und Bauwerken, die durch ihre Gestaltung, ihre Art und ihren allgemeinen Charakter den Verhältnissen angepaßt sind.« (›Promenade des jardins d'Ermenonville‹, 1783). Doch wird das Ausmaß des Einflusses der Werke von Claude Lorrain, Poussin und von Salvator Rosa auf die Entwicklung der Gartenkunst allgemein übertrieben. Es mag stimmen, daß Vanbrugh, als man ihn fragte, wer die Gärten von Blenheim entwerfen solle, geantwortet hat, man möge nach einem Landschaftsmaler senden. Es wurde aber nicht nach einem gesandt noch wurde irgendwann im 18. Jahrhundert ein Maler zum Gartengestalter; dies war erst im frühen 19. bei Alexander Nasmyth (1758–1840) der Fall, der im fortgeschrittenen Alter zum Gartenplaner wurde. Die tatsächlich mit dem Umbruch der Gartenkunst verbundenen Namen waren solche von Dichtern und Literaten, wie Addison, Pope und Shenstone.

Von den drei berühmten, am stärksten von der Landschaftsmalerei beeinflußten Gärten aus der Mitte des Jahrhunderts, Painshill, Leasowes und Stourhead, hat sich nur Stourhead in einem verhältnismäßig vollständigen Zustand erhalten. Vieles von Painshill ist heute nicht mehr erkennbar und Leasowes hat man wie so viele Parks des 18. Jahrhunderts in einen Golfplatz einbalsamiert. Alle drei Gärten wurden von Amateuren entworfen und alle drei waren, obwohl sie poetische Elemente enthielten, doch so gestaltet, wie ihre Schöpfer sich vorgestellt hatten, daß man Gemälde komponieren müsse.

Leasowes war der berühmteste Garten seiner Zeit. Er entstand etwa zwanzig Jahre nach Stowe – was in einer Zeit des Umbruchs viel bedeutet – und war das Lebenswerk des melancholischen Dichters Shenstone, eines Dichters von geringen Graden, dessen Name mehr seines Gartens wegen als um seiner Verse willen noch lebt. Als er um 1743 mit der Instandsetzung seiner Besitzung in Mittelengland begann, waren die Theoretiker bereits eifrig am Werk gewesen, und neue Ideen standen zur Diskussion. Die Grundtheorie seiner Gartenkunst war ›poetisch‹, aber infolge seiner Begeisterung für malerische Techniken wurde Leasowes ein ›malerischer‹ Garten. Nach Shenstone kann man die Gärten in erhabene, schöne, melancholische oder nachdenkliche scheiden. Nach seiner Meinung sollte es ›Kunst‹ niemals erlaubt sein, mit ›Natur‹ verschmolzen zu werden. Doch haben sich weder er noch seine Anhänger jemals ernsthaft gefragt, wie solche Auffassung in Einklang mit den unvermeidlichen Urnen, Sitzen, Statuen und Inschriften zu bringen sei, wie sie von ihnen verwendet wurden.

Der Begriff des ›Landschaftsgärtners‹ rührt von Shenstone. Er empfiehlt die Anwendung aller Kniffe, die von den Malern gelernt werden können, beispielsweise »kann man durch eine im Vordergrund breitere und mit Eiben bepflanzte Allee, denen dann Tannen und immer heller werdende Bäume folgen, die schließlich in Mandelweiden oder silbrigen Korbweiden enden, eine sehr bemerkenswerte Illusion erzeugen«. Das ist im Grunde genommen der die ›Entfernung aufhebende‹ Stil der Japaner, von dem Shenstone allerdings kaum etwas gehört haben dürfte. Ungeachtet seiner technischen Hinweise, zeigt er, daß seine Auffassung von einem Garten stark literarisch war, vorzüglich wenn er bedauert, daß die Maler fähiger bei der Ausarbeitung ihrer Werke als bei der Wahl des Gegenstandes seien. Für Shenstone aber war das Hauptanliegen des Gartens der ›Gegenstand‹ und die Gefühlswelt, die er ansprach. Tatsächlich hätte er den Garten am liebsten in ein Gemälde verwandelt.

Das anspruchslose Haus von Shenstone stand auf einer von einem ›Ha-Ha‹ umgebenen Rasenfläche. Der Rest des Grundstückes war als Folge von Szenen oder Prospekten angelegt, die man von einem das Ganze umschließenden Spazierweg, dem ›belt-walk‹, betrachtete.

Um die Mitte des 18. Jahrhunderts war dieser ›Belt‹ ebenso wichtig und noch revolutionärer als der ›Ha-Ha‹. Der Belt bestand aus einer unregelmäßigen gürtelartigen Anpflanzung von Bäumen, die sich um das Gelände zog und Spaziergänge und Ritte gestattete. Das war insofern bedeutsam, als damit angedeutet wurde, daß der Garten nunmehr von außen nach innen gesehen sein wollte. Zu einem viel späteren Zeitpunkt dieses Jahrhunderts, als die ›malerische‹ Kontroverse in vollem Gange war, betonte Richard Payne Knight, daß die Sicht vom Hause aus für den Beschauer bald vertraut und langweilig würde, während die sozusagen stets zufälligen Blicke vom Garten auf das Haus durch den Wechsel immer neu wirken würden. Der ›Gürtel‹ wurde sowohl in Stowe, in der Version von Bridgeman, wie in der ›ferme ornée‹ von Wooburn für diesen Zweck benutzt.

Shenstone entwickelte die vom ›Belt‹ aus gesehenen, sich verschiebenden Szenerien zur Formel von Leasowes. Sein Umlauf hatte sozusagen etwas Gemeinsames mit der ›Tour‹ Ludwigs XIV. in Versailles – eine ununterbrochene Folge von ›Points de vue‹. Shenstone war kein so reicher Mann wie Lord Cobham und konnte sich nicht – wie in Stowe – Sommerhäuser im Stil von Vanbrugh erlauben; dafür streute er über seinen Besitz Urnen, Sitze und Tafeln mit Versen, die geeignet waren, den ›genius loci‹ zum Ausdruck zu bringen. Obgleich sein Garten als eine Folge von Landschaftsgemälden entworfen war, existieren davon keine wirklich befriedigenden Abbildungen, und die zeitgenössischen Stiche vermitteln ein weniger klares Bild, als es die kritischen Bemerkungen von Dr. Johnson tun: »Er begann damit, die Ausblicke herauszuheben, die Oberfläche abwechslungsreich zu gestalten, seine Spazierwege verschlungen zu ziehen und die Wasserläufe zu schlängeln. Dies tat er mit so viel Urteil und derartiger Phantasie, daß sein kleines Besitztum zum Gegenstand des Neides der Großen und der Bewunderung der Fachleute wurde, eine Anlage, von vielen Reisenden besucht und von den Zeichnern kopiert.« Tatsache ist, daß Leasowes mehr einer Folge von Vignetten in der Art der zeitgenössischen Buchillustrationen von Youngs ›Night Thoughts‹ glich als den Bildern von Richard Wilson.

Dagegen war der Garten von Henry Colt Hoare in *Stourhead* weit mehr reiner Landschaftsgarten als Leasowes. Obgleich er viel besucht und bewundert wurde, haben seine Gestalter niemals ihre Theorien darüber zu Papier gebracht. Diese arkadische Ideallandschaft ist offensichtlich nach Gemälden von Claude Lorrain kopiert worden. Doch weist die Anlage einen viel weniger literarischen Charakter auf als Leasowes oder Painshill. Sie besteht aus nicht mehr und nicht weniger als einem unregelmäßigen See, der zwischen Hügeln eingebettet ist, die mit Tannen und Buchen dicht bewachsen sind. Der ›Belt‹ erscheint hier als ein Spazierweg rund um den See, als eine Umlaufbahn, die dadurch gewinnt, daß sie nichts Gezwungenes an sich hat, weil ihre Krümmungen der natürlichen Bodenbeschaffenheit folgen. An einzelnen Stellen entfernt sich der Pfad etwas vom Ufer, und der ganze Spaziergang wird bereichert durch eine bezaubernde Folge von Ausblicken auf den See, wo sich hier und da klassische Tempel im stillen Wasser spiegeln. Trotzdem gibt es auch in Stourhead ein oder zwei Züge, die es dem Bereich der reinen Landschaft entfremden. Dazu gehört in erster Linie die Grotte. Solche Düsterkeit atmende und von Nymphen bevölkerte Grotten waren in den ›poetischen‹ Gärten üblich und tatsächlich ist die Grotte von Stourhead besonders schön und mit allem ausgestattet, was dazu gehört, nämlich einer eisigen Quelle, einer Inschrift von Pope und zwei sehr schönen Statuen von Cheere. Der leicht boshafte Dr. Johnson pflegte allerdings zu sagen: »Eine Grotte ist ein sehr angenehmer Ort – für eine Kröte!«

Der Garten von Stourhead ist, verglichen mit den dilettantischen Versuchen in Chiswick und Rousham, eine reife Schöpfung. Obgleich sein Gefüge und sein Kolorit durch die Anpflanzung von Rhododendren und von Hortensien in modernem Geschmack gelitten hat, sind die großen Linien des ursprünglichen Eindrucks geblieben. Als ein nahezu vollkommenes Beispiel des Landschaftsgartenstiles steht er allein.

Der Landschaftsgarten, wie er sich sozusagen in seiner Quintessenz in Stourhead darstellt, steht im Mittelpunkt aller Gartenkunst des 18. Jahrhunderts. Auf der einen Seite ist es der ›poetische‹ Garten mit allen seinen Anspielungen und literarischen Themen, auf der anderen der ›geläuterte‹ Garten von Brown. Die Verwandtschaft von allen dreien hat in der Landschaftsmalerei ihren Ursprung, die damals in Mode war, und die für die Gärten charakteristischen Unterschiede entspringen den Formen jener Vorlage, die sie zu betonen wünschten. Die Gemälde von Claude Lorrain waren oft in einer literarischen Weise anregend, woraus sich die poetische Konzeption gewisser Gartenszenerien entwickelte. Aber außerdem waren die Gemälde von Claude Lorrain von subtiler Harmonie und aus dieser Eigenschaft erwuchs dann der ›geläuterte‹ Garten.

Dieser Typus des ›malerischen‹ Gartens, in dem die Landschaft die bestimmende Rolle spielt, findet sich nicht nur in England, sondern auch in Deutschland, wobei hier die Elemente des ›poetischen‹ Gartens nicht in jedem Falle ausgeschlossen waren. In dem religiösen Naturpark von Kukus, in der ›Fantaisie‹ bei Bayreuth und im Felsengarten von Sanspareil hat der ›malerische‹ Garten geradezu exemplarische Bedeutung für die deutsche Gartenkunst erlangt, weil sich hier deutsche, von fremden Einflüssen fast freie Entwicklungen zeigen; sie sind nicht zuletzt ein Beweis, daß im damaligen Europa – unabhängig von nationalen Grenzen – ein allgemein verbindliches Bewußtsein waltete, das auch im Falle des Gartens seine Wirkung nicht verfehlte.

Bei *Kukus* in Böhmen hatte ein Graf Sporck seit 1717 inmitten eines an einem Hang gelegenen Waldes Einsiedeleien, Grotten, Brunnen, Figuren und christliche Symbole aufstellen lassen und diese Anlage ›Bethlehem‹ benannt.

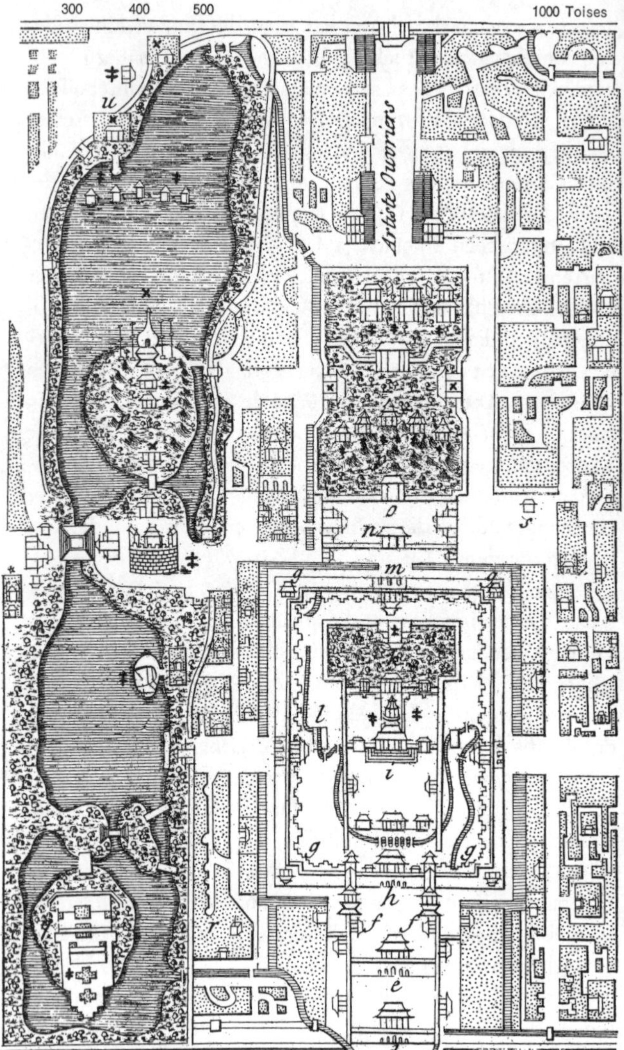

72 Grundriß der kaiserlichen Gärten
am Sommerpalast Yüan Ming Yüan in Peking

73 *Garten von Ginkahuji, chinesischer Gartenplan*

74 *Garten von Stowe, anglo-chinesischer Gartentyp*

75 *Aus den Gärten von Kew, Menagerie und ›Pavillon Chinois‹*

76 *Pagodenburg im Nymphenburger Park, 1719*

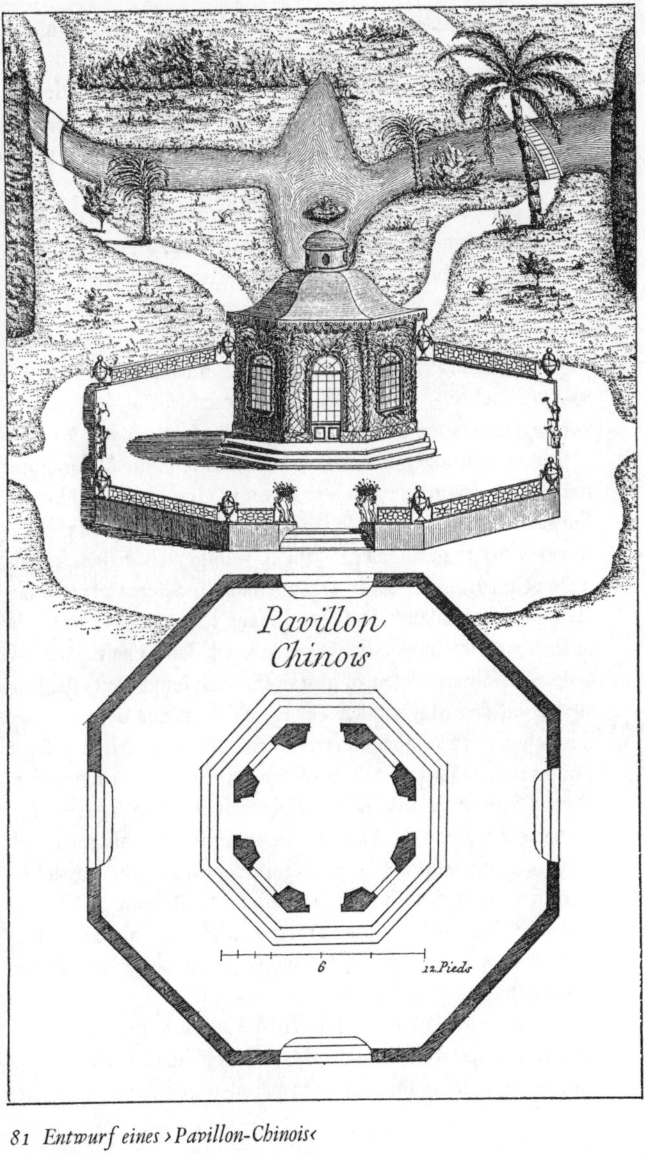

81 *Entwurf eines ›Pavillon-Chinois‹*

Als 1735 von dem Markgrafen Friedrich die Regierung des Bayreuther Landes übernommen wurde, schenkte er die sogenannte *Eremitage bei Bayreuth* seiner Gemahlin Wilhelmine, einer Schwester Friedrichs des Großen. Unter ihrer Ägide entfaltete die Eremitage ihre eigentliche Glanzzeit. Von 1749 bis 53 entstand unter Leitung des Marquis Montperny nach den Plänen von Joseph Saint-Pierre die heutige Eremitage – auch Orangerie oder Menagerie genannt. Die dazu gehörige Gartenanlage aber bedeutete, wie es Erich Bachmann treffend dargestellt hat, eine Wende in der Gartenkunst des 18. Jahrhunderts, wobei die große Revolution des Geschmacks, wie sie der englische Landschaftsgarten auf dem Kontinent um 1770 bis 80 verursachte – wenn auch auf anderer Ebene – gleichsam vorweggenommen wurde.

Seit 1770 drangen in der Bayreuther Eremitage in den inneren Bezirk der geometrischen Planung eine große Zahl empfindsamer Staffagen ein, und es gab hier schon vor 1743 – Leasowes wird 1745 angelegt – nicht weniger als sieben künstliche Ruinen, mehr als in irgendeinem anderen Garten jener Zeit in Deutschland. Darüber hinaus hatte man schon bald nach 1736 begonnen, den Garten nach landschaftsgärtnerischen Gesichtspunkten zu gestalten, nachdem bereits die Einsiedeleien des Markgrafen Georg Wilhelm aus dem zweiten Jahrzehnt des 18. Jahrhunderts durch unsymmetrisch gelegte und unregelmäßig gestaltete Wege verbunden worden waren. Dieser Auftakt wurde in der Folgezeit in noch freierem Stil fortgesetzt. Wenn die Markgräfin schreibt: »Wohin man auch geht, kommt man auf herrliche Spaziergänge und Aussichtspunkte«, so ist das ›in nuce‹ scheinbar die Beschreibung eines Landschaftsgartens. Diese vor der Jahrhundertmitte einzigartige Anlage wurde vielleicht nur von dem schon erwähnten Felsgarten Sanspareil übertroffen.

Was *Sanspareil* angeht, so durfte die Markgräfin Wilhelmine mit Recht feststellen, »daß die Anlagen in ihrer Art einzig sind«, denn tatsächlich ist Sanspareil unter den Gärten des

18. Jahrhunderts ohne Beispiel und repräsentiert mit seinen gartengestalterisch genützten, natürlichen Felspartien einen Gartentypus einmaliger Erscheinung. Wohl erscheinen Felsengärten bereits in der zweiten Hälfte des 16. Jahrhunderts in der italienischen Gartenkunst des Manierismus – Bomarzo bei Viterbo – und werden weitergebildet in den Anlagen von Hellbrunn bei Salzburg zu Anfang des 18. Jahrhunderts und in dem schon erwähnten ›Bethlehem‹ bei Kukus um 1725. Doch während der Stein in den genannten Gärten als plastisches Material gewertet wurde, um menschliche und tierische Gestalten zu formen, hat man in Sanspareil die zahlreichen Felsformationen und Felspartien allein wegen »ihrer natürlichen Schönheit« geschätzt; »die Natur selbst war Baumeisterin«, schreibt Wilhelmine an ihren Bruder. Zwar ist der Felsengarten Sanspareil ohne den englischen Landschaftsgarten nicht zu denken – es sei nur an den vorerwähnten Garten von Painshill in Surrey erinnert. Doch sind dessen Felsen und Grottenbildungen von künstlicher Art, während wir es in Sanspareil mit einer natürlichen Felsenszenerie zu tun haben, die durch eine romantisierende Staffage eine Bereicherung erfuhr. Allerdings ist auch diese Anlage nicht frei von den architektonischen Zutaten und poetischen Reminiszenzen der Zeit; es fehlen weder die Treillagen noch ein »Morgenländischer Bau«, die sich aber im Vorfeld des eigentlichen Felsengartens befinden. Bei der Gestaltung des Hauptgartenteiles hatte man ein literarisches Programm in Gestalt eines damals vielgelesenen Romans ›Les Aventures de Télémaque‹ von Fénelon zugrunde gelegt, dessen Schauplatz, die homerische Zauberinsel Ogygia, nach Sanspareil transponiert wurde, und zwar als Szene für alle Abenteuer des Telemach, die er auf der Suche nach seinem Vater Odysseus erlebte. Hierbei hatte man die Fabel auf phantastische Weise mit Mitteln der Gartenkunst in der Natur in Szene gesetzt. Sanspareil dürfte der einzige Rokokogarten aus der Mitte der vierziger Jahre des 18. Jahrhunderts sein, der noch 1793, nachdem der eigentliche Land-

schaftsgarten schon allenthalben seine beherrschende Rolle spielte, in einem Stichwerk reproduziert werden konnte, was allein aus der Tatsache resultiert, daß Sanspareil auf seine Weise eine gartenkünstlerische Revolution um rund zwei Generationen vorweggenommen hat.

Man muß sich allerdings klar darüber sein, daß weder der Garten von Sanspareil noch die Gärten der Eremitage von Bayreuth Landschaftsgärten im echten Sinne des Wortes sind. Denn in beiden Fällen ist die Natur nur scheinbar das Ziel. In Wirklichkeit dient sie nur als künstlerischer Vorwand, was insbesondere im Falle von Sanspareil deutlich wird, wo der Garten zur Szene für eine moralisch-sittliche Aussage im Sinne des Zeitalters der Aufklärung wird, das seine Sujets so gern dem literarisch-historischen Bereich, insbesondere dem der Antike, entlehnt hat. Als Schauplatz der Abenteuer von Telemach, der dank der Weisheit Mentors weder der Verlockung noch der Gewalt zum Opfer fällt, weist Sanspareil in gewissem Sinne auch poetische Züge auf, weil es die Verkörperung von solchen ist. Somit ist diese Anlage gleichzeitig Beweis, daß die gärtnerischen Schöpfungen sich nicht in jedem Falle – zumindest in der deutschen Gartenkunst – eindeutig in bestimmte begriffliche Kategorien einordnen lassen.

Der Garten – eine Dichtung

Der zweite Gartentypus, der dem Verlangen der Zeit entsprach, war der ›poetische‹ Garten. Erst aus dem späteren 18. Jahrhundert hören wir etwas von dem sogenannten ›malerischen‹ Garten, der allerdings in seiner frühesten Erscheinungsform mehr poetische als malerische Eigenschaften aufwies und so unterschiedlich war und zu so abweichenden Ergebnissen führte, daß eine besondere Benennung durchaus gerechtfertigt erscheint. Die Verwechslung zwischen einem ›poetischen‹ und einem ›malerischen‹ Garten entsprang der wahren Art der damals vielbewunderten Maler, die tatsächlich poetische Maler waren. Der ›poetische‹ Garten zeichnet sich durch die gleiche psychologische Atmosphäre wie Aldous Huxleys Film ›Feelies‹ aus. Je nach dem Gartenteil, in dem man sich befindet, wird man von ›feierlichem Ernst‹ oder ›Erhabenheit‹, von ›Größe‹, ›Würde‹ oder ›Vornehmheit‹ erfüllt. Wünschte man von ›Entsetzen‹ erfaßt zu werden, brauchte man sich nur zu einem beunruhigenden Schlund zu begeben, war ›feierlicher Ernst‹ gewünscht, dann galt es um die Ecke zu gehen, wo eine Urne aus Stein vor einem düsteren Hintergrund von Eiben stand. Wenn man ausruhen wollte, dann am besten neben einem Grabe, das die Inschrift ›Et in Arcadia ego‹ trug; klassische Tempel erweckten freundliche Ideenverbindungen, und wenn man Sinn dafür hatte, gab schon die Tatsache des Vorhandenseins eines Portikus das erhebende Gefühl, einer überlegenen kulturellen Überlieferung verbunden zu sein. Hatte man sich dagegen dem Geist der rohen nordischen Barbaren verschrieben, dann verschaffte die gotische, mit Efeu bekleidete Ruine im Verein mit einer Eule – und vorzüglich bei Vollmond – die entsprechende Stimmung, wie dies auch ägyptische Obelisken und Pyramiden, chinesische Brücken, Pagoden und Sonnenschirme auf ihre Weise an anderen Stellen taten. Hier feierte der alte Kult des ›genius loci‹ volle Auferstehung. Selbst die Götter und Göttinnen kehrten in ihre heimatlichen Gefilde zurück; es hieß, daß Pomona zu einem Obstgarten gehöre und Harpokrates, der Gott des Schweigens, einem stillen Hain angemessen sei. Die Sucht nach Täuschung wurde so weit getrieben, daß ein Schriftsteller empfahl, den Sockel einer im Laufen dargestellten Figur in Hagley nur deshalb zu verbergen, damit die Illusion »eines eine Allee überquerenden Gottes« nicht beeinträchtigt werde.

Mit durch Assoziation erzeugten Empfindungen wurde schon gerechnet, seitdem den Italienern die Bedeutung der Villa des Plinius bewußt geworden war. Die Statuen des Belvedere waren nicht nur als solche und in sich schön, sondern auch weil sie die griechischen Mythen, die Philosophen von

Athen und die römischen Kaiser in das Bewußtsein eines dem Heidnischen aufgeschlossenen Kardinals zurückriefen. Diese Statuen des Belvedere waren tatsächlich große Werke der Kunst, die nur zufällig ihren Reiz auch aus einer Ideenverbindung herleiteten, während im England des 18. Jahrhunderts die Statuen eigentlich nur als Sinnbilder gewertet wurden; ihr wesentlicher Zweck bestand darin, Assoziationen hervorzurufen. Auf Grund ihrer literarisch geprägten Geistigkeit gaben die Engländer seit 1745 dem Ganzen eine ausgesprochen literarische Wendung und entwickelten aus einer französischen Theaterdekoration den Garten als Dichtung. Die beiden Gartenformen verhielten sich zueinander wie die Werke eines Corneille zu den Dichtungen von Shakespeare.

Statuen waren nicht die einzigen Mittel, um den gewünschten Erfolg zu erreichen. Übrigens waren sie nicht nur zu teuer, sondern außerdem noch mit dem alten geometrischen Garten so eng verbunden, daß sie manchem kritischen Geist suspekt sein mußten. Auch trug ein erkleckliches Maß von Alltäglichkeit dazu bei, sie abzuwerten. Eine Anzeige der Zeit besagt: »William Squire, wohnhaft ›Zu den zwei vergoldeten Blumentöpfen‹ über dem Hoftor in der Nähe von Hydepark, fertigt an alle Arten und Größen von Figuren oder Statuen, Blumentöpfen, Urnen und Vasen zur Verzierung der Giebel, Torpfeiler, ferner Brunnen aller Arten und in allen Größen, mit Figuren von Männern und Frauen, Tieren, Vögeln oder Fischen; er hat gerade jetzt eine neue Art von einer Halbfigur fertiggestellt, die vor oder an einer Wand anstelle von Malereien angebracht werden kann. Sie trotzt allen Witterungseinflüssen und eignet sich in gleicher Weise für Gärten, wo sie von anderen Statuen nicht unterschieden werden kann, wenn man sie nicht von hinten betrachtet. Trotzdem sie alle aus hartem Metall gefertigt sind, kann man sie zu einem wirklich vernünftigen Preis erwerben.« Diese Erzeugnisse von Mr. Squire und anderen gleichartigen Unternehmen schlagen die Brücke zwischen den Statuen von Phidias und den bemalten

Zwergen in unseren eigenen Vorgärten. So ist es nicht weiter erstaunlich, daß die besseren Gärten einen solchen Statuenschmuck vermieden und die Wirkungen durch andere Mittel zu erreichen suchten. Anstelle der Gartengötter setzte eine wahre Flut von Gebäuden und Obelisken ein, deren Kosten kaum geringer gewesen sein dürften, deren Nützlichkeit aber – selbst wenn man in Betracht zieht, daß sie einen unmittelbaren Schutz vor den Überraschungen eines englischen Sommers gewähren – nicht wesentlich größer war. Der Architekt – von der Verantwortung der Planung und des Entwurfs der Grundlinien eines Gartens entbunden – wollte trotzdem nicht ganz ausgeschaltet sein, weshalb er sich auf die Lieferung einer poetischen Gartenausstattung verlegte.

Während des ganzen Jahrhunderts hindurch versuchte der ›poetische‹ Garten mit seinen recht unzusammenhängenden Methoden und Mitteln voranzukommen. Trotz der Revolutionierung der Gartenkunst durch neue Formvorstellungen verschwand er niemals ganz und hat stets seine Bewunderer gefunden. Eine seiner Hauptstärken lag darin, daß er keine stereotypen Formen aufwies, denn der Wunsch nach Originellem gestattete nicht eine stete Wiederholung der Tempel von Stowe oder der Urnen und Gedenktafeln von Leasowes. Die Welt wurde weiter und das Wissen umfangreicher. Und außerdem war das Leben der gehobenen Klasse in England inzwischen viel weniger aufregend geworden. Anstatt sich mutig im Krieg der Rosen zu schlagen oder mit Drake zu seeräubern, begaben sich die Edelleute auf die ›Große Tour‹ durch Europa, bei der die Wahrscheinlichkeit, Gefahren zu erleben, nicht sonderlich groß war. Für einen englischen Aristokraten bedeutete es nichts Ungewöhnliches mehr, in seinem eigenen Bett zu sterben. Doch als der neue Reiz der verfeinerten Sitten schließlich abnahm, entstand ein gewisser Hang zum primitiven Vergnügen der Aufregung, sozusagen als Würze für eine überzüchtete gedankliche Begriffswelt. Die Männer, aber ganz besonders die Frauen, gaben eine Zeitlang vor, die Empfindung der Vernunft vorzuziehen. Das Ergebnis war anfänglich ein Garten, in dem der Besucher von einer Empfindung zur anderen wechselte, wobei aber der berechnete Versuch, eine Reihe von erregenden Szenen darzustellen, unmerklich in die Gewohnheit überging, Serien von Szenen entstehen zu lassen, die durchaus nichts mehr besonders Erregendes hatten, sondern einfach nur noch verschieden voneinander waren. Der Wunsch nach Abwechslung wandelte sich dabei immer mehr zum Exotischen und Grotesken hin. Dies wirkte sich jedoch auf die künstlerische Einheit des Gartens durchaus nachteilig aus, denn alle tatsächlichen und erdachten Wunder des Ostens und des Westens zu vereinen, war selbst im Bereich der weitgezogenen Grenzen eines Gartens des 18. Jahrhunderts nicht möglich.

Der Renaissancegarten in seiner endgültigen Form war statisch, zeremoniell, wohlberechnet, ein Stil, den man heute als ›artifiziell‹ kritisiert, obgleich er niemals vorgab, etwas anderes zu sein. Die von den englischen ›poetischen‹ Gärten aus einem Wechsel von Zufälligkeit und Überraschung erzeugte Atmosphäre war aber noch weitaus gekünstelter, weil sie nämlich vorgab, es nicht zu sein. Die Schöpfer der Gärten, die dem Begriff der Stilechtheit verschworen waren, standen denselben Problemen gegenüber wie die Innenarchitekten, die heute einen Raum – sagen wir im Louis-Quinze-Stil – einrichten wollen. Wie sollen sie beispielsweise solche nicht zu diesem Stil passende Zusätze wie elektrische Klingeln, elektrische Lampen, Cocktailbars und Fernsehapparate unterbringen? Die Lösung liegt in der Findigkeit der Tarnung; so verkleidet der Innenarchitekt einen Fernsehapparat durch einen ›Bonheur de Jour‹ oder verbirgt seine Cocktailmischer in einem alten Gewürzschrank. Der Gartenzeichner von damals versteckte den Kohlenschuppen unter einem Heuschober und verkleidete die Hütte der Arbeiter als Schloßruine. In beiden Fällen ergötzt sich der Besitzer mehr an der Findigkeit als an der Stilechtheit, so daß solche Tricks um ihrer selbst willen erdacht wurden, wobei jedes nur erdenkbare Ding das Aussehen von etwas annehmen konnte, das es in Wirklichkeit nicht war.

Gärten dieser Art wurden nun zu einer Art Raritätenschau entwickelt, in der Einfallsreichtum und historische oder geographische ›Echtheit‹ die eigentliche Quelle des Vergnügens waren und mehr galten als ein wirkliches Ansprechen des Gefühls. Für diese Geschmacksrichtung gab es bezüglich der abstrakten Begriffe von Schönheit und Erhabenheit keine Widersinnigkeit. Für sich gesehen, waren viele dieser Szenen schön, viele verdeutlichten einen der Epoche eigenen Reiz und zeichneten sich durch den Einfallsreichtum der Klitterung aus, aber ihr eigentlicher Zweck war Ungewöhnlichkeit und nicht Schönheit.

Besonderer Beliebtheit erfreuten sich in den ›poetischen‹ Gärten die Eremitagen. Solche Einsiedeleien hat es schon weitaus früher gegeben, sei es im Buen Retiro des Herzogs Olivarez, sei es in der 1560 von dem Kardinal Bourbon erbauten Eremitage in Gaillon oder in den 1590 von Herzog Wilhelm von Bayern erbauten Holzhütten in Schleißheim in Form kleiner Kapellen und Grottenwerk mit Heiligenfiguren, die als Stätten der Erbauung dienten. Seit dem Beginn des 18. Jahrhunderts ist die Eremitage durchaus keine seltene Erscheinung mehr, weil sie eine legitime und beliebte Fluchtmöglichkeit aus höfischem Zeremoniell bot und einen Aufenthalt in der Einsamkeit zum Zwecke religiöser Besinnlichkeit und stillen Naturgenusses gewährleistete. So ließ sich bei München um 1725 Kurfürst Max Emanuel von Bayern von Joseph Effner die noch erhaltene *Magdalenenklause* im Garten von Schloß Nymphenburg erstellen. In einer bewußt ruinösen Architektur – Gleichnis der Vergänglichkeit – unter Verwendung historisierender – romanischer, gotischer und maurischer – Bauformen dient neben schlichten Wohnräumen eine mit Tuffsteinen und Muscheln verkleidete Grotte als Kapelle, wobei der Kurfürst von seinem Schlafgemach vom Bett aus zum

Grottenaltar schauen konnte; die Kapelle wurde von dem Kurfürsten Clemens August aus dem Hause Wittelsbach am 4. April 1728 geweiht. Eine Anlage des gleichen Typus schuf Fürstbischof Damian Hugo von Schönborn im Forst von Waghäusel in der Nähe seiner Bruchsaler Residenz.

In einem Waldgelände nordöstlich von Bayreuth wurde von dem baufreudigen Markgrafen Georg Wilhelm von Bayreuth (1717–26) eine Anlage mit Einsiedeleien als Schauplatz für höfische Eremitenspiele geschaffen, womit der Markgraf seine Devise: »Ich bin allein, wenn ich vergnügt sein will« in die Wirklichkeit umsetzte.

Im England des 18. Jahrhunderts waren die Eremitagen nichts anderes als ein malerischer und wesentlicher Bestandteil der schmückenden Ausstattung des Gartens. Charles Hamilton, der in seinem berühmten wilden Garten von *Painshill* in Surrey eine Grotte aus Wurzelwerk errichtet und mit alten, ungeschlachten Möbeln ausgestattet hatte, suchte durch eine Anzeige einen Einsiedler, der sie bewohnen sollte, um ihr dadurch mehr Wahrscheinlichkeit zu geben. Seine Arbeitsbedingungen mögen manchem nicht schwierig erschienen sein: Völliges Schweigen, Anlegen eines Kamelottgewandes, Nichtbeschneiden von Haaren und Nägeln für die Dauer von sieben Jahren. Es wurden ihm kostenlos Brillen, eine Bibel, ein Stundenglas sowie eine Matratze, um darauf zu schlafen, zur Verfügung gestellt. Nach sieben Jahren und bei voller Erfüllung seiner Aufgaben sollte er siebenhundert Guinees erhalten. Ungeachtet dieser augenfälligen Lockungen war Hamiltons erster Bewerber bald der Meinung, daß er es ohne Bier und Tabak nicht aushalten könne und gab infolgedessen bereits nach drei Wochen auf. Andere Auftraggeber hatten mehr Glück. Für eine Einsiedelei in der Nähe von Preston ist ein Vertrag erhalten, wonach die Pflichten des Kontrahenten darin bestanden, unter der Erde zu leben, ohne jemanden zu sehen oder zu sprechen und ohne sich die Haare, den Bart, die Finger- und Fußnägel zu beschneiden. Die Vergütungen für solche »triviale Mühsal« waren groß und umschlossen Essen von der herrschaftlichen Tafel, eine Klingel für die Bedienung, ein kaltes Bad, so viele Bücher wie gewünscht wurden, eine Orgel und nach sieben Jahren eine Pension von fünfzig Pfund pro Jahr. Trotzdem gelang es Herrn Hasenfuß auch nicht, diese Lebensweise erfolgreich zu beenden, obwohl er sie bereits für die Dauer von vier Jahren durchgestanden hatte. Es ist ein interessanter Kommentar zur Prosperität jener Zeit, daß es schwierig war, jemanden mit einer so angenehmen Zurückgezogenheit zu reizen. Schließlich mußte man, um diesen Mangel wettzumachen, Zuflucht zu ausgestopften Eremiten nehmen.

Das ›Bric à Brac‹ des ›poetischen‹ Gartens fand anders als der ›abstrakte‹ oder ›geläuterte‹ Garten auf dem Kontinent zahlreiche Nachfolge. Die theoretischen Grundregeln englischer Gartenplanung erreichten Frankreich fast gleichzeitig mit den ersten nach Europa gelangenden, ausführlichen Berichten über die chinesischen Gärten. Pater Attiret, ein Jesuit am Hofe des Mandschukaisers, schrieb über seinen dortigen Aufenthalt zahlreiche Briefe nach Hause, die in Frankreich 1747 und in England 1752 veröffentlicht wurden. Den Franzosen fiel dabei sofort auf, was nach einer Ähnlichkeit zwischen dem englischen und chinesischen Garten aussah, und sie bezeichneten deshalb den neuen ›poetischen‹ Garten als ›anglo-chinesisch‹. Unter dieser Bezeichnung – deren Inhalt und Wesen in Wahrheit weder aus England noch aus China stammt – breitete sich der Rokokogarten seit der Mitte des 18. Jahrhunderts rasch über ganz Europa aus.

Psychologisch war Frankreich lange darauf vorbereitet, diesen Gartentyp aufzunehmen. Den Gemälden von Lemoine und Le Brun waren jene von Watteau, Lancret und Fragonard gefolgt. ›Grandeur‹ war langweilig geworden; Langeweile aber war ein unentschuldbares Verbrechen. Die eigene Leistung empfand man als fade, und die Franzosen waren bereit, sich der Bagatelle zuzuwenden, und das nicht zuletzt, weil die

Bagatelle den modischen Stempel von England und China trug.

Der deutsche Rokokogarten (von 1730 bis 1770) verfeinerte in einer raffinierten und phantasievollen Weiterbildung die Elemente des barocken Gartens, wobei eine besonders reiche Ausstattung mit Skulpturen auftritt; so war die um 1745 geschaffene Gartenanlage von *Schloß Seehof* bei Bamberg mit ihren 1760–62 angelegten Wasserwerken ehemals von vierhundert Figuren bevölkert. Im Rokokogarten verwandeln sich die barocken Götter des Olymps – mythologische Parallele zur höfischen Gesellschaft – in steingewordene, verkleidete Menschen des Rokoko, vermehrt um bizarre Figurationen von Chinesen, Türken, Indern und Persern. Das schon in den Figuren sichtbar gemachte neuartige Lebensgefühl äußert sich aber auch in der Gestaltung der Gartenanlagen selbst. Es verwischt sich das strenge Achsensystem, und die majestätisch empfundene Endlosigkeit der Heckenquartiere wird in Gestalt von Heckengärten aufgegliedert – vielteilige Heckenkompartimente –, wobei die geometrische Grundeinteilung gewahrt blieb. Die Laubengänge, die ›Berceaux‹ des Barock, die lang und in unendlicher Perspektive verliefen, werden jetzt gebogen und vielfach von Wegen durchbrochen. Man verzichtet um der Überraschung und der verborgenen Beglückung willen bewußt auf Überschaubarkeit. Letzte Steigerung dieses Verlangens, ein Triumph der Unübersichtlichkeit, war die Vorliebe für den Irrgarten, der, auf eine antike Vergangenheit zurückgehend, einen nahezu unentbehrlichen Bestandteil des Rokokogartens darstellt. Zwar sind im Rokokogarten noch vielfach die Kanäle und Kaskaden vorhanden, wozu in den Quartieren des Heckengartens kleine Bassins mit Springbrunnen, kleine Kaskaden in Gestalt großer Rocaillen, tönende Springbrunnen, Wasserglocken und Ähnliches hinzukommen. Die kleinen Schlösser und Pavillons, Staffagen des barocken Gartens, vervielfachen sich und erscheinen mit Vorliebe in bizarren und exotischen Formen. »Das neue Lebensgefühl des Rokoko wurde auf der höfischen Ebene ausgelöst durch die Regenschaft des Herzogs von Orléans, des amourösen und leichtlebigen Sohnes der Liselotte von der Pfalz, der als Wortführer einer Hofgesellschaft, die längst das steife Zeremoniell Ludwigs XIV. satt hatte, das Steuer umlegte auf Freiheit der Geselligkeit, auf Liberalität und auf Libertinage.« (Heinrich Kreisel)

Das Musterbeispiel eines deutschen Rokokogartens mit poetischen Elementen stellt die von den Eingriffen der nachfolgenden Epochen und dem Eindringen des landschaftlichen Gartenstils nahezu unbeeinträchtigte Anlage von *Veitshöchheim* bei Würzburg dar. Dieser seit 1681 allmählich entstandene Garten wurde in den Jahren 1763–74 von dem Würzburger Fürstbischof Friedrich von Seinsheim einheitlich durchgestaltet.

Der Grundriß ist in geometrischen Formen gehalten und im ganzen von einer – allerdings nicht besonders betonten – Mittelachse bestimmt. Der Aufriß entwickelt sich in drei Elementen – der Flächengliederung der Parterres, in der Gestaltung von Räumen und Raumfolgen im Hecken- oder Boskettgarten sowie in der kompakteren Wirkung einer dichteren Waldzone; dies aber sozusagen unorthodox und eigenwillig in der Anlage von Teichen und in der Ausstattung mit Staffagen konzipiert.

Dem gleichen Fürstbischof verdankte auch der von der Wallanlage bestimmte *Hofgarten der Würzburger Residenz* seine Gestalt, deren Wachstum und Werden durch zahlreiche Pläne von Johann Prokop Mayer 1773–74 überliefert sind – Pläne, die aber nach dem Tode des Fürsten nicht mehr durchgehend zum Tragen gekommen sind, nachdem 1799 die ›Englische Anlage‹ auch in Würzburg ihren Einzug hält.

Es würde in diesem Rahmen zu weit führen, alle Rokokogärten aufzuführen. Um nur einige zu erwähnen: Bei Schloß Brühl, Sommerresidenz der Kölner Erzbischöfe, entsteht *Falkenlust*, und in der Nähe seiner Düsseldorfer Residenz schuf

Kurfürst Karl Theodor von der Pfalz die Gartenanlage seines Sommerschlosses *Benrath* im interessanten Übergangsstil vom Rokoko zum Klassizismus.

Im Norden erfährt diese Phase des Gartenstils eine glanzvolle Ausprägung im Potsdamer Rokoko, in Gestalt des von Friedrich dem Großen geschaffenen Lustschlosses von *Sanssouci* – Nachfolger seiner Kronprinzenresidenz Rheinsberg. Das Schlößchen war eine Schöpfung von Knobelsdorff, der auch für die Gartenanlagen dieser friderizianischen Architektur verantwortlich zeichnet. Dabei hat sich Knobelsdorff, ohne die geometrischen Formen zu verlassen, von den strengen Theorien französischer Gartenkunst gelöst, indem er seine Gartenanlagen den natürlichen Gegebenheiten des Ortes, dem Naturraum, anpaßte und den Gartenraum sich parallel den langgestreckten Hügeln mit den Gebäuden von Schloß, Bilderkammer usw. anschmiegsam entwickeln ließ. Diese dem hügeligen Gelände parallel verlaufende Anlage – dem ein querachsiger auf das Schloß Sanssouci bezogener Komplex eingebunden ist – wird zugleich Haupt- und Mittelachse für das später (1763) entstandene *Neue Palais*.

So erwachsen in Deutschland im Unterschied zu Frankreich mit den dort vielfach sklavisch nachgeahmten königlichen Vorbildern eine Fülle von Sonderformen: »Je nach Örtlichkeit und Gegebenheit des Platzes, Fülle oder Mangel an Wasser, schließlich nach Willen und Geschmack, Vermögen und Launen des Bauherren, Wissen und Können des Baumeisters und Tüchtigkeit der Gärtner. Der Reichtum unserer, der deutschen Welt und ihres schöpferischen Geistes auch in diesem Bereich, im Gartenreich, erweist sich als künstlerischer Ausdruck immer aufs neue.« (Paul Ortwin Rave)

Was die englischen Gärten anbetrifft, so gab es tatsächlich keine Form der englischen Gartenanlage, die eine Nachahmung der chinesischen Gärten gewesen wäre, wie es die Franzosen fälschlicherweise annahmen. Die berühmten Empfehlungen von Sir William Temple übten keinen direkten Einfluß aus, und bis zu den Briefen des Pater Attiret war sehr wenig über die chinesische Gartenkunst in Europa bekannt.

Als die Revolution vorüber war und die Gegenrevolution sich anbahnte, fanden die Briefe des Paters Attiret und die Beliebtheit des Chinesischen ihren Niederschlag in einem merkwürdigen und bezeichnenden Buch von William Chambers ›A Dissertation on Oriental Gardening‹ (1772). Chambers war der Sohn eines schottischen Kaufmanns in Stockholm. Noch bevor er zwanzig Jahre war, soll er als Superkargo nach China gereist sein. Nachweisbar ist, daß er in Paris und Italien Architektur studierte. Noch als junger Mann wurde er Protegé von Lord Bute und Gartenarchitekt der Prinzessin von Wales.

Die ›Dissertation on Oriental Gardening‹ war teilweise eine witzige Täuschung. Da Chambers wußte, daß seine Ideen revolutionär waren und deshalb kaum ohne weiteres Anklang finden würden, kam er auf den Gedanken, sie als »wahre Form der orientalischen Gartenkunst« zu propagieren. Chinoiserien hatten sich schon seit einiger Zeit einer beträchtlichen Popularität erfreut und kamen durch Attirets Briefe noch stärker in Mode. Ein neuer Stil hatte, wenn er sich chinesisch gab, größere Aussichten beliebt zu werden, als wenn er sich nur durch eigene Vorzüge empfehlen mußte. Chambers wurde in seinen Ansichten dadurch bestärkt, daß bereits eine gewisse Verwandtschaft zwischen dem englischen und dem chinesischen Stil anerkannt worden war, und auch durch den Erfolg, den die Gebrüder Halfpenny erzielten, als sie in einer Folge von Büchern mit Mustern ihre merkwürdige Mischung von pseudogotischen und pseudochinesischen Gartengebäuden auf den Markt brachten. Dabei war Chambers vom architektonischen Standpunkt aus viel eher in der Lage, einen echten chinesischen Stil zu erfassen als die Gebrüder Halfpenny, und obgleich er behauptet hat, daß der Gartentyp, den er empfahl, chinesisch sei, war er sich ohne Zweifel völlig bewußt, daß die Gärten, die er beschrieb, weder in China noch irgendwo sonst anzutreffen waren.

Die Einzelheiten, die Chambers einfügte, um seinen »orientalischen Gemälden« den Anschein der Wirklichkeit und das fremde Kolorit zu geben, waren vermutlich der Grund, daß seine Vorschläge niemals ihrem tatsächlichen Wert entsprechend anerkannt wurden. In der zweiten Auflage des Buches gesteht er, daß eine Enttäuschung Platz gegriffen hätte und setzt hinzu, daß er, nachdem jeder durch ihn die wahre, zugrunde liegende Doktrin erkannt habe, nunmehr die vorgenommene Verstellung zugeben könne. Es mag stimmen, daß viele damals das Spiel durchschaut hatten, aber es gab sicher auch viele, bei denen dies nicht der Fall war und die erst hellhörig geworden waren, als ernsthafte Zweifel aufkamen, ob Chambers China überhaupt gesehen habe, weil seine Kenntnisse des chinesischen Gartens nicht stimmten. Allerdings hat er auch niemals ernsthaft behauptet, daß sie richtig seien.

Im Gartentyp, dem Chambers das Wort redete, »durfte nichts vergessen werden, was den Geist erfreut, den Sinnen schmeichelt oder die Einbildungskraft anregt«. Er griff die modischen Gärten der Burke-Brown Schule heftig an: »als Gärten, die sich kaum von gewöhnlichen Feldern unterscheiden, so genau ahmen sie die gewöhnliche Natur nach«. Sein vorgetäuschter Chinese sagte von den Europäern: »Eure Künstler und Kenner scheinen zu großen Wert auf Natur und Einfachheit zu legen ... man muß sparsam mit der Einfachheit sein«. Er fährt dann fort, diese Gärten genau zu beschreiben, um sie denen, die der Brown-Partei verschworen waren, schmackhaft zu machen. Bei dem Gartentyp von Brown wird man »beim Eintritt von einem großen grünen Feld, das mit einigen wenigen verstreuten Bäumen geschmückt und von einem undeutlichen Rahmen von niedrigen Sträuchern und Blumen begrenzt ist, empfangen. Bei genauerem Zusehen wird man einen kleinen Pfad in Serpentinen gewahr, der sich in unregelmäßigen Schleifen zwischen den Sträuchern des Randes windet; auf diesem Pfad heißt es entlangzugehen, um von hier aus dann auf einer Seite das zu erblicken, was man schon gesehen hat, nämlich das große grüne Feld. Auf der anderen Seite, nur wenige Meter entfernt, liegt die Grenze und versperrt die Aussicht. Hin und wieder entdeckt man einen kleinen Sitz oder einen Tempel, an eine Mauer angelehnt. Glücklich über diese Entdeckung läßt man sich nieder, um die müden Glieder auszuruhen. Dann gilt es, wieder weiterzuwanken, wobei man diese Art von Schönheit verflucht, bis man völlig erschöpft und von der Sonne geröstet – denn man findet nirgends Schatten – und nach Bewirtung lechzend, endgültig beschließt, nichts mehr sehen zu wollen . . . !« Unglücklicherweise aber gab es nur einen einzigen Pfad, so wie es heutzutage für die unglücklichen Besucher von Versailles und dem Tower in London der Fall ist, für die ebenfalls kein Ausweg besteht. Die Verwendung des Wassers in den Gärten von Brown kommt nicht glimpflicher davon: »Man bekommt einen sich schlängelnden Wasserlauf vorgesetzt. Das ist ein Rinnsal von stagnierendem Wasser, in Halbkreisen gewunden, das, insofern es reicht, in einer hübschen, kleinen und ordentlichen Stufenkaskade endet, die aber, wenn es nicht regnet, niemals Wasser führt. Die Ufer dieses merkwürdigen Gewässers sind überall einförmig, parallellaufend, sanft, flach und grün wie ein Billardtisch. Das Ganze zeigt eine große Ähnlichkeit mit den Schiffskanälen in Holland, nur mit dem einzigen Unterschied, daß die holländischen Deiche gerade und regelmäßig sind, wogegen diese regelmäßig gekrümmt werden. Von diesen beiden sind die unseren bestimmt die steifsten und gekünsteltsten, keinesfalls die malerischsten.«

Solchen Kleinlichkeiten stellt Chambers handfestere Vergnügungen gegenüber. Um Furcht zu erzeugen, sollen solche Hindernisse wie »Galgen, Kreuze, Räder und der ganze Marterapparat« so aufgestellt werden, daß sie von den Wegen aus sichtbar sind. Für die Gipfel der Berge schlägt er die Errichtung von Kalköfen und Glashütten vor, die große Flammen und ständig dicke Rauchwolken ausspeien, um Vulkane vorzutäuschen; ferner elektrische Schläge, künstlichen Regen, mechanisch erzeugte Winde und Explosionen und planmäßig und sorgfältig vorbereitete Erdbeben. Um dieses vergnügliche Ganze abzurunden, soll man sich der »Geier, Wölfe, Tiger, Schakale und anderer halbverhungerter Tiere« bedienen. Das waren die Methoden, um den Eindruck des »Fürchterlichen« und »Erstaunlichen« zu erzielen. Das »Vergnügen« hatte eine andere Gestalt: »Junge tartarische Schönheiten in losen durchsichtigen Gewändern, die im duftenden Winde flattern, reichen dem Herrn des Gartens in Achatbechern kostbare Weine oder stärkende Aufgüsse von Ginseng und Ambra und dazu in Filigrankörben Mangonen, Ananas und Kuagsi-Früchte. Sie bekrönen ihn mit Blumengirlanden und laden ihn ein, die Süße der Zurückgezogenheit auf persischen Teppichen und Diwanen von Kormorandaunen zu kosten.«

Die *Gärten von Kew* weisen eine lange Tradition von poetischem Wirrwarr auf, und die Hauptzüge von Chambers Werk waren dort bereits vorweggenommen. Kent und Bridgeman hatten sich vor 1730 zur Erstellung von ›Merlins Höhle‹ und ›Merlins Hügel‹ zusammengetan. Die ›Höhle‹ war ein sehr merkwürdiges, strohgedecktes Gebäude, eine Art Nest indianischer Wigwams mit einem Eingangstor im Tudorstil. Dieses berühmte Gebäude lag verborgen, wenn auch nicht versteckt, im Herzen eines verschlungenen Labyrinths und enthielt Wachsfiguren von Merlin und seinem Sekretär, von der Mutter Heinrichs VIII., von Minerva, von der Amazonenkönigin und der Königin Elisabeth und ihrer Muse. Auch befand sich dort eine Bibliothek, deren Bibliothekar der dichtende Bauer Stephen Duck war. Es gibt keinen Hinweis darauf, wie diese zusammengewürfelte Versammlung zustande kam. Sie wurde schon zu ihrer Zeit ins Lächerliche gezogen und dann von Brown selbst entfernt. Das Wachs wurde geschmolzen und Duck ertränkte sich in einem Anfall von Schwermut, was auch bessere Dichter als er tun wollten und schlechtere besser schon getan hätten. Es gab dort auch eine ›Einsiedelei‹ in einem elementar-romantischen Stil, die mit einer geringfügigen Veränderung ebenso als ›Klassische Molkerei‹ hätte dienen können. Kent war auch der Schöpfer des ›Pavillons der Königin‹ und eines ›Tempels‹. Noch viele andere waren nach seinem Tode dort tätig. Ein ›Haus des Konfuzius‹, vom Maler Joseph Goupy gezeichnet, entstand vor 1750, und um 1756 entwarf ein anderer Maler, der Schweizer Muntz, eine ›gotische Kathedrale‹. Unnötig zu betonen, daß es noch viele andere Tempel gab, die der Sonne, dem Pan, der Einsamkeit, dem Sieg, dem Frieden, Augusta, Bellona, dem Aeolus oder Arethusa zugeeignet waren; aber nur wenige davon sind uns erhalten geblieben. Diesen allen fügt Chambers seine berühmte ›Pagode‹ und seine ›Moschee‹ hinzu.

Trotz Chambers' Betriebsamkeit verlor der ›poetische‹ Garten in England um 1760 an Boden, und seine Zukunft war ungewiß. Doch auf dem Kontinent behauptete er das Feld, nachdem die französischen Untertanen eines Ludwig XV. und der Damen Pompadour und Dubarry jene angeborene Ernsthaftigkeit der englischen Untertanen eines Georg II. und Georg III. vermissen ließen. Der echte englische Garten wurde, wie Gray sagte, von den Franzosen »nicht verstanden«, wogegen der ›anglo-chinesische‹ Garten von ihnen eifrig aufgenommen und Chambers als sein großer Exponent angesehen wurde.

Aber Chambers war in Europa weder der einzige noch der wichtigste noch der erste Verfechter dessen, was fälschlicherweise als ›Natur‹ angesehen wurde. Der Landschaftsgarten auf dem Kontinent war mehr eine Schöpfung Jean-Jacques Rousseaus als von Engländern oder Chinesen, obwohl man das nicht auf einen eigenen Beitrag von Rousseau zurückführen kann, sondern darauf, daß es ihm durch sein trauriges Dasein und seine Doktrinen gelang, die Einbildungskraft seiner Zeitgenossen zu fesseln. Er beschreibt in seinem Roman ›Julie ou la nouvelle Héloise‹, der 1760 veröffentlicht wurde, einen Garten, in dem nirgends eine Spur von Menschenhand zu erkennen ist. Blumen beleben die Wiesen, Bäche schlängeln sich durch das Grün oder rieseln zwischen Felsen. Vögel fliegen frei und sind nicht länger in Vogelhäusern eingeschlossen. Das ist die Tradition von Bacons Wildnis und Addisons unbeschnittenen Bäumen. Der Marquis de Girardin, Gönner von Rousseau, legte um sein *Schloß Ermenonville* einen Park nach diesem Muster an. Während aber Rousseaus Idealgarten weder Gebäude noch Gräber noch irgendwelche Spuren von Menschenhand aufweist, zeigte der Park von Ermenonville eine Vielzahl von poetischen Zusätzen – eine Windmühle, einen Weiler, einen ›Tempel der Philosophie‹, einen Obelisk, einen kunstlosen Tempel, einen ›Altar zum Träumen‹, ein Brauhaus, zwei merkwürdige historische Rekonstruktionen, das ›Grab der Laura‹ und den ›Turm der Gabrielle d'Estrée‹, der berühmten Geliebten Heinrichs IV., zu deren Gedenken dieser gotisierende Turm errichtet wurde. Und schließlich, als die Zeit soweit war, auf einem mit Pappeln bepflanzten Eiland das Grab von Jean-Jacques Rousseau selbst, das Mekka der Sentimentalen.

Der ›sentimental-poetische‹ Garten entsprach dem Geist der Zeit, der ihn schuf, vollkommen und breitete sich weit in der Welt aus. Manches von seinem Abglanz färbte sogar auf die zeremonielle Ordnung von Versailles ab. Die großen Statuengruppen des Sonnengottes und der Töchter der Thetis, einst die charakteristischsten Elemente der berühmten, später abgebrochenen Grotte, erschienen jetzt wieder nach dem Entwurf von Hubert Robert am Eingang einer realistisch konzipierten ›natürlichen‹ Felsengrotte. Von dieser günstigen Stelle aus blicken nun die Nymphen, die so lange die Starrheit der Parterres des Schlosses und den Ausblick über den Kanal gewöhnt waren, hinaus in die Weite auf die Windmühle, die Meierei, den Taubenschlag und das Boudoir der Marie-Antoinette.

Auch in Deutschland erscheinen in mehr oder minder reicher Zahl die Elemente des ›poetischen‹ Gartens, wie beispielsweise im *Park von Wilhelmshöhe* bei Kassel, damals noch Weißenstein genannt. Im Jahre 1766 werden nach fünfzigjähriger

Pause – nach den großartigen Anfängen unter Landgraf Carl – die später liegengebliebenen Gartenanlagen weitergeführt, ohne daß man dabei den Versuch gemacht hätte, die einstigen Absichten aufzunehmen. Das bereits Geschaffene, noch Unvollendete, bleibt unberührt, während abseits und unterhalb davon neue Anlagen entstehen – »Wäldchen und Rasenflächen und Wege, alles in jenem rokokohaft-romantischen Gemisch von tändelnder Geometrie und englischer Naturgestaltung« (K. Paetow) –, wobei gleichzeitig viel phantastisch verspieltes Bildwerk seinen Einzug hielt: Darstellungen antiker Mythologien, mittelalterliche Einsiedeleien, ein ganzes chinesisches Dorf mit Moschee, um den Betrachter in ›rührendes Staunen‹ zu versetzen – Zutaten, die allerdings nicht den Beifall des zeitgenössischen Gartentheoretikers Hirschfeld gefunden haben, für den diese Phase bereits als überwunden galt, nachdem er, gestützt auf englische Vorbilder, die Elemente des Landschaftsgartens als Teile eines gärtnerischen Naturgemäldes angesehen haben wollte. Entsprechende Anweisungen von ihm wurden aber nicht immer befolgt, wie es nicht zuletzt die eben genannten Anlagen von Wilhelmshöhe beweisen. Die dort aufgebauten chinesischen Häuser gab es aber auch anderwärts, so beispielsweise im nördlichen Europa in *Drottningholm* in Schweden. In Deutschland erscheinen an weiteren Chinoiserien, um nur einige Beispiele zu nennen, die um 1716 erbaute *Pagodenburg* im Nymphenburger Park und die 1722 erbaute Pagodenburg in Rastatt, die heute zerstörten Chinesenhäuser von Wilhelmstal bei Kassel und Brühl, das Chinesenhaus in *Rheinsberg* und in *Sanssouci;* in Sanssouci besteht das Teehaus aus einer reizvollen Nachbildung von vergoldeten Palmenbäumen als tragenden Stützen, an deren Fuß lebensgroße vergoldete Chinesenfiguren die passende orientalische Staffage bilden. Ebenso darf man das 1723 von Pöppelmann und Longuelune erbaute Lustschloß *Pillnitz* bei Dresden, dessen Gartenanlagen im wesentlichen als Spielgarten für die Hofgesellschaft genutzt wurden, als eine einzige monumentale Chinoiserie ansehen. Ein spätes Beispiel baulicher Exoterie bildet die 1778–85 im *Schwetzinger Park* erstellte Moschee mit Moscheehof, in deren Anlagen sich gotische mit barocken und morgenländischen Motiven mischen.

Neben der Chinoiserie bediente man sich gerne der antiken Ruinen als Staffagen – so in Schwetzingen, Wilhelmshöhe, Bayreuth und Schönbrunn bei Wien. Die Verwendung solcher Ruinen entwickelte sich logisch aus der Begeisterung an den Ausgrabungen antiker Statuen während der Renaissance. Der Mangel an echten Antiken führte im 18. Jahrhundert allenthalben zu einer Nachfrage nach Kopien, die wie die Originale entsprechende Verstümmelungen aufwiesen; allerdings hat man sich auch wiederholt an Ergänzungen versucht. Der Schritt von Statuen-Fragmenten zu Tempel-Ruinen war daher in Ländern, in denen die Spuren einer gewaltigen Vergangenheit noch aus dem Boden herausragten, ein natürlicher. In Italien, Frankreich und Deutschland, wo man auf eine reiche provinzialrömische Vergangenheit zurückblickte, deren Spuren noch in reichem Maße vorhanden waren, lag es nahe, sich solcher Nachbildungen von Ruinen, ›die den Verstand täuschen‹, als Staffage zu bedienen. In England waren antike Reste dagegen selten. Dafür baute man dort, wo man viele gotische Relikte besaß, gotische Ruinen, ebenso wie die Ahnen gotische Kirchen gebaut hatten.

Auf die Dauer litt der ›poetische‹ Garten, wie überhaupt jede romantische Manier, unter dem Mangel an Zucht und Ordnung. Es ist eine traurige Wahrheit, daß um 1780 die große Gartenrevolution überall außer in England die Dämme zum Bersten gebracht hatte, wobei die Elemente in alle nur denkbaren Richtungen geströmt waren. Der Prince de Ligne verzeichnet als solche: »natürliche, kunstvolle, allegorisch ausgestattete, malerische Gärten, ferner solche in türkischer, griechischer, ägyptischer, chinesischer, gotischer und bäuerlicher Manier«. Was konnte dies anders als ein Symptom dafür sein, daß eine Gesellschaft ihr Selbstvertrauen verloren hatte?

Der Garten – eine Harmonie

Der reisende Engländer des 18. Jahrhunderts empfand die Gemälde eines Claude Lorrain als ideale Landschaft, ideal in dem Sinne, daß alle Verhältnisse darin Harmonie ausstrahlten. Dieses Jahrhundert, das – gleich dem perikleischen Zeitalter – eine Synthese suchte, sah in dieser Konzeption der harmonischen Schönheit einen Wert, der in allen Lebenslagen erstrebt werden sollte, und zwar nicht nur in ästhetischem Sinne. Zu Anfang des Jahrhunderts, 1711, schrieb Shaftesbury: »... Urnen und Obelisken an abgelegenen Plätzen, in angemessenen Entfernungen und an bestimmten Blickpunkten aufgestellt – alles das von einer Ausgewogenheit, die schweigend eine herrschende Ordnung, Frieden, Harmonie und Schönheit atmet!« Doch was klingt davon im Geist der Besitzer an? Welche Art von Beständigkeit oder Gewißheit des Genusses? Welcher Friede und welche innere Harmonie? Ein solcher Begriff mußte – bis zum äußersten durchdacht – zwangsweise zu einer humanisierten Gartenszenerie führen, die in ihrer Art dann genauso wie die Rechtecke des 17. Jahrhunderts geordnet war.

Die beiden Prinzipien, die sich zu Beginn des Umbruches in der Gartenkunst aus der Praxis heraus entwickelten, waren, obgleich sie für eine Weile nebeneinander herliefen, in sich widerstrebend. Das eine führte zum Landschaftsgarten, das andere zum ›abstrakten‹ oder ›geläuterten‹ Garten. Das erste Prinzip wurde von Pope in seiner ›Epistle to Lord Burlington‹ am klarsten herausgestellt: »Befrage in allem den Genius des Ortes ....« Eine solche Auffassung zerstörte zwar den alten Reißbrettgarten, setzte aber nichts Positives an dessen Stelle. Ist schließlich der Genius eines jeden Ortes gleichzeitig auch für den Geist eines Gartens geeignet? Das zweite Prinzip – einleuchtender, aber dem Augenschein nach künstlicher – war, weil positiver, das dauerhaftere: es war der Grundsatz der undulierenden Schönheitslinie.

Die Gegner der geraden Linie, deren Schule zu Beginn des 18. Jahrhunderts in Erscheinung trat, ergaben sich so ganz und gar dem ihrer Konzeption innewohnenden Prinzip, daß sie es zur Grundlage einer Ästhetik machten, die nicht weniger extrem war als die Vorstellung eines Thomas Burnet von einem geordneten Universum. Die Theorie der undulierenden Schönheitslinie mußte entwickelt werden, um das durch die Verbannung der Geraden entstandene Vakuum zu füllen. Kent proklamierte, daß die »Natur die Gerade verabscheue«. Welches waren aber dann die Linien der Natur? Als Antwort darauf stellte Hogarth in seinem Selbstbildnis von 1745 auf seiner Palette die ideale Linie dar, die ›undulierende Schönheitslinie‹, die durch die reiche Abwechslung ihrer Windungen dem menschlichen Auge am wohlgefälligsten sein sollte.

Burke, der einen größeren Einfluß als Hogarth ausübte, entdeckte, daß Schönheit auf verschiedenen Eigenschaften beruht, unter anderem auf »Geschmeidigkeit, sanfter Glätte und Mannigfaltigkeit«, aber niemals auf »Proportionen«, die eine rein mathematische Gegebenheit sind. Ein konstantes meßbares Verhältnis der Teile – oder Proportionen – zueinander war die Grundlage des Gartens des 17. Jahrhunderts, ›Schönheit‹, wie Burke sie auffaßte, war dies jedoch nicht. Für ihn lag der Ursprung der Schönheit im Physischen: »Viele müssen diese Art von Empfindungen an sich gespürt haben, wenn sie einmal in einem bequemen Wagen schnell über einen glatten Rasen mit sanften Steigungen und Neigungen gefahren sind. Dies gibt einen besseren Begriff des Schönen als alles andere.« Die hervorstechendste Eigenschaft dieser Linie besteht darin, daß sie zwar Weichheit, Mannigfaltigkeit und Spannung in sich birgt, aber keine Überraschung bietet. Überraschung entsteht durch plötzliche Drehung und plötzlichen Bruch sowie durch Änderungen der Konturen, die erschrecken und beleben, ohne daß jedoch dieser erste Effekt wiederholt werden könnte. Die Theorie der undulierenden Schönheitslinie zog alle in ihren Bann, und alle Gartenschöpfer, ob sie nun

Bernardo Bellotto gen. Canaletto
Gärten in Schönbrunn,
Detail aus einem Gemälde, um 1760.

Wien, Kunsthistorisches Museum
Zugleich Ausschnitt aus dem Schutzumschlag

der poetischen oder der malerischen Art zuneigten, verschrieben sich ihr. Es war nur eine Frage der Zeit, bis alle poetischen und malerischen Merkmale weggeschwemmt sein würden. Alles was übrigblieb, war dann ›die Linie‹.

Wohl hatte es inzwischen viel Theorie, eine Fülle von unsicheren Versuchen und einige mutige Neuerungen gegeben, aber keine großen, bezwingenden Meister. Um 1750 trat dieser jedoch auf den Plan:' ein Mann, der den Namen Lancelot Brown weltberühmt und unsterblich gemacht hat. Im Jahre 1716 geboren, verließ er sechzehnjährig bereits die Schule, ein Beweis dafür, daß er besser erzogen worden war, als seine Feinde es wahr haben wollten. Er war ein Mann von einer weit umfangreicheren Bildung als Kent, der kaum lesen und schreiben konnte. Seine erste Tätigkeit war die eines Gärtnergehilfen in einem kleinen Ort in Northumberland, wo er sieben Jahre blieb. Im Jahre 1739 verließ er diese Stellung und fand in Wotton, in der Nähe von Woodstock Park, im Besitz von Richard Grenville Arbeit. Wotton, kein Platz von Bedeutung, erwies sich jedoch als ein Sprungbrett für ihn, da Sir Richard Grenville der Schwiegervater von William Pitt und Schwager von Lord Cobham, dem Besitzer von Stowe, war; es dauerte nicht lange und Brown befand sich in Stowe selbst, wo er sich zu Beginn als Küchengärtner unter einem Mann namens Love betätigte. Zu seinen Pflichten gehörte auch die wichtige Aufgabe, den Adel und die Edelleute durch die Gärten zu führen, wenn diese sie besuchten; so machte er sich seiner zukünftigen Kundschaft bekannt und lernte deren Manieren. Schließlich wurde er Hauptgärtner und Verwalter. Während mehrerer Jahre beschäftigte er sich mit Entwürfen unter der Leitung von Kent, der jedoch 1749 starb. Nun beeilte sich Brown zu beweisen, daß er ein selbständiger Gartengestalter wäre. Walpole äußerte sich 1751 über den Garten von *Warwick Castle:* »Er ist von einem gewissen Brown nach einigen Ideen von Kent und Southcote vorzüglich angelegt.«

Einem gewissen Brown! Das dürfte die letzte Gelegenheit gewesen sein, bei der man gewagt hat, den Zauberer auf eine so herabwürdigende Art zu bezeichnen. Dieses geschah wenige Jahre bevor Mrs. Elisabeth Montagu, ›Queen of the Blues‹, von ihm sagte, daß sie ihn als »einen großen Dichter« und als »einen angenehmen Kumpan und großes Genie seines Berufes« betrachte. Als Brown dreißig Jahre nach Walpoles erster Erwähnung starb, schrieb dieser Kenner in seinem Tagebuch: »Sein großer und schöner Genius blieb ohne Nebenbuhler, und es war ein besonderes Glück, daß er von allen Schichten der Gesellschaft unseres Landes und bei vielen Adligen und großen Männern des Auslandes anerkannt wurde. Die ihn aber am besten kannten oder mit ihm zusammenarbeiteten, waren sich nicht darüber im klaren, was mehr an ihm zu bewundern sei, die Raschheit oder die Richtigkeit seines Blikkes. Sein Geist war umfassend in seinen Anschauungen und elegant, und man kann wohl sagen, daß ihm nichts fehlte. Sein Genius war von solcher Art, daß er über seinen Schöpfungen, die ihn zum erfolgreichsten Menschen machten, vergessen wurde. Er ahmte die Natur so genau nach, daß seine Werke Gefahr liefen, mit ihr verwechselt zu werden.«

Die Arbeit an Warwick Castle – eine schwierige Aufgabe wegen des sehr eingeengten Geländes – stellte vermutlich nicht die erste Schöpfung von Brown dar, nachdem er Stowe verlassen hatte. Noch während seiner dortigen Tätigkeit scheint es ihm erlaubt gewesen zu sein, auch anderswo zu arbeiten, denn er plante und führte einen See für den Herzog von Grafton in *Wakefield Lodge* aus, das an Stowe grenzt. Die Art, in der er diese Wasserfläche in ›natürlicher Manier‹ behandelte, erwies sich als voller Erfolg, so daß sein weiterer Aufstieg gesichert war. Sein Arbeitgeber, Lord Cobham, starb im Jahre 1749. Kent war einige Monate früher dahingegangen, und der Weg war frei für einen Nachfolger. Brown füllte die Lücke so vollständig aus, und sein Ruf wuchs so schnell, daß Lord Dacre sich 1753 fragte, ob Brown »für seinen kleinen Besitz nicht zu groß« geworden sei. – Es ist erstaunlich, daß bereits 1751 der Gärtnergehilfe nicht nur zum führenden ›Verbesserer‹ der Gartenkunst emporgestiegen war, sondern auch zu einem Architekten, zu dem man das notwendige Vertrauen hatte, um ihm den Bau des Gutshauses von Croom für Lord Coventry anzuvertrauen. Von nun an gingen beide Tätigkeiten als Architekt und Gartenplaner Hand in Hand. William Mason, sein Verteidiger in einer späteren, ihm weniger wohlgesinnten Zeit, schrieb: »... Wenn ein Gelände angelegt wird, so hat derjenige, der die Aufteilung vornimmt und die Anpflanzung veranlaßt, zumindest die Lage der Gebäude zu bestimmen, wenn nicht auch deren Formen und Größe. Ich weiß, daß Brown lächerlich gemacht wurde, weil er sich als Architekt betätigte, ich bin aber der Ansicht, daß er dies aus einer Art von Notwendigkeit heraus getan hat, da er die großen Schwierigkeiten erkannte, denen er oft gegenüberstand, um ein malerisches Ganzes dort, wo vorhandene Gebäude falsch geplant und mit ungeeigneten Maßen vorher errichtet worden waren, zu schaffen.«

Die Umkehrung des Renaissancestrebens ist nun vollständig: Im Italien des 15. Jahrhunderts verfügte der Architekt im Interesse einer künstlerischen Einheit über den Garten; im England des 18. Jahrhunderts bemächtigte sich aus den gleichen Gründen der Gärtner der Gebäude. Die Tätigkeit von Brown als Architekt füllte bei weitem nicht den kleinsten Teil seines Lebens aus, und die Gesamtheit seiner Werke als Architekt hätte ihm einen bedeutenden Ruf eingebracht, auch wenn er sonst nichts geleistet haben würde. Letzten Endes wurde eine ganze Reihe der bedeutendsten Gutshäuser dieser Zeit nach seinen Plänen gebaut oder verändert. Seine Gebäude zeichnen sich nicht durch Originalität aus, aber im allgemeinen sind sie kluge und harmonische Beiträge zu den verschiedenen Stilen jener Zeit.

Wenn seine Tätigkeit als Architekt groß war, so war sie als Landschaftsgärtner geradezu riesenhaft. Die mit seinen Schöpfungen bedeckte Fläche muß weitaus größer gewesen sein als die der Werke Le Nôtres. Er hat das hohe Alter des Franzosen nicht erreicht, war jedoch ein schneller und unermüdlicher Arbeiter. Er wurde selten aufgefordert, auf jungfräulichem Boden zu arbeiten und war im allgemeinen eher ein Umgestalter denn ein Schöpfer aus dem Nichts; dies entsprach aber einem allgemeinen Zug der Zeit. Als junger Mann hatte er den Übergang von Stowe von der zweiten, der Bridgeman-Phase, zur freieren Art des späteren Kent erlebt, eine Umwandlung, an der er Hand mitangelegt hatte. Später wurden auf seinen Rat hin viele Gärten der geometrischen Periode von Wise und London zerstört. In *Blenheim*, einer seiner berühmtesten Umwandlungen, verwandelte er den reichlich kümmerlichen Wasserlauf von Wise in zwei große Seen, die an ihrem Zusammenfluß von einer Brücke von Vanbrugh im Stil Palladios überquert wurden; das bescheidene Parterre von der Südfront verschwand gänzlich, und die am äußeren Rand der Festung gepflanzten Boskette wurden entfernt.

Wie bei Le Nôtre hat auch zu Browns Erfolg viel dessen Persönlichkeit beigetragen. Als Lord Chatham ihn Mrs. Montagu empfahl, schrieb er: »Das Kapitel von meines Freundes Würden darf nicht vergessen werden. Er unterschreibt Lancelot Brown, Esquire, en titre d'office ... wird vom König privat empfangen, speist ›en famille‹ mit seinem Nachbarn von Sion (dem Herzog von Northumberland) und sitzt an einem Tisch mit allen Mitgliedern des House of Lords.« Das Gesagte ist natürlich nicht frei von einer leichten Ironie; die Verbindungen aber bestanden tatsächlich und waren nicht unwichtig, denn Lord Bute benutzte Brown 1771 als Vermittler, um seinen Frieden mit Lord Chatham zu schließen, und sechs Jahre später setzte Brown sich intensiv ein, um die guten Beziehungen zwischen Chatham und dem König wiederherzustellen. Es ist eine ergötzliche Situation, wenn wir den ehemaligen Gärtnergehilfen sehen, wie er so oft wie möglich die Gelegenheit wahrnimmt, mit Georg III. in den Gärten von

Hampton Court zu plaudern, um dabei von Zeit zu Zeit ein gutes Wort für den großen Minister, das heißt Pitt den Älteren, einfließen zu lassen; das Ergebnis wurde dann Lady Chatham getreulich berichtet.

Browns Karriere wurde immer etwas bespöttelt, was zum Teil auf seinen merkwürdigen Spitznamen ›Capability‹ zurückzuführen ist, der von seiner Gewohnheit herrührte, von einem Platz zu sagen, er besitze »Möglichkeiten – ›capabilities‹ – für eine Verbesserung«. Eine Gesellschaft, die über die Frage des Geschmacks vielleicht mehr nachgedacht und debattiert hat als je eine vergleichbare Gesellschaftsschicht vorher oder nachher – eine Gesellschaft, die weit reiste und eifrig Kunstwerke sammelte, die die Gärtnerei und die richtige Gestaltung von Bodenflächen als die größte aller Künste betrachtete, von einer solchen Gesellschaft sollte man nicht annehmen, daß sie Brown nur in Anspruch genommen hat, weil er ›en vogue‹ war, noch möchte man glauben, daß er wegen seines, wenn auch aparten, Spitznamens in Mode gekommen ist.

Tatsächlich schuf Brown für die Gesellschaft, der er diente, eine ideale persönliche Welt. In ihr war das Werk von Menschenhand nicht deutlich sichtbar, sondern sie war mehr das Werk der Natur, aber eine auf eine bestimmte Form beschränkte Natur: üppig, gerundet, fruchtbar und weiblich. Den Vorstellungen von Kent hat er Form, Einheit und Ausgewogenheit gegeben. Die Beschreibung der Arbeitsweise von Kent, lange nach seinem Tode von Horace Walpole verfaßt, paßt eigentlich besser zu Brown: »... Die großen Grundsätze, nach denen er arbeitete, waren die Perspektive, das Licht und der Schatten. Gruppen von Bäumen unterbrachen die zu große Monotonie und Weite eines Rasens. Immergrüne Pflanzen und Gehölze wurden dem besonnten Glanze des offenen Feldes gegenübergestellt. Dort wo der Ausblick weniger günstig war oder zu offen dalag, um auf einmal erfaßt zu werden, fügte er tiefe Schatten ein, um ihn zu beleben.« Die so erzielten

Eindrücke waren in keiner Weise eine ›Wiederholung‹ einer idealen natürlichen Landschaft, und es ist völlig abwegig, in solchem Fall von Claude Lorrain oder den Brüdern Poussin reden zu wollen. Diese Parkgärten riefen ein Gefühl hervor, das der Empfindung der Reisenden entsprach, die in der Kutsche von Burke schnell über die »sanfte Glätte eines Rasens« gefahren wurden.

Brown selbst fügte bei seinen Verträgen ein, daß die Arbeiten »mit der Empfindung des Dichters und den Augen des Malers« durchgeführt würden, obgleich er sich wahrscheinlich bewußt war, daß seine Gärten im Grunde genommen weder poetisch noch malerisch waren. Joseph Spence, ein Freund von Pope und Professor der Dichtkunst in Oxford, hatte sich bemüht, die enge Verwandtschaft zwischen Dichtkunst und Malerei nachdrücklich zu unterstreichen. Auch Spence war leidenschaftlicher Gärtner, dem die Gartenkunst als ein natürlicher Zweig oder eine Art Erweiterung der Malerei und konsequenterweise damit auch der Dichtkunst erschien. Für die Intellektuellen jener Tage waren also Dichtkunst, Malerei und Gartenkunst ähnliche und aufeinander bezogene Künste. Es ist heute nicht schwierig für uns, sowohl diese Bezogenheit als auch die Gefahren ihrer Überbewertung zu erkennen. Und wir können jetzt sehen, was dem damaligen Menschen noch entging, daß nämlich der architektonische Garten des 17. Jahrhunderts, der hauptsächlich auf abstrakten Beziehungen und Proportionen beruhte, sich mehr den Künsten der Musik und Mathematik als der Malerei oder der Dichtkunst näherte. Es würde die Verfechter des ›malerischen‹ und des ›poetischen‹ Gartens sehr erstaunt haben, wenn es ihnen bewußt geworden wäre, daß auch ihr Gartenstil sich ständig nach dem Musikalischen hin entwickelte, bis er schließlich weit mehr eine abstrakte Demonstration harmonischer Verhältnisse wurde, als dies dem italienischen, französischen oder holländischen Garten jemals gelang. Lancelot Brown war der große Meister dieses Gartentyps.

Die Gärten der Mitte des Jahrhunderts und besonders jene von Brown wurden später heftig angegriffen, denn – obwohl sie von sich behaupteten, ›natürlich‹ zu sein – waren sie es tatsächlich in keiner Weise, und obwohl sie beanspruchten, Gemälde zu sein, waren sie niemals wirklich ›malerisch‹. Brown bediente sich für seine Landschaften der Harmonien und Nuancen, wie man sie in der Natur antrifft, doch wurden sie dadurch nicht ›natürlich‹ noch waren sie ›malerisch‹ im Sinne des Wortes, wie es seine späteren Kritiker gebrauchten. Für sie war das ›Malerische‹ im wesentlichen rauh und männlich.

Die Schöpfungen von Brown aber sind genau so weiblich wie Burkes Auffassung von der Schönheit. Die ›wenigen Ideen‹, wie Walpole 1751 ziemlich abfällig urteilte, waren die Quelle seiner Kraft. Brown verzichtete weitgehend auf die Verwendung von Statuen, errichtete weit weniger Gebäude als die ›poetischen‹ Gärtner und konzentrierte sich fast ausschließlich auf die angenehme Wirkung der kontrastierenden und harmonierenden Wellenlinien. Farben spielten in seinen Vorstellungen nur eine geringe oder überhaupt keine Rolle. Kontraste im Ton, Licht und Schatten, wurden von ihm niemals dazu verwendet, um Gefühle zu erwecken, sondern immer nur, um die harmonische Führung der Linien hervorzuheben. Seine Landschaften waren lineare Kompositionen in drei Dimensionen. Wenn seine Szenerien mit jenen von Claude Lorrain und Poussin verglichen wurden, so konnte es sich dabei nur um eine oberflächliche Ähnlichkeit handeln. Es würde eine tiefere Einfühlung in seine Werke beweisen, wenn man seine Formen im Vergleich mit einer Arabeske, der Musterung einer chinesischen Seide oder einem Holzschnitt von Haronobu werten würde.

Brown selbst deutete sein Werk ziemlich unterschiedlich. Hannah More schreibt in ihren ›Memoirs‹, daß »er während zweier sehr angenehmer Stunden, die ich mit ihm verbrachte, versprach, mir durch Einimpfen Geschmack zu vermitteln. Ich bin davon überzeugt, daß er einen sehr guten besitzt; er schmückte alles, was er über die Gartenkunst sagte, durch literarische und grammatikalische Anspielungen aus und erklärte, daß er seine Kunst mit einem literarischen Aufsatz vergleichen möchte. Hier – er zeigte mit seinem Finger – setze ich ein Komma, und dort – dabei zeigte er auf eine andere Stelle – wo eine Unterbrechung der Sicht wünschenswert erscheint, setze ich eine Klammer, dann einen Punkt, um mich anschließend einem anderen Thema zuzuwenden.« Da es aber in den Plänen von Brown kein Thema im literarischen Sinne gibt und auch keine Darstellung, keine Erzählung und keine Anspielung, so hätte er seine Methode besser beschrieben, wenn er Begriffe angewandt hätte, die einer musikalischen Komposition und nicht einem literarischen Aufsatz angepaßt sind. John Shebbeare war der einzige, der schon 1758 die Ähnlichkeit zwischen der englischen Gartenkunst und der Musik feststellte. Viele aber gaben und geben sich heute noch damit zufrieden, sie als eine Form der Malerei einerseits oder der Architektur andererseits anzusehen.

Die Mittel, deren sich Brown bediente, waren in dem Maße beschränkt, wie die Muster, die er zeichnete, einfach waren. Umrandungen aus grünem Rasen, sich spiegelnde stille Gewässer, eine geringe Anzahl von Baumarten, die einzeln, in Gruppen oder in frei erdachten ›Belts‹ – das heißt Wegen, die den ganzen Park an der Peripherie umliefen – Verwendung fanden; das war alles.

In England und auch im Europa jener Zeit konnte die Abstraktion in der Gartenplanung nicht weiter vorangetrieben werden. Die Verhältnisse waren noch nicht reif für eine nächste Stufe, die die Parklandschaften von Brown in die Steingärten des japanischen Priester-Architekten Soami umgewandelt haben würde. ›Capability‹ Brown befand sich – wie Le Nôtre – am Endpunkt einer Entwicklung. Beide hatten vieles gemeinsam – ein bewundernswertes Auge für Proportionen und einen noblen Sinn für Gliederungen. Sie fürchteten sich niemals, groß zu planen, verschwenderisch auszuführen und erpresserisch zu fordern – der sichere Weg, um in einer schwerreichen Gesellschaft Erfolg zu haben.

Er fand viele Nachahmer, und zwar professionelle und Amateure. Seine Art erschien so einfach, daß viele Leute zwangsläufig sich einbildeten, sie könnten es genauso gut. Vieles, was später der Lächerlichkeit preisgegeben wurde, stammte nicht von ihm. Der englische Parkgarten wurde überall in Europa nachgeahmt, aber zum Unterschied vom ›poetischen‹ Garten ließ er sich nicht gut exportieren. Walpole schreibt dazu: »Wir haben die Vollendung erreicht. Wir haben der Welt das Vorbild der wahren Gartenkunst gegeben. Andere Länder mögen unseren Geschmack nachahmen und verderben, hier aber soll er auf seinem grünen Thron herrschen – original durch seine elegante Einfachheit. Er ist auf keine andere Kunst so stolz wie auf jene, die es versteht, die Strenge der Natur zu mildern und ihr anmutvolles Spiel nachzuahmen.«

Es ist ein Leichtes, über Brown zu spötteln und ebenso leicht, sein Werk zu unterschätzen. Doch der ideale Typus der Parklandschaft – wo sich Hügel, Seen und Bäume harmonisch zusammenfinden, wo die Geheimnisse von einer nicht sehr geheimnisvollen Natur angedeutet, aber niemals ausgedeutet werden – dieser Typ der Parklandschaft ist nicht ›Natur‹, sondern in hohem Maße die Schöpfung eines einzigen Mannes.

Siebtes Kapitel

Der Sieg des Landschaftsgartens in Deutschland

Der ›natürliche‹ Gartenstil

Der Durchbruch des ›natürlichen‹ Gartenstils in Deutschland läßt sich, wie schon angedeutet, ziemlich genau auf die Zeit kurz nach Beendigung des Siebenjährigen Krieges festlegen. Ab 1779 mehren sich nach dem Vorspiel von Sanspareil bei Bayreuth die Beschreibungen neuer Landschaftsgärten, und es erscheinen auch die ersten von den Ästhetikern Sulzer in Leipzig und Hirschfeld in Kiel verfaßten theoretischen Schriften, die keineswegs nur die englischen Rezepte nachbeten, sondern in deutscher Sicht den neuen Gartentypus behandeln. Vorzüglich Hirschfeld hat, auf englische Vorbilder gestützt, die Elemente des Landschaftsgartens als Kompositionsmittel entdeckt und in den fünf Bänden seiner ›Geschichte und Theorie der Gartenkunst‹ nicht nur das ganze Gartenwesen theoretisch, künstlerisch und historisch zu fassen versucht, sondern auch Anweisungen zur praktischen Nutzung seiner Ideen gegeben.

Das erste große Beispiel in natürlichem Stil, für das von Anfang an die neuen Auffassungen richtungsweisend waren, ist der von Fürst Leopold Friedrich Franz von Anhalt-Dessau (1740–1817) geschaffene *Wörlitzer Park*, dessen erste, später durch eine Überschwemmung verwischte Spuren um 1764 liegen, während die eigentliche Entstehungszeit der heutigen Anlage von 1770 an datiert werden kann. Auf ausgedehnten Reisen in England hatte der Fürst, begleitet von seinem Architekten Erdmannsdorf und seinem Gärtner Eyserbeck, die neuen gartenkünstlerischen Überlegungen in England kennengelernt und diese zwischen 1770 und 1790 in einem ersten reinen Landschaftspark auf dem Kontinent in Wörlitz zu verwirklichen gesucht. Zentrum dieser Anlage ist ein langgestreckter, vielfach gebuchteter See in Verbindung mit Seearmen, Kanälen und natürlich gebildeten Inseln und Halbinseln. Dieser Komplex ist übersponnen von einem naturhaften Ensemble von prächtigen Einzelbäumen, reizvollen Baumgruppen und Buschwerk mit Ausblicken auf Wiesen und Felder. Das Ganze ist in verschiedene, aber zusammenhängende Partien gegliedert, so die eine östlich des Schlosses, des weiteren den ›Neumärkischen‹ oder ›Inselgarten‹, den ›Schochschen Garten‹, dessen Hauptteil Kanäle umfaßt, und schließlich den Garten auf dem Weidenheger, der als dichtes Gebüsch und waldartige Pflanzung gestaltet wurde. Den Gefühls- und Bildgehalt hat man durch Grotten und Tempel, ein ›Gotisches Haus‹, ein Nymphäum, Amphitheater und ähnlich geartete Anlagen zu steigern versucht. Goethe, ein interessierter Besucher des Parkes, schreibt darüber am 14. März 1778 an Frau von Stein: »Hier ist's jetzt unendlich schön, mich hat's gestern abend, als wir durch die Seen, Canäle und Wäldgen schlichen, sehr gerührt, wie die Götter dem Fürsten erlaubt haben, einen Traum um sich herum zu schaffen. Es ist, wenn man so durchzieht, wie ein Mährgen, das einem vorgetragen wird und hat ganz den Charakter der Elisischen Felder, in der sachtesten Mannigfaltigkeit fließt eins ins andere, keine Höhe zieht das Aug' und das Verlangen an einen einzigen Punkt, man streicht herum, ohne zu fragen, wo man ausgegangen ist und hinkommt. Das Buschwerk ist in seiner schönsten Jugend, und das Ganze hat reinste Lieblichkeit.«

Solche Eindrücke haben nicht zuletzt auch Goethe – der allerdings später den Staffagenreichtum von Wörlitz abgelehnt hat – zu ähnlichen Schöpfungen in und um Weimar angeregt. Am Ufer der Ilm entstehen in der Folge jene ersten Anlagen, die sich später aus der sentimentalischen Sphäre lösen und von wachsendem Streben nach wirklicher Naturhaftigkeit zeugen.

Fast gleichzeitig mit Wörlitz entstehen um 1774 die *Englischen Anlagen von Hohenheim* bei Stuttgart, eine Schöpfung von Herzog Eugen von Württemberg (1773–1793), die nach etwa zehnjähriger Bauzeit fertiggestellt war. Eine vollständige Beschreibung liefert der Gartenkalender auf das Jahr 1795, ferner ein zwei Jahre nach dem Tode des Gründers erschienener ›Grund Rihs der englischen Anlage von Hohenheim‹: »In Trümmern altrömischer Gebäude stehen gezierte Saele, Cabinetter, Baeder, Grotten, Höhlen, Lust- und Gartenhäuser und laendliche Hütten, die mit dem noethigsten Hausgeraeth und Werkzeugen versehen sind. An jede Haushaltung stößt ein Gaertchen, ein Wald, eine Wiese und Aker; sie sind mit den verschiedensten Kraeutern und Früchten Wirtembergs und mit vielen auslaendischen Gewaechsen und Stauden bepflanzt. Zwischen schattenreichen Pappeln schlaengelt sich durch die ganze Flur ein Bach, der an ihrer Grenze sich über alte bemooste Tufsteine hinabstürzt.« Diese englische Anlage im Umfang von sechzig bis siebzig Morgen war von einer literarischen Idee getragen, die alle diese vielgliedrigen Konglomerate zusammenhielt – künstlich nachgebildete Bauwerke des Altertums, die in natürlichem Rahmen zu einem neuen natürlichen Leben erweckt werden sollten.

Unweit von Dresden entstand seit 1781 als Schöpfung des Grafen Hans Moritz Brühl, besser gesagt unter der Leitung seiner Gemahlin Christiane, der viel bewunderte *Landschaftsgarten des Seifersdorfer Tales*, der 1792 der Öffentlichkeit durch eine ausführliche mit vierzig Kupferstichen ausgestattete Beschreibung von Becker vorgestellt wurde. Als Schauplatz hatte man ein von Wiesen und Waldstücken durchsetztes und von einem steilufrigen Flüßchen in Windungen durchflossenes Tal im Rahmen einer weiten Hügellandschaft gewählt, wobei man auf einen möglichen Ausbau oder gärtnerische Veränderungen und Verbesserungen verzichtete. Die landschaftlichen Gegebenheiten – offen anstehender Fels, dunkler Fichtenwald und helles Laubholz – und das vielgestaltige Flußufer – wurden zum Schauplatz »vieler Gegenstände des Nachdenkens und der Empfindung« mit Vasen, Säulen, Büsten, aber auch Tempeln und Hütten, wobei die letzteren im Verein mit Rasensitzen, Bänken und Tischen der realen Benutzbarkeit dienten.

Zu den zahlreichen Anlagen von gleicher Auffassung zählt auch der unter Landgraf Wilhelm IX. von Hessen-Kassel durch Jussow neugestaltete *Park Wilhelmshöhe* bei Kassel, von dessen Entwicklung bereits früher gesprochen wurde. Schon als Erbprinz hatte der Fürst in seinem von ihm als Regent verwalteten Lande Hanau in Verbindung mit einem Badeschloß in *Wilhelmsbad* einen englischen Park schaffen lassen mit den Zutaten von Ruine, Eremitage, Erinnerungsmal usw., wobei die vorhandenen natürlichen Verhältnisse – ein aufgelassener Steinbruch in waldiger Gegend – geschickt zum Ausgangspunkt genommen wurden, um die Gegebenheiten durch Anlegen von sanften Hügeln, einem Teich und geschickte Wegführung zu bereichern. Als Wilhelm IX. die Regierung in Hessen-Kassel antrat, trug er sofort Sorge, seine Ideen in größerem Maßstab zu verwirklichen. Nunmehr wurde der Park Wilhelmshöhe von jeglicher Fessel der Regelmäßigkeit befreit. Die Terrassen verwandelten sich in steile Böschungen. Die bei dem Aushub für Bauten und Teiche anfallende Erde wurde zum Aufschütten sanfter Hügel verwendet. Die Heckenwände wurden gerodet, und an ihre Stelle traten nach englischer Manier ›Clumps‹ – Baumgruppen – und Waldkulissen. Auch die Chinoiserien mußten als unzeitgemäß verschwinden, stattdessen erscheinen klassizistisch geprägte Denkmäler sowie Bauten in gotischer Manier wie die Löwenburg – eine der frühesten und berühmtesten dieser Gattung. Dazu gesellt sich ein weitgespanntes Straßen- und Wegenetz mit vielen Brücken über Bäche und Wasserfälle, ferner kleine Seen und Teiche, wie überhaupt das Wasser einen bedeutsamen

Stimmungsträger darstellt. War doch das Wasser einer der Hauptfaktoren im deutschen Garten. Allein aus der Art seiner Verwendung und Darstellung könnte man die verschiedenen Gartentypen ablesen.

In Wilhelmshöhe ist recht eigentlich der Durchbruch zum reifen Stil des deutschen Landschaftsgartens erfolgt, indem man sich nicht zuletzt von der Fülle der Staffagen befreite. An ihre Stelle traten die Elemente des Natürlichen – Oberflächengestaltung des Bodens, Vegetation und Wasser, das Spiel von Licht und Schatten – als die ordnenden und bestimmenden Elemente des Landschaftsgartens.

Ähnliches vollzieht sich auch anderwärts, so in der zwischen Mannheim und Heidelberg in der Ebene gelegenen pfälzischen Sommerresidenz *Schwetzingen*, wo der Kurfürst Carl Theodor von der Pfalz in den Jahren nach 1753 von seinem Hofgärtner Petri einen Garten nach den Grundsätzen französischer Gartenkunst hatte anlegen lassen. Herz und Kernstück dieser Anlage ist ein mittleres Gartenrund, der berühmte ›Zirkel‹, für den weder Vorbilder noch Nachfahren in der europäischen Gartenkunst festzustellen sind. Die eine Hälfte des Rondells wird von den einstöckigen, geschwungenen Bauten der Zirkelhäuser – Orangerie und Gesellschaftssäle – eingenommen, während der ergänzende Halbkreis von Laubengängen gebildet wird. Die breite, vom Parterre vor dem Schloß ausgehende Mittelachse – im Rondell von einer Querachse gekreuzt – endet schließlich im Querriegel eines Bassins. Von den Enden dieses Bassins griffen Arme in rechtwinkligem Versatz wieder in Richtung auf das Schloß, wobei ein mittlerer Gartenbezirk eingeschlossen wurde, der sich aus Bosketts und einigen Nutzgärten zusammensetzte – eine Anlage, die sich in ihren Grundzügen erhalten hat, auch wenn das Bassin mit dem Vordringen des Landschaftsgartens sich in einen natürlichen See verwandelt hat. Der Einbruch des englischen Landschaftsgartens geschah in dieses spätbarocke Schwetzingen ziemlich unvermittelt, nachdem Sckell als neuer

Gartenbeauftragter des Kurfürsten von einer englischen Studienreise zurückgekehrt war. Allerdings ließ er bei seiner Neugestaltung den Kern des Gartens unberührt – dieser Respekt vor früheren schöpferischen Leistungen im Garten ist ein sehr deutscher Zug – und Sckell beschränkte sich bei der Umgestaltung auf die Randzonen des Gartens. Als erstes entstand 1777 das ›Arborium Theodoricum‹ mit zahlreichen ausländischen Baumsorten, dem anschließend eine weitere Geländepartie aus dem Bedürfnis nach wechselnden Naturbildern folgte. Dabei fehlten nicht im Rahmen der Bäume, der Wiesen, des Wassers die für Schwetzingen so charakteristischen Staffagen – ein Tempel der Botanik, dessen Außenhaut Baumrinde imitiert, die Ruinen eines römischen Wasserkastells und ein ursprünglich als Grabmonument des Königs Sesostris konzipierter Tempel des Merkur mit künstlichen Verfallserscheinungen.

In Österreich vollzogen sich ähnliche Verwandlungen in größerem Maßstab vor allem im *Laxenburger Park* bei Wien, dessen Anfänge bis in das 14. Jahrhundert reichen. Eine Neugestaltung im Sinne des Rokokogartens hatte der Garten 1754 erfahren, als Kaiser Franz I., um seiner Gemahlin Maria Theresia eine Überraschung zu bereiten, den alten Tier- und Lustgarten im Geschmack seiner Zeit nach geometrischen Gesetzen fassen ließ. Unter Joseph II. begann bereits eine Umwandlung im Stil des englischen Landschaftsparks, aber erst dem Willen von Kaiser Franz I. von Österreich verdankte der Park seine heutige Wirkung mit sinnreichen Anlagen von Wasserläufen und einem etwa zwanzig Hektar umfassenden Teich, auf dessen einer Insel das Herz- und Kernstück des Parkes, die neugotische Franzenburg mit ihren Mauern, Höfen und Türmen liegt. Es fehlt auch hier nicht an sentimentalen Staffagen wie ›Rittersäule‹, ›Rittergruft‹, ›Gotischer Brücke‹ und ›Turnierplatz‹. Auffallend ist der Reichtum an ausländischen Gehölzen und Strauchwerk.

Man fühlt sich bei diesen Beschreibungen zuweilen an die

›poetischen‹ Gärten erinnert, nicht zuletzt, was die Frage der Staffage anbetrifft. Aber die Staffagen der vorgenannten Anlagen haben im Gegensatz zu denen des ›poetischen‹ Gartens, dem es meistens nicht gelungen ist, sich von der Überfülle früherer Formen freizuhalten, einen anderen Sinngehalt. Im ›poetischen‹ Garten appelliert die Staffage an das Wissen und die Phantasie, in den oben behandelten Anlagen wendet sie sich eindeutig und vorzüglich an das Gefühl; man hat deshalb auch von ›sentimentalischen‹ Gärten gesprochen. Doch können solche Bezeichnungen nur der Erhellung der Situation dienen. Keinesfalls darf man sie Gefächern fester Begriffe gleichsetzen, in die man die Anlagen nach Qualität und Quantität eindeutig einordnen kann. Letzten Endes ist jede bedeutendere Gartenanlage als Spiegel der Absichten ihres Schöpfers ein unverwechselbares Individuum, das gegenüber den anderen nur mehr oder weniger verwandte Züge trägt.

Achtes Kapitel

Widersacher der Revolution

»Il a été permis de craindre que la Révolution,
comme Saturne,
dévorât successivement tous ses enfants.«

Lamartine, *Histoire des Girondins*

Englische Theoretiker und Praktiker

Zwei wesentliche Ideen bestimmten den Aufbruch der Revolution in der Gartenkunst: der Garten sollte mehr naturhaft als künstlich sein und er sollte wie ein Gemälde wirken. Diese Vorstellungen aber waren nicht wirklich tragfähig. Nur die romantisch-malerischen Gärten, die aber in der Minderheit waren, schienen – jedoch schien es nur so – diesen Forderungen zu entsprechen. Die Theoretiker mußten bei der Betrachtung des Ergebnisses ihrer Doktrinen sehr bald feststellen, daß dieses ihren Vorstellungen in keiner Weise mehr entsprach. Tatsächlich hatte die Revolution, wie es bei Revolutionen zu sein pflegt, nur einen idealen Typus gestürzt, um ihn durch einen anderen zu ersetzen.

Wir werden an Thomas Burnet erinnert, der eine geläuterte und erneuerte Welt befürwortete, deren ursprüngliche Vollkommenheit nach seiner Meinung durch verhängnisvolle Ereignisse gestört worden war. Das vollkommene Weltall seiner Vorstellung bestand aus gleichförmigen Meeren, gleichartig ausgerichteten Sternen, aus Bergen in genau konischen Formen und Gärten im Stil von Le Nôtre. Die Dichter, sogar die Verfasser heroischer Verse, hatten gegen eine solche Auffassung rebelliert. Aber auch von ›Capability‹ Brown war eine, jedoch nach ganz anderen Grundsätzen geschaffene Idealwelt geformt worden; gegen diese empörten sich dann die Romantiker. Der wirkliche Feind war jedoch die beiden Auffassungen anhaftende Gleichförmigkeit, eine Eintönigkeit, die zur Langeweile führte, dem allen utopischen Welten anhaftenden Fehler. Überall wurden geometrische Gärten angelegt, überall breiteten sich die Gärten in undulierenden Linien aus. Das Auge erblickte Parkgarten an Parkgarten, ohne sich dessen noch bewußt zu werden.

Die Monotonie des neuen Utopia wurde sehr rasch augenfällig. Unter den Händen von Brown hatte der Garten des Modegeschmacks eine einmalige, durch große Kontraste von Licht und Schatten, von Rasen und Bäumen bedingte Einfachheit erreicht. Doch wurden diese Gärten immer nichtssagender, je weiter die Purifizierung im Geschmacklichen vorangetrieben wurde. Genauso wie der chinesische Garten schließlich in die Abstraktion des japanischen Steingartens mündete, tendierten die Vereinfachungen von Brown gewissermaßen dazu, den Garten ganz verschwinden zu lassen.

Es war daher ganz natürlich, daß man, als die Dinge in diese Phase eintraten, die Prämissen erneut untersuchte und zu dem Ergebnis kam, daß der Angriff auf Brown sich nunmehr von drei Seiten her entwickeln konnte. Am lautesten gebärdeten sich jene, die der Ansicht waren, ›Natur‹ sei das, was sie sich selbst darunter vorstellten. Sie untersuchten die dürftige Einfachheit der Werke von Brown mit ihren Baumgürteln, Baumgruppen und gekrümmten Linien, um dann laut zu erklären, daß man darin keine ›Natur‹ erblicken könne. Derselben Ansicht waren auch jene, die sich daran erinnerten, daß ein Garten den gleichen Gesetzen wie die Malerei gehorchen müsse. Sie wiesen darauf hin, daß Brown den von Burke propagierten Begriff des Erhabenen und Schönen gekannt habe, er habe daher auch das Malerische erkennen müssen, was aber offensichtlich nicht der Fall gewesen sei. Es ist sehr bezeichnend, daß die Blumengärtner, die jahrelang von der Bühne verschwunden waren, nunmehr wieder auf der Bildfläche erschienen und sich mit den Angreifern verbündeten.

Eine Zeitlang schien es, als ob der – eine Beschäftigung suchende – Architekt die einzige Lösung für den verödeten Garten sei ... um ihn nämlich mit Gebäuden zu füllen. Doch hatten bereits Vanbrugh und Kent in Stowe eine solche Lösung versucht, und Browns Streben nach schmuckloser Strenge ist nicht zuletzt die Reaktion auf den Wirrwarr von Stowe gewesen. Sir William Chambers, ein Architekt, folgte der Bewegung und trug dazu bei, *Kew* mit Gebäuden zu übersäen. Doch in seiner ›Dissertation on Oriental Gardening‹ hatte er etwas ganz anderes vorgeschlagen, was sozusagen der Kern von dem war, was er überhaupt zu sagen hatte. Was er tatsächlich in dieser ›Dissertation‹ befürwortet hatte, war kein Garten mit tartarischen Jungfrauen und nachgeahmten Vulkanen, sondern eine ziemlich modern anmutende Methode der Anpflanzung. Nach seiner Meinung vermeidet der Chinese »... alle abrupten Übergänge, sowohl in der Größe als auch in der Farbe, indem er von der kleinsten Blume schrittweise zu Pfingstrosen, Sonnenblumen, Mohn und anderen Gewächsen von üppigem Wuchs und lebhafter Farbe übergeht und deren Schattierungen ganz allmählich von Weiß, Strohgelb, Violett und Inkarnat zum tiefsten Blau, zum strahlendsten Purpur und Karmin abwandelt. Oft setzt er verschiedene Wurzelstöcke ineinander, deren Blätter und Blüten sich dann vereinigen und eine üppige harmonische Masse ergeben, wie zum Beispiel weiße und purpurne Schleifenblumen, Rittersporn und Malven in verschiedenen Farben, gefüllten Mohn, Primeln, Nelken und Federnelken ... In der gleichen Weise verfährt er mit blühenden Sträuchern, indem er weiße, rote und andersfarbige Rosen vermischt, weißen und purpurnen Flieder, gelben und weißen Jasmin, verschiedene Arten von Eibisch und viele andere Sorten, die zusammenpassen ... In den großen Anlagen werden die Blumen im allgemeinen auf natürlichem Boden gezüchtet, in Blumengärten dagegen und an allen anderen besonderen Plätzen befinden sich die Blumen in im Boden versenkten Töpfen; sobald sie verblüht sind, werden sie entfernt und durch neue ersetzt, so daß eine ständige Blüte während fast aller Monate des Jahres gewährleistet ist, und die Blüten nur in ihrer vollsten Schönheit erblickt werden ... Offene Gehölze sollen aus immergrünen Gewächsen – vornehmlich in Pyramidenform – bestehen, die – mit blühenden Büschen durchsetzt – weiträumig zu pflanzen sind; andere dagegen setzen sich aus hochgewachsenen Bäumen zusammen, deren Laub eine schattige Zuflucht vor der Hitze des Tages gewährt. Die Bäume dürfen niemals ineinanderwachsen, damit genügend Raum vorhanden ist, um auf dem Rasen zu sitzen oder sich darauf zu ergehen, der, im Schatten liegend, ständig grün ist und im Frühling mit einer Vielfalt von frühen Blumen, wie Veilchen, Krokus, Tuberosen und Primeln, Hyazinthen, Schneeglöckchen, Narzissen und Gänseblümchen prangt. Manche Bäume dürfen ihre Äste vom Boden auf treiben, während andere – der Abwechslung halber – kahle Stämme zeigen; der weitaus größte Teil ist aber von Rosen, Heckenrosen, Geißblatt, Feuerbohnen, Kapuzinerkressen, perennierenden Wicken, gefüllten Heckenrosen und anderen duftenden Sträuchern umgeben, die die kahlen Baumstämme verschönen und die Luft mit ihrem Duft erfüllen.« Dies alles war sehr merkwürdig, denn nichts auch nur entfernt Ähnliches hatte man seit den wilden Gärten des Bacon mit ihren Dickichten von Heckenrosen und Geißblatt und ihren mit Veilchen, Erdbeeren und Primeln bepflanzten Flächen vorgeschlagen.

Seitdem von dem französischen Perspektivgarten der ›Prospekt‹ entdeckt worden war, war das Wichtigste in diesen Gärten der Raum zwischen dem Mittelgrund und dem Horizont. In solchen Gärten bestanden in bezug auf den Vordergrund nur zwei Forderungen: Er durfte die Sicht nicht beeinträchtigen und war dementsprechend aufzugliedern, und er sollte sie rahmen. Die reich verzierten Skulpturen, Wasserkünste und Parterres des Gartens des 17. Jahrhunderts, die auf ihre Art für einen aufwendigen Vordergrund gesorgt hatten, waren jedoch im Laufe des 18. Jahrhunderts ausgemerzt worden. Der ›Burke-Brown-Garten‹ hat diesem Vordergrund keinerlei Konzessionen gemacht. In eine sich mit einem solchen Gartenstil völlig zufriedengebende Gesellschaft lancierte Chambers seine Theorien. Was er nahelegte, war keine Gegenrevolution. Er plädierte nicht für Symmetrie oder Geometrie, sondern er erklärte sich mit den ursprünglichen Ideen der Revolution in gewisser Weise einverstanden, verwarf jedoch die reine Anwendung der linearen Formel.

Die Rückkehr zum Vordergrund bedeutete die Rückkehr zu den Blumen; Blumen aber gaben dem Garten wieder Farbe und Duft. Allzuleicht unterschätzt man die Rolle, die die Blumen in den Gärten des 17. und 18. Jahrhunderts gespielt haben. Sicher besaßen sie in den großen Gärten keine große Bedeutung, obwohl sie vielleicht auch hier – da sie kurzlebig waren und man dazu neigte, ihren Standort von Jahr zu Jahr zu wechseln – die Gestaltung der Gärten öfters beeinflußt haben, und zwar mehr als dies die Pläne und die Vogelschauansichten oft erkennen lassen. Dagegen enthielten die Gärten von geringerer Größe und die hochgezüchteten Gärten in den Städten manchmal Blumen und blühende Sträucher. Mehrere der alten, von Mauern umgebenen Gärten waren vor allem in Schottland erhalten geblieben. Ein großes Haus hatte oft drei ummauerte Bezirke, die noch die traditionelle Aufteilung des Mittelalters in Obstgarten, Gemüsegarten und Blumengarten zeigten, und hier hatte sich die Blumenpflege erhalten. Obgleich solche Ausnahmen nicht selten waren, stellten sie doch veraltete, aus der Mode gekommene Ausnahmen – sozusagen ein Strandgut aus vergangenen Zeiten – dar. Der Park der tonangebenden Gesellschaft blieb den Blumen und ähnlichen Kunstgriffen so abhold, daß er in seiner extremen Form auch den ›Ha-Ha‹ aufgab, so daß Rotwild, Schafe und Vieh in der Nähe der Gutshäuser grasen konnten und von diesen nur durch eine Hürde getrennt waren. Nur der übliche Garten, der Garten, von dem wir höchst wenig wissen, wurde während dieser ganzen Zeit vom Wechsel der Mode kaum berührt. Dort wuchsen Kräuter, Gemüse und Blumen in gefälliger Unordnung innerhalb der Einfriedigungen der meisten Landhäuser – eine ständige Mahnung, daß es immer noch Blumen gab, auch wenn die herrschaftlichen Gärten ihnen wenig geneigt waren.

Während dieser ganzen Periode, in der die Palette des Gartenkünstlers immer einfacher wurde, legten jedoch begeisterte Sammler, die sich im Hintergrund hielten, unverdrossen große Bestände an Pflanzen aller Art an, die sich dann wie eine Flut auf die Gärten des 19. Jahrhunderts ergießen sollten.

Botanische Gärten

Das Sammeln von Pflanzen kam im modernen Europa während der Renaissance auf. Die stetig anwachsende Strömung breitete sich, vom Nahen Osten kommend, zunächst in Italien aus, dann in Spanien und Frankreich, eine andere Strömung kam von Südamerika nach Portugal und Spanien, von dort aus nach Italien und Frankreich. Die Strömung erreichte schließlich in voller Breite – von allen Seiten kommend – Holland und England. Der *Botanische Garten von Padua* (1545) fand bald in ganz Europa seine Nachahmer, sowohl in Pisa (1547) wie in Leiden (1577), Leipzig, Montpellier, Straßburg, Paris und 1632 in Oxford. Dabei handelte es sich um Gärten von Universitäten, die jedoch ihre Gegenstücke in den Schöpfungen begeisterter privater Pflanzensammler fanden, wie in denen von Hanmer, Sherard und Evelyn im England des 17. und der von Lord Bute im 18. Jahrhundert.

Im Jahre 1686 schrieb John Evelyn an Samuel Pepys, um ihn zu fragen, ob er einen Kapitän, der nach Neu-England unterwegs war, veranlassen könne, ihm »alles Merkwürdige und Seltene an Pflanzen jener Gegenden« zuzusenden. Die beigelegte Aufstellung, die fünfundzwanzig besondere Arten enthielt, würde eine wesentliche Bereicherung der Bestände an

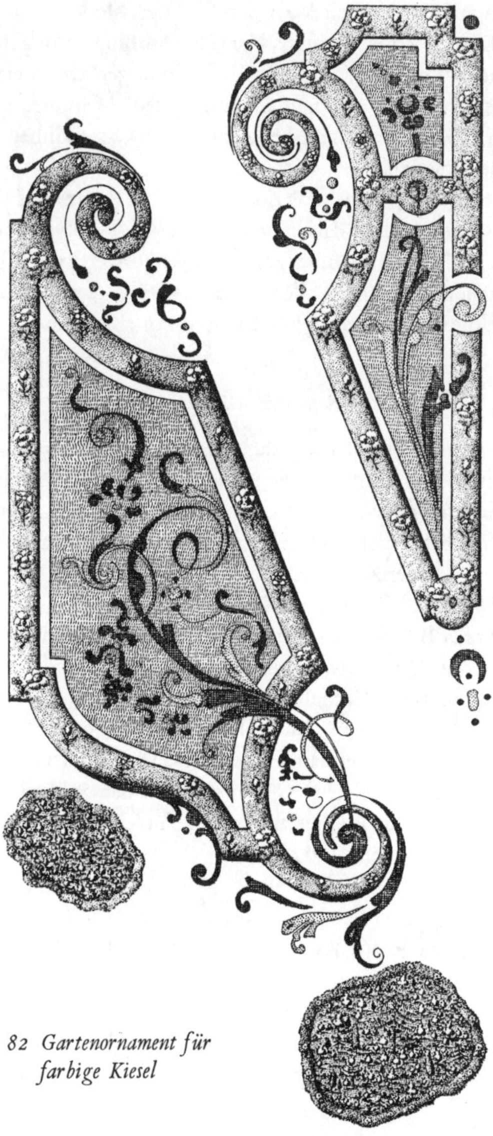

82 *Gartenornament für farbige Kiesel*

83 *Liebestempel am Petit Trianon in Versailles*

84 *Ruine im Park von Kew*

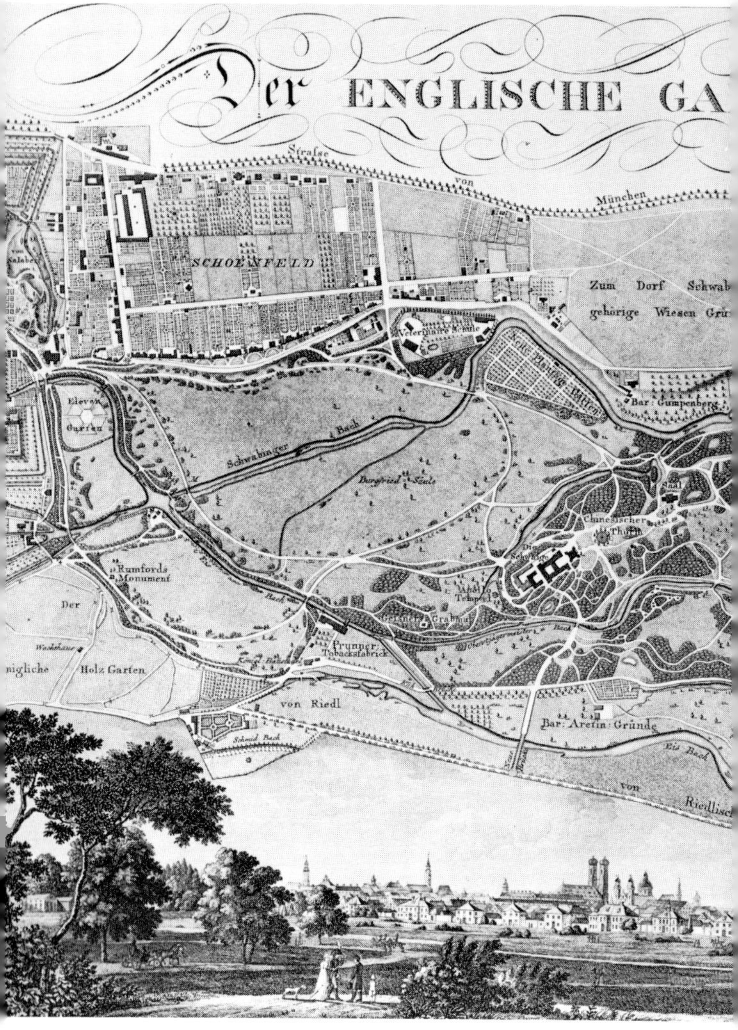

85 *Plan von Sckell für den ›Englischen Garten‹ in München, nach 1792*

91 *Entwürfe für ›Eremitagen‹*

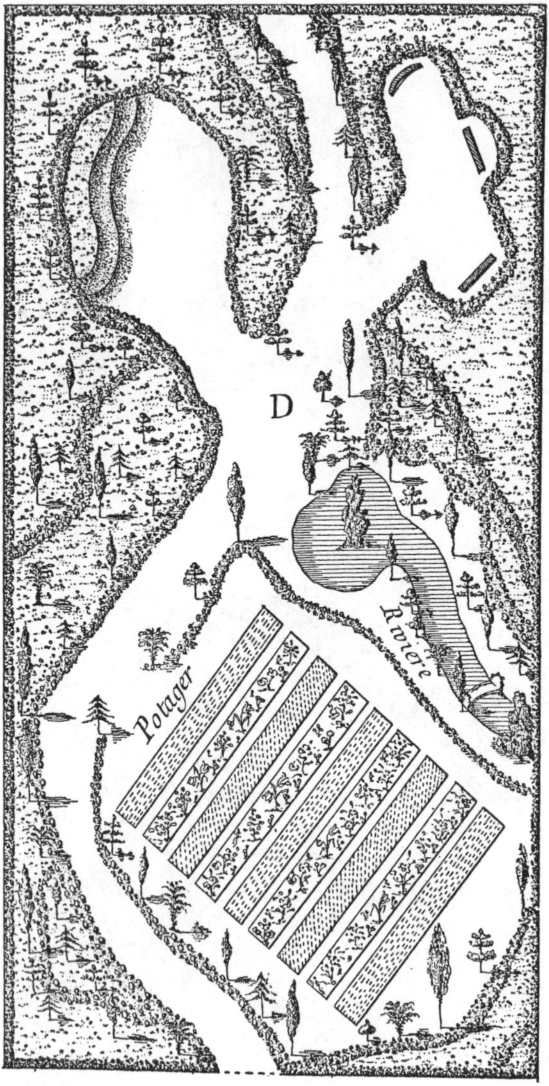

92 Plan eines ›Englischen Gartens‹

exotischen Pflanzen in England ergeben haben. Keine hundert Jahre später, um 1770, zählte der ›exotische‹ Garten der Prinzessin Augusta in Kew – damals unter der Leitung von Lord Bute und William Chambers – bereits dreitausendvierhundert verschiedene Arten. Der Garten der tonangebenden Gesellschaft aber blieb von einem solchen Zuwachs unberührt und ›Capability‹ Brown beschränkte sich bei der Bepflanzung von Richmond Lodge, das sozusagen nur zwei Schritte von Kent entfernt liegt, auf acht Sorten.

Die unvermeidliche Folge der Konzentration auf den ›Prospekt‹ war – mit wenigen Ausnahmen – die Ausschaltung aller Arten von Pflanzen. Nur Bäume, die stark auffallende Merkmale aufweisen, kann das Auge über eine Entfernung von fünfzig Morgen Grasland hinweg voneinander unterscheiden. In dem Augenblick aber, in dem man auf eine geschlossene Aussicht auf die Landschaft verzichtet und der Blick nicht mehr von einer Szenerie zur anderen in gewollter Abfolge geführt wird, sondern innerhalb der Szenerie vom Vordergrund über den Mittelgrund zu den Weiten des Horizontes frei hin- und her- und auf- und abschweifen kann, werden Blätter und Blumen wichtig und der Gärtner lernt es, mit dem zu rechnen, was unmittelbar vor seiner Nase liegt.

Die Einfuhr von neuen Pflanzen hatte seit 1772 einen großen Aufschwung erfahren. Zu jener Zeit wurde Joseph Banks, der den Kapitän Cook auf seiner Weltumsegelung begleitet hatte, am Hofe Georgs III. vorgestellt und fungierte in der Folge als Direktor der *Pflanzensammlungen in Kew*. Kew war seitdem der Ort, von dem Pflanzensammler nach allen Teilen der Welt ausgesandt wurden; um 1789 befanden sich dort fünftausendfünfhundert Arten und um 1813 über elftausend. Dabei war Kew, obwohl die wichtigste Quelle für den Sammler, nicht das einzige Forschungszentrum. Dr. Fothergill, dessen Garten in Upton in Essex eine der bedeutendsten botanischen Sammlungen Europas beherbergte, beorderte Thomas Blaikie in die Schweiz, um dort Alpenpflanzen zu sammeln, und auch die Royal Horticultural Society begann, kurz nach ihrer Gründung im Jahre 1804, eigene Sammler zu finanzieren.

Als nach dem Wiederaufleben des Krieges gegen Napoleon im Jahre 1804 viele französische, spanische und holländische Kolonien in die Hände der Engländer fielen, kam ein neuer Zustrom von Pflanzen nach England. Der aus dem Meer geborene weltweite Handel Großbritanniens brachte aus jeder Ecke der Welt Pflanzen nach Europa. Aus China kamen Glyzinien, Pfingstrosen, Rosen und Chrysanthemen, aus Mexiko Dahlien, von Zentralamerika Fuchsien. Die Besitzergreifung Hollands durch Frankreich hatte England Gelegenheit gegeben, sich der früheren holländischen Kolonien und des Kaps zu bemächtigen, was eine stark gesteigerte Einfuhr von lebhaft gefärbten einjährigen Pflanzen, wie Lilien und halbsukkulenten Pelargonien, zur Folge hatte. Nordamerika erwies sich dagegen sehr ergiebig in bezug auf neuartige Baumsorten, besonders für Nadelhölzer. David Douglas, der berühmte von der Royal Horticultural Society beschäftigte Sammler, fand davon so viele Arten vor, daß er nach Hause berichten konnte: »Sie werden allmählich glauben, ich fabriziere Tannen zu meinem eigenen Vergnügen.« Zusammen mit den Tannen sandte er aber auch Clarkias, Kokardenblumen, Lupinen, Eschscholtzien, Gauklerblumen und Pentstemons.

Mit der sich ständig vergrößernden Zahl der verfügbaren Exoten wuchs auch Schritt für Schritt die Kenntnis ihrer Züchtung. Die Orangerien, die man ursprünglich entworfen hatte, um die in Kübeln gezogenen Orangenbäume überwintern zu können, die nach Beendigung der Frostgefahr wieder ins Freie gebracht wurden, entwickelten sich allmählich zu Schutzräumen für andere empfindliche Pflanzenarten. Anfänglich waren sie nichts anderes als elegante Gebäude mit großen Fenstern, die oft durch offene Feuer oder Kohlenbekken geheizt wurden. Die ersten tauchen zu Beginn des 17. Jahrhunderts auf, aber erst um 1850 konnten sie – durch Verwendung des neuen Baumaterials Eisen – als riesige Dome aus Glas in der Art des Kristallpalastes in London errichtet werden.

›Burke- und Brown‹-Gärten und ihre Gegner

Während eine Neuerung der anderen folgte, ließ ein Großteil der Menschen von Geschmack ihre Ländereien immer noch nach der Art von Burke und Brown landschaftlich gestalten. Die Züchtung der neuen Pflanzen blieb zuerst auf jene beschränkt, die ihre Gärten nicht als Kunstwerke, sondern einfach als Vorratslager ansahen; erst später, als die Züchtung der Exoten sich weiter ausbreitete, drangen diese auch in nicht botanische Gärten ein. Die Pflanze kehrte in den Garten zurück, aber nicht durch Brown und den ›Garten der Schönheit‹, sondern über Chambers und den ›poetischen‹ Garten. Die Ansicht, daß Gartenkunst das Sammeln von phantasievollen Gebäuden und das Pflegen von seltenen Empfindungen sei, entwickelte sich auf natürliche Weise zu der Auffassung, daß Gartenkunst im Sammeln von Pflanzen bestünde. Der Garten zum Vergnügen des Aristokraten und die Sammlung lebender Pflanzen des Botanikers hatten lange eine getrennte Entwicklung durchgemacht; jetzt aber begann sich der Unterschied zwischen beiden zu verwischen.

Ein unmittelbarer Angriff auf die Gärten von Brown kam nunmehr von den Aposteln des ›Malerischen‹. Dieses Malerische, das seinem Wesen nach nichts anderes zu sein scheint als das rauhe, markante, männliche Gegenstück zum Begriff der ›weiblichen Form‹ der Schönheit im Sinne Burkes – Mars im Kontrast zur ›zyprischen Dame‹ –, wurde den Gemälden von Salvator Rosa, Berghem, Both und Elsheimer gleichgestellt, oder, als die beiden Protagonisten dieser Auffassung zu Gutsbesitzern in den walisischen Grenzgebieten wurden, mit den dortigen rauhen Bergszenerien in Vergleich gesetzt. Sie verfochten die Ansicht, daß der Gartengestalter seine Kunst sowohl durch die Betrachtung der Natur als auch durch das

Anschauen von Gemälden erlernen solle. Die Natur solle er studieren, um jene glücklichen Zufälligkeiten, die ihr Reichtum und Tiefe verleihen, nachzuahmen; aus dem Studium der Gemälde solle er lernen, wie die einzelnen Teile in ein zusammenhängendes Ganzes zu bringen seien. Praktischen Unterricht erteilen uns dabei die wilden Pflanzen in ihrem Existenzkampf. So sollte man Bäume zum Beispiel oft zu zweien in ein Loch pflanzen, um dadurch das aneinanderstoßende Laub und die auseinanderstrebenden Stämme zu veranlassen, eine natürliche Form zu wiederholen, weil es natürlicher wäre, dem Knorrigen, Verzerrten und Gebrochenen öfters den Vorzug vor der betonten Vollkommenheit zu geben.

Man gab Beispiele, wie dies bewerkstelligt werden sollte. Ehemals war die *Uferanlage der Themse bei Richmond* eine Terrasse des 17. Jahrhunderts: Brown habe sie durch einen gegen den Uferrand sanft abfallenden Rasen ersetzt. Warum hat er, so fragte die ›malerische‹ Schule, nicht einfach den Boden des bespülten Ufers gelockert und die Strömung des Flusses dagegengeführt, um natürliche Brüche und Knickungen sowie plötzliche Abbrüche entstehen zu lassen? Man gab allerdings zu, daß die natürlichen Zufälligkeiten allein nicht das ganze Problem lösen könnten, denn die Gartenkunst sei ein weitaus schwierigeres Unterfangen. Die Schwierigkeiten lägen nämlich darin, daß es gelte, verschiedenartige Formen zu einem eindrucksvollen Ganzen zu verschmelzen. Und man müsse sich an die großen Landschaftsmaler halten, um eine solche Kunst zu erlernen.

In ihrer Abneigung gegen die von Brown geschaffene ideale Welt gingen seine Gegner gleichzeitig von zwei Seiten zum Angriff über; indem die einen von seinem Werk behaupteten, daß es weder natürlich noch malerisch sei, während die anderen der Meinung waren, daß er den alten englischen architektonischen Garten mutwillig zerstört habe.

Der zweite Vorwurf wird auch heute noch am häufigsten erhoben. Constable brauchte seine Bilder nicht auf die älteren

Gemälde eines Gainsborough zu malen; Brown dagegen mußte, um seine Schöpfungen entstehen zu lassen, zwangsweise die Werke von Bridgeman und Wise und auch die organisch gewachsenen, traditionellen Gärten der englischen Vergangenheit zerstören. Wie hätte er anders handeln sollen? Gärten sind teuer in der Herstellung und im Unterhalt, und es geht nicht an, ausgedehnte, nicht mehr gefragte Gärten auf dem Lande sich selbst zu überlassen, allein in der zweifelhaften Erwartung, daß eines Tages die Mode sich ändern und vielleicht jemand wieder daran Geschmack finden könne. Der Ruf von Brown hat immer wegen der Gärten, die er vernichtete, gelitten. Beispielsweise wurde ihm die unbarmherzige Zerstörung der Alleen um die Mitte des 18. Jahrhunderts zugeschrieben, obgleich deren Entfernung schon mit Bridgeman und Kent begonnen hatte. Die Allee als solche mußte nicht nur weichen, weil ihre Geraden der herrschenden Auffassung von ›natürlicher‹ Schönheit widersprachen, sondern auch noch aus weniger strittigen Gründen. So wies Humphrey Repton darauf hin, daß eine Allee, die auf ein altes Gutshaus führt, zwar wunderschön sei, daß man jedoch gegen den Durchblick vom Gebäude Einwände erheben könne, denn, wenn ein Durchblick durch eine Reihe von Bäumen bereits den Namen von Landschaft verdiene, so könne man die gleiche Landschaft von jedem Hause im Königreich genießen. Ein weiterer Nachteil war der Umstand, daß jede Allee den Park aufteilte und ihn in zwei getrennte Teile spaltete, wodurch die Einheit der Rasenfläche zerstört wurde.

Es ist durchaus nicht so, daß Brown sich nicht einiger Vorzüge des alten Stils bewußt gewesen wäre, sonst hätte er nicht in mehreren Fällen bei alten Gärten Schonung geübt. Der Überlieferung nach zu urteilen, dankt man ihm allein die Rettung der Grundformen von Mollets Meisterstück in Hampton Court. Als er aufgefordert wurde, diese Anlage nach dem Stil der Zeit landschaftlich umzugestalten, soll er geantwortet haben, daß er »eine zu hohe Meinung von sich selbst« habe.

Ähnlich den freisinnigen Revolutionären aller Zeiten stellten die Dichter fest, daß sie Wind gesät hatten, um Sturm zu ernten. Brown hatte in *Burghley* die Mauern und die Hecken entfernt, einen terrassierten Küchengarten auf einem Hang am Hause ganz verschwinden lassen und Bäume an dessen Stelle gepflanzt. Jenseits von diesem bewaldeten Hang und gegenüber dem alten konventionellen Garten wurde von ihm ein See angelegt. Nun erhob sich die Frage der Zweckmäßigkeit. »Wie weit verträgt sich«, schrieb William Gilpin, »das moderne Gewand, in das Mr. Brown den Boden um dieses ehrwürdige Gebäude gekleidet hat, mit der Würde und der damit verbundenen Tradition dieses Ortes? Ich traue mich nicht, es zu sagen, und es wird ein Zweifel in mir laut, ob nicht der alte Schmuck der Alleen und des Parterres passender gewesen wäre.« Nach Gilpins Meinung hatte sich in *Roche Abbey* noch etwas viel Schlimmeres ereignet. Den ganzen Grund um die alte Abtei hatte man eingeebnet, so daß die Mauern und Säulen aus einem sauberen ›Bowlinggreen‹ hervorstarrten. »Eigentlich müßte Mr. Brown noch einen Schritt weitergehen, die Ruinen abreißen und ein elegantes Gutshaus errichten, erst dann wäre alles in Ordnung.« Dieser Angriff mußte ins Leere stoßen, da die architektonischen Versuche Browns sich ebensooft an den gotischen wie den klassischen Stil anlehnten, und es gibt in Burghley verschiedene Beispiele in gotischer Manier. Der Garten von Burke und Brown entsprach einer Geisteshaltung und nicht einem Architekturstil.

Humphrey Repton war das unmittelbare Ziel späterer Attacken, aber es war fast immer die große, schon schattenhafte Figur von Brown, die die stärksten Ressentiments erregte. »Claude Lorrain war gelernter Konditor, aber in allen Dingen, die seine Malkunst betrafen, zeigte er einen erhabenen und umfassenden Geist; in keinem seiner Werke finden wir etwas von der Gewöhnlichkeit seines ursprünglichen Berufes. Brown war gelernter Gärtner, und da er nichts vom Geiste oder vom Auge eines Malers besaß, formte er seinen

Stil – oder besser seine Pläne – nach dem Muster eines Parterres, indem er dessen Feinheiten, dessen Gebüsche, verschlungene Blumenarabesken und Blumenflächen, den ovalen Umrandungsweg mit allen seinen Windungen, Schleifen und Krümmungen in den großen Maßstab der Natur übertrug.« (U. Price, ›The Picturesque‹, 1794.) Es ist immer erfreulich, eine geistreiche Kritik zu lesen, mag sie auch noch so unvernünftig sein.

Gewiß hat der Garten von Burke und von Brown etwas von der Starrheit, auf die Uvedale Price hinwies, als er ihn mit einem ›parterre de broderie‹ des 17. Jahrhunderts verglich. Doch ist diese Kritik nur vom naturalistischen Standpunkt aus, vom Standpunkt eines Addison und dessen ›blühenden Obstgärten‹ berechtigt. Wenn Walter Scott klagt, daß dieser Stil nicht Einfachheit, sondern nur Ziererei sei, die den Anspruch auf Einfachheit erhebe, so irrte er ebenfalls. Das ist nicht Kritik am eigentlichen Werk von Brown, sondern an seinem Werk, wie es von den Kritikern interpretiert worden ist, die in ihrer eigenen Auslegung des Wortes ›Natur‹ befangen waren. Und das ungeachtet der Tatsache, die Price selbst erkannt hatte – wodurch er einen bemerkenswerten Scharfsinn bewies –, daß nämlich die Gärten Browns wirklich formal seien. Wenn aber Symmetrie und Regelmäßigkeit in den Augen von Price verzeihlich waren – warum nicht auch das Formale eines Brown?

Die Art und Weise, in der Brown das Wasser verwendete, erregte bei Price den meisten Anstoß. Er konnte keine ›Natur‹ in den abgerundeten, von einer durchgehenden Rasenfläche bedeckten Ufern erkennen. Wo waren sie geblieben, die ›glücklichen Zufälligkeiten‹, die umgestürzten Bäume, die halb versunkenen Stämme, der schilfige, mit Rohr bestandene Teichrand, die Formen, mit der die wirkliche Natur so freigebig ist und die das Ideal der echten malerischen Schule sind? An Stelle der rauhen, männlichen Schönheit, in die sich die natürlichen Ströme kleiden, nahmen die sich schlängelnden Seen und Wasserwege von Brown die Anmut der ›zyprischen Dame‹ an und brachten Burkes Worte vom Dahineilen in einem »leichten Wagen ... eilig gezogen ... auf einem sanftglatten Rasen mit leichten Steigungen und Neigungen« ständig in Erinnerung.

Nach mancherlei Wirrnis – wie sie meistens entsteht, wenn zwei oder drei Menschen beabsichtigen, sich zu verzanken, ohne vorher den Grund ihrer Zankerei genau festzulegen – klärten sich die Fronten: auf der einen Seite standen die enthusiastischen Amateure Payne Knight und Uvedale Price, auf der anderen der professionelle Humphrey Repton mit Rückendeckung von William Marshall und dem Geist Browns. Im Verlauf des Kampfes wurde der ›Reptonstil‹ geboren.

Humphrey Repton

Humphrey Repton stammte aus einer viel höheren sozialen Schicht, als dies im allgemeinen bei Berufsgärtnern der Fall war. Er verlor bald das kleine Vermögen, mit dem er sich in das Geschäftsleben gewagt hatte, und wartete nunmehr, wie Mr. Micawber, auf einen Beruf, bei dem man zwar verdienen, aber nichts verlieren konnte. Ohne jegliche Erfahrung und, wie es später schien, ohne ernsthaft über seine Kunst nachgedacht zu haben, ernannte er sich eines Morgens, nachdem er aufgewacht war, selbst zum ›Landschaftsgärtner‹ und schrieb an alle seine Bekannten Briefe, um ihnen mitzuteilen, daß er zu ihrer Verfügung stände. Er war der erste, der diesen Titel für sich in Anspruch nahm, obwohl Shenstone der erste war, der die beiden Wörter im Verein gebrauchte. Das sollte Repton später noch großen Ärger bereiten.

Im Gegensatz zu Le Nôtre und Lancelot Brown, die niemals etwas veröffentlicht haben, war Humphrey Repton ein unermüdlicher Schreiber und ein gewandter Polemiker. In der Ausübung seines Berufes bewies er einen lebhaften und forschenden Geist, zeigte weitgespannte Interessen und eine

Leidenschaft für die Theorie; er hatte ein empfindliches Auge, konnte gut skizzieren und war ein leidlicher Mathematiker. Seinen Erfolg aber hatte er hauptsächlich seinen neuartigen ›Roten Büchern‹ zuzuschreiben. Immer wenn er dazu aufgefordert wurde, Verbesserungen vorzuschlagen, unterbreitete Repton ein ›Rotes Buch‹, einen handgeschriebenen Band, in dem er das in Angriff zu nehmende Werk im einzelnen beschrieb. Diese Beschreibung wurde oft mit einer kurzen Abhandlung über die Anwendung der Theorie in dem betreffenden Falle versehen und immer von einer Anzahl von Auflage-Zeichnungen begleitet; diese bestanden aus einer Skizze der Anlage, wie sie war, und aus einem jeweiligen Ausschneidebild, das – darübergelegt – zeigte, wie die Anlage aussehen würde, wenn er seine Tätigkeit beendet haben würde. Neben den ›Roten Büchern‹ bestand Reptons wichtigstes kaufmännisches Prinzip darin, das ›Angenehme mit dem Nützlichen‹ zu verbinden; wenn auch ›das Nützliche‹ in keiner Weise die Brieftasche verschonte, milderte es doch etwas die Skrupel, die die Engländer beim Geldausgeben empfinden.

In gelegentlichen Abhandlungen und besonders in seinem Buch ›Enquiry into the Changes of Taste in Landscape Gardening‹ (1806) fixierte Repton das, was er als die Grundsätze seiner Kunst betrachtete. »Die Kunst der Landschaftsgartenanlage muß, um vollendet zu sein, vier Bedingungen erfüllen: erstens hat sie unter allen Umständen die Schönheiten der Natur hervorzuheben und deren Mängel zu verdecken; zweitens: durch sorgfältige Verkleidung oder Verbergung der Umgrenzung muß sie den Eindruck von Weite und Freiheit vermitteln; drittens: jeder künstliche Eingriff, durch den die Szenerie verschönert wird, muß – obgleich dies sehr kostspielig sein kann – sorgfältig verborgen werden, so daß das Ganze sich sozusagen nur als reines Produkt der Natur vorstellt; viertens: alle Dinge, die nur der Bequemlichkeit oder dem Komfort dienen, sind zu entfernen oder zu zerstören, falls man sie nicht ornamental gestalten oder in die allgemeine

Szenerie einbeziehen kann ...« Doch wurde Repton sehr rasch gezwungen, von diesem seinem Standpunkt abzugehen, denn er war weiter nichts als eine Neufassung der vorherrschenden Theorie – wenn auch nicht unbedingt der vorherrschenden Praxis – der zweiten Hälfte des 18. Jahrhunderts. Eine Formel, die ihre magische Anziehungskraft verloren hatte!

Repton war, wie einzelne seiner Äußerungen beweisen, von Natur aus kein Neuerer: »Der wahre Geschmack in einer jeden Kunst besteht eher darin, erprobte Mittel den gegebenen Umständen anzupassen, als fieberhaft etwas Neues zu suchen, was das Kennzeichen unkultivierter Geister ist ...« Er war der erste, der sich in gebieterischen Eklektizismus hüllte und die Pilgerfahrt in ein Durcheinander führte. Wurde ihm vorgeworfen, nichts anderes als ein Nachahmer von Brown zu sein, so entgegnete er, er habe weder die Absicht Le Nôtre noch Brown zu folgen, sondern er wolle von jedem das übernehmen, was die Schönheit ihrer Stile ausmache. So viel Großartigkeit von ersterem, wie sie von einem Palast verlangt wird, und so viel von der Grazie von letzterem, wie es die Reize einer natürlichen Landschaft erfordern. Es gilt, sich von den Gegebenheiten leiten zu lassen. Wieviel von der Großartigkeit Le Nôtres gemäß den vier erwähnten ›Voraussetzungen der Vollendung‹ Verwendung finden konnte, mag uns Kopfzerbrechen bereiten. Doch als Repton die Angriffe von Price und Knight parierte, sah er sich selbst gezwungen, eine erheblich breitere Basis zu finden, als sie die verleumdeten Gärten von Burke und von Brown boten. Schon viel früher hatte er erklärt, daß »... eine regelmäßige Terrasse ... manchmal im Hochsommer die Forderung nach einem zusätzlichen Raum oder nach einer Galerie, wenn viele Leute zusammengekommen sind, erfüllen kann ...«. Zahlreiche kleine geometrische Gärten stammen von seiner Hand. Das beste noch erhaltene Beispiel ist vermutlich *White Lodge in Windsor*.

Damals begannen zahlreiche und anhaltende Diskussionen

über die Grundsätze der Gartenkunst. William Marshalls ›Planting and Rural Ornament‹ (1796) ist eine wahre Fundgrube für Sammler von historischen Details. Marshall war im Unterschied zu Repton ein ehrlicher Anhänger der Burke- und Brown-Schule, der ihrer Verteidigung einen köstlichen Anflug von unnachahmlicher Vulgarität verlieh. Ihm verdanken wir die Erkenntnis – nach der wir bei anerkannteren Schriftstellern umsonst suchen –, daß der ideale Garten nicht eine Nachahmung der Natur, sondern nur die Nachahmung gewisser ›Arten‹ der Natur sein soll. Die unendlichen Wälder von Amerika oder die unwirtlichen Heiden von Westmorland waren zwar dort, wo sie sich befanden, durchaus am Platze, aber deshalb noch keine geeigneten Vorlagen für die Gestaltung des Geländes unter den Fenstern der Salons. Das war eine Gegenerklärung zu dem ›Essay on the Picturesque‹ von Uvedale Price, der zwei Jahre vorher erschienen war und in dem er die wirklich rauhe und wilde Szenerie in der Art des Salvator Rosa heftig verteidigt hatte. Für Price war die Kunst des Landschaftsgartens tatsächlich mit der Landschaftsmalerei eng verbunden, und er war durchaus nicht in der Lage, sich der Verzauberung der Wörter ›Landschaft‹ und ›Natur‹ zu entziehen – für ihn mußten die Landschaften und die Natur einen dramatischen und wilden Charakter haben.

Diese im wesentlichen malerische Perspektive war nichts Neues. Obwohl sie keinen wirklichen Platz in den Werken von Brown gefunden hatte, war sie doch – seit den Tagen von Leasowes – ein Merkmal des englischen ›poetischen‹ Gartens. Der Wasserfall von Shenstone würde auch Price und Knight befriedigt haben. Für Marshall dagegen waren unvermittelte Brüche und Kontraste unannehmbar: er lobte eine ganz andere Art von Szenerien: »... Einen majestätischen Wald über einem steilen Hang, mit seinem unregelmäßigen Saum gemächlich zum Tal, das breit und offen darunterliegt, hinabsteigend, um sich dann sanft zum Ufer eines Flusses zu neigen, der sich friedlich am Fuße entlangwindet ...«, besonders schätzte er es, »wenn dort Viehherden weiden und die Szene durch die Sonne belebt und vom flüchtigen Schatten ziehender Wolken beseelt ist. – Wenn ein solches Bild unsere Leser nicht bezaubert, dann müssen wir jede Hoffnung aufgeben, solche Geister zu erfreuen . . . «. Der Unterschied in den Anschauungen mag zum Teil auf den Umstand zurückzuführen sein, daß Price und Knight am Fuße der Berge in Wales lebten, während William Marshall sich in der Nähe von Croydon der Landwirtschaft widmete.

Diese Kontroverse trug dazu bei, das Verhältnis der Gartengestaltung zur Malerei zu klären. Von einigen wurde behauptet, der wahre Prüfstein für die Vollkommenheit eines Gartens sei darin zu erblicken, daß ein Maler ihn als Gegenstand für seine Bilder wähle. Uvedale Price sah selbst ein, daß dies nicht ganz richtig war. Es gab einen Unterschied zwischen dem ›Malerischen‹ als einem Eindruck, der dem ›Schönen‹ und ›Erhabenen‹ unähnlich war, und dem ›Malerischen‹ als einer Qualität, die die Szenerie für den Maler attraktiv machte. Ein alter Esel mag ›malerischer‹ als ein Vollblutpferd sein, deshalb ist er noch lange kein geeignetes Sujet für ein Bild.

Obwohl Humphrey Repton mehr als irgendein anderer dafür verantwortlich zu machen ist, daß die Ansicht, Gartenkunst und Malerei seien sehr ähnliche Künste, Verbreitung fand, war auch er sich der Unterschiede bewußt. Er hatte mit Erfolg verkündet, daß es Zweck der Gartenkunst sei: »eine reinere, harmonischere und ausdrucksvollere Szenerie zu erschaffen, als sie in der Natur selbst zu finden ist«. Das sollte aber nicht bedeuten, daß ein Garten das gleiche wie ein Gemälde sei, oder daß er – wie dies Uvedale Price gelegentlich als Extrem vorschlug – wirklich Gemälde kopieren müsse. Auch William Marshall bedauerte, daß der Vergleich auf Grund der völlig verschiedenen technischen Probleme, die er aufwarf, hinkte.

Um mit der immer größer werdenden Verwirrung fertigzuwerden, versuchte man, Richtlinien für die Anlage der Gärten festzulegen. Thomas Whateley, Unterstaatssekretär unter Lord North, hatte die Grundbestandteile eines Gartens wie folgt eingeteilt: Boden, Wald, Wasser, Felsen und Gebäude. Marshall stellte eine Liste der verschiedenen Arten der Verwendung von Bäumen auf, wie dies Switzer vorher für die verschiedenen Arten von Parterres getan hatte: er teilte sie auf in Wald, Boskett, Unterholz oder Dickicht, Waldrand oder Waldkulisse sowie in die große Gruppe der ›Clumps‹, in Buschwerk, Baumgruppen und Einzelbäume. Eines der besonders von Marshall vertretenen Hauptprinzipien war es, bei einer zu breiten Sicht die Bäume so zu pflanzen, daß sie eine Folge von getrennten Kompartimenten bildeten – ein jedes eine »malerische Augenweide«. Diese Begrenzung der Sichtbreite ist bereits hundertfünfzig Jahre vorher eine Grundregel des französischen Perspektivgartens gewesen.

Auch Price und Knight gingen daran, ein ›System‹ zu entwickeln, was Repton im Laufe des langanhaltenden Duells Gelegenheit zu einem seiner erfolgreichsten Vorstöße gab: als er nämlich auf das »neue System zur Verbesserung der Natur durch Vernachlässigung und Zufälligkeiten« von Price hinwies. Daraufhin wurden Knight und Price als »wild improvers« – ungezügelte Verbesserer – bezeichnet.

Die Auseinandersetzung hatte den Vorzug, den Wert des Lebendigen in einer Gartenszenerie herauszustellen. Marshall zum Beispiel zeigte Interesse am »flüchtigen Schatten der Wolken« und er, wie auch Repton, legten den größten Wert auf einen Tierbestand: »... Welche Anmut wird einer Parkszenerie durch die lustige Bewegung eines Kitzes verliehen, und wie reizvoll ist die abgelegene Wiese, wenn Hasen sich darauf tummeln! Selbst das Eichhorn verleiht dem Gehölz Heiterkeit, während die gefiederte Zunft eine angenehme Belebung über die ganze Szenerie verbreitet.« All das ist wahr, doch die Einführung eines beweglichen Elementes erleichtert den Gartenzeichnern keineswegs die Arbeit. Der Landwirt, der nur zwei Kühe benötigte und trotzdem drei Stück besaß, »weil zwei Elemente niemals eine Komposition ergeben«, befand sich erst am Beginn der Schwierigkeit.

Sowohl Repton wie Marshall erkannten beide die Wichtigkeit dessen, was man ›Weite‹ nannte. Marshall gab eine denkwürdige Auslegung dieses Begriffes: »Die künstliche seitliche Begrenzung der Weite, die einem Menschen die Möglichkeit nimmt, seinen eigenen Besitz zu überschauen, ist eine Absurdität, die kein Künstler gelten lassen sollte. Ganz anders liegen aber die Dinge dort, wo fremder Besitz sich dem Auge aufdrängt. Hier kann die Sicht mit einiger Berechtigung durch eine Wand aus Pflanzen beschränkt werden.« Dieses Prinzip der ›Weite‹ und die Notwendigkeit, die ganze umliegende Landschaft in die künstlerische Einheit eines großen Besitzes einzubeziehen, verleiteten Repton dazu, alle Meilensteine in einem gewissen Umkreis mit dem gut sichtbaren Wappen des Grundbesitzers zu versehen, um dadurch einen gesteigerten Begriff von der Ausdehnung des Besitzes seiner Lordschaft zu geben. Gerechterweise muß man zugeben, daß Repton, als er den Besitz größer erscheinen ließ, als er es wirklich war, tatsächlich nur ein ›Ambiente‹ schaffen und nicht den Fremden täuschen wollte. Doch hatte er sich damit der Lächerlichkeit preisgegeben, denn die Meilensteine wurden mit Belustigung aufgenommen, und in Thomas Love Peacocks ›Headlong Hall‹ erscheint Repton als ›Herr Meilenstein‹.

Die Auseinandersetzung war bitter, langwierig und ergebnislos. Die ›wild improvers‹ blieben die Antwort nicht schuldig und bewarfen Humphrey Repton mit Ausdrücken wie »Spazierwegmacher, Strauchpflanzer, Rasenputzer oder Landwirtschaftsvirtuose«, was gegenüber einem empfindlichen, gewissenhaften und im ganzen ruhigen Mann, dem nur der Genius fehlte, nicht sonderlich freundlich war. Es war das alles ein ungünstiger Auftakt für die Gartenkunst des 19. Jahrhunderts, da zwischen der Auffassung von Price und dem Eklektizismus von Repton die reine Gartenvorstellung verlorenging.

Neuntes Kapitel

Die große Synthese in England

Repton und Price

Trotz seiner Widersacher wurde der Stil von Repton zur Grundlage für den viktorianischen Garten. Es liegt durchaus nahe zu fragen, warum die opponierende ›malerische‹ Schule so lange auf den um nahezu hundert Jahre hinausgeschobenen, schließlichen Teilerfolg hatte warten müssen. Vielleicht nur deshalb, weil der malerische Gartenstil allzu schwierig war, wie dies zwei Jahrhunderte vorher Temple angedeutet hatte. Jedenfalls war die Welt des 18. Jahrhunderts vorüber und die Tage ihrer Ideale gezählt. Die durch die industrielle Revolution ausgelöste soziale Entwicklung, eine große Bevölkerungszunahme, insbesondere in den Städten, das Aufkommen von öffentlichen oder teilweise öffentlichen Stadtgärten und der hektische Aufstieg einer neureichen Klasse, die zahlenmäßig zu umfangreich war, um von der Klasse der Grundbesitzer mit ihrer traditionellen Kultur assimiliert werden zu können –, all dieses mußte zwangsweise zum Wandel der vorherrschenden Vorstellung vom Ideal einer persönlichen Welt führen.

Der Garten von Repton aber war das unmittelbare Ergebnis eines ehrlichen Versuches, Unversöhnliches versöhnen zu wollen. Repton suchte auf der Grundlage von Burke und Brown etwas zu schaffen, was gleichzeitig die Schönheiten eines Le Nôtre wie die eines Uvedale Price umfaßte, aber darüber hinaus auch die Bedürfnisse des Blumengärtners wie die des botanischen Sammlers befriedigte.

Die Erkenntnis, daß ein ›Garten‹ völlig unabhängig von ›Landschaft‹ und ›Park‹ bestehen könne, ist der erste Schritt zur Wiederaufnahme der Pflanze in den Garten gewesen.

Uvedale Price war teilweise durch die Malerei zu diesem Schluß gelangt, da er fand, daß die ununterbrochene Rasenfläche, mit der man das Herrenhaus zu umgeben pflegte, einen armseligen Vordergrund für die malerische Szene, die er als Hauptanliegen des Landschaftsgartens betrachtete, ausmache. Ein Maler, der einen Mittelgrund darstellen will, der malerisch wirken soll, verlangt einen auf einer anderen Ebene liegenden Vordergrund, um dadurch das Auge zu zwingen, in den Raum dahinter vorzudringen, dem sein vordringliches Interesse gilt. Ein solches Ergebnis war nach der Ansicht von Price am besten zu erreichen, wenn man den Vordergrund reich gestaltete, um damit einen Kontrast zu der breiteren Wirkung des Mittelgrundes zu erzielen. Seine Theorie stimmt insofern, als das Auge mit Vorliebe einfache Formen sucht, und daher ein schwer zu überblickender Vordergrund die Wirkung haben kann, den Blick zum Mittelgrund zu leiten. Infolge seiner Bemühungen, die Gartenkunst immer unter dem Begriff des ›Malerischen‹ zu betrachten, wurde er veranlaßt, alle Bestandteile des Vordergrundes – Terrassen, Balustraden, Urnen und blühende Pflanzen – wieder zuzulassen. Später wurde seine Theorie bis zum logischen Extrem entwickelt, indem man behauptete, die Funktion des Gartens nahe dem Hause bestünde darin, eine ›Fülle von Vordergründen‹, die den verschieden weiten Ausblicken angepaßt wären, zu schaffen. Solche Überlegungen waren für einen Wegbereiter der malerischen Schule der logische Weg, um den Gegenstand näherzubringen. Doch hat Price zur Unterstützung seiner Thesen noch ein anderes Argument benutzt, nämlich das der ›Folgerichtigkeit‹, das mehr nach dem Geschmack seines Opponenten Repton war.

Repton wurde nämlich bei seinen Überlegungen weitgehend von dem Gedanken der Geschlossenheit durch Folgerichtigkeit bestimmt. Diese Geschlossenheit war nach Repton »durch Übereinstimmung der Stile«, »durch Gleichförmigkeit des Charakters« oder »durch Harmonie der Teile zum

Ganzen« zu erreichen. Er liebte eine logische und wenn möglich mathematisch wahrscheinliche Grundlage für seine Entscheidungen. Sein Argument, mit dem er das geometrische Element im Garten wieder zuließ, stellt sich etwa folgendermaßen dar: Wenn der Park ›Natur‹ sein sollte, dann sollte auch das Haus ›Natur‹ sein. Und da das ein offensichtlicher Unsinn ist – allerdings nicht im 18. Jahrhundert, als man im Ernst vorschlug, ein Haus als Berg zu verkleiden –, galt es, die Folgerichtigkeit auf andere Weise zu erzielen. Es war sinnloses Papageiengeplapper zu behaupten, ein Haus in einem Garten im Stil Browns wirke wie eine Teebüchse, die man in die Mitte eines rechteckigen Stücks grünen Flanells gestellt habe. Allerdings verurteilte auch Repton es als einen Kardinalfehler, ein großes Haus in eine weite leere Rasenfläche zu setzen. Um also die scharfe Grenze zwischen dem offensichtlich Künstlichen und dem vermeintlich Natürlichen zu überwinden, galt es, das Areal des Künstlichen zu erweitern, indem man dabei jedoch die Künstlichkeit schrittweise abbaute. Mit anderen Worten: das architektonische Element mußte zurückgewonnen werden, um den Übergang zwischen der menschlichen Domäne und der Natur zu mildern. Repton sagt: »So laßt uns denn mit der Definition was ein Garten ist und was er sein sollte beginnen. Er ist ein gegen das Vieh eingezäuntes und für den menschlichen Gebrauch und menschliches Vergnügen geeignetes Land. Dieses Stück Land ist – oder sollte es wenigstens sein – kunstvoll kultiviert und durch solche Erzeugnisse bereichert, die dem Lande nicht eigen sind. Infolgedessen muß es kunstreich behandelt werden und mag auch so erscheinen. Es gibt jedoch zu viel Unbedeutendes in der Kunst im Vergleich zur Natur, um beide vermischen zu können. Deshalb muß man fordern, daß die äußere Erscheinung des Gartens so beschaffen ist, daß sie sich einer Parkszenerie oder der Natur der Landschaft angleicht. Das Innere mag dann mit Abwechslung, Kontrast und sogar mit Einfällen ausgestattet sein, die dem Auge wohlgefallen.«

In der Praxis ließen sich solche Wünsche allerdings nicht verwirklichen, und die stufenmäßige Überleitung des Gartens in einen Park mußte aufgegeben werden. Blumen und der klar erkennbare Kunstgriff des Ornamentes wurden wieder zugelassen, der ›Ha-Ha‹ aber verurteilt. Der Garten ist »ein kunstvolles Unternehmen und hat deshalb keinen anderen Anspruch auf Natürlichkeit, als nur den, der sich von dem Wachstum der ihn schmückenden Pflanzen herleitet. Ihre Auswahl, Anordnung und Pflege sollte stets ein Werk der Kunst sein.« (H. Repton, 1806)

Das Vorhandensein von Blumen- und Küchengärten wie auch der Ställe in unmittelbarer Nachbarschaft des Hauses stellt ein Hauptcharakteristikum des Reptonschen Programms dar, während Brown dagegen diese Anlagen abseits vom Herrenhaus versteckt und oft noch die eine vor der anderen verborgen haben wollte. Die Folge der Brownschen Anordnung war, daß man beträchtliche Entfernungen zurücklegen mußte, um die für die Küche notwendigen Vegetabilien zu besorgen und den Dung aus den Ställen in den Garten zu verfrachten. Das war keine Verbindung vom ›Angenehmen und Nützlichen‹. Nachdem Repton diese Nutzgebäude wieder in der Nähe des Hauses zugelassen hatte und es sozusagen erlaubt war, sie von den Fenstern aus zu betrachten, sah sich Brown durch seinen Hauptjünger gestürzt. Auch hatte es fast den Anschein, als ob es einen Kent niemals gegeben hätte.

Außerdem fragte Repton, warum man überall Durchblicke haben müsse? Warum sollte es nicht in einem Garten auch Abgeschiedenheit geben? Denn der Mensch, so sagte er, wünscht nicht nur die Freiheit, sondern auch das Umhegtsein. Man lasse ihm also die Freiheit im Park und das Umhegtsein im Garten. Der Theorie nach müßte solche Anschauung zu einer völligen Trennung von Park und Garten geführt haben. Doch in der Praxis kam es zu Kompromissen, weil Repton Balustraden und Terrassen verwendete, die eine Art Trennungszaun zwischen dem natürlichen und dem kultivierten Garten darstellten, aber zugleich auch als erhöhte Plattform zur Aussicht dienen konnten. Diese Terrassensphäre, die eine unmittelbare Übersicht über den Park gewährte, ist höchst bezeichnend für viele Reptonsche Gärten.

Wenn solche Aussichtsterrassen der einzig charakteristische Zug so vieler Gärten des frühen 19. Jahrhunderts sind, so sollte man dabei nicht vergessen, daß wir die Parallelen dazu in den Rundgängen der Wälle der mittelalterlichen Burgen wie auch in den erhöhten Wegen um die Wildnis von Blenheim haben. Doch im viktorianischen Garten erscheint diese Terrasse häufiger als anderswo.

Für das Wesen dieser Epoche ist es jedenfalls bezeichnend, daß Repton und seine Nachfolger den Kuchen nicht nur zu backen, sondern ihn auch zu genießen wünschten, wobei sie alle Ingredienzen schmecken wollten, nämlich sowohl die Aussicht wie die Abgeschlossenheit, Geometrie wie Natur, gerade Alleen und gekrümmte Wege, natürliche Wasserläufe und gezogene Kanäle – kurzum die Absichten eines Burke und eines Price, eines Brown und eines Le Nôtre vereint. Als einen etwas ungewissen Ratgeber in dem naturgemäß dabei entstehenden Konflikt zog Repton Popes Worte »Befrage in allem den Genius des Ortes« heran. Ganz abgesehen davon, daß ein solches Prinzip bereits in der Theorie falsch ist, so hätte es zur Umsetzung in die Praxis eines ungewöhnlichen Genius bedurft – ins Literarische übertragen, eines Schriftstellers, der zugleich Tolstoi, Damon Runyon und Beda Venerabilis in einer Person gewesen wäre. Repton aber war in keinem Falle ein solcher Genius.

Der ›Gärtner‹ tritt auf

Inzwischen hatte sich eine andere, tiefgreifende Wandlung vollzogen: Als Gestalter des Gartens der Zukunft traten nicht mehr – wie es zweihundert Jahre der Fall gewesen war – die

Philosophen, die Poeten und Architekten in Erscheinung, sondern ganz einfach nur der Gärtner. Für ihn aber war das Beispiel eines solchen Eklektizismus eine höchst willkommene, wie vom Himmel gesandte Botschaft; als der entscheidende Vertreter dieses Eklektizismus wurde daher Repton für den Garten des 19. Jahrhunderts richtungweisend. Er war es, der lehrte, wie man der erdrückenden Fülle frischen Pflanzenmaterials im Rahmen des ›pleasureground‹ Herr werden konnte, ohne diesen Rahmen zu sprengen.

Bei solchen Überlegungen wurde der Garten als eine fest geplante Einheit endgültig aufgegeben. Denn weder eine axiale Entwicklung noch die Führung des Bogens des von Gebüschen begleiteten Randweges – beide hatten in ihrer Art der Gartenplanung den konkreten Zusammenhang gegeben – waren für die Zukunft noch verbindlich. Stattdessen war es jetzt freigestellt, daß der Garten in jede beliebige Richtung, wie sie eine Laune oder die natürlichen Bodenverhältnisse eingaben, entwickelt werden konnte, mit der einzigen, reichlich theoretischen Auflage, die stilistische Harmonie zwischen Haus und Ländereien zu berücksichtigen.

Die Bestandteile eines solchen Gartens waren jetzt erstens der ›lawn‹, der Rasen, der häufig eine Art Parklandschaft in Miniatur war, nämlich eine mit exotischen Bäumen und Gebüschen gesprenkelte Rasenfläche, die aber durch die Vielfalt der Bewuchsarten und das geringe Ausmaß des Ganzen sozusagen nur einen mittelmäßigen und uneinheitlichen Eindruck machte. Zum zweiten war es das ›shrubbery‹, das Buschwerk, nämlich die alte Wildnis oder das Boskett, nunmehr mit einer Vielzahl verschiedener Exoten dicht bepflanzt und von gewundenen Pfaden durchquert. Zum dritten ›the terrace walk‹, das Terrassengelände, das die Funktion des Parterres übernahm, doch jetzt nicht mehr als eine Plattform, um in den Park hinein-, sondern um über den Park hinwegzuschauen. Viertens ›the conservatory‹, das Gewächshaus, das jetzt eine weit größere Bedeutung als die alte Orangerie besaß und zum integrierenden Bestandteil des Hauptgartens wurde, und fünftens der kleine ›special garden‹ – der Sondergarten –, der in einer anderen Form den Typus des italienischen ›giardino secreto‹ wiederholte.

Alle diese Teile – oder wenigstens einige – sollten in irgendeiner Form entweder in Beziehung zum Gebäude oder auch in wechselseitigem Bezug zueinander stehen. Als leitender Grundsatz wurde Annehmlichkeit propagiert – der Garten sollte erfreuen und daher leicht begehbar sein. Das war ein durchaus vernünftiger Standpunkt und eine gesunde Korrektur zu den Schöpfungen jener Gärten, die niemand besuchen mochte. Doch dieses Außerachtlassen rein ästhetischer Erwägungen war die Folge einer verhängnisvoll geänderten Einstellung zum Garten. Es führte bei den Gärtnern ganz unvermeidlich zu der Ansicht, daß man Pflanzen nicht mehr dorthin setzte, wo sie die größte Wirkung zeigten, sondern dorthin, wo sie am besten wuchsen. Wurden in den Gärten Exoten gewünscht, so benötigte man zu ihrer Pflege einen technisch erfahrenen Kunstgärtner. War dann ein Garten schließlich und endlich mit derartigen Pflanzen reich bestückt, war es nicht zu umgehen, daß sich der für ihr Wachstum Besorgte in der Folge zum Herren des Gartens entwickelte. Weder der Dichter noch der Architekt besaßen dafür die notwendigen technischen Kenntnisse, während die Gärtner unglücklicherweise nur diese besaßen. Der daraus resultierende ›Stil‹ ist leider, aber durchaus folgerichtig, als der ›gärtnerische Stil‹ in die Geschichte eingegangen, denn weder das Haus noch die Landschaft, weder der Architekt noch die Natur waren das Vorherrschende, sondern der Garten in seiner Abhängigkeit von der Pflanze.

Der Garten des von James Wyatt geschaffenen großen gotischen Herrenhauses *Ashridge* war eine der vollkommensten und anspruchsvollsten Schöpfungen von Repton. Während Repton meistens herangezogen wurde, um zu ändern, zu verbessern und zu verschönen, und zwar derart, daß das fertige

Werk sozusagen nicht mehr als nur eine Restaurierung darstellte, hatte er in Ashridge – obwohl zwar gewisse Grundzüge noch vorhanden und damit seine Hände teilweise gebunden waren – doch einen ungewöhnlichen Spielraum. Er bewahrte die strenge Linie der alten Bäume, die die östlichen und westlichen Grenzen markierten. Dagegen war er gezwungen, einen neuerrichteten Zaun zwischen Garten und Park zu dulden. Die nach Süden gelegene Gartenfront des Herrenhauses und den Teil vor der westlichen Fassade versah er mit einer plattenbelegten Terrasse. Vor dieser südlichen Terrasse, und zwar in der ganzen Breite des Hauptkörpers des Gebäudes, lag etwas, das er ›Broderieparterre‹ benannte, obgleich es höchst unwahrscheinlich ist, daß dieser so bezeichnete Teil – abgesehen davon, daß auch er als liegendes Bild betrachtet werden wollte – einem Broderieparterre von Boyceau in irgendeiner Weise geglichen hat. Daran schloß sich die mit Büschen gesprenkelte Rasenfläche und weiterhin der Wildpark an. Der verbleibende Rest an der beträchtlichen Südfront wurde von einem Gewächshaus und einem ›Kreuzgang‹ eingenommen. Von dieser straffen formalen Basis aus reihten sich entlang von gewundenen buschgesäumten Pfaden einzelne Gärten. Da gab es einmal das ›Broad Sanctuary‹ – das Große Heiligtum – und ein ›Holywell‹ – Heiliger Brunnen – an der Stirnseite des Gewächshauses. Es war ein Bezirk von ›reichgegliedertem Mauerwerk‹ mit Blumen in Vasen und einem Brunnen in gotischer Manier. Von hier führte ein Pfad zum ›Pomarium‹ und zum ›Winter Walk‹, dem Winterweg, einem unregelmäßig geformten ›Pleasureground‹, der wahrscheinlich mit Immergrün und Apfelbäumen bepflanzt war. Dann kam ein ›Monks Garden Restored‹, ein wiederhergestellter Mönchsgarten von geometrischem Grundriß; den einzigen Hinweis auf dessen Bepflanzung verdanken wir einem von Repton notierten Vers:

Der kurzgeschnittene Buchs
Das reichbestickte Beet
In strenger Ordnung gereiht
Und gräbergleich geformt.

Ermunternder als der ›Mönchsgarten‹ war das ihn umgebende ›Arboretum‹, eine Sammlung exotischer Bäume, von der aus man zum ›Magnolia‹- und ›American Garden‹ gelangen kann, der ein Magnoliengewächshaus enthält. Verborgen hinter dem allgegenwärtigen Buschwerk sind die ›Forcing Houses‹, die Treibhäuser, und der ›Reserve Garden‹, die versteckten Arbeitsbereiche der Gärtner, aus denen die Pflanzen bezogen wurden. Sonderbarerweise zeigt der Plan nun hier ein unregelmäßiges, von Sträuchern umgürtetes und mit einigen Bäumen bestandenes Areal, das wieder die Bezeichnung eines ›Broderieparterres‹ erhält, von dem wir jedoch erfahren, daß es ganz anders als in irgendeinem anderen Garten sei, weil die Rasenfläche in Blumenbeete unterteilt wird, die erhöht liegen, um den Blick auf sich zu lenken. Als nächster Abschnitt folgt die Grotte, ›Grotto‹, und der ›Garten für Alpenpflanzen‹, dem sich der ›Mount Garden‹ als großes, eingefriedetes Gebiet anschließt; dieser Berggarten ist in seinem ganzen Umfang in kleine Hügel und Täler gegliedert, so daß »seine ursprüngliche Flachheit vollkommen verkleidet ist«. Anschließend an diese ›holprige Wildnis‹ treffen wir auf ein kleines, umschlossenes Gebilde, das ›Cabinet de Verdure‹, und nachfolgend auf das ›Rosarium‹ und die Fontäne.

Repton war der erste der berühmten Gartenplaner, der den auf Pflanzen spezialisierten Garten als ornamentales Gebilde entwickelt hat, obwohl es diesen vermutlich schon viel früher in verschiedenen Formen in botanischen Sammlungen gegeben hat. So entwarf er in *Woburn Abbey* eine ›Thornery‹, eine Dornstrauchanlage, die alle bekannten Dorngewächse enthielt, die in dieser Lage gedeihen konnten. Ferner schlug er einen für Gräser bestimmten Garten vor. Doch ist es zweifelhaft, ob dieser Vorschlag verwirklicht worden ist. »Diese

Neuheit«, so schrieb er, »die darin besteht, Gärten zu gruppieren, die voneinander verschieden sind, mag vielleicht Kritik hervorrufen, aber ich hoffe und denke, daß es nicht abwegiger sein kann, Gärten verschiedener Stile, verschiedener Herkunft und verschiedenen Umfangs zu einem Ganzen zusammenzufassen, als Werke von Raffael und Teniers im gleichen Kabinett aufzuhängen oder profane und geistige Werke in der gleichen Bibliothek zusammenzutragen.« Aber dieses Argument ist nicht mehr stichhaltig, sobald wir den Garten als Gesamtkunstwerk und nicht nur als eine heterogene Sammlung von Werken der Kunst auffassen.

Wo aber jeder Schritt durch seitenlange Begründungen gerechtfertigt werden muß, ist es schwer, der Schlußfolgerung zu widerstehen, daß man nur deshalb so viel Logik aufgeboten hat, um solchermaßen einen Mangel an Geschmack auszugleichen. Die Behandlung dieser kleinen Gärten erfolgte manchmal in geometrischer und manchmal in bewußt unregelmäßiger Manier. Doch hatte das entstandene Gebilde, ob geometrisch oder unregelmäßig, in jedem Falle das Gepräge des 19. Jahrhunderts und kein anderes. Alle Möglichkeiten der vorangegangenen Methoden standen zur Verfügung, und es gab kein Kriterium, das ihr Wiederaufgreifen verboten hätte. Die Gärten der viktorianischen Periode mögen französisch, italienisch, holländisch oder chinesisch gewesen sein, und sie mögen – vielleicht bewußt – von den Kunstgriffen des 15., 17. oder 18. Jahrhunderts Gebrauch gemacht haben – eine sklavische Nachahmung des Vorbildes wurde jedoch vermieden. Aber trotz aller Gedankenarbeit und Vernunftgründe fehlt es den Resultaten an Einsicht und Überzeugungskraft.

Die Jahre von 1790–1840 gaben dem Gartenschöpfer wieder seine volle Freizügigkeit. Ihm waren weder Fesseln durch die Geometrie noch durch die Schlängelmanier angelegt, auch war er nicht gehalten, seinen Garten wie ein Gemälde zu gestalten. Aber ohne Gesetz gibt es keine Freiheit, und ohne Gesetz vermag sich keine Kunst zu entfalten. Man kann nicht ziellos erschaffen, und Harmonie kann nicht ohne eine einheitliche Sicht entstehen. Repton würde als ein Argument ins Feld geführt haben, daß sein einigendes Prinzip nur Mittel zum Zweck wäre. Wenn der Zweck als solcher aber nicht fest umrissen ist oder sogar fehlt, vermag keine Einheit zu entstehen.

Eine der Lieblingsschöpfungen Reptons war der *Russel Square*. Es war von ihm bedauert worden, daß man den Boden vor seiner Berufung bereits auf weite Strecken eingeebnet hatte. Denn er würde eine unregelmäßige Kontur vorgezogen und die Anlage ähnlich wie in Cadogan Square gestaltet haben, »wo ich empfohlen habe, ein Tal in seiner ganzen Länge so zu formen, daß andere Täler hineinmünden, und die Hügel mit dem aus den Tälern entnommenen Erdreich zu gestalten«. Da es ihm also unmöglich gemacht worden war, diese Methode zu wiederholen, erstellte er, da im Londoner Klima Lorbeer und anderes Immergrün nicht gedeihen würden, eine fast zwei Meter hohe Hecke von Hainbuchen rund um den Garten, um auf diese Weise den breiten Kiesweg gegen die Straße abzuschirmen. Jenseits des Kiesweges war eine breite Grasfläche, »auf der die Kinder in Sichtweite der auf der gegenüberliegenden Seite gelegenen Häuserreihe gehalten werden konnten. Ebenfalls wurde die Grasfläche auf besonderen Wunsch einiger Mütter weniger bepflanzt, als ich es sonst in anderem Falle aus Gründen der Schönheit getan hätte«. Im Zentrum dieser weiten, offenen Grasfläche hatte er einen Platz der Ruhe und Abgeschiedenheit bestimmt. Es gab dort zwei Reihen regelmäßig in gleichem Abstand voneinander gepflanzter Linden, die aber nicht genau im Kreise gesetzt, sondern in Richtung auf eine Statue des Herzogs von Bedford orientiert waren. Diesen Baumreihen wurde jedoch kein natürliches Wachstum gestattet, sondern man hatte sie in der Art eines geflochtenen Laubganges gebildet, und die Bögen der Zweige wurden beschnitten und getrimmt und das Wachstum der Wurzelschößlinge und Seitentriebe so gefördert, daß voll ausgebildete Wände entstanden. Repton war sich bewußt, daß dieses ein reaktionäres Unterfangen war, und das Ausmaß, in welchem das ehrliche Streben nach Natur erschöpft war, zeigt sein Ausspruch: »Der Unterschied zwischen einem Garten und Park oder Wald liegt in der schuldigen Aufmerksamkeit, mit der in kunstfertiger Weise die Bäume behandelt und getrimmt werden, und niemand wird behaupten wollen, glaube ich, daß ein öffentlicher Platz versuchen soll, einen Wald nachzuahmen.«

Das von Linden umschlossene Areal von Russel Square war in vier Kompartimente unterteilt. Drei davon waren mit Blumen und Buschwerk bereichert; das vierte Kompartiment, »ein schattiges Gehölz von verstreut liegenden Bäumen«, wurde weder von Akademos wie in Athen noch von Apollo wie in Versailles noch durch irgendeine andere der üblichen ›Gartengottheiten‹ eingenommen, sondern von der von vier Figuren umgebenen bronzenen Statue des Herzogs von Bedford beansprucht. Alle fünf Statuen waren auf weißen erhabenen Piedestalen montiert, das Ganze eine Schöpfung »des höchst einfallsreichen Herrn Westmacott«. Diese prächtige Gruppe war im Durchblick einer Straße auf weite Sicht zu sehen, und Repton betonte, daß, während der weiße Sockel einen Gebüschhintergrund erforderte, die Bronzefiguren als Kontrasthintergrund den Himmel benötigten, einen Hintergrund, den man, wie er hoffte, durch »eine zukünftige Beschneidung der entsprechenden Bäume in dem dahinterliegenden Gehölz sicherstellen könne.«

Die sorgfältige Beobachtung des Details war es, die Reptons Auffassung von seinem Beruf kennzeichnete und ihn seinen Auftraggebern empfahl. Wenn andere ihn auch überschätzt haben mögen – so doch nicht mehr als er sich selbst: »In einigen Jahren, wenn das gegenwärtige Buschwerk zum Dickicht geworden ist, wenn die gegenwärtig mageren Baumreihen eine schattige Allee bilden werden und die Kinder, die jetzt noch in den Armen der Kindermädchen liegen, die Eltern oder Großeltern zukünftiger Generationen sein werden, dann mag dieser Platz daran erinnern, daß die Kunst des Landschaftsgärtners zu Beginn des 19. Jahrhunderts nicht durch einen Einfall oder eine Laune bestimmt wurde, sondern auf der gebührenden Beachtung von Nützlichkeit und Schönheit begründet war, ohne daß man dogmatisch an geraden, geschweiften oder geschlängelten Linien und Formen geklebt hätte.«

Welcher Meinung man auch über Reptons Verdienste sein mag, man muß ihm auf jeden Fall zugestehen, daß die von ihm ins Leben gerufene Gartenplanung in der Praxis die nächsten achtzig oder neunzig Jahre ohne wesentliche Einschränkung beherrscht hat, und obwohl im Rückgang – noch weit davon entfernt ist, wirklich tot zu sein.

Gärtnerische Aufgaben und Anlagen

Die Hauptaufgabe des Gärtners, der im Stile von Repton arbeitete, lag darin, Möglichkeiten zu finden, um die riesige Menge an exotischen Pflanzen zur Geltung zu bringen, wobei er sich in einer weitaus schwierigeren Lage als seine Vorgänger befand. Bei Buschwerk der größeren Sorte und bei Bäumen bestand die Gefahr, daß ein Allzuviel ein ermüdendes Einerlei im Gefolge haben würde. Diese Gefahr erkennend, hatte Repton empfohlen, in einem einzigen Areal nur wenig Sorten in Mischung auftreten zu lassen. In großen Anlagen wie Ashridge, Woburn und Cobham, wo die Bepflanzung mehr Spezies von der gleichen Art enthielt oder sogar ganze Gruppen von einer Sorte gebildet waren, blieb angesichts des Gesamtraumes noch genügend Platz für eine recht beachtliche Sammlung. In den kleineren Gärten dagegen führte der Wunsch nach Mannigfaltigkeit schließlich dazu, von jeder Art nur ein Exemplar zu pflanzen, so daß Unruhe und Überdruß das Ergebnis waren. Das Gefühl einer monotonen Kompliziertheit mußte durch den asymmetrischen Stil der Bepflanzung noch gesteigert werden, wodurch dem Auge sogar die Genugtuung des einfachen Gleichgewichtes vorenthalten wurde. Doch etwas von der Ablehnung, die sich gegen die Anpflanzungen dieser Periode richtet, ist letzten Endes unverdient, denn die übermäßige Dichte, die uns heute kränkt, ist nur die Wirkung der Zeit auf die Bepflanzung, die eigentlich durch Auflichten hätte beseitigt werden müssen. Obgleich etwas Harmonie durch das Absterben empfindlicher Arten entstanden ist, haben dabei allzu oft die massigen Immergrün wie Lorbeer überlebt und das auf Kosten des hinfälligeren Buschwerks von lichterer Erscheinung.

In ihrer Art, Blumen zu verwenden, zeigten die Gestalter der Gärten oft keine glückliche Hand, obwohl sie dieses als ihre Spezialität erachteten. Sir William Chambers Rat, blühende Blumen in Töpfen während ihrer Blüte in die Beete zu setzen und anschließend auszutauschen, entspricht dem Verlangen eines Bacon und der mittelalterlichen Dichter, die eine immerwährende Blüte forderten. Dieses Ideal war tatsächlich die Grundlage für den Blumengarten des 19. Jahrhunderts. Es war nicht allein durch die Verwendung von exotischen Arten mit verschiedenen und längeren Blütezeiten möglich, sondern auch durch die Verwendung von Gewächshäusern, in denen die zarteren Pflanzen überwintern konnten. Dank dieser Häuser, wie sie sich auch in Ashridge befanden, konnten – nachdem die winterfesten Frühlingsblumen im Freien verblüht waren – nicht winterfeste, einjährige Pflanzen, die zarten Zwiebeln und Pelargonien zum Blühen gebracht und dann ausgepflanzt werden. Im Wechsel vermochten dann die Sommerblumen anderen blühenden Pflanzen im Herbst Platz zu machen. Es war das eine Technik, die bis heute noch als ›Auspflanzung‹ allgemein im Gebrauch ist.

Diese Auspflanzungen dienten dazu, die Aufmerksamkeit des Besuchers an den Vordergrund als solchen und nicht als Rahmen für die malerische Szenerie zu fesseln. Auf mittlere Entfernung läßt Farbigkeit nach, auf weite Sicht noch mehr, und nur im Vordergrund ist es schwer, sich ihrer Wirkung zu entziehen. Die Farbe – man war nun soweit, sie für eine längere Periode zur Verfügung zu haben – wurde zum beherrschenden Eindruck.

Im 18. Jahrhundert hatte England noch wenig Übung in der Behandlung der Farbigkeit. Die Gebäude – ob gotisch oder klassizistisch – waren in grauen, weißlichen oder biskuitartigen Tönen gehalten. Chambers hatte zwar die Art und Weise aufgezeigt, in der man Farbe verwenden kann, aber wer las um 1800 schon Chambers! Repton befaßte sich zwar mit den Prinzipien der Farbanwendung im Ornament und in der Innendekoration, aber sobald er diese auf die blühende Pflanzenwelt anzuwenden versuchte, betrog er sich selbst. Denn, was die Farbe anbetrifft, so gleicht das ungeschulte Auge dem eines Kindes, das gewöhnlich von den Farben, die am lebhaftesten sind, angezogen wird. Daß die Intensität durch den Kontrast im Komplementären offensichtlich gesteigert wird, ist allgemein bekannt. Gelb gegen Purpur gesetzt, macht das Gelb gelber und das Purpur purpurner, und es wurde zur Gewohnheit, die schreiendsten Komplementärfarben nebeneinanderzusetzen, um so den brillantesten Effekt zu erzielen.

Und nun zu den Umrahmungen der Beete! Die komplizierten und eleganten Arabesken des französischen Parterres hatten ein sehr zweifelhaftes Erbe hinterlassen. Wenn man Muster mit gefärbtem Sand und Buchsumrandungen machen konnte, warum sollte das gleiche nicht mit Steinkraut, Lobelien, Pantoffelblumen und Geranien gelingen? Und warum sollten die Muster nicht gefällig und mannigfaltig sein? So wurden denn über die Rasenfläche Beete in Form von Sternen, Halbmonden, füllhornartigen Gebilden und Blumenkörben ohne Folgerichtigkeit verstreut. Noch ein Jahrhundert später konnte sich der Herausgeber von ›Gardens Old and New‹ für die Gärten von *Ashby Castle* begeistern: »Ein anderer Gartenhof ist eine Überraschung, wie sie ein Besucher niemals erwarten oder sich vorstellen kann, weil dieser Garten gleich einem gesprenkelten Farnblatt angelegt ist, wobei jedes Blättchen durch ein Beet aus verschiedenen altmodischen Blumen gebildet wird. Gewöhnlich besteht das Blatt aus einer einzigen Blumensorte.« Bacon hatte bereits »solch schöne Anblicke oft bei Torten« gehabt.

Der Gebrauch von Gewächshäusern war mit dieser neuen Art, die Blumen zur Geltung zu bringen, aufs engste verknüpft. Diese Gewächshäuser nahmen einen so bedeutenden Platz im Leben des Gärtners ein, daß von vielen der Garten nicht mehr als Eigengebiet, sondern als ein erweitertes Glashaus gewertet wurde und nicht umgekehrt. Repton zeigte für diese Entwicklung einigen Reichtum an Einfällen. Zunächst hatte ihn die Notwendigkeit, das Gewächshaus mit dem Gebäude in Einklang zu bringen, einigermaßen verwirrt. Im Unterschied zu den alten Orangerien wurden die neuen Glashäuser nicht auf Grund klassischer Grundsätze erbaut. Repton selbst bewältigte zu seiner eigenen Zufriedenheit das Problem, indem er diese Häuser wie ein mittelalterliches Kapitelhaus gestaltete, wobei er die Gewölbeflächen durch Glas ersetzte – eine Lösung, die nicht unintelligent war. Im Sommer, sobald die Häuser bar aller Pflanzen waren, konnte das Glas abgenommen werden, wodurch ein gotisches Skelett aus Gußeisen entstand, eine Art Sommerhaus, das je nach Geschmack vergoldet oder im Bronzeton gehalten war – der Ahnherr jener Unzahl von späteren Park- und Promenadenpavillons.

Eine große Quelle des Vergnügens bildete für Repton die glückliche Entdeckung, mit Korridoren oder Arkaden von Glas operieren zu können. Diese Möglichkeit offenbarte sich ihm, als er einmal ein Haus besuchte, wo er empfohlen hatte, einen Glasgang entlang einer Seite zu legen, und dann mit Entsetzen feststellte, daß man diesen Gang offensichtlich im rechten Winkel zu der von ihm vorgesehenen Linie angelegt hatte. Seine Bestürzung ging rasch vorüber, als er bemerkte, daß einige Arbeiter, beschäftigt Möbel zu transportieren, nur vorübergehend einen großen Spiegel gegen eine Ecke in einem Winkel von fünfundvierzig Grad gestellt hatten. Dieser Trick wurde wiederholt von ihm aufgegriffen. Auf diese Weise konnte ein Glasgang auf zwei aufeinanderstoßenden Seiten eines Hauses entlanglaufen und trotzdem der Anschein erweckt werden, als ob er sich in einer Geraden befände. So schlug er vor, die West- und Nordkorridore des Pavillons in Brighton auf die gleiche Art in Übereinstimmung zu bringen. Unglücklicherweise kamen seine Pläne für diesen Pavillon nicht zum Tragen, und das Gefühl, daß er von Nash, mit dem er jahrelang zusammengearbeitet hatte, hintergangen worden war, verbitterte seine letzten Jahre. Gußeisen – zum ersten Male in Hamiltons *Painshill* verwendet – begann um jene Zeit einen beträchtlichen Einfluß im Bereich des Gartens zu nehmen. Nicht nur die Gartengebäude wurden bevorzugt aus Gußeisen an Stelle von Stuck, Stein oder Ziegel gebaut, sondern auch die Geländer, Ketten, Verdachungen und das Gitterwerk fertigte man aus Eisen. Das hatte zur Folge, daß der Garten viel von seiner klassischen Atmosphäre verlor. Wenn man auch Kapitelhäuser, Kioske und alles mögliche Pseudoorientalische in Gußeisen bauen konnte, so konnte man doch nicht auch die Tempel des Friedens, der Bellona oder die Gottheiten der Liebe aus diesem Material erstellen. Diese Veränderung reichte tiefer, als es den Anschein hatte. Die heidnischen Götter waren wohl nicht mehr glaubhaft, sie waren aber letzten Endes die einstigen Götter und wirkten auf die Anfänge der abendländischen Kultur mit ein.

Repton erhob den Anspruch, die Treillagen, für die das Eisen ein besonders geeignetes Material ist, wieder eingeführt zu haben. Sehr rasch zeigte sich der Erfolg, denn sie erschienen jetzt überall. In seinen Treillagen machte er sich vom Gußeisen nicht völlig abhängig, sondern oft verwendete er auch Holz, jedoch niemals in jener brillanten Manier des späten 17. Jahrhunderts. Beide Materialien boten ihm für die Betonung der Vertikalen in den Gärten willkommene Möglichkeiten, und er konnte die Vorherrschaft der Horizontalen, die durch die niedrig wachsenden Blumenpflanzen entstand, brechen. Rosen wurden gezogen, um in langen Girlanden jetzt zu hängen, über Bögen zu klettern und Laubengänge in einer Weise zu verkleiden, wie man es seit dem 16. Jahrhundert kaum gesehen hatte.

Von noch größerer Bedeutung als das Gewächshaus und die Treillage war die Vorherrschaft der Beete, die speziell für gewisse Arten von Pflanzen angelegt wurden. Es gehörte jetzt zu den ›giardini secreti‹ – den abgesonderten Gärten –, daß geeignete Vorkehrungen für besondere Pflanzen getroffen wurden. Für alpine Pflanzen wurde eine Art Felslandschaft geschaffen. Den ersten nachweislich großen Felsengarten hat man in England im Jahre 1772 im *Physic-Garden in Chelsea* angelegt. Dazu wurden vierzig Tonnen von alten Steinen vom Londoner Tower herbeigeschafft, wozu sich Kreidefelsen und Lava aus Island gesellten. Dabei handelte es sich hier noch um einen botanischen Garten, aber bereits um das Jahr 1830 war derartiges Felsenwerk in den Gärten Allgemeingut. Sumpf-, Heide- und Bambusgärten, die um diese Zeit aufkamen, hatten alle ihre Vorläufer in den botanischen Gärten des vorhergehenden Jahrhunderts. Schon lange war der botanische Garten im Aufsteigen begriffen. Er war der Ursprung der neuen Gartengestaltung, die wir aber nicht mehr als Stil bezeichnen können.

Zehntes Kapitel

Der deutsche Landschaftsgarten im 19. Jahrhundert

Stilphasen

Die Stilphasen des Landschaftsgartens sind in Deutschland, wie schon früher angedeutet wurde, recht mannigfaltiger Natur und lassen sich ungleich schwerer als in England in festumrissene Kategorien einteilen. Sie sind weitgehend das Ergebnis persönlicher Entscheidungen. Kenner dieser Materie wie Franz Hallbaum und Alfred Hoffmann haben in diesem Zusammenhang mit Recht darauf hingewiesen, daß eine klärende Ordnung in eine naturalistische, vorromantische und romantische Phase auf dem Kontinent nicht mechanisch als zeitliches Nacheinander gedacht werden darf, nachdem diese Phasen sich in vielen Fällen berührt, überschnitten und dabei sich zeitweilig sogar gedeckt haben. Sie sind tatsächlich Schattierungen im Prozeß der Aneignung des englischen Landschaftsgartens, für den der Boden bereits vorbereitet war. Man denke nur an die Eremitage in Bayreuth. Nicht in jedem Falle hat man es in Deutschland als notwendig erachtet, zu den komplizierten englischen Kontroversen Stellung zu beziehen. Aus einer höchst eigenwilligen Betrachtung und Auslegung heraus resultiert jene als ›klassisch‹ bezeichnete Periode, in der die größte Angleichung der Wirklichkeit an die Idee des Natürlichen stattfand: »Der Charakter des Unfertigen und Suchens, des Abschweifens in literarische oder exotische Inhalte, in die Fülle der Details ist überwunden; in dieser Zeit wird der Eindruck des Totalen dieser Idee des Natürlichen zur eigentlichen Kunstabsicht; in ihr vollzieht sich die Abklärung zu einem klassischen Kanon der aus der Natur bezogenen Formen.« (Alfred Hoffmann)

Diese Periode des reichen landschaftlichen Gartenstils in Deutschland umfaßt im wesentlichen die ersten Jahrzehnte des 19. Jahrhunderts und wird vorzüglich nur von drei Gartenschöpfern von hohem Range repräsentiert: Friedrich Ludwig von Sckell (1750–1823), Hermann Fürst Pückler-Muskau (1785–1871) und Peter Joseph Lenné (1789–1866).

Friedrich Ludwig von Sckell

Sckell wurde schon im Zusammenhang mit der Schöpfung des *Schwetzinger Gartens* erwähnt, wo er in seiner Frühzeit die noch von spätbarocken Vorstellungen geprägte große geometrische Anlage in ihrer axialen Ordnung nicht angegriffen, sondern seine in England gewonnenen Vorstellungen im Randgebiet des Gartens zu verwirklichen gesucht hat. Auch in seiner reiferen Schöpfung, der Umgestaltung der *Nymphenburger Gartenanlage* in einen Landschaftspark, war er in ähnlich zurückhaltender Weise bestrebt, nicht einfach zu zerstören, sondern schöpferisch Neues mit Vorhandenem zu verbinden. Diese Umgestaltung des Nymphenburger Gartens, 1801 mit einem Gutachten eingeleitet, war im Jahre 1823 im wesentlichen abgeschlossen. Die alte Anlage, durch strenge Dreigliedrigkeit ausgezeichnet, wird dabei nach den neuen ästhetischen Forderungen so gebildet, daß das Parterre in seinem Hauptteil erhalten bleibt, während die angrenzenden Bosketts in natürliche Partien umgewandelt werden. Schon der erwähnte Gartentheoretiker Hirschfeld war der Meinung, daß die an das Haus angrenzende Fläche nicht dem Gebiet der Gartenkunst zuzurechnen sei, und wandte sich, wie es später auch Hermann Fürst Pückler-Muskau getan hat, ausdrücklich gegen ein völliges Heranholen der Natur an das Gebäude, wie es in England vielfach geübt wurde. In Nymphenburg bot sich das Parterre als willkommene Pufferzone zum Landschaftsteil an. In der alten Querachse vor dem Kopfbassin des großen Kanals findet diese neutrale Zone ihren Abschluß. Diese

Querachse ist zugleich Zone des Übergangs, die den Auftakt zum großen Waldgebiet bildet.

Die naturhafte Durchgestaltung erfolgte in den beiden Parkhälften rechts und links des Kanals, der seinerseits mit den ihn begleitenden Alleen in der alten Ordnung erhalten wird, womit die von Schloßmitte, Parterre und Kanalachse begründete, monumental wirkende Ausstrahlung als Erlebnis bewahrt bleibt. Dagegen ziehen die in landschaftsgärtnerischem Sinn behandelten Teile zu seiten der Kanalschneisen ihre Wirkungserlebnisse bewußt aus anderen Faktoren. Gerade aus dem Widerspiel von natürlicher und symmetrischer Anlage erwächst in Nymphenburg die große Wirkung dieses Parkes. Die beiden großen Waldhälften rechts und links des Kanals haben in ihrer Ordnung nichts miteinander zu tun, da sie mit ihren Winkeln zwischen Kanal und Querachse liegen und sich von dort aus wegöffnen. Schneisen sorgen in ihrem Innern für eine Orientierung, und zwar im Badenburger Tal auf zwei Fernsichten, im Pagodenburger Tal auf eine einzige, in die fernerliegende Landschaft gerichtete Aussicht. Schneisen sind in den Waldpartien die Hauptmittel für die Bildkomposition dieses Landschaftsgartens. »In ihnen hat Sckell seine Lieblingsmotive großzügig entfaltet: Den weithingezogenen Wiesengrund mit bewegter Randausbildung, mit natürlichem Abschluß durch Bäume und Sicht in die Ferne. Sie stimmen in manchen Merkmalen überein, so in dem Ausgeleertsein ihrer Wiesen zugunsten ganz klarer Flächen, in denen die Bodenmodellierung als flache Wellenbewegung zur Geltung kommt. Übereinstimmung auch in der spindelartigen Aufweitung der Schneisenmitte, in der beide Male ein natürlich gerandeter See liegt, dem sich wie absichtslos ein Bauwerk zuordnet.« (A. Hoffmann)

Was Sckell – nach Hallbaum – unter einer gärtnerischen Variante verstand, und wie es ihm möglich war, mit den Mitteln seiner Kunst menschliche Gefühlswerte zum Ausdruck zu bringen, erhellt daraus, »daß er die gleiche Aufgabe des

Waldtales ... stimmungsmäßig so ganz anders auszubeuten weiß. Das südliche (Badenburger) Tal ist heroisch komponiert, groß in seinen Formen, herb bis an die Grenze des drohend Massigen. Das Pagodenburger Tal ist lieblich gestaltet, mit unterbrochenen Formen, locker und mit Bäumen von zartem Umriß bepflanzt.«

Die Architekturen der Badenburg und Pagodenburg sind aus ihrer ursprünglichen geometrischen Ordnung gelöst und den neuen Verhältnissen malerisch eingebunden.

War Sckell in Schwetzingen und Nymphenburg gezwungen, sich mit gegebenen Verhältnissen abzufinden beziehungsweise sich mit ihnen auseinanderzusetzen, wie es auch bei zahlreichen anderen seiner Gartenschöpfungen der Fall gewesen ist, so bot ihm der *Englische Garten* in den Isarauen bei München eine Aufgabe, die gewonnenen Erfahrungen freizügig auszuwerten. Im Jahre 1789 hatte Kurfürst Karl Theodor von Bayern die Errichtung eines Landschaftsgartens beschlossen, der der Öffentlichkeit gewidmet sein sollte, nachdem bereits von Hirschfeld in seinen theoretischen Schriften die Schöpfung von ›Volksgärten‹ propagiert worden war. Sckell, anfänglich nur zur Mitwirkung unter Leitung des Grafen Rumford bestimmt, übernahm seit 1804 die volle Verantwortung für Ausbau und Gestaltung der Anlage. Pläne und Denkschriften, die von ihm nach 1804 gefertigt wurden, geben genügenden Aufschluß über diese Anlage »zwecks Bewegung und Geschäfts-Erholung, geselliger Umgang und Annäherung aller Stände«.

Bei dem durchzugestaltenden Gelände handelte es sich darum, ein langgestrecktes, relativ schmales Areal mit einem einzigen weitgeschwungenen hindurchführenden Weg aufzugliedern. War es zu Anfang vorwiegend eine Summierung vieler Einzelszenen mit einer reichen Zahl von Staffagen – die wichtigsten: der Chinesische Turm, der Rumfordsaal und der Apollotempel – so gelingt es Sckell beim weiteren Ausbau, eine straffere Raffung und Fassung in Großflächen zu erreichen. »Diese Pflanzungen folgen im allgemeinen natürlichen Gegebenheiten (Wasserläufe, Geländebrücke), sind aber immer so angeordnet, daß sie die Flächen zu umschließen scheinen, ohne wandartig zu wirken, da ihre Ränder bewegt und durch vorgestellte Gruppen und Solitärbäume wie aufgelöst sind, und ohne wirklich dicht zu sein, da sie als Folge hainartiger Gruppierungen fortwährend neue Durchblicke erlauben... Diese dem Ein- und Ausatmen vergleichbare Folge von Raumdehnung und Raumverengung kommt klar zur Geltung, weil die Wiesenflächen frei und übersichtlich gehalten sind. Sie nimmt ihre Wirkung aus nichts anderem als dem Kontrast der Leere der ruhenden Fläche und der in unterschiedlichster Weise bewegten Gehölzwandlung. Nirgendwo wird der Blick in die Mitte der Fläche gelenkt, sondern immer über sie hinweg gegen den Rand. Am Rand aber wird ein auffälliges Ziel vornehmlich in der Längsrichtung geboten: Alle für die Bildwirkung wichtigen Blickpunkte befinden sich nach Sckells Plan an Einschnürungsstellen, um nicht nur das Auge, sondern den Besucher selbst in die Tiefe des Gartens zu locken.« (A. Hoffmann)

Neben den vorgenannten Anlagen hat Sckell noch zahlreiche Gartenprojekte für andere Fürsten bearbeitet, wie den Karlsberg bei Homburg an der Saar, Schönbusch und Schöntal bei Aschaffenburg, den Herzogsgarten in Landshut, Oranienstein an der Lahn, den Schloßpark von Biebrich bei Wiesbaden, wobei es ihm in allen Fällen gelang, die seither recht handwerkliche Übung des Gartenbaus zu vergeistigen. »Sein Werk ist die Gestaltung des Landschaftsgartens als Ausdruck deutschen Geistes und als Ausdruck klassischen Geistes. Es gelingt ihm, eine der seltensten Harmonien herbeizuführen, die das menschliche Geistesleben kennt: Den Einklang von Idee und Wirklichkeit durch das Mittel der Gestaltung, die aus der Vielheit des Natürlichen gerade das zur Nachahmung heranzieht, was dem ›inneren Wesen‹ der Dinge entspricht, das also, was Goethe als den

›Stil natürlicher Gestaltung‹ zu bezeichnen pflegte. Die Aufgabe des Landschaftsgartens, die natürliche Landschaft, das Landschaftsideal und das Gartenideal in Einklang zu bringen, wird durch Sckell einer im klassischen Sinne vollendeten Lösung entgegengeführt.«(F. Hallbaum)

Fürst Pückler-Muskau

Was die Rolle des Fürsten Pückler-Muskau als Gartengestalter von hohem Rang angeht, so ist sein Wirken auf das engste mit den Anlagen von Muskau und Branitz verbunden, wobei ihn die in seinen ›Andeutungen über Landschaftsgärtnerei‹ (1834) niedergelegten Vorstellungen geleitet haben. Seine prinzipielle Forderung lautete, daß eine landschaftliche Gartenanlage auf einer ›Grundidee‹ beruhen müsse, nämlich »aus dem Ganzen der landschaftlichen Natur ein konzentriertes Bild, eine solche Natur im kleinen als poetisches Ideal zu schaffen, dieselbe Idee, welche auch in anderen Sphären jedem wahren Kunstwerk das Dasein gibt und aus dem Menschen selbst einen Mikrokosmos, eine Welt im kleinen gemacht hat«.(Pückler)

Auf seinem Besitz in *Muskau* schienen ihm alle Voraussetzungen für einen Landschaftsgarten seiner Vorstellung gegeben, ein durchweg malerischer Wurf des Bodens, ein lebhafter Wechsel von Berg und Tal mit Aussicht auf entferntliegendes Gebirge, ein Fluß mit seiner Aue und alte Baumbestände. Doch waren das nur Voraussetzungen für den Ausbau der Anlage mit Wasserregulierungen, Geländeaufschüttungen und Neupflanzungen sowie das Einbinden bereits vorhandener oder neuzuschaffender architektonischer natürlicher Staffagen. Diese Staffagen, zu denen Pückler unter anderem auch das im Zweiten Weltkrieg zerstörte Schloß, eine Burgruine, ein Bergwerk, ein Bad und ein Observatorium rechnete, sollten »das Vergangene gleichsam in einem zusammengefaßten Bilde wieder reflektieren, wodurch alles, was einst da war, neu hervorgehoben, möglichst seinem Zweck entsprechend verbessert, anmutiger gemacht und mit Neuem verbunden in ein geregeltes Ganzes vereinigt werden sollte«. So wird der Entschluß verständlich: »außer den schon bestehenden Gärten das ganze Flußgebiet mit seinen angrenzenden Plateaus und Hügelreihen, Fasanerie, Feldflur, Vorwerk, Mühle, Alaunberg usw. von den letzten Schluchten des sich im Süden abdachenden Bergrückens an bis zu den Dörfern Köbeln und Braunsdorf auf der Nordseite (alles zusammen nahe an viertausend Morgen Land) zum Park auszudehnen und durch Hinzunahme des sich hinter der Stadt fortziehenden Abhanges mit einem Teil des daraufliegenden Dorfes Berg die Stadt selbst durch den Park so zu umschließen, daß sie künftig mit ihrer Flur nur einen Teil desselbigen ausmachen sollte«. (Pückler)

Zu diesem Zweck hat Pückler das Gelände ästhetisch gleichsam in einzelne Quartiere aufgeteilt und durchgegliedert, wobei es ihm darauf ankam, mit Hilfe großer Naturformen ein klares, wenn auch nicht mit einem Blick überschaubares Raumgefüge zu schaffen, denn »das Halbverdeckte ist ohnehin jeder Schönheit vorteilhaft, und es bleibt in diesem Gebiete der Phantasie noch etwas zu erraten übrig«. (Pückler)

In den Gehölzpflanzen werden einmal fremdartig wirkende Zusammenstellungen ganz bewußt vermieden und zum anderen eine Mischung der Baumarten angestrebt – im Unterschied zu Sckell, der Bestände von einer einzigen Art vorgezogen hatte. Die Wege sind nicht um ihres eigenen Formwertes willen angelegt, sondern ganz allein im Hinblick auf ihre Aufgabe, Leitmotiv zu den schönsten Stellen des Parkes zu sein.

Das Gesamtgebiet wird räumlich im wesentlichen in drei Komplexe gegliedert, die ihrerseits wieder in sich differenziert werden. Im westlichen Teil ›der Park des Badens‹, dessen Abschluß ein steilerer Höhenrand darstellt, der hinter den Häusern der Stadt aufsteigt. Das Zentrum bildet ›der Park des

Schlosses‹ im Gelände des nordsüdlich gebreiteten Talgrundes mit der Neiße, in dessen westlichem Teil die Stadt, im östlichen die Auenlandschaft gelegen ist und in die auch das Schloß hineingestellt bleibt; schließlich ›der äußere Park‹, der von der Neiße her an der Ostgrenze der Aue bis zu einer Hügelkette aufsteigt, wobei die Grenzen beziehungsweise Übergänge so unmerklich sind, daß nicht einmal die Neiße als tatsächliche Grenze bewußt wird.

Im ›Park des Schlosses‹ – das Schloß wird auf den Seiten vom Luciesee umgeben – war Pückler ähnlich wie Sckell in Nymphenburg um die Trennung von Park und Garten besorgt. Sagt er doch selbst: »Wenn der Park eine zusammengezogene idealisierte Natur ist, so ist der Garten eine ausgedehntere Wohnung.« Dabei boten sich nach seiner Meinung verschiedene Möglichkeiten der Durchbildung dieser Gärten an. In Muskau hat er à la Repton eine Mittelstraße eingeschlagen, das heißt einen Pleasureground rund um das Schloß ausgedehnt, und innerhalb desselben zuerst die Blumengärten mit einem Gewächshaus, das mit den Salons in Verbindung steht, dicht unter den Fenstern angebracht; dann aber in einiger Entfernung als besondere und wieder unter sich zusammenhängende Partie – immer aber noch im Bezirk des Pleasuregrounds – Orangerie, Wintergarten, Treibhäuser und Gemüsegärten angelegt; die Fruchtgärten aber, die Weinberge und die Baumschulen ganz entfernt vom Schloß im Park selbst verteilt. Dieser Pleasureground ist nach Pücklers Definition »ein an das Haus stoßendes, geschmücktes und eingezäuntes Terrain von weit größerem Umfang, als Gärten zu haben pflegen, gewissermaßen ein Mittelding zwischen dem Park und den eigentlichen Gärten«. Die Geschlossenheit klassischer Raumdisposition wird damit zerteilt, ohne daß in Muskau die Trennungslinie zwischen Garten und Park sichtbar wird. Der Bruch vollzieht sich sichtbarlich erst in den Schöpfungen von Peter Lenné, wovon noch später zu sprechen sein wird.

›Der äußere Park‹, der den gesamten Muskauer Besitz östlich der Neiße umfaßt, ist das weitaus größte Gebiet und schafft zugleich den Übergang vom Park in die nur noch geschmückte Feldflur, wo von ihm geschickt mit dem Wechsel von Wald- und Wiesenstücken, dem Wechsel von Laub- und Nadelholz unter Ausnutzung der Möglichkeiten des bewegten Geländes gearbeitet wurde. Bauliche Anlagen – Ritterburg, Begräbniskapelle, Tempel und ein Englisches Haus – sollten die Erinnerungen an die Vergangenheit wachhalten oder einer gegenwärtigen Geselligkeit dienen, wobei er sich hütete, in läppische Spielerei zu verfallen. Tatsächlich trägt keine dieser baulichen Anlagen Staffagencharakter, sondern sie beziehen ihren Sinn aus praktischen Zwecken oder empfangen ihn aus der Geschichte des Parkes, des Landes und seiner Bewohner.

Der ›Park des Bades‹ im Südwesten stellt einen Park der Kontraste dar; idyllenhafter Dorfrand und Ortsanlage oberhalb von Muskau, ein zerklüftetes Waldgelände, ein Bergwerk mit Halden und Schächten und ein Kurbad mit den verschiedensten Einrichtungen zur Unterhaltung des Badepublikums, wobei es gelingt, durch die natürliche Ordnung der Gegebenheiten die extremen Dinge zu einem Ganzen von angenehmer und überzeugend natürlicher Wirkung zu verbinden.

Es war nicht zuletzt die Gartenleidenschaft, die die finanziellen Möglichkeiten Pücklers auf die Dauer der Zeit erschöpft hat, so daß er schließlich gezwungen war, sich von dem Muskauer Besitz mit dem zwischen 1815 und 1845 geschaffenen Garten zu trennen. Das hat ihn aber nicht gehindert, in seinem weiteren Besitz *Branitz* in den Jahren nach 1845 nochmals sich der Arbeit an der Gestaltung eines Parkes hinzugeben, und zwar unter wesentlich ungünstigeren Bedingungen als in Muskau, denn die sich ihm hier bietende Landschaft war reizlose, arme Kiefernheide, eine ebene Feldflur ohne Gehölze, der es an Wasser mangelte. Trotzdem hat Pückler, von seiner Idee besessen, eine eindrucksvolle Parklandschaft geschaffen, wobei ihm das Warten auf ›fertige‹ Bilder nicht leicht gefallen sein mag.

Wiederum bildet das Schloß den Schwerpunkt des Parkes, und der Parkkern umfaßt ein Stück des Gutsareals; abermals wird die Trennung von Park und Gärten im Pleasureground vollzogen. Der Park – im Gegensatz zu Muskau ein nicht so umfangreicher Bezirk – dehnt sich in gehöriger Breite nur nach einer Richtung – nach Nordwesten – vom Schloß fort. Sein Zentrum ist eine einzige große Wiesenfläche mit gliedernden Gehölzpartien, die rundum durch hohes Gehölz geschlossen sind, das zum Teil auf künstlich aufgeschütteten Hügeln steht, deren Erde man bei den Ausgrabungen von Wasserflächen und Wasserläufen gewonnen hatte. Durch einen hohen Grundwasserstand brauchte der Fürst auf dieses so wichtige Element des Landschaftsparkes nicht zu verzichten. Die Uferränder der Gewässer sind ausnahmslos natürlich geformt. Aus dem Bodenaushub der Teiche hat Pückler auch den ›Tumulus‹, eine zwanzig Meter hohe Erdpyramide, errichtet, die er für sein Grab bestimmte und in der er 1871 auch tatsächlich beigesetzt worden ist. Dieser Tumulus war in seiner starr stereometrischen Form inmitten einer, in bewegten Formen gestalteten Natur ein von Pückler bewußt gesuchter Effekt, ein ›Unikum‹, wie es im übrigen Europa kaum mehr zu finden sein dürfte – ein Einfall und sozusagen ein Symbol für die romantisch durchglühte Natur des Parkschöpfers.

Für die Schöpfungen Pücklers ist es bezeichnend, daß sie keineswegs mehr oder minder gekonnte Nachahmungen der von ihm bewunderten, aber vielfach auch kritisierten englischen Anlagen darstellen. Pückler hat den Strömungen und Spielarten der Gartenkunst seiner Zeit vor allem deshalb nachgespürt, um über ihren Inhalt für die Verwirklichung seiner eigenen Pläne Klarheit zu gewinnen. Nachdem er das Glück hatte, seine künstlerischen Ambitionen auf eigenem Boden zum Tragen bringen zu können, wurden die Schöpfungen von Muskau und Branitz zum Spiegel der Gartenleidenschaft eines großen Herren von Geschmack und Kenntnis, kurzum eines ›Parkomanen‹ von hohem Range. So ist es weiter kein Wunder, daß sein Rat auch anderswo – nicht nur in England, sondern auch von Napoleon III. in Paris – erbeten und gerne von ihm gegeben wurde. Beweise dafür sind nicht zuletzt seine zahlreichen literarischen Veröffentlichungen.

Peter Joseph Lenné

Während Sckell noch in der vorrevolutionären Welt des Rokoko aufgewachsen war, begann Lennés beruflicher Weg erst in der Napoleonischen Ära nach 1800. Für seine gartenkünstlerische Stellung ist es bezeichnend, daß unter den ersten Stationen seines Lebens England fehlt, was nicht weiter wunder nimmt, nachdem das natürliche Gartenideal seit 1800 auf dem Kontinent allgemein verbreitet war. Lennés eigentliche Entwicklung beginnt 1811 mit einem Aufenthalt in Frankreich, wo der damals bedeutende Gartenkünstler Gabriel Thouin, ›le véritable créateur du jardin-paysage‹, wirkt, für den – analog ähnlichen Strömungen in England – die Pflanze bereits wieder eine entscheidende Rolle in seinen Gartenschöpfungen spielte, der aber auch in anderer Hinsicht die Gartenkunst Frankreichs beeinflußt hat, indem er innerhalb seiner Gartenpartien wie das viktorianische England wieder vielfach geometrische Formen anwandte. Seine Ellipsen und Ovale, die nicht ohne Einfluß auf Lenné geblieben sind, haben im ganzen 19. Jahrhundert die Gartenarchitekten zur Nachahmung angeregt.

Lenné, der während seiner Pariser Zeit ernsthaft botanischen Studien nachgegangen ist, hat sich trotz seiner Vorliebe für dieses Gebiet schließlich für die Gartenkunst entschieden. Seine Studien und Arbeiten sind zwischen 1808 und 1816 auf das Rheinland, auf Süddeutschland, die Schweiz und Österreich beschränkt, bis er 1816 als Gartengeselle in Sanssouci eingestellt wurde und in der Folge ein Arbeitsfeld fand, das ihm im Laufe von fünfzehn Jahren in immerwährendem Aufstieg den Titel eines ›Generalgartendirektors‹ eingebracht hat. Vorzüglich sind es die Gärten von Potsdam und Berlin, die ihm ihre bis heute bewahrte Prägung verdanken, wozu Ausstrahlungen seiner Wirkung in Brandenburg, Pommern und Mecklenburg hinzukommen, Ausstrahlungen, die bis nach Koblenz und Bayern reichen.

G. Hinz und A. Hoffmann haben die Fülle seines Schaffens in drei Phasen aufgegliedert: zum ersten die Zeit seiner frühen landschaftlichen Gestaltungen von etwa 1815 bis 1830 mit den Plänen für den neuen Garten des Marmorpalais, für Sanssouci, Charlottenhof, für den Berliner Tiergarten, für den Charlottenburger Schloßpark, für Klein-Glienicke, den Potsdamer Lustgarten und den Garten am Ansbachischen Palais, die »aus reiner Empfindung« geschaffen wurden.

Die zweite Phase eines verfeinerten Landschaftsstiles von 1830 bis 1840, in der unter anderem die Pläne für den Prinz-Albrecht-Garten und den Garten der Fürstin Liegnitz am Charlottenburger Schloß entstanden sind, zeichnet sich durch reichere Grundrißbildung der Anlagen aus; in dem Park tauchen jetzt kompliziertere Blumengärten, Pergolen und Wasserbecken in zierlichen Formen auf.

In der Zeit der dritten Phase von 1840 bis zu seinem Tode 1866, der Periode seines späten landschaftlichen Stiles, entstehen so gegensätzliche Anlagen wie der Marlygarten in Sanssouci, in dem Lenné »zu einer äußersten Verfeinerung seiner Gestaltungskunst im landschaftlichen Sinne« gelangt ist, weiter die Orangerieterrassen, der ›Sizilianische Garten‹ und der ›Nordische Garten‹, in denen die erneute Wendung zum geometrischen regelmäßigen Gartenschema konsequent vollzogen wird. Dabei gilt diese Wendung bei ihm nur für den begrenzten Raum ›Garten‹, niemals für den Park oder gar die zu verschönernde Landschaft insgesamt. Es erfolgt dabei ein Rückgriff, wie ihn auch die Engländer in ihrem Typus des

›Italian Garden‹ anwenden, als Ausfluß jener Forderung von Hirschfeld, der, wie schon früher angedeutet, Regelmäßigkeit in der Umgebung des Hauses gefordert hatte, wie ja auch Repton Garten und Park wieder voneinander geschieden wissen wollte.

Das Hauptwerk von Lenné stellt die Umgestaltung der Anlagen von Sanssouci in landschaftsgärtnerischem Sinne dar, wobei sein frühester Plan von 1816, der eine völlige Umgestaltung und Neuschöpfung in landschaftlichem Sinne à la Brown vorgesehen hatte, nicht zum Tragen gekommen ist; dadurch ist uns glücklicherweise die kostbare friderizianische Gartenschöpfung in gewissem Sinne erhalten geblieben. Denn als in den Jahren 1819 bis 1825 Lenné den zwischen Sanssouci und dem Neuen Palais gelegenen Revieren ein neues Gesicht gegeben hat, wurde von ihm das große durchlaufende Achsensystem nicht aufgegeben. Durch die Schaffung großer ungeteilter Rasenflächen, die Bildung von Hainen und die Pflanzung von Baumgruppen und Einzelbäumen sowie durch die Neuordnung des Wegenetzes unter Einbeziehung der Bauten in die Landschaftsszenerie mit der Öffnung von Ausblicken wurde das Ganze von ihm mit meisterlicher Hand gegliedert. Bei einer späteren Erweiterung des Geländes hat er 1825 das Gut *Charlottenhof* und 1827 das sogenannte *Hopfenkruggelände* einbeziehen können. Die beiden letztgenannten Partien wurden durch Wiesenflächen landschaftlich gestaltet, die er in nicht zu großen Abständen mit hainartigen Gehölzmassierungen besetzt hat. Dagegen erscheinen im engen Bereich von Schloß Charlottenhof eine Art von architektonisch-geometrischen Bildungen, so zum Beispiel ein Hausgarten, ein regelmäßig angelegter Kastanienhain und in dessen axialer Verlängerung ein Hippodrom und schließlich die ›Römischen Bäder‹. In der Randzone des Charlottenhofreviers verbinden sich die geometrischen Grundrißlinien architektonischer Gartenanlagen in sozusagen natürlicher Weise der malerisch ausgebildeten Landschaft. – Ähnliches vollzieht sich in der Umgebung des *Neuen Palais*, wo die beiden Quadrate des Zirkels regelmäßig und in übereinstimmender Weise – ohne jedoch die Manier der Parterres zu wiederholen – behandelt werden. Er gestaltet sie als geometrisch-gerandete, mit Blumenbeeten und Blütensträuchern garnierte Rasenflächen – eine Ordnung, die sich bis in das 20. Jahrhundert einer allgemeinen Beliebtheit erfreut.

Mit der Thronbesteigung Friedrich Wilhelms IV. von Preußen bekam dann *Sanssouci* den Bauherrn, dem die Anlage ihre endgültige Prägung verdanken sollte, wobei die neuhinzukommenden Geländepartien auf dem nördlichen Höhenrücken von Sanssouci nach Bornstedt hin nicht mehr zur Erweiterung einer natürlich gestalteten Parklandschaft verwendet wurden. Ganz im Gegenteil – der Landschaftsgarten als Naturgarten ist nicht mehr im Spiel. »Der Landschaft – das heißt der nicht als künstlerische Form erkennbaren Natur – war der Zutritt in die Gärten ausnahmslos versperrt; sie durfte – wie in den Terrassengärten Italiens etwa in Frascati – nur bis an die Grenzen des als gestaltet Erkennbaren heranreichen, nur außerhalb, nur Hintergrund, nur das zwischen den Gärten Liegende sein. So verfuhr Lenné im Falle der Terrassengärten der neuen Orangerie – von Stüler und Hesse 1851–60 erbaut –, so auch in den Gärten beiderseits der Maulbeerallee, dem ›Nordischen‹ und dem ›Sizilianischen Garten‹, wobei die Landschaft kaum mehr als ein des Kontrastes wegen gerade noch wünschenswerter Hintergrund ist, den eigentlich niemand aufzusuchen wünscht.« (A. Hoffmann)

Der zierlich gegliederte ›Sizilianische Garten‹ zeigt einen regelmäßig geordneten Grundriß, so in der Führung der Wege und in den Quadraten für den Rasen und die Blumenbeete – Formen, denen sich auch der Wuchs der Pflanzen anzupassen hatte. Im einfacher gehaltenen ›Nordischen Garten‹ überwiegt der dunkle Farbton immergrüner Nadel- und Laubgehölze. Im ›Marlygarten‹ dagegen hat Lenné dem natürlichen Garten den schönsten Ausdruck verliehen. Im Gelände des seit Friedrich Wilhelm I. ›Marly‹ genannten ehemaligen Küchengartens wurde 1846–47 im Zusammenhang mit der von Persius errichteten Friedenskirche jene kleine Anlage geschaffen, »die wohl als eine der schönsten Schöpfungen des späten Landschaftsgartenstils gelten kann, zumal sie sich dem Bauwerk verbindet, ohne der mittlerweile üblichen Lust an aufwendigem Pflanzenschmuck zu verfallen. Marly kann sogar als musterhaft für Baumbildungen im natürlichen Stil gelten: Eine langgestreckte Wiese, deren Baumkulissen vor seitlichen Begrenzungen den Eindruck von einem tiefen und gegliederten Raum vermitteln; deren leicht modellierter Grund diese Illusion noch bekräftigt. Wege verlaufen als Rundwege in den Gartenpflanzungen; der einzige Querweg wird von einer Bodenwelle völlig verborgen, so daß die Wiese nicht unterbrochen zu sein scheint. Also Beschränkung auf klare, große Formen, auf einen einzigen, großen Raum, der nicht ›schnelle‹ Raumflucht, sondern eine Art ›beruhigtes‹ Raumgebilde darstellt, unter Verzicht auf ablenkende Staffagen.« (A. Hoffmann)

Die Schöpfungen von Lenné sind ein Beweis, daß seit Lenné die landschaftliche Gartenkunst nicht mehr Anspruch auf alleinige Gültigkeit machen kann. Das Landschaftliche wird zum Hintergrund, zur kontrastierenden Folie und zugleich zu einer natürlichen Szene, in die und auf die man regelmäßige Gebilde einstellt. Damit wurde zugleich das Programm natürlicher Gartenkunst aufgegeben, nämlich den Garten aus seiner uralten Form des Umhegten zu lösen und ihn zu einem Teil der Landschaft zu machen. Die von Lenné geübte Tendenz, den Garten in sein früheres Abgetrenntsein zurückzuführen, in einen Zustand, der sich sichtbar von der Umgebung absetzt, bedeutete, daß man die alte Trennung von Park und Garten wieder anerkannte. Der Garten soll als Kunstform zu dem Park als einem der Natur nachgeahmten Werk in Kontrast stehen.

Auch erwächst neben dieser ästhetischen Forderung einer

Scheidung von Park und Garten ein immer stärker werdendes Verlangen nach einer Verbesserung und Verschönerung ganzer Landschaftsstriche. Es ist das ein Verlangen, das schon bei Fürst Franz von Anhalt-Dessau und ebenso bei Fürst Pückler spürbar ist, aber jetzt gleichsam zum Manifest erhoben wird. Lenné hatte sich mit diesem Problem bereits 1820 in einem Entwurf für die Verschönerung einer ganzen Gemarkung um das Gut Reichenbach in Pommern beschäftigt. Im Jahre 1842 hat er dann einen Plan ›Zur Verschönerung der Insel Potsdam‹ gefertigt, und zwar als Grundlage für die Absicht von König Friedrich Wilhelm IV., die weite Potsdamer Landschaft mit ihren Dorfgemarkungen, Kirchen und Schlössern, mit Sanssouci als Zentrum, landschaftsgärtnerisch zu gestalten. Solche Bestrebungen werden um jene Zeit auch anderwärts aus dem Wunsche nach einer allgemeinen Landschaftsverschönerung spürbar.

Elftes Kapitel

Auf der Suche nach einem Stil

Die ›gärtnerische‹ Manier

Die ›gärtnerische‹ Manier hatte sich um das Jahr 1840 durchgesetzt. Dazu schrieb I. C. Loudon: »Alle gepflanzten Bäume und Gebüsche hat man entsprechend ihrer Art und ihrer Größe angeordnet. Sie wurden auf solche Entfernungen gepflanzt, daß sie schon jetzt oder nach späterer Auflichtung sich in ihrer natürlichen Form und gemäß ihrer Bestimmung am besten entfalten können. Damit wurde gleichzeitig – und als Hauptgesichtspunkt – eine Einheit des Ausdrucks und Charakters erzielt, wie es kaum jemals zuvor bei einer Schule möglich war. Kurz gesagt, das Ziel des ›gärtnerischen‹ Stils liegt darin, dem erkannten Reiz der Reptonschen Auffassung alles das hinzuzufügen, was Gartenbaukunde und Botanik in ihrem jetzigen fortgeschrittenen Zustand zu verwirklichen erlauben ... Den Gärtnern und Freunden der Botanik zuliebe, die ihre Bäume und Pflanzen am vorteilhaftesten entfaltet sehen wollten, hat man dieses Prinzip mehr oder weniger in verschiedenen Landsitzen aufgegriffen – ein Prinzip, von dem man möglicherweise behaupten kann, daß es in botanischen Gärten schon immer bestanden hat ...«

Haben Uvedale Price und Payne Knight deshalb den Ruf von Brown zerstört? Abermals hatte eine Revolution stattgefunden, und abermals war sie nicht im entferntesten so verlaufen, wie es die Revolutionäre beabsichtigt hatten. Wie man diese ›gärtnerische‹ Auffassung auch bewerten mag, sicher war sie keine ›malerische‹ Konzeption. Man kann sich kaum einen von Loudon entworfenen Garten als Thema für einen Claude Lorrain oder Salvator Rosa vorstellen. Loudon, der

Hohepriester dieses undeutlichen ›Stils‹ oder besser gesagt des Nichtvorhandenseins eines Stils, was nämlich die ›gärtnerische‹ Schule charakterisiert, war überraschenderweise dennoch der richtige Mann, um den wesentlichen Unterschied in der Gartengestaltung des 18. und 19. Jahrhunderts zur Anschauung zu bringen. Er wies darauf hin, daß der Strom ästhetischer Theorien über Gartengestaltung zu versiegen begann und durch eine Flut von Gartenliteratur ersetzt wurde, die einzig und allein bestrebt war, die Leser mit neuen Pflanzenarten und ihren Züchtungsmethoden vertraut zu machen. In dieser Periode war das botanische Interesse so groß geworden, daß die so verschwenderisch in Folgen erscheinenden Publikationen wie das ›Botanical Magazine‹ von Curtis, das ›Botanists' Repository‹ von Andrew und so spezielle Werke wie die Monographien von Andrew über die Heidekräuter und von Sweet über die Storchschnabelgewächse zahlreiche Abonnenten hatten. Um jene Zeit erschien zum ersten Male jener Typus billiger Gartenmagazine, die von berufsmäßigen Gärtnern für die bürgerlichen Gartenenthusiasten geschrieben wurden. Es war die Ära der enzyklopädischen Publikation, wie sie auch Loudon selbst verfaßt hat. Da Loudon entdeckte, daß die Öffentlichkeit die Gartengestaltung nicht als eine ›Kunst des Geschmacks‹, sondern als eine ›Kunst der Kultivierung‹ ansah, plante er eine Serie von Neuauflagen. Er sammelte im Jahre 1840 Reptons Arbeiten und bereitete auch für eine Neuauflage ausgewählte Werke über den geometrischen, den Landschaftsgarten-Stil und den malerischen Stil vor, wobei ihn 1843 der Tod überraschte.

Eine solche Geringfügigkeit wie Loudons Plan von Neudrukken bewies, wie die Kritik wieder leise gegen die Treibhäuser, Treibkästen und Sammlungen von diesem und jenem zu schüren begann. Seine eigene Meinung über den Landschaftsgarten ist am besten aus seinem Werk ›Arboretum et Fruticetum Britannicum‹ (1838) ersichtlich: »Ein im modernen Stil angelegter Landsitz auf einem die Natur nachahmenden welligen Grund mit in Gruppen oder in großer Zahl darüber verteilten Bäumen, die weder in geraden Reihen noch in künstlich beschnittener Form auftreten, kann mit der Natur verwechselt werden, wenn die gepflanzten Bäume nicht in ihrer Mehrzahl fremdländische Arten sind, die in der natürlichen heimischen Landschaft nicht zu finden sind. Alles in der modernen Gartengestaltung hängt daher von der Verwendung fremdartiger Bäume und Gebüsche ab, und wenn man sich einmal genau Rechenschaft darüber gegeben hat, daß keine Anlage im modernen Stil den Anspruch erheben kann, in einem guten Geschmack angelegt zu sein, wenn nicht alle Bäume und Gebüsche aus Exoten oder aus veredelten heimischen Arten bestehen, wird die Umgebung eines jeden Landsitzes – vom Cottage bis zum Herrenhaus – zu einem Arboretum, das sich nur durch die Zahl der verwendeten Arten unterscheidet.« Die Prämisse, auf der diese bemerkenswerte Doktrin beruht, ist kurz gesagt die, daß alle Kunst ›als Kunst‹ und nicht ›als Natur‹ erkennbar sein muß; da die Art der Bodengestaltung auf der Nachahmung der Natur fußte, war der einzige Weg, um zu zeigen, daß das Geschaffene ›nicht natürlich‹ sei, die Verwendung von einem in der umgebenden Natur nicht vorkommenden Pflanzenmaterial. Die Tage der dürftigen ›Natur‹ waren so oder so vorüber, denn diese ›natürlichen‹ Landschaften eines Loudon waren in der englischen Landschaft ebenso unnatürlich wie die Grotte eines Pope an den Ufern der Themse.

Öffentliche Aufgaben

Loudons erste Veröffentlichung war ›Observations on Laying-out Public Squares‹ (1803) und zu seinen letzten gehört ›The Suburban Gardener and Villa Companion‹ (1836) sowie ein Werk über die Anlage von Friedhöfen (1843). Die bedeutendsten seiner Schöpfungen waren die *Botanischen Gärten in Birmingham*, das *Arboretum von Derby* und die *Friedhöfe von South-*

ampton und *Bath*. Sein Einfluß war groß, und er gab zu einem bestimmten Zeitpunkt nicht weniger als fünf Zeitschriften heraus.

Auf den ersten Blick macht die englische Gartengeschichte des 19. Jahrhunderts den Eindruck des Durcheinanders einer viktorianischen Vitrine. Der Grund dafür liegt in der mehr als üblich verwickelten Struktur der viktorianischen Gesellschaft. Das georgianische England ist trotz der raschen Entwicklung noch eine aristokratische Gesellschaft gewesen, insofern nämlich, als der Adel die Kultur bestimmte. Das viktorianische England dagegen war eine Mittelstandsgesellschaft. Wenn wir bei den Viktorianern irgendeine Spur einer tatsächlich gemeinsamen Anschauung entdecken wollen, die einen Stil hervorbringen kann, so finden wir diese nur in der relativ homogenen und selbstbewußten Mittelklasse, aber nicht bei der alten Aristokratie, die sich – zwar unbewußt – in einer passiven Selbstverteidigung befand.

Diese aristokratische Selbstverteidigung nahm die Form des Eklektischen an. In einem hoffnungslosen Kampf unternahm die Aristokratie alle möglichen unzulänglichen Versuche mit ihren Gärten, mit diesem und jenem Pflanzenmaterial, um eine Welt zu erfassen, zu halten und zu behaupten, die mit jedem Tag mehr ihrem Einfluß entglitt. Nur wenig war jetzt noch von dem ungeschulten Appetit der Eklektiker des 18. Jahrhunderts vorhanden, die sich gleichermaßen für das Griechische, Gotische und Chinesische begeistert hatten. Die Schöpfer dieser Gärten fragten nicht mehr: »Ist es nicht amüsant?«, sondern eher »Wo liegt die Rettung?«.

Es gab jetzt keine Grundsätze mehr. Die klar definierten Prinzipien, die man entweder annehmen oder gegen die man rebellieren konnte, existierten nicht mehr, und es gab keinen festen Grund mehr für Vorurteil oder Überzeugung.

Für den größeren Teil des Jahrhunderts beherrschte eine Art ›gärtnerischer Bastard‹ die großen Gärten, und zwar mit einer seltsamen Neigung für den Blumengarten in geometrischen Formen sowie für den Baum- und Gebüschgarten, der nach ›natürlichen‹ Grundsätzen angelegt war. Aber allmählich traten andere Züge hervor, bis es schließlich möglich war – Jahre gingen darüber hinweg –, das zu erkennen, was, zwar sehr langsam und sehr unsicher, Platz gegriffen hatte und was einen Versuch des geometrischen und des natürlichen Gartens darstellte, das neue Material zu absorbieren, um zusammen daraus eine neue Synthese zu schaffen. Man kann übrigens eine Parallele zwischen der allgemeinen Entwicklung des viktorianischen Zeitalters und der seiner Gärten sehen: die Neuheiten des industriellen Zeitalters und das Erbe einer glänzenden Vergangenheit mußten assimiliert und verschmolzen werden.

Das Erscheinen von geradlinigen Formen in der Nachbarschaft des Hauses war die erste Stufe in diesem Prozeß, nachdem Repton zögernd zugegeben hatte, daß das Geometrische zuweilen erlaubt sei. Der alte architektonische Stil war um 1830 genügend rehabilitiert, so daß man es wagen konnte, die *Gärten von Wilton* – wo der Garten des frühen 17. Jahrhunderts von de Caus sowohl die Eingriffe eines Wise wie die des Landschaftsgartens hatte erleiden müssen – in angeblich italienischer Manier wiederherzustellen; dabei wurde das wenige, das von den alten Statuen und architektonischen Grundformen noch übriggeblieben war, wieder verwendet. Der Schöpfer des neuen italienischen Gartens war kein anderer als der uns bekannte ›einfallsreiche Herr Westmacott‹, jetzt Sir Richard, dessen Statue des Herzogs von Bedford den Reptonschen Garten vom Russel Square verschönte.

Dank des steten Einflusses der Renaissance auf die kultivierten Geister kehrte der Architekturgarten vorzugsweise in italienischer und nicht in holländischer oder französischer Form zurück. Während das 18. Jahrhundert sich auf die Autoritäten eines Vitruv und Palladio berufen hatte, wurde das 19. Jahrhundert von dem Ruhm der Medici geblendet. Maler, Bildhauer und Architekten, die so lange zu Füßen der späten

Italiener gesessen hatten, befreiten sich jetzt von der Verzauberung des 16. und 17. Jahrhunderts und richteten ihren Blick über Rom und Venedig hinweg auf Florenz, und zwar auf das Florenz jener Tage, die vor dem Glanz eines Raffael lagen. Die romantische Vision wurde mitsamt Poussin, Salvator Rosa und dem überwucherten barocken Garten über Bord geworfen. Jetzt, nachdem die Gesellschaft sozusagen zu einem undurchdringlichen Dschungel geworden war, bedurfte die ›ideale Welt‹ des Gartens wieder der Prägung durch menschliche Disziplin; jede seiner Linien sollte Geborgenheit atmen. Der von Price vertretene italienische Garten ist der malerisch verfallene Garten eines Malers gewesen. Dagegen war der von Westmacott propagierte italienische Garten die Neuauflage der strengen Rechteckigkeit der frühen Renaissance. Vielleicht konnte man schließlich auf dem Wege der alten Schulmeinungen am raschesten zum Ziel gelangen, um aus dem Sumpf der Formlosigkeit herauszukommen?

Diejenigen, die dieser Auffassung waren, empfanden für Loudon und seine halbgaren ›Ideen‹ nur wenig Sympathie. Der von ihnen als dringend notwendig erachtete Schritt war der, den Garten der Hand des Gärtners zu entwinden. Nächst dem Bildhauer Westmacott war der bedeutendste Planer kein Geringerer als Sir Charles Barry, seines Zeichens Architekt und Urheber der so bemerkenswerten wie ungleichen Entwürfe des ›House of Parliament‹ und des ›Reform Club‹, ein Mann von weitgespanntem Einfluß. Barry arbeitete mit William Nesfield als Partner an den Gärten der großen Häuser, die von ihm gebaut oder umgebaut wurden. Nesfield hatte in Peninsula und in Kanada gefochten, und nachdem er als Leutnant seinen Abschied von der Armee genommen hatte, machte er sich als Aquarellist von Wasserfällen einen Namen. Es ist nicht möglich, festzustellen, inwieweit diese Gärten das alleinige Werk von Nesfield waren. Vermutlich handelte es sich um eine echte Partnerschaft, bei der Barry für die Terrassierung und die großen Linien des geometrischen Teils verantwortlich war, indessen Nesfield sich um die gewundenen Wege und das Buschwerk kümmerte. Nesfield hatte eine große Praxis, er scheint ein Eklektiker nach Reptonschem Muster gewesen zu sein und ebenso bereit wie Barry, auf Verlangen die Manier zu wechseln. Die bekanntesten Orte – und es sind deren viele –, für die er um seinen Rat ersucht wurde, sind St. James, Kew, Arundel, Trentham und Alnwick.

Die Gärten von Barry und Nesfield sind – wie man in *Trentham Castle* feststellen kann – nichts anderes als das ausgedehnte innere Parterre italienischer Gärten, das dazu bestimmt ist, die nichtwinterfesten Pflanzen aufzunehmen. Da sie als horizontale Bildebenen aufgefaßt wurden, hat man sie, wenn es sich machen ließ, mit Terrassen umgeben, von denen man auf sie herabschauen konnte. Sobald das nicht möglich war, begnügte man sich mit dem versenkten Parterre. Keine Möglichkeit des Ausruhens, keine Abgeschiedenheit und nicht ein Hauch des Friedens lag über solchen Gärten. Kein Schatten war gestattet, und man sah sich auf jene unermeßlichen, versengenden Weiten zurückgeführt, die von Saint-Simon in Versailles so beklagt worden waren. Aber obgleich dies die Auffassung des 19. Jahrhunderts vom alten Parterre ist, die nahezu im kopierten Sinne wiederkehrte, so bestanden zu der Vorlage doch wesentliche Unterschiede. Rein äußerlich lagen diese in der Verwendung des Pflanzenmaterials. Die höchst kunstvollen alten Broderieparterres verwendeten Buchs oder Rasen und oft überhaupt keine Pflanzen. Aber bestimmt verfügte weder ein Parterre des 16. Jahrhunderts in Italien noch eins des 17. Jahrhunderts in Frankreich über solche Massen lebhafter Farben, außerdem hätte man es zu dieser Zeit gar nicht unternommenen, Farbnuancen zu kombinieren, um dadurch die Farbintensität zu steigern. Die geschlossenen Kader von Geranien, Pantoffelblumen, Margeriten, Steinkraut und Lobelien brachten es mit sich, daß das Parterre des 19. Jahrhunderts im Frühjahr und Sommer sich unendlich greller als seine Vorgänger gab, um im Herbst und Winter dagegen unendlich trüber zu erscheinen. Beides zusammen: die Brillanz der Farbigkeit und die Sorgfalt, mit der die Beete gepflegt wurden, versetzten das Auge des Betrachters in Erstaunen und entlockten ihm einen befriedigten Seufzer der Bewunderung. Diese erste Reaktion aber war teuer erkauft. Niemand kann fortgesetzt etwas bestaunen, was er jeden Morgen unter den Fenstern seines Schlafzimmers erblickt. Das alte ›Parterre de broderie‹ konnte niemals ein wirklich anhaltendes Vergnügen bereiten; das Auge aber konnte sich erfreuen, indem es immer wieder den Windungen der Figuration folgte. Es war jedoch kaum möglich, den Blick auf den heftigen Farben der stetig ›ausgepflanzten‹ Blumen verweilen zu lassen. Dieser Stil, Beete anzulegen, wurde nichtsdestoweniger von größtem Einfluß, und man hat ihn sozusagen in jedem öffentlichen Park kopiert.

Mittlerweile wurde fast vergessen, daß solche Beete von oben betrachtet sein wollten. Wohl war die Terrasse in den privaten Gärten weitgehend durch die Veranda oder den Balkon ersetzt. Doch sobald die Beete nicht mehr durch eine Wiederholung der Motive in Beziehung zueinanderstanden, war das Parterre kein Teppich mehr. Daß die Beete des 19. Jahrhunderts sich von den alten Parterres unterschieden, lag nicht in deren natürlicher Wesenheit, sondern vielmehr in dem Verhältnis zu der Gesellschaft begründet, die sie geschaffen hat. Für wen waren eigentlich diese Gärten jetzt gedacht? Überladener Aufguß von Neureichen, die es auch einmal so haben wollten wie der alte Adel!

Das alte Broderieparterre war, wenn auch in der Horizontalen, ein Hintergrund, genau wie ein Teppich, der Hintergrund ist, der dem Ganzen ein Air von Reichtum verleiht und eine harmonische und beherrschende Unterstützung für all das darstellt, was vor seiner Oberfläche steht oder sich bewegt. Aber ein gemustertes Parterre in einem überfüllten Garten gleicht einem Teppich in einem nicht eingerichteten Raum und hat den Anschein trostloser Erwartung, von Kahlheit. Das 17. Jahrhundert, in dem diese Parterres angelegt wurden, war das Zeitalter der Höfe; das 19. Jahrhundert war es nicht mehr. Die Menge in Staatsroben, die sich täglich in Versailles, Marly, St. James und Hampton Court drängte, sobald der Monarch dort Hof hielt, hatte kein wirkliches Gegenstück im 19. Jahrhundert. Weder in Trentham Castle noch im Park von Shrublands oder in Welbeck oder Wrest Park gab es im üblichen Tagesablauf ein Gedränge. Das Fehlen einer strengen Etikette in der Gesellschaft auf einem Landsitz im England des 18. Jahrhunderts war der Grund, warum die Engländer den gezierten zeremoniellen Garten zugunsten eines Gartens aufgegeben hatten, in dem sie sich in privatem Gehaben in kleinen Gruppen oder sogar allein in der Einsamkeit erfreuen konnten. Im 19. Jahrhundert hatte der Versuch, den Teppich wieder auszulegen, nur bedingten Erfolg, weil das flutende Leben, das ihm eine Berechtigung gab, sich auf gelegentliche Hausfeste beschränkte, und diese fanden im allgemeinen im Winter statt. Sicher gab es Gelegenheiten, aber es waren, obgleich zahlreich, eben nur Gelegenheiten und nicht ein stetig wiederholter Ablauf im täglichen Leben.

Wen aber sollten die Gärten dann ansprechen? Ein großer Teil der Gartengestaltung des 18. Jahrhunderts hatte ganz einfach seinen Grund darin, daß Fremde kommen und ihn sehen sollten. Der große Herr lebte damals in einem Museum, lebte gerne darin und traf gewöhnlich Vorsorge, damit Besucher kämen, um es zu bewundern. Das alles war gut und schön, wenn Art und Menge der Besucher ungefähr bekannt waren. Aber die Zeiten hatten sich geändert. Es war daher verständlich, wenn man vor der Eröffnung der Weltausstellung von 1851 befürchtete – wie es Arthur Bryant in seiner ›Englischen Saga‹ ausgedrückt hat – »daß der Park, ein bevorzugter Aufenthalt von Schönheit und Eleganz, von Rowdies aus dem East-End überschwemmt würde, um ihn mit Tabakrauch, Knallfröschen und allerhand Possen, mit verlausten, verbrecherisch veranlagten Fremden, und – was das Schlimmste ist – mit rohen Heiden aus den Industriestädten des Nordens in einen Jahrmarkt zu verwandeln. Dabei würde man die Beete zertrampeln, die Blumen abreißen, bis schließlich die große menschliche Flut, den Unrat in einem verwüsteten Park hinter sich lassend, herausbrausen würde, um bei Nacht die vornehmen Viertel von Belgravia und Kensington zu plündern«. Wenn man derartiges schon für den *Hyde Park* befürchtete, lag es nahe, etwas Ähnliches – wenn auch nicht in solchem Ausmaße – in den großen herrschaftlichen Landsitzen zu erwarten. Als Folge der industriellen Revolution wurden die Gitter des Parks nunmehr geschlossen und in den Gehölzen Fallen für die ungebetenen Besucher aufgestellt. Das englische Haus verwandelte sich damit wieder in eine Burg.

Sir Joseph Paxton

Bei weitem der erfolgreichste und berühmteste Gartenplaner aus der Mitte des 19. Jahrhunderts war Sir Joseph Paxton. Es ist bezeichnend, daß man sich seiner heute hauptsächlich aus zwei Gründen erinnert, einmal wegen seiner Geschicklichkeit, riesenhafte Gewächshäuser zu entwerfen, zum anderen, weil er die große Victoria Regia (Victoria amazonica) zum ersten Male in England zum Blühen gebracht hat. Paxton wurde 1801 in der Nähe von Woburn geboren. Seine frühesten Vorstellungen von Gartengestaltung wurden durch Reptons dortige Änderungen beeinflußt, die teilweise noch nicht abgeschlossen waren, als Paxton unter seinem Bruder im benachbarten *Brattlesden Park* als Gärtnerlehrling arbeitete. Nach einer kurzen anderweitigen Tätigkeit kehrte er 1821 als Gärtner nach Brattlesden zurück und legte dort einen See an. Zwei Jahre später war er für die Royal Horticultural Society im Arboretum von Chiswick beschäftigt. Als Paxton im Begriff war, nach Amerika zu gehen, um dort sein Glück zu versuchen, bot ihm der Präsident der Royal Horticultural Society, der Herzog von Devonshire, die Pflege der Gärten in *Chatsworth* an.

Seit 1838 ein persönlicher Freund des Herzogs, unternahm er mit diesem ausgedehnte Reisen auf dem Kontinent. Im Jahre 1849 entwarf er in zehn Tagen den Plan eines Gebäudes für die Aufnahme der Weltausstellung im *Hyde Park*. Sein Einspringen in letzter Minute erwies sich als großer Erfolg, und der Kristallpalast hat ihm einen weltweiten Ruhm verschafft. Nach dem Ende der Ausstellung wurde von ihm die Überführung dieses gigantischen Gewächshauses nach *Sydenham* beaufsichtigt, wo er es mit einem ausgedehnten geometrischen Garten in der Art des 17. Jahrhunderts umgab. Sir Joseph Paxton war als einziger unter den führenden Gartenplanern dieser Periode in erster Linie Gärtner und dann erst Architekt, der ein Pionier von Glas- und Eisenkonstruktionen war. Gleich Westmacott, dem Bildhauer, Nesfield, dem Maler, und Barry, dem Architekten, hat er dem geometrischen Garten den Vorzug gegeben.

Terrassen mit Balustraden und Urnen von Stein oder Eisen, das so bemalt war, daß es wie Stein aussah, wurden jetzt allgemeiner Bestandteil der großen Besitzungen. Oft waren die Terrassen in Reptonscher Manier gestaltet, das heißt, daß sie eine Art um das Haus herumgeführtes Belvedere zum Überschauen des Parkes bildeten. Barry schließlich hat in *Shrublands Park* in Ipswich den Versuch unternommen, einen völlig terrassierten Garten in römischer Manier anzulegen, wobei man sogar die extreme Form des Parterres mit farbigem Sand, Kieseln und Ziegelmehl übernahm und Sorge trug, die Terrassenwandungen von allen Pflanzen freizuhalten.

Shrublands ist und war trotz seiner Größe und Durcharbeitungen ein künstlerischer Mißgriff. Wahrscheinlich benötigt ein italienischer Garten einen italienischen Himmel. Doch obwohl es in England im 17. Jahrhundert keinen italienischen Himmel gegeben hat, ist der geometrische Garten jener Periode nicht mißlungen, wie es bei den von Barry angelegten Gärten sozusagen die Regel ist. Barrys Fehler scheinen in einem mangelnden Sinn für Proportion und Gliederung begründet zu sein. Man braucht sich nur daran zu erinnern, daß sein Vorbild für Shrublands die Villa d'Este war, ausgerechnet jene Anlage, die von allen großen italienischen Gärten in ihren Proportionen die am wenigsten glückliche ist; die Villa d'Este ist nur deshalb gelungen, weil sie als großer Wassergarten gestaltet wurde. Shrublands dagegen hat wenig Wasser und mußte deshalb einzig und allein mit dem Entwurf stehen oder fallen; selbst die großen Statuen und eine Gartenausstattung fehlen in Shrublands.

Bei den meisten großen Gärten hat man das Parterre aus dem alten Landschaftspark herausgeschnitten, oder – wenn der Boden völlig jungfräulich war – alles, was nicht zum Parterre gehörte, mit schlängelnden Spazierwegen mit exotischem Gebüsch überzogen. Jedenfalls hat sich der Blumengarten zu keiner Zeit in einem so unharmonischen Verhältnis zum Park befunden. Es ist schwierig, bei der Aristokratie des 19. Jahrhunderts eine Entsprechung für das Streben einer Idealwelt zu finden, das die vorhergehenden Jahrhunderte geprägt hatte.

Aber in einem anderen Sinn und auf einer anderen Ebene gab es ein Ideal, von dem man sagen kann, daß es den wahren Stil dieser Epoche repräsentiert. Mehr und mehr erschienen um jene Zeit kleine Gärten, die etwa ein viertel bis einen Hektar umfaßten, sie vermehrten sich entsprechend der Zunahme der städtischen Bevölkerung und der stetigen Ausdehnung der Vorstädte. ›Suburbia‹ – Vorort – ist in den Grenzen der wirtschaftlichen Möglichkeiten das Jedermann-Ideal in Gestalt eines Landhauses, Schlosses oder Landgutes, einer Farm oder Cottage in der Nähe der Stadt. Dieser Typus ist die Schöpfung derjenigen, die in der Stadt leben müssen, aber dies nicht zugeben wollen. Ein solcher Vorort-Garten aber konnte jetzt nicht mehr länger ein universelles, sondern nur ein durchaus persönliches Ideal sein. Die Vorort-Villa und ihr Garten symbolisierten für den Besitzer das Landgut, das er erworben hätte, wenn die Umstände es ihm erlaubt hätten. Man verlangte nicht mehr, daß die ganze Welt diesem Bild entsprach, denn man stand mit beiden Füßen auf dem Boden der Wirklichkeit und wußte, daß der Mensch hoffnungslos zwischen Traum und Notwendigkeit gespalten ist. Diese Gärten wurden wieder zu dem, was alle Gärten von Anfang an gewesen sind, nämlich ein umschlossener, heiliger Bezirk. Eine Durchsicht oder ein Prospekt würden den Besitzer nur daran erinnert haben, daß die damit verbundene Traumvorstellung unwahr sei. Die von ihm hinter den Gartenmauern oder Zäunen errichteten Gebüschgruppen von Lorbeeren, Stechpalmen oder Erdbeerbäumen schufen eine undurchdringliche Barriere zwischen dem eigenen und dem benachbarten Garten. Innerhalb dieses verzauberten Kreises war die Rasenfläche von Blumenumrandungen in geschwungenen Formen begrenzt und mit Beeten in Form von Ovalen, Sternen und Halbmonden geziert. Außerhalb dieses Zauberkreises ging der häßliche Kampf um das Dasein weiter.

Die großen, den Händen von Barry anvertrauten Gärten hatten den Ehrgeiz, reines italienisches 16. Jahrhundert zu sein. Dagegen machten die kleinen Villengärten des breiten Mittelstandes nicht einmal den Versuch, etwas in Reinkultur darzustellen, und zwar schon deshalb nicht, weil sie von einer Theorie nichts wußten. Aber weitaus mehr als der für die Großen entworfene architektonische Garten verkörperte dieser kleine Garten den wahren Ausdruck des Zeitalters, denn er erfüllte weitgehend die geistigen Bedürfnisse jener ständig wachsenden wichtigen Klasse, die ihn geschaffen hatte.

Der viktorianische Garten, diese merkwürdige Mischung, war das Ergebnis einer typisch englischen Veranlagung, in der sich die Liebe zum Landleben mit Sinn für Förmlichkeit verband. In England weiß niemand genau, ob er lieber Farmer oder Soldat sein möchte. Die Erinnerung an die Waldszenerie der Picknicks der Jugendzeit verband sich mit jener an die Blumenbeete von *Kensington Garden*, um einen häufig kritisierten nationalen Kompromiß zu zeitigen: Es kann nicht geleugnet werden, daß diesen Gärten die feinen Harmonien fremd waren, die nur ein im Erkennen von subtilen Unterschieden in Farbe und Struktur geübtes Auge feststellen kann. Trotzdem darf man ihnen nicht Verdienst und Eigenart absprechen. Auch andere Werkzeuge als eine Haarnadel vermögen einen Geldschrank zu öffnen, und wenn es diesen Gärten an Subtilität mangelte, so besaßen sie dafür andere Qualitäten. Ihre größte Stärke war die Abgeschlossenheit, und gerade die Ursache für diese Abgeschlossenheit, nämlich das sie umgebende Gebüsch, verlieh durch Gliederung, kontrastierende Töne und Schattenspiel dem englischen Rasen eine Wirkung, wie er ihn in eindrucksvollerer Weise kaum vorher besessen hatte. Die immergrünen Wälle verschafften ihm eine Atmosphäre der Zeitlosigkeit, die auch eine kurzlebige Austopfung nicht beeinträchtigen konnte. Diese Wälle umschlossen und schützten eine Welt aus grünen Schatten, den idealen Rahmen für Krocket und Five o'clock Tea.

Anhang

Ausgewählte Werke der Gartenliteratur

Allgemein

ANDRÉ, E., L'art des jardins. Paris 1879
BOYCEAU, I., Traité du jardinage selon les raisons de la nature et de l'art. Paris 1638
BRINCKMANN, A. E., Schöne Gärten, Villen und Schlösser aus fünf Jahrhunderten. München 1925
CHARAGEAT, M., L'Art des jardins. Paris 1962
COATS, P., Berühmte Gärten. Frankfurt 1963
DUCHESNE, A. N., Sur la formation des jardins. Paris 1775
FOUQUIER, De l'art des jardins du XVe au XXe siècle. Paris 1911
FOUQUIER et DUCHÊNE, Des divers styles de jardins. Paris 1914
GOTHEIN, M.L., Geschichte der Gartenkunst. 2 Bde. Jena 1926
GRIMAL, P., L' art des jardins. Paris 1954
GRISEBACH, A., Der Garten. Eine Geschichte seiner künstlerischen Gestaltung. Leipzig 1910
GROHMANN, J. G., Ideenmagazin für Liebhaber von Gärten usw. 1779–1805
GROMORT, G., L'art des jardins. Paris 1934
HALLBAUM, F., Der Landschaftsgarten. München 1927
HAUTECOEUR, L., Les jardins des dieux et des hommes. Paris 1859
HIRSCHFELD, C. C. L., Theorie der Gartenkunst. 5 Bde. Leipzig 1779, 1780, 1782, 1785
HOCQUETTE, M., Histoire générale des jardins. Lille 1951
JELLICOE, G. A., Gardens of Europe. London o. J.
JONES, B., Follies and Grottoes. London 1953
LANGLEY, B., New Principles of Gardening. London 1728
LORIS, Le Trésor de parterres. Gent 1629
LOUDON, I. C., Observations on the function and management of useful and ornamental Plantations etc. London 1804
– A Treatise on forming, improving and managing Country Residences etc. London 1806
– Hints on the formation of Gardens and Pleasure Grounds. London 1812
MOLLET, A., Le jardin de plaisir. Stockholm 1651
MOLLET, C., Théâtre du jardinage. Paris 1660
MOREL, Théorie des jardins ou L'art des jardins de la Nature. 1776
MORRIS, R., Essays on Landscape Gardening. London 1825

PRICE, SIR UVEDALE, An Essay on the Picturesque. London 1794. Erweitert 1797–98
– A Letter to H. Repton. London 1795
– A Dialogue on the distinct Characters of the Picturesque and the Beautiful. London 1807
PÜCKLER-MUSKAU, H. FÜRST VON, Andeutungen über Landschaftsgärtnerei. Stuttgart 1834
REPTON, H., Sketches and Hints on Landscape Gardening. London 1795
– Observations on the Theory and Practice of Landscape Gardening. London 1803
– An Enquiry into the Changes in Landscape Gardening. London 1806
– Landscape Gardening and Landscape Architecture. London 1840
SCKELL, F. L. VON, Beiträge zur bildenden Gartenkunst für angehende Gartenkünstler und Liebhaber. München 1819
SIRÉN, O., China and Gardens of Europe of the Eighteenth Century. New York 1950
STAHL, L., Die Gartenarchitektur. Leipzig 1910
SULZER, J. G., Allgemeine Theorie der Schönen Künste. Leipzig 1771–74
TEMPLE, SIR WILLIAM, The Garden of Epicurus. 1685
TRIGG, I., Garden Craft in Europe. London 1913
TUNNARD, C., Gardens in the Modern Landscape. 1938 und 1948
VERA, A., L'urbanisme ou la vie heureuse. Paris 1936
WALPOLE, H., On Modern Gardening. London 1798
WATELET, C. H., Essai sur les jardins. Paris 1774
WHATELEY, TH., Observations on Modern Gardening. London 1770
WRIGHT, R., Story of Gardening. New York 1938

China und Japan

ATTIRET, J.-D., Description des jardins de l'empereur de Chine à Pékin. Paris 1752
CHAMBERS, SIR WILLIAM, Dissertation on Oriental Gardening. 1772
– Designs of Chinese Buildings, etc. 1757
CONDOR, J., Landscape Gardening in Japan. 1893
DANBY, H., The Garden of Perfect Brightness. London 1950
DU CANE, F., Flowers and Gardens of Japan. 1908
HARADA, J., The Gardens of Japan. 1928. Neue Auflage London 1956
SIRÉN, O., Gardens of China. New York 1949

SITWELL, S., Truffle Hunters.
TSUYOSHI, T., Art of the Landscape Garden in Japan. 1936
VILLIERS-STUART, C., Gardens of the Great Moghuls. 1913
WILSON, E. H., China, Mother of Gardens. 1929
YOSHIDA, T., Japanese Garden Design. Deutsche Ausgabe Tübingen 1957
YOSHIMURA, I., Japanese Gardens.

Dänemark

ELLING, CHR., Danske Herregaarden. Kopenhagen 1948

Deutschland

ALVENSLEBEN, U. VON, Herrenhausen. Berlin 1947
BACHMANN, E., Anfänge des Landschaftsgartens in Deutschland. Zeitschrift für Kunstwissenschaft V, 1951, S. 203 ff.
– Die Eremitage bei Bayreuth. München 1957
– Der Felsengarten Sanspareil. München 1962
BECKER, W. G., Das Seifersdorfer Tal. Leipzig 1792
BERCKENHAGEN, E., Deutsche Gärten vor 1800. Hannover, Berlin 1962
BIEHN, H., Die Karlsaue in Kassel. München 1963
BOTT, G., Wilhelmsbad. München 1963
CAUS, SALOMON DE, Hortus Palatinus. Frankfurt 1620
DIETZEL, S., Furttenbachs Gartenentwürfe. Nürnberg 1928
GROTE, L., Führer durch den Wörlitzer Park. Dessau 1933
GUARNIERO, F., Delineatio Montis a Metropoli Hasso-Casselana. (= Wilhelmshöhe). Cassel 1706
HAGER, L., Nymphenburg. München 1955
HEIDELBACH, P., Die Geschichte der Wilhelmshöhe. Leipzig 1909
HENNEBO, D. und HOFFMANN, A., Geschichte der deutschen Gartenkunst. 3 Bde. Hamburg 1963 – 65 (mit sehr reichen Literaturangaben)
HENTZEN, K., Der Hofgarten zu München. Kunstwissenschaftliche Studien Bd. XXIX, Berlin 1959
HINZ, G., Peter Joseph Lenné und seine bedeutendsten Schöpfungen in Berlin und Potsdam. Kunstwissenschaftliche Studien Bd. XXII, Berlin 1937
HOFFMANN, A., Park Wilhelmshöhe. München 1965
KLEINER, S., Abbildung der Mayntzischen Favorita. Augsburg 1726
KOCH, H., Sächsische Gartenkunst. Berlin 1910

KREISEL, H., Das Rokoko und die Gartenkunst. Festschrift Eberhard Hanfstaengl. München 1961
KURTH, W., Sanssouci. Ein Beitrag zur Kunst des deutschen Rokoko. Berlin 1962
LIPPOLD-HÄLLSIG, G., Deutsche Gärten. Dresden 1957
LOHMEYER, K., Südwestdeutsche Gärten des Barock und der Romantik. Saarbrücken 1937
MARTIN, K., Schloß und Garten Schwetzingen. Karlsruhe 1957
OMPTEDA, L. FREIHERR VON, Rheinische Gärten. Berlin 1886
PÖPPELMANN, D., Vorstellung und Beschreibung des Zwingergartens. Dresden 1729
RAVE, P. O., Gärten der Barockzeit. Stuttgart 1951
– Gärten der Goethezeit. Leipzig 1941
STIEGLITZ, C. L., Gemälde von Gärten im neueren Geschmack. Leipzig 1798
TUNK, W., Veitshöchheim, Schloß und Garten. München 1962
ZEYHER und RÖMER G., Beschreibung der Gartenanlagen zu Schwetzingen. Mit neun Kupfern und einem Plan des Gartens. Mannheim 1809
ZIMMERMANN, W., Die königlichen Gärten Oberbayerns, Berlin 1903

Frankreich

ALPHAND, A., Les promenades de Paris. Paris 1867–72
BABEAU, Le jardin des Tuileries au XVIIe et XVIIIe siècle. Paris 1903
BERLUCHON, L., Les jardins de la Touraine. Tours 1940
CORPECHOT, L., André le Nôtre. Paris 1912
– Parcs et jardins de France. Paris 1936
CHARAGEAT, M., André le Nôtre et ses dessins. Paris 1958
DUCERCEAU, J. A., Des plus excellents bastiments de France. 2 vol. 1576–1579. (Neudruck 1866–73)
FÉLIBIEN, Description de Versailles. Paris 1703
FORESTIER, I. C., Bagatelle et ses jardins. Paris 1910
GANAY, E. DE, Les jardins à la française en France au XVIIIe siècle. Paris 1943
– Le Nostre. Paris 1962
GUIFFRET, J., André le Nostre. Paris 1913
HUSSEY, CHR., Le château de Villandry, Touraine. Country Life, vol. CIII, Nr. 2683
LE PAUTRE, J., Nouveaux dessins de jardin, parterres et façades. Langlois um 1665
LIGNE, PRINCE DE, Coup d'oeil sur Beloeil. 1781

MARIE, A., Jardins français classiques. Paris 1949
– Jardins français, crées à la Renaissance. Paris 1955
MOUSSET, A., Les Francine, créateurs des eaux de Versailles. Paris 1930
NOLHAC, P. DE, Les jardins de Versailles. Paris 1906 und 1924
PFNOR und FRANCE, A., Vaux-le-Vicomte. Paris 1888
STEIN, H., Les jardins de France. Paris 1913

Großbritannien

AMHERST, M., A History of Gardening in England. London 1895
BICKHAM, G., The Beauties of Stowe. 1753
BLOMFIELD, R. und THOMAS, J., The Formal Garden in England. London 1901
CAUS, S. DE, Le jardin de Wilton. (Um 1645)
CECIL, E., A History of Gardening in England. London 1910
CLARKE, H. F., The English Landscape Garden. 1948
DEFOE, D., Tour through Great Britain. 1724
DUTTON, R., The English Garden. 1937
FAIRBROTHER, N., Men and Gardens. 1956
FIENNES, C., Journeys. Herausgegeben von C. Morris. 1947
GREEN, D., Gardener to Queen Anne. London 1956
HEELEY, J., Letters on the Beauties of Hagley, Envil and the Leasowes. 1777
HYAMS, E., The English Garden. London 1964
JEKYLL, G. und WEAVER, L., Gardens for small country houses. London o. J.
JOURDAIN, M., The Work of William Kent. London 1948
KNYFF und KIP, Britannia Illustrata. 1709
LARWOOD, J., The Story of London Parks. 1881
LAW, E., Hampton Court Gardens, Old and New. 1926
LOUDON, J. C., Observations on laying out the Public Squares of London. Literary Journal, 1803
MANWARING, E. W., Italian Landscape in Eighteenth Century England. 1925
MASON, W., English Gardens. 1772
MAXWELL, SIR H., Scottish Gardens. 1908
SANDS, M., The Gardens of Hampton Court. 1950
SIEVEKING, A. F., The Praise of Gardens. London 1899
STEPHENSON, D., The Beauties of Stowe. 1746
STROUD, D., Capability Brown.
THOMPSON, F., A History of Chatsworth. 1949
TIPPING, A., English Gardens. London 1933

TRIGG, I., Formal gardens in England. o. J.
WALPOLE, H., Letters. London 1857–59. Neuausgabe 1959
WHATELEY, T., Observations on Modern Gardening. 1770
WHISTLER, L., The Inspiration of Vanbrugh and his Fellow Artists. 1954
WROTH, W., The London Pleasure Gardens of the Eighteenth Century. 1896

Holland

BIENFAIT, A. G., Oude Hollandsche Tuinen. s'Gravenhage 1943
BIJHOUVER, J. T. P., Nederlandsche Tuinen en Buitenplaatsen. Amsterdam 1946
OZINGA, M. D., Daniel Marot. Amsterdam 1938
SPRINGER, L. A., Oude nederlandsche Tuinen. Haarlem 1930

Indien

GOTHEIN, M. L., Indische Gärten. München 1926

Italien

ALBERTI, L. B., De re aedificatoria ... Florenz 1485
COFFIN, D. R., The villa d'Este at Tivoli. Princeton 1960
DAMI, L., Il giardino italiano. Mailand 1924
FALDA, I giardini di Roma. 1670
FIORANI, C., Giardini d'Italia. Rom 1960
GROMORT, G., Jardins d'Italie. Paris 1922
HAMLIN, A. D. F., Italian Gardens. American Institute of Architects, 1902
JELLICOE, G. A. und SHEPHERD, I. C., Italian Gardens of the Renaissance. London 1953
MASSON, G., Italienische Gärten. München und Zürich 1962
WHARTON, E., Italian Villas and their Gardens. 1904

Österreich

AURENHAMMER, H., Ikonographie und Ikonologie des Wiener Belvederegartens. Wiener Jahrbuch für Kunstgeschichte Bd. XVIII, 1956, S. 86ff.
BEETZ, W., Laxenburg. Wien 1924
BIELOHLAWEK, K., Schönbrunn. Jahrbuch der k. k. Zentralkommission 14, Wien 1920

JELLICOE, G. A., Baroque Gardens of Austria. London und New York 1932

KLEINER, S., Wunderwürdiges Kriegs- und Siegeslager ... oder Abbildungen der Hoff-, Lust- und Gartengebäude dehs ... Durchl. Fürstens und Herrn Eugenii Francisci Hertzogen zu Savoyen und Piemont. Augsburg 1731

Polen

CIOLEC, G., Gärten in Polen. Warschau 1954

DOKOUPIL, ZDENĚK, Zahrada a park v historickém vývoji. Brno 1954

MERHOUT, C., Paláce a zahrady pod pražským hradem. Prag 1954

Rußland

DUBJAGOW, T., Russki reguljaruie Sadui y parki. Leningrad 1963

Spanien und Portugal

BERTRAND, L., Jardins d'Espagne. Avignon 1944

GROMORT, G., Jardins d'Espagne. Paris 1926

MERCADAL, F. G., Parques y Jardines. Madrid 1949

MORENO, F. P., Los Jardines de Granada. Madrid 1952

NICHOLS, R., Spanish and Portuguese gardens. London 1925

STAPLEY, M. und BYNE, A., Spanish Gardens and Patios. New York 1928

VILLIERS-STUART, L. M., Spanish Gardens, their history and type and features. 1929

Abbildungsnachweis

Für die Bebilderung dieses Buches standen die in dem Bildnachweis zitierten Werke im Original zur Verfügung. Für dies großzügige Entgegenkommen schuldet der Verlag besonderen Dank S. Kgl. Hoheit Prinz Adalbert von Bayern, der Leitung der Gräflich Schönbornschen Bibliothek in Pommersfelden, der Bayerischen Staatsbibliothek und der Bibliothek des Zentralinstituts für Kunstgeschichte, der Museumsabteilung der Bayerischen Verwaltung der staatlichen Schlösser, Gärten und Seen in München und der Bibliothek des Germanischen Nationalmuseums in Nürnberg.
Die Verlage Faber and Faber und Thames and Hudson in London, Dr. Karl Lamb in München und das Historische Museum am Hohen Ufer in Hannover stellten freundlicherweise Fotos zur Verfügung.

2-6 Stiche aus ›Antiquae urbis splendor‹, Rom 1614
7 Holzschnitt aus Guhl und Koner ›Leben der Griechen und Römer‹, Berlin o.J.
9 nach einem Gemälde von Hendrik van Cleve (1525-1589), Brüssel, Musée des Beaux-Arts
10 Stich von Henricus van Schoel, 1579, Rom, Gabinetto Nazionale delle Stampe
11-14 Stiche aus ›Giardini di Roma‹, Anhang zu Joachim von Sandrart ›Großer Schauplatz des Alten und Neuen Rom e.t.c.‹, Nürnberg 1685
15 Rekonstruktion in Mario Bafile ›Il giardino di Villa Madama‹, Rom o.J.
16 Rekonstruktionsskizze von P. Bonnet nach Stichen von Vasi, Rom, Gabinetto Fotografico Nazionale
17-20 aus Joachim von Sandrart ›Großer Schauplatz des Alten und Neuen Rom‹, Nürnberg 1685, ›Der römischen Fontänen wahre Abbildung‹, gezeichnet von dem wohlberühmten Joh. Baptista Falti 1685 als einem Römer
21 Stich von Du Pérac, 1573, Katharina Medici gewidmet
23 Zeichnung von J.H. Fragonard, 1760, Besançon, Musée des Beaux-Arts
24, 25 aus ›Recuerdos y Bellezas de España‹, Madrid 1850
26-28 aus ›Theatrum Hispaniae‹
29 aus ›Collection de las Vistas de los sitios reales...‹, Litografiadas, Madrid 1827

31 Stich von Cornelis Danckerts, verlegt bei Justus Danckerts: ›Ansichten...‹, Amsterdam o.J. (um 1720)

32 Stich von A. Francini, Florenz 1614

33, 34 Entwürfe von Vredemann de Vries, Paris, Louvre

35, 36 Stiche aus Jacques Androuet Ducerceau ›Les plus excellents bastiments de France‹, Paris 1576-79

37, 38 Stiche aus Pierre le Pautre ›Les Plans et Élévations des Châteaux en France e.t.c.‹, Paris 1712

39 aus Joseph Furttenbach ›Architectura Civilis‹, Augsburg 1628

41-44 aus Matthias Diesel ›Erlustierende Augenweide in Vorstellung Herrlicher Gärten und Lustgebäude e.t.c.‹, Augsburg o.J.

46, 47 aus ›Labyrinte de Versailles‹, anonym, Paris 1679

48 aus Pierre le Pautre ›Les Plans, Profiles et Élévations de la Ville et Château de Versailles‹, Paris 1716

50, 71-74, 77-79, 81, 82, 84, 86, 87, 91, 92 Stiche aus ›Les Nouveaux Jardins à la Mode‹, erschienen in Lieferungen, spätes 18.Jh., Paris o.J.

51, 52 aus ›Plusieurs Belles et Plaisantes vues de la cour de Heemstede dans la province de Utrecht‹, nach Stichen von J. Moucheron herausgegeben von Nicolaus Visscher, Utrecht o.J.

53 Stich von Cornelis Danckerts, Amsterdam o.J. (um 1720)

54-57 aus ›Nouveau Théâtre de la Grande Bretagne...‹, London 1708, gezeichnet von L. Kuyff, gestochen von J. Kip

58 aus Salomon de Caus ›Hortus Palatinus‹, Frankfurt 1620

59, 60 aus Merian ›Topographie Austriae‹, Frankfurt 1643

61 Stich von Matthias Merian in Salomon de Caus ›Hortus Palatinus‹, Frankfurt 1620

76 aus Matthias Diesel ›Erlustierende Augenweide, zweite Foitsetzung, vorstellend die Weltberühmte Churfürstl. Residenzt in München‹, Augsburg o.J.

63 Zeichnung von Matthias Merian, Stuttgart, Landesmuseum

64, 65 aus Joh. Franc. Guarnierius ›Gärten von Kassell oder Prospectus montis...‹, Kassel 1705

66 Stich von Salomon Kleiner in ›Wahrhaffte und eigentl. Abbildung der... Favorita etc.‹, Augsburg 1726

67 Stich von Salomon Kleiner aus ›Wahrhaffte Vorstellung beyder Hoch-Gräffl. Schlösser Weissenstein ob Pommersfelden und Gaibach etc.‹, Augsburg 1728

68 Stich von Salomon Kleiner aus ›Eigentliche Vor- und Abbildungen der Hoff-Lust und Garten-Gebäude deß Durchläuchtigsten Fürsten und Herrn Eugenii Francisi, Hertzogen von Savoyen etc.‹, Augsburg 1731

69 Stich von Joost van Sasse, um 1720, Hannover, Landesmuseum
75, 80 Stiche aus William Chambers ›The Garden at Kew‹, London 1757
83 Stich aus ›Voyage Pittoresque de La France‹, Paris 1784
85 Plan von Sckell für den Englischen Garten in München, gestochen 1806
88 aus Fürst Hermann von Pückler-Muskau ›Andeutungen über Landschaftsgärtnerei‹, 1834
89 aus einem Album mit kolorierten Stahlstichen, um 1810
90 aus ›Das Seifersdorfer Thal‹, mit Radierungen von J. Darnstedt, Leipzig 1792

Für die Farbtafel auf Seite 38/39 lieferte die Aufnahme Scala, Florenz, für die Farbtafel auf Seite 172/173 Les Libraires, Associés, Paris. Die Farbaufnahme auf Seite 237 fertigte Robert Braunmüller in München.

Register